上 海 市 “十 三 五” 重 点 图 书 项 目

上海文化发展基金会图书出版专项基金资助项目

**教育神经科学译丛**

译丛主编 周加仙



# Educational Neuroscience

[英] 丹尼斯·马雷沙尔
Denis Mareschal

[英] 布赖恩·巴特沃思
Brian Butterworth

[英] 安迪·托尔米
Andy Tolmie

主编

周加仙 主译

# 教育神经科学

WILEY

上海教育出版社
SHANGHAI EDUCATIONAL
PUBLISHING HOUSE

# 译丛总序

## 脑：人类学习和教育的重要器官[1]

［美］柯特·W.费希尔[2]　周加仙

人能够学习。人类具有学习的特殊能力，是学习使我们成为真正的人。人的这种“特殊性”部分归因于人脑这个学习的重要器官。儿童时期，我们广泛学习社会文化和生活知识。近代历史中，人类通过建立学校开展正规的学习活动。我们在学校度过多年的时光，来学习阅读、数学、科学、历史、艺术等知识。是学习将学校与人脑紧密地联系在一起(Battro，Fischer，& Léna，2007)。

### 教育神经科学的诞生：教育和生物学的革命

将脑、认知科学与教育结合起来的一场革命正在世界范围内展开，其目的是创造新的知识和研究工具来极大地提高学生学习的效率。然而，如果期望过高，人们的热情将随着时间的推移而消退，那么这很可能最终变成教育中的又一阵

① 本文原英文部分由周加仙、陈洁翻译。

② 柯特·W.费希尔(Kurt W. Fischer)，美国哈佛大学教育研究院教授，“国际心智、脑与教育学会”创始人，该学会官方刊物《心智、脑与教育》的创刊人和首任主编。

流行之风。其风险在于，学校会期望从神经科学中得到快速解决教育问题的对策，但是这种期望是不切实际的！我们需要的是将生物学、神经科学、认知科学、教育学整合在一起的新知识与新方法（Immordino-Yang & Damasio，2007；Szücs & Goswami，2007）。这门新兴学科非常复杂，其复杂性甚至体现在名称的界定与学科内涵的把握上。世界上的不同组织机构与研究人员曾经用过许多不同的名称来指代这门新兴学科，如"教育神经科学"（educational neuroscience）、"心智、脑与教育"（mind，brain and education）、"神经教育学"（neuroeducation）等，这些名称的含义和所指范围并不完全相同。"教育神经科学"强调的是融合教育学的神经科学，重视的是这一学科的知识创造，而"神经教育学"强调的是以教育学为核心的跨学科整合，重视的是这一学科的知识应用。但是，更多的学者将两者看作同义词（Battro，Fischer，& Léna，2007）。事实上，任何一门学科的发展与兴盛都离不开知识创造与知识应用。作为一门新兴的学科，首先需要创造与积累本学科的知识与技能，才具备转化与应用的条件。因此，目前大部分专家、学者和组织机构倡导用"教育神经科学"来指称这门学科（OECD，2007，参见《教育神经科学的使命与未来》）。经济合作与发展组织（OECD）"脑科学与学习科学项目"负责人、美国哈佛大学教育研究院的布鲁诺·德拉奇萨建议："不要使用'神经教育学'一词，因为我们教育的不是神经元，而是人。或者只在以下情况使用这个词：命名伪科学或者被曲解的科学、歪曲的研究成果、各种剽窃的'成果'、急于推广到教育中的成果。"（德拉奇萨，2019）

创建"教育神经科学"这门新学科的目的，就是要为教育理论、教育政策与教育实践奠定科学的基础，从而改变教育缺乏科学证据的状况。教育只有以有效的科学证据为基础才能充分地发挥其潜力。目前，国际著名大学已经建立起许多教育神经科学的研究机构或组织。如美国哈佛大学教育研究院、哥伦比亚大学教师教育学院、加州大学的旧金山分校和圣迭戈分校、威斯康星大学麦迪逊分校、范德比尔特大学等，都建立了教育神经科学研究机构；英国剑桥大学和伦敦大学学院分别建立了教育神经科学研究中心；加拿大西蒙·弗雷泽大学建立了数学教育神经科学实验室(周加仙,2013)。在中国,2010年12月华东师范大学创立了我国第一个教育神经科学研究中心,2012年12月台湾师范大学建立教育神经科学实验室,并将发展教育神经科学作为迈向世界顶尖大学的重要举措。目前,国际上有关教育神经科学的专业研究机构与专业人才培养机构共有80余个(周加仙,2018)。其中,华东师范大学教育神经科学研究中心独具特色,该中心依托华东师范大学"心智—脑—行为—社会"多层面互动的研究体系,吸收了教育学、心理学、神经科学(认知神经科学)等传统学科的优势,采用超学科、跨学院的研究形式进行教育神经科学的研究。这种研究思路得到了国际教育神经科学研究界的关注。2010年,国际著名学术期刊《神经元》(*Neuron*)将华东师范大学列为世界教育神经科学的研究重镇(Thomas & Susan, 2010)。

学术期刊的创办对于一个新兴学科领域的发展具有重要作用。目前,教育神经科学领域创办了四份学术期刊:(1)《心智、脑与教育》(*Mind, Brain, and Education*)于2007年正式创刊,是"国际心智、脑与教育学会"的官方刊物,创刊当年即被评为最优秀的新创刊社会科学杂志,目前,该期刊已经被纳入SSCI期刊;(2)《神经科学与教育进展》(*Trends in Neuroscience and Education*,季刊)于2012年创刊,主编为德国乌尔姆大学神经科学与学习转化中心负责人曼弗雷德·斯皮策(Manfred Spitzer);(3)加拿大魁北克创办的《神经教育学》(*Neuro-education*,年刊);(4)《教育生物学杂志》(季刊),是中国第一本该领域的专业期刊,经原新闻出版总署批准于2013年正式创刊,上海交通大学主办,其特色是将医学与生物学、神经科学、教育学结合起来,为教育奠定科学的基础。

21世纪是生命科学的世纪,生命科学的突飞猛进与日新月异的变化经常成为报刊的头条新闻。科学研究展现了人脑惊人的可塑性,以及人在阅读的时候或者在吸毒成瘾的时候,大脑产生了怎样的变化以适应新环境和新情境。借助新的神经影像工具,科学家们开始了解学习发生的过程，例如，数字学习是如何改变神经元联结的，不同的语言是如何影响认知和记忆的，人的感受是如何塑造学习和信念的。这些研究证明了教育变化的本质规律和全世界对教育的要求。教育提高了人们的生活质量，使个体能够获得更好的工作、更加健康的体魄，也使得社区和国家更加繁荣昌盛（Graham，2005）。学校教育不仅让个体学会阅读，而且改善了婴儿和母亲的健康及生存比例，同时还抑制了人口的过快增长。

要在教育中发挥脑科学的潜力，当务之急是建立这样一门能够促进脑科学研究者和教育工作者相互合作的综合性学科。在这门新的学科里，合作双方都具有重要的作用。为了避免这一综合学科的研究沦为一时的流行风潮，教育工作者和脑科学研究者必须共同努力，运用实践研究来阐释在学习环境中什么是有用的，什么是无用的。教育工作者和脑科学研究者必须合作，共同创建能够指导教育实践的有用知识，并运用这种知识来研究学校或其他学习环境中的学习是如何发生的（Hinton & Fischer，2007）。这种合作的一个典型范例是《芝麻街》，这部电视动画片是根据1969年初开始的一项研究取得的成果拍摄的（Lesser，1974）。一项研究就能有效地影响学习环境并最终提升各年龄段学生的学习成效，即使在现今，仍然是十分少见的例子。

神经科学的研究似乎会自然地影响教育，儿童的教育似乎也会明显地涉及脑的结构、发展与学习。基于这样一种直觉的认识，欧美教育领域盛行所谓“基于脑的教育”的主张，而这些主张完全没有认知科学或脑科学的基础。例如，“基于脑的教育”称，每个学生都有脑。但是这并不能给所谓“基于脑的教育”提供科学的证据。“基于脑的教育”缺少的是科学的研究基础。认真阅读这些所谓“基于脑的”学习和教育的报告、文章或者书籍不难发现，“基于脑的教育”是用脑科学的语言包装了有关学习的主张，但实际上并不是基于脑科学的研究提出的。教育神经科学仍然很年轻，目前只有少数研究者是在教育的情景中研究脑的学习过程，很少有教师能帮助科学研究者共同思考具有实用价值的研究课题，大部分重要的教育问题都还没有得到研究。这是一个有待研究与开发的重要领域。

幸运的是，教育神经科学的研究前景已经展现出一派光明。例如，在阅读困难或阅读障碍的研究中，运用神经影像工具来研究儿童是如何学会阅读的，哪些方法能促进儿童的学习。过去的证据证明，神经影像技术能成功地预测哪些学生容易患阅读障碍，并为干预、预防这类困难提供指导(Gabrieli, 2009)。有关发展与学习的研究揭示出几个有前途的发展方向：追踪学习轨迹的方法，DNA 在学习中的中介作用，情绪对学习和发展的强大的组织作用(Bransford & Donovan, 2005; Fischer & Bidell, 2006; Kegel et al., 2011)，不同学科学习的脑机制研究，等等。

对学习的研究表明，儿童的学习非常灵活。每个儿童的脑都各不相同，因而必须采用不同的方式来学习。同时，每个儿童在掌握自己最需要的技能方面都十分成功，比如交流和运动控制技能(Immordino-Yang et al., 2009; Immordino-Yang et al., 2012)。研究儿童不同的学习方式，最终将在教育实践中产生重要的进步。我们需要年轻的研究者同中小学、幼儿园的教师共同努力，将研究与实践结合起来：其一，制订教师专业发展计划，为职前教师和在职教师开设教育神经科学的培训课程，支持研究者与中小学、幼儿园教师合作。这一建议也符合 2012 年"联合国学术影响力"等组织在《模糊学科界限：国际教育发展大会宣言》中提出的要求(College of Education, Georgia State University, United Nations Academic Impact Committee on Teaching about the United Nations, Seoul National University, 2012)。其二，开设专业培训课程，培养新一代的教育研究者与教育实践者，如 2000 年在哈佛大学开设的心智、脑与教育专业课程(http://gseweb.harvard.edu/～mbe)。

教育神经科学不可能为这一发展过程提供捷径。让脑科学研究者与教育者合作，共同揭示教育情景中的学习是如何发生的，这需要假以时日。开展实践研究来探索学生高效率或低效率学习的原因也需要时间。教师和其他教育者必须开始探索脑的加工过程对学习的作用，而科学工作者和研究者则必须开始探索如何测量学习发展轨迹的多样性(Stein et al., 2010)。教师教育中必须加入教育神经科学的知识，因为脑是学习的重要器官。

## 学习发展轨迹的重要作用

新一代的教育工作者能够改变教育研究的状况。他们需要学习认知科学和脑科学的知识，提出有关教与学的实际问题并加以解决，从而为教育奠定坚实的研究基础。但是目前，教师教育很少关注学生的学习，而更多地关注课堂管理和学校组织，有时也涉及社会中的公平和差异问题。这些问题的确非常重要，但如果学校的核心目标是为了促进学生的学习和发展，那么教育者就应该把重点放在研究和分析学生的教与学的问题上。

对学习的关注应该始于这样一个研究假设，即不同的学生有各不相同的学习方式。教育神经科学运用"全人"的观点来研究不同儿童的学习；这种"全人"的观点包括人际关系、情绪、艺术、社会交往与学习差异，以及学习的强项与弱项的交互作用(Fischer, Bernstein, & Immordino-Yang, 2007; Immordino-Yang et al., 2009)。有效学习环境的设计必须考虑到"全人"的发展，考虑学生个体之间的关系以及每位学生不同技能中强项与弱项之间的关系。

即使在教育神经科学发展的早期，我们也已经清楚地知道，儿童的学习是按照特定的轨迹发展的，从而形成技能和特定内容的概念知识。儿童会发展出理解美国历史的学习轨迹、数学学习的轨迹、弹奏吉他的学习轨迹，等等。这些学习发展的轨迹大多彼此独立，按照不同领域的技能组织起来。

通过与发展性测试服务中心(Developmental Testing Service, DTS)(www.devtestservice.org)的合作，我们开发了分析道德判断、决策、批判性思维等学习发展路径的工具。DTS创造了许多重要的革新方法来促进对学生学习发展路径的测评。这些分析学习发展路径的工具全面勾勒了学生学习特定内容的常用学习方式(Fischer & Bidell, 2006; Stein et al.，2010)。阅读就是一个很好的例子。学生是通过多样化的而不是单一的途径学会阅读的，不同语言的学习方式有所不同。例如，患有阅读障碍的学生学习英语阅读的方式与普通学生不同，可能由于他们脑组织中某个部位的缺陷导致了阅读困难(Shaywitz & Shaywitz，2007)。在阅读困难的研究中形成了一种新的观点：许多存在阅读困难的人似乎具有不同的视觉系统，他们的视觉系统结构不同于常人，其边缘视野比常人更敏锐，这种差异在完成视觉任务时具有许多优势，比如在需要整合大范围视野信息时，阅读困难者的技能更具有优势。研究结果表明，这种视觉系统在某些视觉任务中占有优势，特别是需要处理并运用视野边缘信息的任务。例如，患有阅读障碍的天体物理学家在搜索天空、探测黑洞时显示出巨大的优势(Schneps et al.，2007)。阅读障碍者在分析图片的逻辑错误方面似乎也有显著的优势，如分析不可能图形。在逻辑上，这种图形在真实世界中是不可能存在的，却可以通过两个(或三个)维度画成，而许多阅读障碍者发现这个"视觉逻辑"错误的速度比常人快。阅读障碍者还能够比常人更快地发现照片边缘的错误和异常(Schneps et al.，2007)，这可能是艺术院校中阅读障碍者的数量更多的原因。

芬克(Rosalie Fink，2006)访问并评估了许多患有阅读障碍的成功人士。这些阅读障碍患者成功地掌握了读写技能，他们学习读写的方法不同于常人，但是没有得到标准阅读课程的重视。在被问及是如何学习阅读时，这些成功人士说，他们找到了另一条掌握阅读的途径，即受强烈的个人兴趣的驱使，比如对动物、除草机或内战感兴趣，从而学会了阅读(Fischer & Fusaro，2007)。这些人的成长环境中还没有电脑或手机，因此，阅读成为获得自己感兴趣的信息的有力工具。虽然他们患有阅读障碍，但是他们自然而然地选择书籍来阅读。学校并没能很好地教会这些患有阅读障碍的成功人士阅读。在成人的支持下，他们自己摸索出适合自己的阅读方式，并学会了阅读。

教与学的一个最重要的起点是假设学生有不同的学习方式，并寻找适合每一个学生的有效学习方式。在这个领域，学习的研究开始对教育实践作出重要贡献：当教师能够帮助学生找到有效的学习方式时，就能为不同的学生提供支持，让他们通过不同的方式进行学习，进而开始分析不同的人有效学习的不同方式。

学校最重要的目标是帮助学生成为有教养的人，成为对社会有用的公民。另一个目标就是传授大量的技能来增进学生的知识，增强学生的动机、责任感和创造力。只有当学校的教育实践奠基于不同学习方式的科学知识时，它才能真正地教育所有公民（Fischer，2009；Hinton & Fischer，2008）。

脑是学习的重要器官。对有效的教与学的实际问题展开研究，最终将形成各种工具来提高全世界的教育质量。然而，教育神经科学仍然很年轻，作为一门学科，它才刚刚诞生，希望快速解决教育难题的人肯定会对此感到失望。促进全世界教育的最重要的目标是开展实践研究来评估教与学的有效性。教育神经科学的研究有助于提出这些问题，但教育家和科学家应该共同合作来创建这门新的学习科学，共同塑造儿童的脑。

目前，教育神经科学已经在全世界范围内蓬勃发展起来。本套译丛精心选择了国际上在这个领域具有重要影响的优秀著作进行翻译。本套译丛面向教育界与心理学界的实践者和研究者，目的是联结脑、认知科学与教育政策和实践，因此，本套译丛选择了与学校教育密切相关的著作，有的侧重数学、语言、音乐等学科教学，有的侧重将研究与实践联结起来的新型研究范式。这些著作从不同侧面勾勒出国际教育神经科学研究的广泛与精深。在中国这样一个人才大国，教育神经科学的发展将对人才培养与综合国力的提升发挥十分重要的作用，是中国迈向人才强国的有效途径。同时，中国的教育神经科学研究也将对国际教育神经科学的发展作出重要的贡献。我们期待这套丛书能够吸引更多有志于教育神经科学研究的研究者、关注转化应用的教育政策制定者和教育实践者积极投入到这个新兴的领域，为创建中国本土化的教育神经科学共同努力。

在本套译丛出版之际，我们由衷地感谢国家自然科学基金委员会、教育部社会科学司、教育部留学基金委员会、中国博士后科学基金会、上海市教育委员会、上海市人力资源和社会保障局、北京市教育委员会对新兴学科的大力支持。感谢韦钰院士、唐孝威院士、陈霖院士、沈晓明院士、任友群司长、董奇校长、俞立中校长、钟启泉教授、李其维教授、周永迪教授、桑标教授、杜祖贻教授、黄红教授、金星明教授对中国教育神经科学发展的大力支持。衷心感谢上海教育出版社袁彬副总编及其团队在出版本套译丛过程中所付出的努力。感谢各位参与翻译的教授和研究生认真负责的翻译工作，使得本套译丛能够与中国读者见面。

我们期待着中国教育神经科学的美好明天。

# 参考文献


Battro, A. M., Fischer, K. W., & Léna, P. (Eds.)(2007). *The Educated Brain: Essays in Neuroeducation*. Cambridge, UK: Cambridge University Press.

Bransford, J., & Donovan, S. (Eds.)(2005). *How Students Learn: History, Science, and Mathematics in the Classroom*. Washington, DC: National Academy Press.

Fink, R. P. (2006). *Why Jane and Johnny Couldn't Read and How They Learned*. Newark, DE: International Reading Association.

Fischer, K. W. (2009). Mind, brain, and education: Building a scientific groundwork for learning and teaching. *Mind, Brain, and Education*, *3*(1), 2-15.

Fischer, K. W., & Bidell, T. R. (2006). Dynamic development of action and thought. In W. Damon & R. M. Lerner (Eds.), *Theoretical Models of Human Development. Handbook of Child Psychology* (6th ed., Vol. 1, pp. 313-399). New York: Wiley.

Fischer, K. W., Daniel, D. B., Immordino-Yang, M. H., Stern, E., Battro, A., & Koizumi, H. (2007). Why mind, brain, and education? Why now? *Mind, Brain, and Education*, *1*(1), 1-2.

Fischer, K. W., & Fusaro, M. (2007). Eager to learn: Using student interests to motivate learning. In R. P. Fink & J. Samuels (Eds.), *Inspiring Success: Reading Interest and Motivation in an Age of High-stakes Testing* (pp. 62-74). Newark, DE: International Reading Association.

Fischer, K. W., & Heikkinen, K. (2010). The future of educational neuroscience. In D. Sousa (Ed.), *Mind, Brain, and Education: Neuroscience Implications for the Classroom* (pp. 249-269). Bloomington, IN: Solution Tree Press.

Gabrieli, J. D. E. (2009). Dyslexia: A new synergy between education and cognitive neuroscience. *Science*, *325*(5938), 280-283.

Graham, P. A. (2005). *Schooling America: How the Public Schools Meet the Nation's Changing Needs*. New York, NY: Oxford University Press.

Gura, T. (2005). Educational research: Big plans for little brains. *Nature*, *435*(7046), 1156-1158.

Hinton, C., & Fischer, K. W. (2008). Research schools: Grounding research in educational practice. *Mind, Brain, and Education*, *2*(4), 157 - 160.

Immordino-Yang, M. H., & Damasio, A. (2007). We feel, therefore we learn: The relevance of affective and social neuroscience to education. *Mind, Brain, and Education*, *1*(1), 3 - 10.

Immordino-Yang, M. H., McColl, A., Damasio, H., & Damasio, A. (2009). Neural correlates of admiration and compassion. *Proceedings of the National Academy of Sciences, USA*, *106*(19), 8021 - 8026.

Immordino-Yang, M. H., Christodoulou, J. A., & Singh, V. (2012). Rest is not idleness: Implications of the brain's default mode for human development and education. *Perspectives in Psychological Science*, 7(4), 352 - 364.

Kegel, C. A. T., Bus, A. G., & van IJzendoorn, M. H. (2011). Differential susceptibility in early literacy instruction through computer games: The role of the dopamine D4 receptor gene (DRD4). *Mind, Brain, and Education*, *5*(2), 71 - 78.

Lesser, G. S. (1974). *Children and Television: Lessons from Sesame Street*. New York: Random House.

OECD. (2007). *Understanding the brain: The birth of the new learning science*. Paris: OECD Publications.

Schneps, M. H., Rose, L. T., & Fischer, K. W. (2007). Visual learning and the brain: Implications for dyslexia. *Mind, Brain, and Education*, *1*(3), 128 - 139.

Shaywitz, S. E., & Shaywitz, B. A. (2007). What neuroscience really tells us about reading instruction. *Educational Leadership*, *5*(64), 74 - 76.

The Declaration of "Blurring Boundaries: An International Educational Development Conference" (2012). Sponsored by Georgia State University, United Nations Academic Impact, Committee on Teaching about the United Nations, Seoul National University. (http://outreach. un. org/unai/2012/06/27/the-declaration-of-blurring-boundaries-an-international-educational-development-conference-issued)

Thomas, C., & Susan, M. (2010). Neuroscience and education: An ideal partnership for producing evidence-based solutions to guide 21st Century Learning. *Neuron*, *67*(5), 685 - 688.

布鲁诺·德拉奇萨.(2019).神经教育学：当心. 章熠,周加仙,译.*教育家*,*180*(6), 28 - 29.

台湾师大新闻.(2012).迈向顶尖大学计划一大创举,教育神经科学实验室揭牌启用.

周加仙.(2013). 教育生物学的领域建构. *教育生物学杂志*, *1*(2), 87 - 94.

周加仙,编著.(2016).*教育神经科学的使命与未来*.北京：教育科学出版社.

周加仙.(2018).教育神经科学视角的知识创造与知识判断标准.*教育发展研究*,*24*, 48 - 53.

# 目　录

# 作者列表



**萨拉-杰恩·布莱克莫尔(Sarah-Jayne Blakemore)**,英国伦敦大学学院认知神经科学研究所

**安娜·布拉西(Anna Blasi)**,英国伦敦大学伯克贝克学院脑与认知发展中心

**约翰·T. 布鲁尔(John T. Bruer)**,杰姆斯·麦克唐奈基金会

**布赖恩·巴特沃思(Brian Butterworth)**,英国伦敦大学学院认知神经科学研究所

**卡特林·科恩·卡多什(Kathrin Cohen Kadosh)**,英国牛津大学实验心理学系

**米歇尔·德哈恩(Michelle de Haan)**,英国伦敦大学学院儿童健康研究所

**弗雷德里克·迪克(Frederic Dick)**,英国伦敦大学伯克贝克学院神经影像中心

**克里斯·唐兰(Chris Donlan)**,英国伦敦大学学院心理与语言科学部

**克莱尔·埃尔韦尔(Clare Elwell)**,英国伦敦大学学院医学物理与生物工程系

**卢里·弗恩-波拉克(Liory Fern-Pollak)**,英国布鲁内尔大学认知与神经影像中心

**若纳唐·富格桑(Jonathan Fugelsang)**,加拿大滑铁卢大学心理学系

**托拜厄斯·格罗斯曼(Tobias Grossmann)**,马克斯·普朗克人类认知与脑科学研究所

**马克·H. 约翰逊(Mark H. Johnson)**,英国伦敦大学伯克贝克学院脑与认知发展中心

**艾丽斯·琼斯(Alice Jones)**,英国伦敦大学戈尔德史密斯学院心理学系

**维多利亚·诺兰(Victoria Knowland)**,英国伦敦城市大学语言与交流科学学院

**尤利娅·科瓦西(Yulia Kovas)**,英国伦敦大学戈尔德史密斯学院心理学系

**黛安娜·劳里拉德(Diana Laurillard)**,英国伦敦大学教育研究所伦敦知识实验室

**萨拉·劳埃德-福克斯(Sarah Lloyd-Fox)**,英国伦敦大学伯克贝克学院脑与认知发展中心

**谢廖加·马雷赫(Sergei Malykh)**,俄罗斯托木斯克州立大学认知研究与行为遗传学实验室;俄罗斯教育研究院心理研究所发育行为遗传学实验室

**丹尼斯·马雷沙尔(Denis Mareschal)**,英国伦敦大学伯克贝克学院脑与认知发展中心

**杰基·马斯特森(Jackie Masterson)**,英国伦敦大学教育研究所心理学与人类发展系

**戴比·米尔斯(Debbie Mills)**,英国班戈大学心理学系

**史蒂芬·A. 彼得里(Stephen A. Petrill)**,美国俄亥俄州立大学人类发展与家庭科学系

**迈克尔·I. 波斯纳(Michael I. Posner)**,美国俄勒冈大学心理学系

**凯瑟琳·L. 塞巴斯蒂安(Catherine L. Sebastian)**,英国伦敦大学皇家霍洛威学院心理学系

**迈克尔·S. C. 托马斯(Michael S. C. Thomas)**,英国伦敦大学伯克贝克学院神经认知发展实验室

**安迪·托尔米(Andy Tolmie)**,英国伦敦大学教育研究所心理学与人类发展系

**佐克汉克·巴尔马(Sashank Varma)**,美国明尼苏达大学教育心理学系

# 序



本书的撰写旨在使它成为一线研究者和实践者的参考工具书。这可以在伦敦教育神经科学中心（Centre for Educational Neuroscience，CEN）的活动中反映出来，该中心由英国伦敦大学伯克贝克学院（Birkbeck University of London）、伦敦大学学院（University College London）和教育研究所（Institute of Education）共同管理，这些机构都在伦敦的中部。我们十分感激这些机构对伦敦教育神经科学中心的持续支持，伦敦教育神经科学中心的使命是拓展我们对神经和生物加工促进课堂学习的理解，保证教育实践者和基础科学研究者之间的真实对话。我们也感谢以下为本书各章阅读和精细调整提供帮助的人：阿迪曼（Caspar Addyman）、安塞（Gizelle Anzures）、科克罗夫特（Jasmine Cockcroft）、格利加（Teodora Gliga）、诺兰（Victoria Knowland）、兰格（Nick Lange）、米尔克（Manuela Mielke）、帕斯科（Greg Pascoe）、鲍威尔（Daisy Powell）、罗纳德（Angelica Ronald）、托马斯（Michael Thomas）和吴（Rachel Wu）。

# 序言　构想未来



迈克尔·I.波斯纳(Michael I. Posner)

本书的目的在于总结使用过的方法以及目前搜集到的支持教育神经科学的证据。每章都涉及婴儿期、儿童期和成年期的教育。虽然序言可以自由地尝试勾画从未出现过的教育体制,但也要合理解释已有的成果。接下来,我会试图通过使用已有的文献来帮助读者区分现实和幻想,即标明已经发生的实际情况和我设想的将来有一天会发生的事情。

你或许可以设想,年轻的父母带着他们10个月大的女儿去儿科专家那里做教育检查。从记录到的头皮脑电图可以看出母语的音素是如何将其表征在脑中固定下来的(Guttorm et al., 2005; Molfese, 2000)。同时,研究普通话音素可以让父母了解,送女儿去一所中文学校学习是否值得(Kuhl, 1994; Kuhl, Tsao, & Liu, 2003)。一种新型的机器人教师可以帮助这个家庭达成他们的目标。进入学校可能需要建立一个足够强大的音素组织来支持阅读学习。为了获得更多的相关信息,读者应该去阅读由维多利亚·诺兰(Victoria Knowland)和克里斯·唐兰(Chris Donlan),还有卢里·弗恩-波拉克(Liory Fern-Pollak)和杰基·马斯特森(Jackie Masterson)编写的有关语言发展(第六章)和阅读能力发展(第七章)的内容。这两章也许有助于你确定这些事情发生的可能性有多大。

北大西洋公约组织(North Atlantic Treaty Organization, NATO)的一个脑与教育研究实验室发表了一份报告,比较了英国儿童和中国儿童在对简单的阿拉伯数字进行比较时的脑机制。先前的研究结果表明,说英文的成人与说中文的成人对阿拉伯数字的熟悉程度相似,但是简单的数字比较却采用了完全不同的大脑通路(Tang et al., 2006)。尚未进行的功能性磁共振成像(functional
xiii magnetic resonance imaging, fMRI)的研究可能会表明,在大量接触根据中国课堂改编的教学后,说英文的儿童运用了中文的大脑通路。这类研究能否导致旨在提高成功的可能性,缩小亚洲儿童和西方儿童之间的成就差距的变革?了解这在理论上是否可行,请阅读布赖恩·巴特沃思(Brian Butterworth)和佐克汉克·巴尔马(Sashank Varma)有关数学发展(第八章)的研究。

在美国,自闭症和注意缺陷多动障碍(attention deficit hyperactivity disorder, ADHD)发病率的增长引起了广泛的恐慌。正常发展的儿童的家长也对数字时代的孩子无法抵抗干扰,难以集中注意学习学校的科目深表忧虑。研究发现,特定的注意网络使我们能够将注意力集中在阅读和计算所需要的感官信息上(Posner & Rothbart, 2007)。自闭症儿童对感官刺激进行定向的一个注意网络遭到了破坏(Townsend, Keehn, & Westerfield, 2011),但是注意缺陷多动障碍儿童并无此类损伤(Johnson et al., 2008)。注意缺陷多动障碍儿童的缺陷在于与预警和自主控制反应有关的其他注意网络(Johnson et al., 2008)。此外,参与自主控制反应的注意网络连通性对于控制情绪与社会交往活动也很重要。萨拉-杰恩·布莱克莫尔(Sarah-Jayne Blakemore)及其同事,以及艾丽斯·琼斯(Alice Jones)撰写的两章(第十章和第十一章)显示了这种控制对儿童发展的重要性。

伦敦教育神经科学中心发表的研究显示,通过药物调节和影响化学物质分泌,可以使不同的注意网络抑制或兴奋。然而,药物可能并不是唯一的或最好的选择。对注意缺陷多动障碍儿童的大量研究表明,使用电脑或者通过直接的课堂教学进行训练可以显著提高儿童的注意力水平(Diamond, Barnett, Thomas, & Munro, 2007; Klingberg, 2011; Rueda, Rothbart, McCandliss, Saccamanno, & Posner, 2005)。然而,现在还不能确定这类训练能否长期改善注意缺陷多动障碍,或者能否通过加强注意网络来避免这类障碍,进而改善学生的在校表现,但我们可以想象,未来有可能设计出改善所有儿童学业表现的训练,并且在不同的社会阶层都能够取得相似的效果。你可以通过阅读米歇尔·德哈恩(Michelle de Haan)撰写的第十二章来了解这些观点的背景知识。

认知科学的一个重要发展是,在人类思维中,基于明确规则的概念往往不如模糊集合重要,后者用典型的实例来表示语义范畴(Rosch, 1975)。通过对隐喻思维的研究,这些范畴的结果已经被阐述并应用到人类的广泛思想中(Lakoff & Johnson, 2003)。神经影像研究者也开始探索大脑支持罗施概念(Roschian xiv
concepts)和隐喻思维的神经基础。许多领域的专家均发现,被试在与视觉系统相关的后部脑区出现了激活,这种激活可以自动处理书面文字的相关信息。其中,部分是面孔识别专家(Kanwisher, 2000),大部分是致力于阅读研究的专家(McCandliss, Cohen, & Dehaene, 2003)。梭状回的激活区域在快速识别面孔或阅读的任务中发挥着重要的作用。随着新技能的习得,这些脑区可以得到进一步发展,甚至允许人们根据过去的经验解释新的信息(Posner, 2013; Righi, Tarr, & Kingon, 2010; Tanaka & Curran, 2001)。对专家大脑机制的研究有助于我们判断特定的教学方法是否已经形成了真正的专业知识。若纳唐·富格桑(Jonathan Fugelsang)和丹尼斯·马雷沙尔(Denis Mareschal)撰写的第九章通过讨论科学推理训练的重要性,为我们提供了这些研究的背景。

为了促进与神经科学相关的教育体系的发展,下一代教育研究者理解神经科学的研究方法及思维方式很重要。神经科学的研究结果并不会直接指明应该如何开发课程,而是要求设计者创造性地将研究结果综合起来运用于适合的课程。做到这一点意味着要理解神经科学的思想(弗雷德里克·迪克及其同事/Frederic Dick and colleagues,第二章)是如何在计算式模型形成的过程中汇集起来的(迈克尔·S. C. 托马斯和黛安娜·劳里拉德/Michael S. C. Thomas and Diana Laurillard,第三章)。此外,所有人都拥有的神经网络与网络效率之间的关系是不同的,这在个体之间和个体内部也是不同的。与环境相互作用的基因变异是这些个体差异的影响因素(尤利娅·科瓦西及其同事/Yulia Kovas and colleagues,第四章)。至于课程开发,教育研究者必须了解研究和评估教育干预手段的初步设计,以确定哪种设计可以整合到总的课程中(安迪·托尔米/Andy Tolmie,第五章)。

尽管并不是所有的神经科学研究成果都能够应用于教育实践,但我希望本书可以传递教育神经科学激动人心的发展现状以及未来发展可能性的信息。

# 参考文献

Diamond, A., Barnett, S., Thomas, J., & Munro, S. (2007). Preschool improves cognitive control. *Science*, *30*, 1387 - 1388.

Guttorm, T. K., Leppanen, P. H. T., Poikkeus, A. M., Eklund, K. M., Lyytinen, P., & Lyytinen, H. (2005). Brain event-related potentials (ERPs) measured at birth predict later language development in children with and without familial risk for dyslexia. *Cortex*, *41*(3), 291 - 303.

Johnson, K. A., Robertson, I. H., Barry, E., Mulligan, A., Daibhis, A., Daly, M., Watchorn, A., Gill, M., & Bellgrove, M. A. (2008). Impaired conflict resolution
xv and alerting in children with ADHD: Evidence from the ANT. *Journal of Child Psychology and Psychiatry*, *49*, 1339 - 1347.

Kanwisher, N. (2000). Domain specificity in face perception. *Nature Neuroscience*, *3*, 759 - 763.

Klingberg, T. (2011). Training working memory and attention. In M. I. Posner (Ed.), *Cognitive neuroscience of attention* (2nd ed., pp. 475 - 486). New York: Guilford.

Kuhl, P. K. (1994). Learning and representation in speech and language. *Current Opinion in Neurobiology*, *4*, 812 - 822.

Kuhl, P. K., Tsao, F. M., & Liu, H. M. (2003). Foreign-language experience in infancy: Effects of short-term exposure and social interaction on phonetic learning. *Proceedings of the National Academy of Sciences of the United States of America*, *100*(15), 9096 - 9101.

Lakoff, G., & Johnson, M. (2003). *Metaphors we live by*. Chicago, IL: University of Chicago Press.

McCandliss, B. D., Cohen, L., & Dehaene, S. (2003). The visual word form area: Expertise for reading in the fusiform gyrus. *Trends in Cognitive Sciences*, 7(7), 293 - 299.

Molfese, D. L. (2000). Predicting dyslexia at eight years of age using neonatal brain responses. *Brain and Language*, *72*, 238 - 245.

Posner, M. I. (2013). The expert brain. In J. J. Staszewki (Ed.), *Expertise and skill scquisition: The impact of William G. Chase*. New York: Psychology.

Posner, M. I., & Rothbart, M. K. (2007). *Educating the human brain*. Washington, DC: APA Books.

Righi, G., Tarr, M. J., & Kingon, A. (in press). Category-selective recruitment of the fusiform gyrus with chess expertise. In J. J. Staszewki (Ed.), *Expertise and skill acquisition: The impact of William G. Chase*. New York: Psychology.

Rosch, E. (1975). Cognitive representation of semantic categories. *Journal of Experimental Psychology: General*, *104*, 192 - 233.

Rueda, M. R., Rothbart, M. K., McCandliss, B. D., Saccamanno, L., & Posner, M. I. (2005). Training, maturation and genetic influences on the development of executive attention. *Proceedings of the National Academy of Sciences of the United States of America*, *102*, 14931 - 14936.

Tanaka, J. W., & Curran, T. (2001). A neural basis for expert object recognition. *Psychological Science*, *12*, 43 - 47.

Tang, Y. Y., Zhang, W. T., Chen, K. W., Feng, S. H., Ji, Y., Shen, J. X., Reiman, E. M., & Liu, Y. Y. (2006). Arithmetic processing in the brain shaped by cultures. *Proceedings of the National Academy of Sciences*, *103*(26), 10775 - 10780.

Townsend, J., Keehn, B., & Westerfield, M. (2011). Abstraction of mind in autism. In M. I. Posner (Ed.), *Cognitive neuroscience of attention* (2nd ed., pp. 357 - 373). New York: Guilford.

# 第一章 引言



布赖恩·巴特沃思(Brian Butterworth)
安迪·托尔米(Andy Tolmie)

## 一、学科的本质

教育与促进学习相关，神经科学则与理解学习的心理过程相关。这一共同的基础表明，科学可以改变未来的教育实践，正如一个世纪前，科学改变了医学实践。

2011年，英国皇家学会报道

伦敦教育神经科学中心的使命以及本书的作者对这种改变是如何发生的进行了解释：

**是什么**(what)：我们的愿景是将过去三个完全不同的独立学科(教育学、心理学和神经科学)结合起来，聚焦一个共同的特定问题：如何更好地促进学习。这就意味着要建立一个新的科学共同体和新的学科，即教育神经科学。

**为什么**(why)：如今我们更了解学习是如何组织并重构脑的，但是目前只有极少的研究对教育实践产生了影响。目前最紧缺的是精通教育学、心理学和神经科学这三门学科的专家群体，培养这样的人才是当务之急。

2 **如何进行**(how):我们相信,我们可以在现有研究合作的基础上,通过创造新的初始训练、研究生研究和持续的专业发展机会来培养教育神经科学专家,以实现这一目标。

**影响**(impact):将教育学、心理学和神经科学结合起来,可以帮助我们设计出更好的终身学习环境,这将使学习者更有成就感,更有效率。

## 二、三个学科:教育学、心理学和神经科学

教育神经科学的目标是研究如何帮助所有学习者发挥其学习潜能,使所有学习者的学习更加有效。这意味着在实践中,教育要寻求以下两个主要问题的答案:

学习中的个体差异来源于何处?

对学习者最有利的环境是怎样的?

为了回答这两个问题,教育神经科学的发展经历了三个关键的探究阶段,下面我们依次讨论(如图 1.1 所示)。

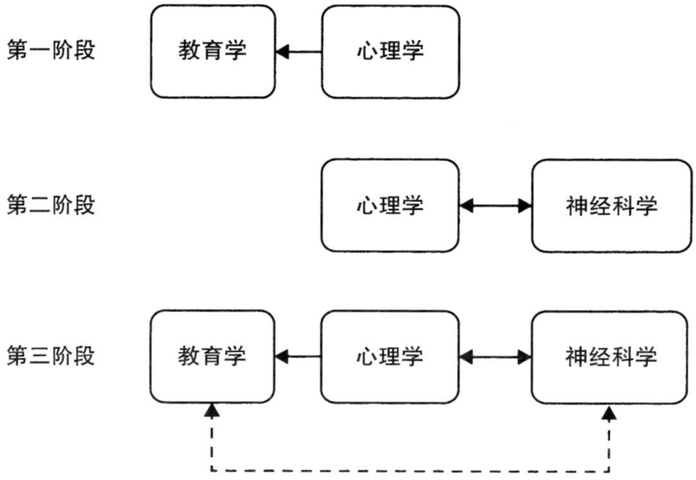


**图 1.1 教育神经科学发展经历的三个阶段**

### 第一阶段:教育学与心理学

教育神经科学在成为一门独立学科之前,就处于我们所说的第一阶段。在

尝试实现这些目标方面，教育学与心理学的合作由来已久。在与课程相关的领 3
域（如阅读学习和数学学习）尤其如此。心理学首先指出学习中个体差异的两个主要来源：第一，内在认知能力存在差异，例如，通过智商测验或工作记忆测验测出的差异，以及认知风格方面的差异。还有一些研究揭示了个体在语言发展（第六章）、阅读能力发展（第七章）和数学发展（第八章）等领域存在领域特异性的认知差异的证据。第二，心理学以及社会学研究揭示了个体差异的经验来源，如以社会经济地位或父母受教育程度为指标的家庭方面的差异（例如，Meihuish et al.，2008）。第三，关于最佳学习环境，心理学已经为调查和比较教学方法提供了一些方法论，也提供了一些建议，主要是数学和阅读方面的建议，少数与科学内容相关。

关于数学，桑代克（Thorndike）和布劳内尔（Brownell）之间有过经典的辩论。在《数学中的心理学》（*Psychology of Arithmetic*）一书中，桑代克（Thorndike，1922）从心理学的联想主义理论得到灵感，着重训练简单数字的联结。20 世纪 30 年代，布劳内尔在几篇很重要的文章中阐明了如何将心理学中关于有意义练习的思想应用于数学教学。到 20 世纪五六十年代，皮亚杰（Piaget）关于认知发展本质的建构主义理论影响很大。建构主义理论强调，当新的刺激不能用现有的图式来理解时，儿童会构建新的图式（适应）（见第八章）。

以阅读学习为例，心理学最突出的影响可能是将阅读障碍的学习者与其他学习者区分开来。这里，细致的心理评估揭示，尽管一些儿童有较好的视力或者较高的智商，也有良好的教学和家庭环境的支持，然而他们的阅读学习依然存在困难。关键是，研究发现，阅读障碍学习者在语音结构分析方面存在缺陷。因此，语音训练可以帮助他们（Bradley & Bryant，1978）。

虽然如此，学界持续讨论的一个问题是，是否存在单一的潜在表型（Elliott，2005），或者是否存在一些可分离的原因造成了阅读学习的延迟和差异。所谓的“阅读战争”记录了许多有效阅读教学的方法，也出现了完全根据心理学的方法来研究阅读表现的证据。一方面，有些人提出了“整词”（whole-word）或“整体语言”（whole-language）的方法——不训练儿童字母和读音的联结，而是鼓励儿童识别整词，念出整体的发音并作出解释；另一方面，有人提出语音教学法，即根据字母—读音的对应关系进行训练（Ehri，Nunes，Stahl，& Willows，2001）。不幸
的是，这两种方法的许多支持者拥有不同的立场，其中左派以儿童为中心的支持 4

者倾向于前者，而保守派以考试为中心的支持者更倾向于后者。当然，像英语这样的正字法，有许多不规则和特殊的发音，学习者既要掌握字母和语音的对应关系，又要掌握整个单词的发音和含义。学习者当然需要知道 pint 的读音与 print 并不相同。也许，教师鼓励学习者识别整词，而不是简单地把字母读出来会更有帮助。不过，儿童确实能够通过“自学”学会不规则的、例外的单词，也就是说，通过上下文来弄清单词的意思，从而得到 pint 的准确发音，然后将其储存在有意义的字母串的心理词典中(Share，1995)。

## 第二阶段：心理学与神经科学

第二阶段的特点是结合了神经科学与心理学的认知、情感和发展等分支，创造了认知神经科学。在这样的结合中，提出了由教育引发的问题，特别是阅读及其障碍和数学及其障碍的神经基础，以及更普遍的注意力、执行功能和记忆等神经基础的问题。

特别是，认知和学习的神经基础已经成为研究神经病患者的课题。这也许在学习和记忆方面最为突出，患者的选择性缺陷揭示了许多关于记忆结构的问题，区分了短时记忆和长时记忆、陈述性记忆和程序性记忆、编码和检索等。即使是揭示与课程相关的认知过程的神经基础的第一步，在很大程度上也要归功于对患者的研究。选择性阅读和拼写问题的识别及其神经基础的证据可以追溯到 1892 年的德热里纳(Joseph Jules Dejerine)，现代正常阅读的多路模型最初也是出自对患者的研究(经典的论述见 Shallice，1988)。同样，数学认知的基本解剖和功能组织也是在对患者选择性缺陷的研究中确定的(Caramazza & McCloskey，1987；Dehaene & Cohen，1995；Warrington，1982)。

然而，与教育神经科学最相关的方面——认知神经科学的关键动力来自神经过程发生时的活体影像(关于这些方法的讨论见第二章)。神经影像研究已经揭示了领域一般认知过程的重要方面，例如，智商测验的表现，甚至包括言语和非言语智商的发展轨迹(Ramsden et al.，2011)以及言语工作记忆(Paulesu,
5 Frith，& Frackowiak，1993)和空间工作记忆的神经基础(Petrides，2000；van Asselen et al.，2006)。其他导致个体差异的领域一般能力，如注意力和目标导向行为、社会性和情感发展，在神经影像研究中得到了更好的理解(见第二章)。同时，对他人思维能力的理解也变得更加清晰(见 Frith，2007，及第十章)。

与课程相关的认知能力研究也取得了进展。例如，神经影像研究揭示的脑中的阅读网络，清楚地将颞下回的视觉识别区与额下回的言语区联系起来，这可以帮助我们更好地理解阅读障碍中出现的个体差异。这已被证明与阅读网络的异常有关：左侧颞下回区域激活的减少（Paulesu et al.，2001）和左中颞叶的结构异常（Silani et al.，2005）。这些发现可能有助于澄清对阅读障碍者诊断方面的怀疑。

请注意，若没有神经影像研究，人们也许还会认为，学习不同的正字法（拼音文字，如英文或意大利文；表意文字，如中文或日文）是基于不同的神经回路。然而，我们从神经影像研究中了解到，所有的正字法都是由相似的神经网络加工的（Dehaene，2009），而且事实上，阅读障碍是由类似的神经异常造成的（Paulesu et al.，2001）。

现在已经可以对脑的发育进行大规模研究，以便更好地了解影响脑发育的遗传和环境因素。

### 第三阶段：教育神经科学的诞生

第三阶段就是我们现在所处的阶段：我们正在寻求用神经科学的成果来提高学习效果的途径，从而指导教育实践。布鲁尔（Bruer，1997）发表过一个广为流传的观点，认为这是“一座过于遥远的桥”。

第三阶段是我们现在所处的阶段。

> 目前，我们对脑发育和神经功能的认识还不够，不足以将两者直接联系起来，以任何有意义的、可辩护的方式进行教学和教育实践。第一座桥是一座成熟的桥，现在已经有近50年的历史，联结教育学和认知心理学；第二座桥仅有10年的历史，联结认知心理学和神经科学。这座崭新的桥使我们能够看到心理功能与脑结构的对应关系。当神经科学开始为教育工作者提供
> 关于教学和教育实践的有益见解时，这些见解就是第二座桥上频繁往来的 6
> 结果。认知心理学为我们提供了支撑这些桥的唯一坚实的基础。如果我们最终想要在教育和脑之间穿行，这是唯一的路径。

布鲁尔的这一立场来自他对非常基础的神经科学的三个方面的批判，这三个方面通常来自对非人类动物的研究：突触发生和突触修剪的时间过程，学习的关键期，以及丰富的早期环境的作用。他明确指出，这些方面的证据还不足以

为正规教育提供参考。然而，自 1997 年布鲁尔的论文发表以来，两座桥之间的"浮桥"——认知神经科学得到了迅速发展。这门学科利用脑成像的资源，发展和完善了我们对认知过程的理解，不仅包括支撑教育成就的那些过程，如工作记忆和学习过程，也包括语言、阅读、动机和数学中涉及的与课程相关的认知。这本身就是布鲁尔提到的"双桥"解决方案。

2005 年，《自然》(*Nature*)杂志发表了一篇持怀疑态度的评论文章，质疑认知神经科学对教育的贡献。它给出了这样警告：

> 研究者正在计划使用磁共振成像技术来"揭示技能发展的真面目"，例如，算数和阅读技能，这是令人着迷的工作。但是这些结果将如何付诸教育实践，就目前而言，很大程度上是一个思辨的问题。在脑活动与行为之间建立有意义的联系是很困难的，即使是在受控的实验室环境中。脑成像极具魅力，但是令人遗憾的是，媒体的报道往往令人喘不过气来，反应过激。需要确保这些项目不会导致那些知识不足的"专家"设计更多的伪科学教育工具……还有一个很好的理由，就是对神经科学研究中衍生出来的教育工具进行更严格的实证检验。例如，有证据表明，阅读障碍者在听觉加工方面有问题，研究者已经开发了一个名为"速学单词"(Fast ForWord)的程序来帮助阅读障碍者学习阅读。但是，在他们还没有收集证据证明它对阅读障碍者以外的其他人有帮助之前，这些研究者的公司把它作为没有特定阅读缺陷的儿童的学习辅助工具，向市场推销这个软件。目前的重点应该是提供这类证据。(Editorial, 2005, p. 1138)

虽然如此，这些新的方法可以让我们探索儿童的个体差异和新的教育方式，架设从神经科学到教育学的直接桥梁。例如，我们可以通过阅读神经网络中异常的神经结构和激活模式识别阅读障碍者(见第七章)，甚至在年幼的孩子开始学习阅读之前，就可以利用他们的脑对语音的神经反应将他们识别出来
7 (Lyrtinen et al., 2001)。也可以通过计算障碍者异常的神经结构和激活模式将他们识别出来(见第八章)，这些结果比行为学方法更有辨别力(Dumontheil & Klingberg, 2011)。甚至语言发展(见第六章)、逻辑推理以及社会性发展和情绪发展等方面的个体差异(分别见第十章和第十一章)，也可以通过神经影像揭示出来。此外，遗传学和神经影像之间的联结就像遗传学与认知能力之间的联结一样，可以快速得到加强(见第四章)。

事实上，新的方法使科学家能够更精确地绘制发展轨迹。在不久的将来，不仅可以发现个体发育时间点上的神经差异（这可以解决，而且只是发育迟缓问题），还可以追踪教育相关认知功能的发育轨迹差异。我们可以使用轨迹差异的数学模型对学习者进行分类，这些学习者模型可以为教学和学习技术中个性化学习情境的设计提供参考（见第三章）。

当然，这涉及三个学科，每个学科都有自己的方法论，因此整合并不是一件容易的事。因此，关键之举是劳里拉德（Laurillard，2007）提出的“方法协作”。也就是说，尽管这三个学科的方法不同，但每个学科都有可能而且确实有必要检验其他学科的研究结果。例如，当认知神经科学的理论产生了新的教学设计时，该理论将通过更有效的学习来检验。更通俗地说，方法协作可以通过明确的学习过程的计算式模型来实现（见第三章）。

## 三、教育神经科学发展中的问题

本章前文已经阐述了教育神经科学的一些目标。从科学的角度来看，教育神经科学的基本原理是明确的，尽管它所要求的各学科之间的合作以及最终的整合，带来了一系列理论和方法上的挑战。我们可以把过去 150 年里关于学习的经验驱动理论的多样性看作是学习相关现象高度复杂的一个标志。在很长一段时间里，似乎只能以零碎的方式来捕捉这些现象。然而，教育心理学家和认知神经科学家已经认识到，通过将社会和认知或者认知和神经过程整合在一个话语体系，可以建立更综合的学习模型，从而更合理地处理这种复杂性（关于前者 8
的例子，可以见 Philips & Tolmie，2007；关于后者的例子，可以见 Klingberg，2010；McNab et al.，2009）。如果我们想要实现对学习的全面描述，合乎逻辑的结论是：这将取决于将所有这些环节整合到一个非还原性的框架中，该框架保留了环境、认知和神经层面的描述，并寻求了解这些环节之间是如何相互作用和影响的，从而在正式和非正式的教育环境中产生观察到的结果。教育神经科学的目的就是要提供这样一种框架。

然而，当我们从教育的角度来看待教育神经科学的目标时，情况就变得更加复杂了。教育本身就是一项极其复杂的活动，有社会、经济、政治和个人的目标，相应地也有对如何界定成功结果的各种观点。实际上，在教育与公共卫生之间存在一些有趣的（而且我们将看到，可能也是有用的）相似之处（见本章开篇引语）；要准确地界定我们为什么要促进其中之一是很困难的，我们最关心的是使人们能够在智力或身体上发挥自己的潜力，并消除妨碍这一结果而又可以避免的障碍。然而，尽管最终目标不明确，但似乎有理由认为，充分科学地理解学习过程及其制约因素，并将这种理解与教学实践进行最佳协调，是教育者和研究者共同关注的问题。这句话的言下之意是：这种意义上的**转化**研究及其课程实践，最终是教育神经科学的基本目标。这句话的深层含义是：目前实现这一目标所需的关键构件由不同的团体持有，不仅有科学家团体，而且还有教育工作者、行政人员和决策者团体，因为如果要实现真正的转化，这些团体也将发挥关键作用。

如果我们要了解如何取得进展，就必须认真分析将这些团体组合在一起可能需要的条件，但这种分析表明，科学挑战实际上可能比组织方面的挑战要小。公共卫生作为一门学科和一种实践的发展，在某种程度上表明了可能涉及的问题，并提供了一些线索，说明我们为实现转化目标可能需要发展的结构。现代公共卫生的起源经常追溯到斯诺（John Snow）在 1854 年伦敦霍乱爆发期间的工作。污水和垃圾处置不当一直被认为是特定疾病发生的原因，但在此之前，对有关机制的思考是由瘴气理论主导的——疾病本质上起源于腐烂的有机物在空气中的传播。因此，对疾病爆发的反应是关注空气的流通和墓地的位置等方面。
9 斯诺对微生物理论的应用（当时已经逐渐获得一系列支持性证据）表明，特定的微生物是霍乱传播的原因。这又使他确定了一个被污染的公共水井是疫情的来源。这一显著的成功导致微生物理论迅速扩展到一系列传染病，公共卫生工程方面获得令人注目的发展。在随后几十年里，活动范围逐渐扩大到与公共教育（如婴儿健康）、疫苗接种、道路安全、职业安全和药物控制有关的项目的发展。这里仅举几个例子。在发达国家，公共卫生已经成为日常生活的一部分，由于政府和国际机构（如政府卫生管理部门、世界卫生组织）促进良好做法的发展，公共卫生也成为发展中国家的一个明确目标。

如果教育神经科学的转化目标与公共卫生科学相似，那么这也许意味着我们应该：(1) 首先瞄准一个关键教育需求领域，在这个领域，良好的理论能够产生明显的变化；(2) 通过代表不同学科领域的核心团队（即相当于流行病学家、生物统计人员、地方和国家政府官员以及保健服务专业人员），从这个最初的例子向外发展，活动重点是共同确定需求或风险领域以及应对这些问题的方法；(3) 提升公众对有效预防的了解（不一定要知道它为什么有效）；(4) 最终让政府控制，同时继续为政府提供良好的相关证据。第二步几乎是整个环节中最重要的一步，不同专业背景的多学科团队的主要参与者之间须达成共识，以相关学科的共同知识为基础（在一定范围内），同时尽可能避免对任何一种方法的偏见，因为这可能会破坏这种共识。

这是一个复杂而艰难的平衡过程。首先从科学本身说起，公共卫生模式表明，研究者在提供可靠和系统的证据以指导有效行动方面可以发挥关键作用。然而，迄今为止，教育神经科学的研究是零碎的，而且发展不平衡，许多关于阅读障碍的工作开始于提升读写能力的补救教学和回归主流教学（Hulme & Snowling, 2009）。但很少有其他领域达到这一活动水平，而且一些领域（例如，科学概念的发展、超常儿童）只有少数研究人员进行了研究。当然，可以说，公共卫生科学在 19 世纪 50 年代也处于类似的境地，但它至少在微生物理论方面有一个统一的框架，在一系列工作领域积累了支持性的证据，并且能够推动进一步的工作。在教育神经科学中很难找出类似的一致性的框架，研究者在某种程度 10
上达成共识：教育神经科学主要基于这样一个共同的信念，即全面理解学习过程需要考虑神经层面的问题，而不需要考虑应采取的模型或框架（构成）的问题。如果没有一个更加协调的研究计划，涵盖一系列关键课程领域的典型和非典型学习，包括语言和读写、数字和数学、科学中的概念发展和因果理解，以及社会性情绪的发展，将很难达成共识。只有利用我们所掌握的各种不同的学科方法，包括显示可能产生特定结果的干预工作来收集涵盖广泛现象的证据，才有可能形成更大的图景。本书的一个目的是鼓励制定这种研究计划，说明这一计划中不同要素的一些情况。

同样重要的是，教育神经科学有必要作为一个共同体才能在若干不同意义上取得进展。就像之前讨论过的，将有来自不同学科背景的研究者，以平等的伙伴关系一起工作。然而这样的研究共同体需要协调一致和自我维持，这不仅需要现有研究者之间的对话和合作，还需要为学生和研究者的培训创造一个跨学科的环境，这些学生和研究者将成为第一批成熟的教育神经科学家，因为他们从一开始就接受了全面思考这一领域的教育。

不过，如前所述，要想取得成效，我们必须认识到，研究者只能是这个更广泛共同体的一部分，他们在其中参与和交流，帮助制定研究议程，并始终关注对实践(包括实施)的影响。这个更广泛的共同体需要包括教师、实习教师、教师培训机构、专业教育和学校心理学家、言语和语言治疗师、儿童神经科学家，以及参与实施循证学习支持和学习困难补救工作的其他专业人员。此外，如果我们认真对待公共卫生模式，那么这个更广泛的共同体的功能就远远超出咨询或协商的作用：它需要成为研究者和专业人员的主动合作者，共同发现问题，通过严格的研究增进理解，并形成解决方案。换句话说，从业人员需要参与到研究的核心中，研究者需要参与到实施问题中。这些隐含的角色对所有相关人员来说都是陌生的，因此，即使是建立小的运作团队，也需要成员作出不同寻常的承诺，而这种承诺可能首先需要基于对工作潜力的信念，而不是实质性的具体的利益。

11 最后，还需要与政策制定者和政策塑造者接触，以帮助确保教育神经科学具有社会公认的价值，并确保团队成员在某种意义上得到认可，为开发和部署新的教育形式做出贡献。在这样的环境下，政治家和政策专家会不断受到竞争激烈的既得利益组织的游说，在这方面的成功将取决于是否能以某种方式脱颖而出。因此，好的科学和在此基础上令人信服的应用是非常重要的。如果说公共卫生科学是如此，那么教育神经科学更是如此。

## 参考文献

Bradley, L., & Bryant, P. (1978). Difficulties in auditory organisation as a possible cause of reading backwardness. *Nature*, *271*, 746 - 747.

Bruer, J. T. (1997). Education and the brain: A bridge too far. *Educational Researcher*, *26*(8), 4 - 16.

Caramazza, A., & McCloskey, M. (1987). Dissociations of calculation processes. In G. Deloche & X. Seron (Eds.), *Mathematical disabilities: A cognitive neuropsychological perspective*. Hillsdale, NJ: LEA.

Dehaene, S. (2009). *Reading in the brain: The science and evolution of a human invention*. New York: Penguin.

Dehaene, S., & Cohen, L. (1995). Towards an anatomical and functional model of number processing. *Mathematical Cognition*, *1*, 83 - 120.

Dumontheil, I., & Klingberg, T. (2011). Brain activity during a visuospatial working memory task predicts arithmetical performance 2 years later. *Cerebral Cortex*, *22*(5), 1078 – 1085. DOI: 10.1093/cercor/bhr175

Editorial. (2005). Bringing neuroscience to the classroom. *Nature*, *435*, 1138.

Ehri, L. C., Nunes, S. R., Stahl, S. A., & Willows, D. M. (2001). Systematic phonics instruction helps students learn to read: Evidence from the National Reading Panel's meta-analysis. *Review of Educational Research*, *71*(3), 393 – 447.

Elliott, J. (2005). The dyslexia debate continues. *The Psychologist*, *18*(12), 728 – 730.

Frith, C. D. (2007). *Making up the mind: How the brain creates our mental world*. Oxford: Blackwell.

Hulme, C., & Snowling, M. J. (2009). *Developmental disorders of language learning and cognition*. Chichester: Wiley-Blackwell.

Klingberg, T. (2010). Training and plasticity of working memory. *Trends in Cognitive Sciences*, *14*(7), 317 – 324.

Laurillard, D. (2007). *Making the link between neuroscience and teaching methods*. Paper presented at the Numbra Summer School *Numeracy and brain development: Progress and prospects*.

Lyytinen, H., Ahonen, T., Eklund, K., Guttorm, T. K., Laakso, M.-L.,
Leinonen, S., Leppanen, P. H. T., Lyytinen, P., Poikkeus, A.-M., Puolakanaho, A.,
Richardson, U., & Viholainen, H. (2001). Developmental pathways of children with and 12
without familial risk for dyslexia during the first years of life. *Developmental
Neuropsychology*, *20*(2), 535 – 554.

McNab, F., Varrone, A., Farde, L., Jucaite, A., Bystritsky, P., Forssberg, H., & Klingberg, T. (2009). Changes in cortical dopamine D1 receptor binding associated with cognitive training. *Science*, *323*(5915), 800 – 802.

Melhuish, E. C., Sylva, K., Sammons, P., Siraj-Blatchford, I., Taggart, B., Phan, M. B., & Malin, A. (2008). Preschool influences on mathematics achievement. *Science*, *321*, 1161 – 1162.

Paulesu, E., Démonet, J.-F., Fazio, F., McCrory, E., Chanoine, V., Brunswick, N., Cappa, S. F., Cossu, G., Habib, M., Frith, C. D., & Frith, U. (2001). Dyslexia: Cultural diversity and biological unity. *Science*, *291*(5511), 2165.

Paulesu, E., Frith, C. D., & Frackowiak, R. S. J. (1993). The neural correlates of the verbal component of working memory. *Nature*, *362*, 342 – 345.

Petrides, M. (2000). The role of the mid-dorsolateral prefrontal cortex in working memory. *Experimental Brain Research*, *133*, 44 - 55.

Philips, S., & Tolmie, A. (2007). Children's performance on and understanding of the Balance Scale problem: The effects of parental support. *Infant and Child Development*, *16*, 95 - 117.

Ramsden, S., Richardson, F. M., Josse, G., Thomas, M. S. C., Ellis, C., Shakeshaft, C., Seghier, M. L., & Price, C. J. (2011). Verbal and non-verbal intelligence changes in the teenage brain. *Nature*, *479*(7371), 113 - 116.

Shallice, T. (1988). *From neuropsychology to mental structure*. Cambridge: Cambridge University Press.

Share, D. L. (1995). Phonological recoding and self-teaching: Sine qua non of reading acquisition. *Cognition*, *55*(2), 151 - 218.

Silani, G., Frith, U., Demonet, J. F., Fazio, F., Perani, D., Price, C., Frith, C. D., & Paulesu, E. (2005). Brain abnormalities underlying altered activation in dyslexia: A voxel based morphometry study. *Brain*, *128*(10), 2453 - 2461.

Thorndike, E. L. (1922). *The psychology of arithmetic*. New York: Macmillan.

van Asselen, M., Kessels, R. P. C., Neggers, S. F. W., Kappelle, L. J., Frijns, C. J. M., & Postma, A. (2006). Brain areas involved in spatial working memory. *Neuropsychologia*, *44*(7), 1185 - 1194.

Warrington, E. (1982). The fractionation of arithmetical skills: A single case study. *Quarterly Journal of Experimental Psychology*, *34A*, 31 - 51.

# 第二章　神经影像方法



弗雷德里克·迪克(Frederic Dick)
萨拉·劳埃德-福克斯(Sarah Lloyd-Fox)
安娜·布拉西(Anna Blasi)
克莱尔·埃尔韦尔(Clare Elwell)
戴比·米尔斯(Debbie Mills)

用神经影像方法探索正常儿童和异常儿童(从婴儿期到青少年期)脑结构和功能的发展,有了突飞猛进的进步。鉴于神经影像方法在教育神经科学中具有举足轻重的作用,我们有必要了解该方法在检测儿童的脑变化时能做什么与不能做什么。本章将回顾目前在儿童发展研究中使用的三种神经影像方法,即脑电图(electroencephalography, EEG)和与之相关的事件相关电位(event-related potentials, ERPs)、近红外光谱(near-infrared spectroscopy, NIRS)以及磁共振成像(magnetic resonance imaging, MRI)。我们将依次阐述每种方法的理论基础和应用问题,并重点介绍与每种方法相关的一些关键的发展性发现。

## 一、脑电图和事件相关电位

自20世纪60年代中期以来,脑电图和源于脑电图的事件相

关电位技术已经成为研究整个生命过程中与脑活动相关的感觉、注意和认知
加工领域使用最广泛的方法。不断发展的脑电图和事件相关电位研究为探索
脑组织如何随儿童年龄的增长和新技能的习得而发生变化提供了大量的信
14 息。脑电图和事件相关电位的记录成本相对较低，不需要被试作出明显的反
应。这是目前最实用的神经影像方法，用于研究婴儿和儿童等不易使用其他
脑成像方法进行测量的个体的脑活动的发展变化。随着最近易于使用的成套
事件相关电位系统的出现，许多发展和教育科学家正在建立电生理学实验室。
这一轮新的研究热潮的伟大前景在于，它提出了发展性问题的本质。然而，这
些方法也有其局限性。本节讨论一些有希望的方法，以及脑电图和事件相关
电位研究者在收集、分析和解释发展中人群的电生理数据时常会遇到的问题。

### 1. 脑电图的记录规则与事件相关电位的平均值

脑的不同部位通过在脑细胞即神经元间发送微小的电化学信号来进行交流。当大量神经元同时发射信号时就产成了脑电活动。通过在头皮上不同位置放置小金属传感器(电极)，科学家可以记录和分析脑电活动。脑电图通过测量定期采样的两个电极位置之间的电压差来记录脑电活动随时间发生的变化。脑电活动在不同的频率上振荡，与不同的警觉性状态相联系，使得脑电图有了个通俗的名字：脑电波。脑电图通常以频率函数为特征，以每秒的周期或赫兹为单位，时间进程以毫秒为单位。成人的脑电活动频率为 1—100 赫兹。较慢的脑电活动频率(1—13 赫兹)与睡眠或放松状态有关。13—100 赫兹的脑电活动频率与警觉性和从注意问题到解决问题的各种心理功能有关。

脑电图测量的是正在进行的脑活动，与此不同，事件相关电位是在每个电极位置记录的、在固定时间对特定刺激(如图片或声音)作出反应的脑电图的平均值。通过计算多个相位的平均脑电，就可以得到与刺激无关的活动的平均值。由此产生的事件相关电位反映了特定事件锁定的脑活动。事件相关电位的特征有一系列正向和负向的波形。事件相关电位是电压(以微伏为单位标记在 $y$ 轴上)随时间(以毫秒为单位标记在 $x$ 轴上)的变化。与特定感官或认知事件相关的电压波动被称为事件相关电位成分。这些成分的振幅、潜伏期和分布情况提供了有关神经系统的性质、时机和组织的信息，这些神经系统通过特定的刺激调

节认知过程。

脑电图的记录规则和事件相关电位平均值的计算涉及一系列的步骤，这些 15
步骤在各种电生理的硬件包和软件包中的操作基本一样。这些步骤包括：放置电极，放大和过滤脑电图，确定数据化采样率，选择参考值，特定刺激下脑电图的时间锁定，人为的探测、淘汰或校正，以及计算事件相关电位的平均值和绘图。实施任意一个步骤的时间和方式都取决于你选择哪种硬件和软件，而且在很大程度上取决于实验室的事件相关电位理念。

过滤脑电图、选择参考值和人为的探测是特别重要的步骤，会影响对结果的解释。但是，即便是最优化地实施这些步骤，也会导致实验室之间的意见分歧。对这点的深度探讨并不在本章的兴趣范围内，但其中一些问题可能还是会被提及。若想了解关于事件相关电位记录、信号平均化和解释的更多信息，可以参考相关文献（de Haan, 2007；Handy, 2005；Luck, 2005；Luck & Kappenman, 2012）提供的资料。

### 电极放置

10—20 国际电极放置标准化系统于 20 世纪 50 年代末建立（Jasper, 1958）。它是基于电极位置和头部的标志之间的相对测量，即鼻根（鼻梁）和枕骨（后脑勺上的突起）。目前一些高密度系统有多达 250 个电极点，这些高密度系统采用球坐标来定义特定的位点。然而，10—20（或以后的 10—10 或 10—5）放置系统仍然是研究者广泛使用的放置交流电极位置的方法。电极的寿命根据电极数和系统类型而有很大的不同。理想的电极数取决于研究问题的需要。使用源定位程序的研究需要大量的电极。相比之下，对分布较广的事件相关电位成分进行调整的研究则更倾向于选择更少的电极来记录。

现在大多数放置系统都使用弹性头套（如图 2.1 所示），或是可以安全放在头上的网。电极位置固定在头套或网内，根据头围决定头套或网的大小。用于测量眼球运动的附加电极可以是头套的一部分，也可以单独使用。凝胶或生理盐水用于促进电极和头皮之间的连接。对于年龄较小处于发育中的被试来说，将电极放置在被试头上的时间会对记录的数据产生重大影响。娱乐对年龄较小的被试会很有帮助。在 10 或 15 分钟内完成电极放置将大大提高脑电图的质量。

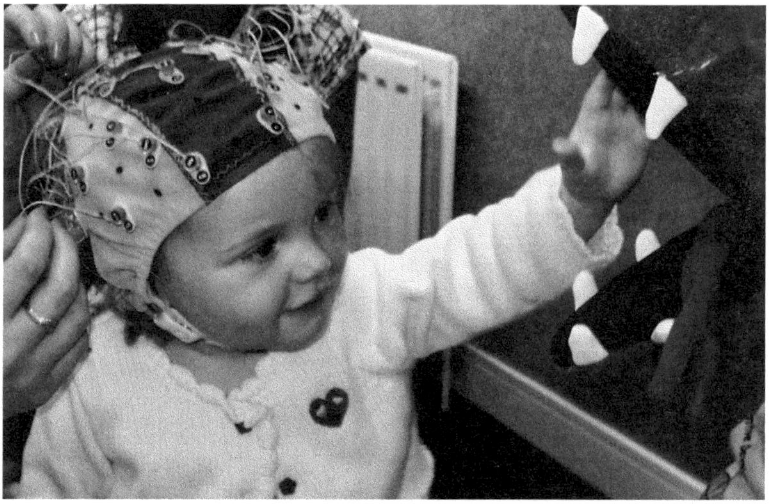

图 2.1 戴着事件相关电位头套的婴儿正在与玩偶互动

**脑电图的记录**

如前所述，脑电图主要测量两个电极之间的电压差。为了获取这些记录，大
16 多数系统只选取一个电极点作为参考，即在数据采集过程中从其他活动电极位点中减去的一个电极通道。由于脑活动生成的信号非常微弱，它们必须被扩大约1万至5万倍才能够被检测到。因此，系统每隔一段固定的时间就会检测每个电极点的电压差。大多数现代化的脑电图采样系统的频率都在500赫兹到2 000赫兹之间，甚至更高。也就是说，每个电极点的数据每隔0.5—2毫秒就被记录一次。

在记录时，频繁使用高通道(high-pass)和低通道(low-pass)过滤器删除与脑活动无关的电噪声。有点违反常理的是，过滤器描述的是**允许通过**的频率。因此，高通道过滤器用于删除低频人为伪迹，如头动和皮肤电信号的污染。相比之下，低通道过滤器主要用于删除由外部电源，如电设备引起的高频噪声。所谓的带通道(bandpass)过滤器可以同时设置高通道和低通道过滤选项。需要注意的是，数据获取过程中的过滤是将特定频率从记录中**永久**删除。这种过滤会在得到事件相关电位信号的过程中使脑电图信号失真。因此，记录时将带通道设定得越宽越好。还有一些事件相关电位系统可以记录参考值以及零过滤的数据，而这些过滤步骤则是在数据分析软件中完成的，而不是在数据采集过程中完成的。在信号平均化期间，还可以离线应用和重新引用额外的过滤器。这超出了本章的范围,但是读者可以在上面引用的资料中更多地了解这些程序。

**事件相关电位的信号平均** 17

与脑电图相比,事件相关电位反映了某个特定时间段内(相位)由特定刺激如“熟悉脸对比陌生脸”的图片所引起的脑活动的变化。将脑电图的相位锁定在某个特定刺激(如熟悉脸)出现的时间,并将这些相位进行平均,就得到事件相关电位。这个平均的过程需要将脑电图数据切割成与特定刺激和实验条件的呈现相联系的时间或时间组块,探测并删除或校正与头动或其他噪声相关的人为伪迹,并将每个电极点随时间的活动情况进行平均。

相位的长度包括毫秒的刺激前基线间隔,以及刺激后时间。例如,语言发展的研究可以使用一个 200 毫秒的刺激前基线和一个 1 000—1 500 毫秒的刺激后时间。事件相关电位的长度取决于被测量的认知过程,以及被试的年龄。和感觉加工相关的成分出现的时间会比高级认知成分出现的时间早。婴幼儿的脑电活动会比成人慢,因此可能需要更长的相位。每种条件下的试验次数是另一个需要考虑的重要因素。在事件相关电位平均过程中,脑电图的试验次数越多,信噪比(signal-to-noise ratio)就会越大。总体来说,振幅较大、分布较广的事件相关电位成分与振幅较小、发生较早的感觉类电位相比,每种条件需要的试验次数较少。

这种方法对动作很敏感,这也是将事件相关电位应用于婴幼儿研究的一个局限。因此,我们要考虑如何处理不同类型的人为伪迹,如运动、眨眼和横向眼动。信号平均的原理是,大量的脑电图相位被平均后,只有那些感觉或认知事件引起的信号会被保留。因此,如果每种条件有足够多的试验次数,在脑活动振幅范围内的多数的人为伪迹就会被平均掉。但是,事件相关电位还是可能由于一些较大的人为伪迹,尤其是伴随某些人为刺激而出现的人为伪迹(如被试每次听到声音刺激都会眨眼)而失真。

眨眼很容易用眼电极检测,因为它们在眼的上方和下方的极性是相反的。对于年龄较小的被试,在电极上贴上色彩鲜艳的贴纸可以帮助他们耐受眼睛下面的额外电极。每个软件包都有自己的方法和算法来检测不同类型的人为伪迹。目前有两种比较常用的去除人为伪迹的方法,但到底哪种方法更好还未有定论。传统意义上,被人为污染的那些试次通过人为排查法就可以在信号平均时被移除。然而,由于婴幼儿的脑电图信号通常很强,因此用同一标准的阈限(如 ± 100 微伏)

对试验次数进行排查可能会有问题，因为那些有高电压的前额叶部位脑电活动的
18 试验次数可能会被排查掉。另外，被试的差异，或者同一被试在不同试验次数中的差异也可能会导致某些阈限以下的人为伪迹被保留，因为阈限是基于全体被试设定的。因此，设定个人阈限虽然比较耗时，但却是一个更好的选择。

还有一些研究者喜欢对人为伪迹进行模拟，例如，用独立成分分析并用其减去模拟信号来校正平均值。然而由于不同试验次数的人为伪迹在形态学上各不相同，所以对婴幼儿的人为伪迹进行模拟有些困难。即便最好的人为排查或校正步骤都不如一份干净的、完全没有人为伪迹的记录。为了获得最好的结果，将信噪比最大化，并尽可能缩短电极的放置时间及实验时间，保持被试的兴趣是至关重要的。让儿童被试能够阶段性地休息，并在休息时为其提供一些彩色的能够转移注意力的玩具，为他们能够保持静坐提供一些强化和奖赏，都是提高脑电图和事件相关电位数据质量的有效办法。

## 2. 事件相关电位成分的意义

不管是新手还是专家，都可能将事件相关电位数据的意义神秘化。这里将要描述事件相关电位研究者如何呈现、测量和解释脑电波。事件相关电位可以被看作是电压随着时间变化出现的一系列正负偏差。如上文所述，$y$ 轴是以微伏为单位的振幅，$x$ 轴是以毫秒为单位的时间(如图 2.2 所示)。注意，在阅读事件相关电位论文时，负向电压的确有时出现在 $x$ 轴下方，有时出现在 $x$ 轴上方(如图 2.2 所示，负向电压出现在 $x$ 轴上方)。

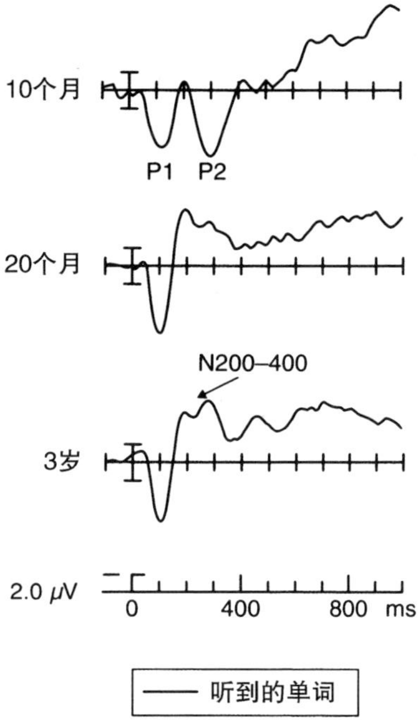


**图 2.2 随发展而变化的词语刺激产生的事件相关电位成分**

通过多个实验，与感觉和心理过程相联系的电压波动被称为事件相关电位成分。事件相关电位成分通常由它们的正负极(P 是正极，N 是负极)和峰值潜伏期(例如，在某时刻一个成分达到最高或最低的峰值)来命名的。例如，一个由语义加工引起的负成分通

常在400毫秒左右达到峰值，因此叫作N400。另外，也有些成分会以它们在脑波中出现的顺序命名（例如，某个电极在整个事件相关电位波相中的平均电压波动）。例如，脑波中出现的第一个正成分通常叫作P1。

事件相关电位成分的测量反映了潜伏期（最大正向或负向活动出现的时间，以毫秒为单位）、峰值或平均振幅（在特定的时间窗内，最大或平均的正向或负向活动，以微伏为单位），以及头皮活动的分布（观测到的脑活动电极点的位置）。 19
需要注意的是，我们尚未充分了解测量到的事件相关电位成分与更基础的神经活动变化两者之间的关系。一个简单的解释是潜伏期、振幅和事件相关电位成分的分布可以让我们知道神经活动的时间、数量以及（从某种程度上讲）生理来源。

### 潜伏期

事件相关电位的潜伏期为我们提供了不同认知加工在时间进程上的信息。潜伏期越长，加工越慢。一个黄金法则是，在刺激出现后的200毫秒，感官加工达到了峰值，但更高级的认知加工通常需要更长的潜伏期。比较不同实验条件下的事件相关电位潜伏期，可以为我们提供不同认知事件在时间进程上的信息。例如，事件相关电位曾用于提供成人（Desroches, Newman, & Joanisse, 2009; Rodriguez-Fornells, Schmitt, Kutas, & Munte, 2002）、儿童（Coch, Grossi, Skendzel, & Neville, 2005），甚至婴儿（Conboy & Mills, 2006; Friedrich & Friederici, 2010,2011; Mani, Mills, & Plunkett, 2012; Mills et al., 2004）在语义和语音解码时的时间信息。

### 振幅 20

事件相关电位振幅反映了不同实验条件或者不同被试组所引起的神经活动量的相对大小。总体上说，较大的振幅反映了较强的神经活动，被特定刺激事件激活的神经元的数量较多。例如，注意力的集中程度会影响特定事件相关电位成分的振幅，和非注意条件相比，注意条件可以观察到更大的振幅。研究发现，3—8岁儿童与注意力相关的事件相关电位成分（在刺激出现后的100毫秒）的振幅，同他们抑制无关信息的能力密切相关（Stevens, Lauinger & Neville, 2009）。

**分布**

事件相关电位的特征还反映在头皮分布上。分布是指一个既定的事件相关电位成分、事件相关电位效应(不同条件之间事件相关电位不同)或峰值出现的脑区(如左或右,前或后)。例如,在史蒂芬等人(Stevens et al., 2009)的研究中,注意条件和非注意条件下事件相关电位的振幅差出现在左半脑前部。这时可以将事件相关电位效应描述为左前分布。某种程度上,事件相关电位成分的分布反映了生理来源。如果认知事件引起的事件相关电位的振幅与分布不同,那么背后参与的脑系统往往也不同。

很重要的一点是,不要将头皮上事件相关电位的分布和这些信号产生的脑区相混淆。如上文所述,左前分布是指在位于左额叶区域上方的电极位点,观察到由注意条件和非注意条件引起的事件相关电位振幅差异。事实上,这并不意味着这种活动的来源是左额叶区域。事件相关电位成分的分布和来源往往是不同的。例如,N400(一种负向的波形),即通常在400毫秒左右达到峰值,和语义融合有关,并出现在大脑右后方。但是功能性磁共振成像和脑磁图(magnetoencephalography, MEG)研究都将N400定位在左侧颞叶区(left temporal regions; Lau, Phillips & Poeppel, 2008; Van Petten & Luka, 2006)。

## 3. 事件相关电位及发育

近年来,越来越多的研究开始用电生理学的方法来解决发育的问题。图2.3显示了在美国心理学会心理学文摘数据库(PsycINFO)中用术语“事件相关电位、脑电图或电生理学”搜索发现的,经同行评审的有关发育类的(出生到17

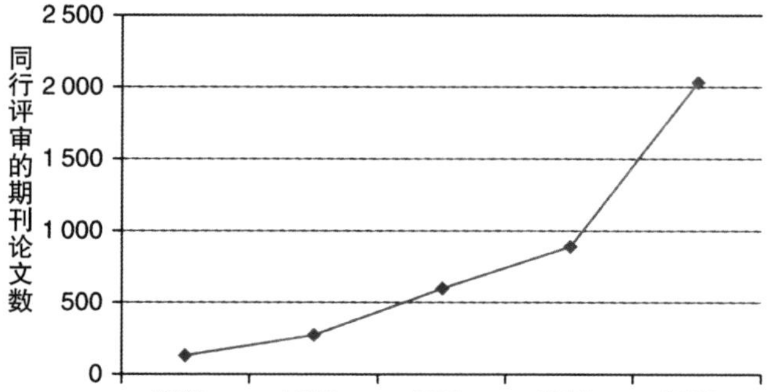




**图2.3 心理学文摘数据库中有关发育类的事件相关电位和脑电图的论文数量的增长**

岁之间的发育人群)事件相关电位和脑电图的论文数量的增长。

20 世纪七八十年代的二十年间,只有几百篇发育类的事件相关电位或脑电图文章发表。相比之下,2010 年至 2011 年的一年内(未在图中显示)就有超过 1 000 篇以发育中的人群为研究对象的事件相关电位或脑电图文章。早期的事件相关电位研究倾向于关注事件相关电位成分本身,以及在成人身上观察到的事件相关电位成分是否也能在婴幼儿身上观察到。后来,有很多发展心理学家开始用事件相关电位方法研究脑和认知发展的一些更加细节的问题。事件相关电位方法开始更广泛地应用于对多个领域不同方面发展变化的研究。例如,绘制不同脑区成熟过程的图谱(Ceponiene, Rinne, & Näätänen, 2002; Kurtzberg, Stone, & Vaughan, 1986; Segalowitz & Davies, 2004),评估听觉系统和视觉系统的完整性和发展(Atkinson, 2001; Coch, Skendzel, Grossi, & Neville, 2005; Dubois et al., 2008; Kushnerenko et al., 2002; Kurtzberg et al., 1984; Wunderlich, Cone-Wesson, & Shepherd, 2006),注意力的发展(Reynolds, Courage, & Richards, 2010; Richards, Reynolds, & Courage, 2010),言语感知和语言(Conboy & Mills, 2006; Friedrich & Friederici, 2010, 2011; Kuhl & Rivera-Gaxiola, 2008; Mills et al., 2004),社会性发展和认知发展(Carver & Bauer, 2001; Itier & Taylor, 2004),学习的直接效应(Key, Molfese, & Ratajczak, 2006; Mills, Plunkett, Prat, & Schafer, 2005),对后期发育的预测(Kuhl, Conboy, Padden, Nelson, & Pruitt, 2005; Molfese, Molfese, & Pratt, 2007),对不同干预类型的评估(Neville, Stevens, & Pakulak, 2011; Stevens et al., 2011; Vanderwert, Marshall, Nelson, Zeanah, & Fox, 2010),对风险儿童的识别(Nelson & McCleery, 2008)等。对婴幼儿的事件相关电位研究进行全面回顾并不是本章关注的重点,但您若有兴趣,可以参考一些优秀的内容导向或方法导向的综述文章(de Haan, Johnson, & Halit, 2003; Karmiloff-Smith, 2010; Kuhl & 22
Rivera-Gaxiola, 2008; Nelson & McCleery, 2008; Thierry, 2005),著作章节(Coch & Guillick, 2012; Mannel, 2008; Mills & Conboy, 2009; Nelson & Monk, 2001),以及著作(de Haan, 2007; de Haan & Gunnar, 2009; Johnson, 2005; Nelson & Luciana, 2008)。

重要的是要记住,在整个婴儿期、童年期、青春期,甚至整个成年期,事件相关电位有明显的时间和形态变化。因此,在解释发展过程中不同时间点的事件相关电位效应时一定要小心。由特定实验操作引起的事件相关电位的极性（正负走向）、时间、振幅及分布都会随年龄而发生变化。例如，刺激开始后的 170 毫秒，在成人的颞枕区观察到一个负向成分（N170）对面部的反应要比对其他物体的反应大（Bentin et al.，1996；Mercure et al.，2008）。相比之下，婴儿却出现了 N290 和 P400 两个成分。这两个成分可以看作是 N170 的先兆，因为它们和 N170 一样对面部也有反应，但是它们的峰值却比 N170 晚得多，并且在头皮上的分布也与 N170 截然不同（Halit，de Haan，& Johnson，2003）。

我们还不知道婴儿和成人的这些成分在功能上是否等同，也不知道在婴儿身上很明显的一些成分在儿童和成人身上是否也会出现。例如，一个晚期出现的叫作 Nc 的负波和婴幼儿的熟练程度和注意状况有关（Courchesne，Ganz，& Norcia，1981），但在成人身上却未发现两者有直接关联。另外一些事件相关电位成分，例如与听觉刺激（Wunderlich et al.，2006）或视觉刺激（Mitchell & Neville，2004）相关的 N1 发展很慢，在儿童中期或晚期才能观察到。相比之下，还有一些事件相关电位成分如 N400，早在生命的第一年就已出现，并且直到成年仍然表现出相似的功能（Friedrich & Friederici，2011）。科克和吉伊利克（Coch & Guillick，2012）对事件相关电位成分在发育人群中的功能进行过精彩的探讨。

### 4. 事件相关电位方法应用于发育人群的优缺点

和行为研究相比，事件相关电位方法在研究发育问题时有很多优点。第一，事件相关电位并不要求被试一定有外显的反应。行为研究通常要求儿童作出一些外显的反应，例如画画，模仿动作，操控物体，表现出视觉偏好等。但是，儿童
23 在实验当天完成任务的意愿会受很多与任务胜任性无关的因素影响，例如，动机、脾性和社会性抑制。事件相关电位只需要儿童看到或听到刺激，就可以对与特定认知加工相关的脑电活动进行测量。第二，事件相关电位特别适合研究与产出不同的理解问题。儿童理解的往往比说出的多。测量儿童的理解并不是一件容易的事，例如，儿童很难完成语法判断任务，但事件相关电位就可以告诉我们儿童的脑能否留意那些语法错误的句子。第三，事件相关电位可以对认知加工进行实时测量。测量儿童的行为时，通常测量到的是认知加工的最终结果。但事件相关电位却能反映认知加工过程中脑电活动随着时间的变化。因此，事

件相关电位可以用于了解儿童在特定的感官、注意和高级认知加工中神经激活随时间的变化。第四，事件相关电位使我们可以用同样的测量方法来比较脑电活动在发展过程中的变化。行为学范式可以测量婴幼儿的认知，例如习惯化(habituation)、高能量吸吮法(high-amplitude sucking)、视觉偏好(preference looking)和延迟模仿(deferred imitation)，但这些可能都只适用于发育的某个阶段。虽然不同的范式会引出不同的行为，但用同样的方法研究行为随年龄而发生的变化几乎是不可行的。相比之下，事件相关电位可以测量所有年龄的被试，例如新生儿、婴儿、儿童、青少年和成人。虽然我们在对比婴儿和成人的事件相关电位成分时要谨慎，但不可否认的是，这一方法可以有效测查发展过程中脑活动随成熟和实验条件的变化。第五，事件相关电位的时间分辨率是其最大优势之一。现在的事件相关电位系统可以以毫秒为单位来测量脑电活动。通过对不同实验条件或不同被试组的事件相关电位成分潜伏期进行比较，可以精确测量不同认知事件的时间进程。而且，功能成像和近红外光谱成像测量的血液动力学反应，由于时间上有一定的延迟，所以与神经活动的关联是间接的。相比之下，脑电图是对神经活动直接、即时的测量。因此，在对实验操控下的反应进行解释时，脑电图就减少了推测的步骤。最后，脑电图和事件相关电位可以揭示一些行为测量方法及其他认知神经方法无法测量到的大脑信息。例如，即便两组被试在行为反应中表现出相似的准确率和反应时，事件相关电位仍然可以揭示两者在加工信息时存在的质的不同。米尔斯等人(Mills et al., 2000)发现，尽管两组被试在行为上都表现出类似的逆反应效应，但他们的脑系统对正反脸的认知在威廉姆斯综合征(Williams syndrome)和控制组中表现出明显的不同。

事件相关电位也有一些局限。脑电图或事件相关电位的一个局限是，虽然 24
事件相关电位的时间分辨率很好，但其空间分辨率很有限。由于体积导电，一个脑区的神经活动可以穿过脑组织在头皮上的另一个脑区被记录下来。也就是说，一个特定的电极记录的电信号其实是整个脑在那个脑区的信号总和。另外，脑壳的阻碍也使该信号在头皮上进一步弥散。一些电脑程序就是专门用来定位高密度事件相关电位系统的事件相关电位成分的来源，但是这种做法有争议(Luck, 2005)。脑电图或事件相关电位的另外一个局限是，到目前为止，脑电活动的生理来源和表面电位之间的确切关系还不是很清楚。因此，事件相关电位的不同振幅、潜伏期和分布的差异在功能上的意义并不简单或透明，而且可能被误解。

为了更清晰地描述上面的内容，我们简化了对这些测量方法的描述。但是，需要再次强调的是，脑不同区域生成的活动和头皮上观测到的事件相关电位并不是一一对应的。脑电活动的潜伏期和振幅多种多样。不同试次间潜伏期和振幅的不同也会相互作用，进一步产生有误导性的结果。例如，不同试次间峰值潜伏期的差异会降低本应有的峰值振幅。读者可以自行参阅前文引用的一些论文，以便更全面地了解事件相关电位的优缺点。但无论怎么说，事件相关电位方法的优点及可行性，已经使事件相关电位成为连接大脑与发育人群或异常人群认知发展的最常用的方法。

## 二、近红外光谱

近红外光谱第一次运用于婴儿的功能性脑成像研究已经超过二十年（Meek et al.，1998）。为了绘制与神经活动有关的血流动力学反应（如局部血流量和体积的变化）图，近红外光谱需要依靠生物组织相对于近红外光的透明性以及氧合血红蛋白和脱氧血红蛋白的差异吸收。近红外光谱系统相对便捷，经济实惠，特别适用于婴儿，因为它是非侵害性的，操作时无噪声，也不要求被试在实验中完全不动。

1993 年，第一份用近红外光谱探测血液动力学对皮层激活反应的报告发表。从此以后，这一方法就开始广泛应用于探测成人（Ferrari & Quaresima，
25 2012）、儿童（Nagamitsu，Yamashita，Tanaka，& Matsuishi，2012）等各个年龄个体的皮层功能。研究者也意识到，可以用近红外光谱的电势检验婴儿的神经活动和脑组织（Lloyd-Fox，Blasi，& Elwell，2010）。有一系列商业生产以及“内部”制造的近红外光谱系统可用。选择使用哪种系统，往往取决于适合婴儿或儿童的探针和头套的成本和可用性（关于近红外光谱系统及其在婴儿研究中的应用的更详细介绍，可以参阅 Lloyd-Fox et al.，2010；Wolff，Ferrari，& Quaresima，2007）。我们将带领读者纵览近红外光谱方法及其优缺点，并提供一些例子来说明这种方法如何帮助我们了解婴儿在感官和认知任务中的神经组织。

### 1. 近红外光谱的基本原理和应用

当神经元被激活时，其新陈代谢的需求就会变化，进而引起氧和葡萄糖消耗、局部脑血流与血容量等一系列复杂的变化（Buxton，2009）。大体上说，成人脑皮层神经激活引起的典型血液动力学反应会导致与局部氧需求比例不匹配的局部血流量的增加，从而导致氧合血红蛋白（$HbO_2$）的增加和脱氧血红蛋白（HHb）的减少，因其从静脉中转移，从而导致总血红蛋白（HbT）的增加（Villringer & Chance，1997；血红蛋白是红血球中运送氧的含铁蛋白质，更完整的信息见 Buxton，2009）。近红外光谱依赖的就是局部血红蛋白浓度的变化。当生物组织暴露在光谱的近红外部分时，几厘米的组织被照亮，因此是相对透明的。这一偶然的“光学窗口”（optical window）就可以反映出氧合血红蛋白和脱氧血红蛋白不同的吸收光谱，从而使近红外光谱可以对氧合血红蛋白和脱氧血红蛋白进行无创的测量。

利用这种光学技术，光线通过皮肤、头骨，探测头部和大脑组织内部（Elwell，1995；Jöbsis，1977；如图 2.4 所示）。这种 650—1 000 纳米波长的光的衰减（或丢失）是由于这些组织内的吸收和散射效应。此外，血液氧合血红蛋白和脱氧血红蛋白染色团（负责特征色的化合物的外观）对近红外光谱有不同的吸收特性，因此可以测量血氧含量。如果假设散射在记录时间内为常数，则测量到的近红外光线衰减的变化就可以用来计算血液氧合血红蛋白、脱氧血红蛋白和

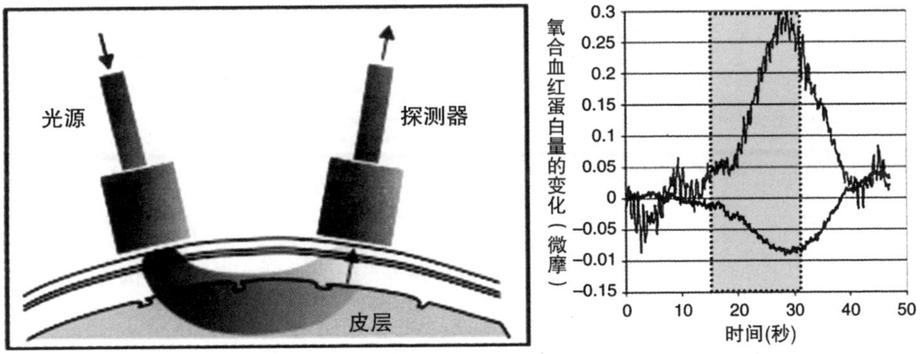


**图 2.4　近红外光谱的应用** 26

左图是光源和探测器的图示，显示了分散光的吸收情况及最终抵达探测器的路径。需要注意的是，这并不是一个精确的光路模型，只是用于图示而已。右图显示了皮层神经激活的一个典型的血液动力学反应，氧合血红蛋白（上）的增长和脱氧血红蛋白（下）的下降导致了血流量的整体上升

总血红蛋白（HbT = $HbO_2$ + HHb）的变化。知道了组织的光学路径长度之后（Delpy & Cope，1997），氧合血红蛋白、脱氧血红蛋白和总血红蛋白的变化就可以被量化为脑血流和神经元激活的替代标志。

近红外光谱实验中，刺激（如闪现的棋盘格）的出现通常会引起神经激活，进而引起血液氧合血红蛋白的浓度上升，脱氧血红蛋白的浓度下降，但后者的下降幅度要小于前者的上升幅度。这种由激活引起的血管反应的特定振幅和时间就是我们所熟知的血液动力学反应方程（hemodynamic response function，HRF）。刺激不同（如短期和长期刺激表现之间的振幅差异），背后的神经活动不同，信号的形状也不同。（图 2.4 显示了成人大脑在功能性激活时，血液氧合血红蛋白和脱氧血红蛋白的一些典型变化。）

功能性近红外光谱（functional near-infrared spectroscopy，fNIRS）和脑电图相比的一个主要优势是，它不大受头动引起的人为伪迹和数据污染的影响，可以提供一个空间分辨率较高的激活图，因此可以将大脑活动在皮层脑区上进行定位。而且，与功能性磁共振成像相比，功能性近红外光谱的时间分辨率更高，更安静（因此听觉刺激可以更真实地呈现），且可以测量血液氧合血红蛋白和脱氧血红蛋白的浓度，因此可以更完整地测量血液动力学反应。虽然功能性磁共振成像和功能性近红外光谱都测量血液动力反应，但功能性磁共振成像获取数据
27 的频率（全脑功能性磁共振成像通常每 2 秒扫描一张图像）很有限，而功能性近红外光谱获取数据的频率可以达到 100 赫兹以上，因此提供了更高的时间分辨率（Huppert，Hoge，Diamond，Franceschini，& Boas，2006）。但是，功能性近红外光谱的时间分辨率要比脑电图低，而且深度分辨率还要看婴儿的年龄和扫描组织的光学特性（Fukui，Ajichi，& Okada，2003）。此外，与磁共振成像相比，功能性近红外光谱提供了更低的空间分辨率，详细的解剖结构图像超出功能性近红外光谱的能力范围（更多关于此方法局限性的讨论见 Minagawa-Kawai，Mori，Hebden，& Dupoux，2008）。但是，可以将功能性近红外光谱与功能性磁共振成像进行配准（co-register），从而更好地理解大脑结构和功能之间的关系。

### 2. 使用近红外光谱进行发育研究

使用近红外光谱研究婴儿功能性脑激活是一个快速增长的研究领域，随着

设计的日益多样化，研究者研究了感兴趣的皮质区域和认知过程。但是，早期使用近红外光谱进行发育研究的主要目的，是探测相应的脑皮层对基本刺激的神经反应，例如听觉皮层对听觉声调的反应（Sakatani, Chen, Lichty, Zuo, & Wang, 1999）或视觉皮层对快速闪光的反应（Hoshi et al., 2000; Zaramella et al., 2001），直到后来，研究者才开始关注较复杂的刺激对多个脑区的激活（Lloyd-Fox et al., 2010）。越来越多的研究者开始研究清醒状态下的婴儿，关注的主题如物体加工（Watanabe et al., 2008; Wilcox et al., 2005, 2008）、社会性交流（Grossman et al., 2008; Minagawa-Kawai et al., 2009）、人类动作加工（Lloyd-Fox et al., 2009; Lloyd-Fox, Blasi, Everdell, Elwell, & Johnson, 2011a）、语音加工（Blasi et al., 2011; Lloyd-Fox, Blasi, Mercure, Elwell, & Johnson, 2011b）、动作观察（Shimada & Hiraki, 2006）以及面孔加工等（Blasi et al., 2007; Carlsson, Lagercrantz, Olson, Printz, & Bartocci, 2008; Otsuka et al., 2007）。在这些研究中，功能性近红外光谱被用于测量广大脑皮层区域，例如颞上区（注视或人类动作加工）、眶额皮层（对母亲面部或情绪的再认）、感觉运动区（动作观察）、前额叶皮层（客体恒常性）以及枕颞皮层（动态物体）的血液动力学反应。

劳埃德-福克斯等人（Lloyd-Fox et al., 2009）发现，5月龄的婴儿的后颞皮层会对人类的动作如藏猫猫有反应，但对非人类的机械动作如玩具旋转没有反应，说明婴儿对人类的动作有特定的反应偏好，这是功能性近红外光谱运用于发
育领域（行动观念）的一个例子。在一个相关的使用功能性近红外光谱进行的研 28
究中，劳埃德-福克斯等人（Lloyd-Fox et al., 2011a）发现，5月龄的婴儿在看到人类眼睛、手部或嘴部运动时，在额叶和颞皮层探测器之间有相当大的空间隔离。

随着多源探测器分离阵列的发展，近年来在近红外光谱的实施方面取得了技术进展，帮助深度识别血液动力反应，增加探测器通道。在头套设计方面的进展，改进了近红外光谱的光学信号。如今，功能性近红外光谱技术的发展方向主要包括：(1) 改善探针和头套以减少头动（这对于研究婴儿清醒状态下的视觉范式尤其重要）；(2) 新的实验设计，以解决被试在实验时无聊、期待以及生物节律信号和系统同步带来的影响；(3) 更好地描述和解释婴儿的血液动力学反应；(4) 在头皮表面测得的血液动力反应与皮层深度解剖结构的配准（对这些问题的回顾和总结，见 Aslin & Mehler, 2005; Meek, 2002）。

## 三、磁共振成像

### 1. 背景和安全

磁共振成像作为物理学领域一项基础研究工具已经使用了五十多年。但是，直到20世纪70年代劳特布尔(Paul Lauterbur)和曼斯菲尔德(Peter Mansfield)的创新，才可以利用磁共振来创造物理结构的二维图像。从此以后，无数的理论和技术进步使得磁共振成像成为今天最主要的医学成像工具。和其他成像技术如计算机断层扫描术(computerized tomography，CT)和正电子放射断层造影术(positron emission tomography，PET)相比，磁共振成像在安全性、灵活性和数据获取速度方面有很多优势。

首先，磁共振成像是一种无创的成像技术，这对儿科的成像十分重要。正如我们下文将要解释的，磁共振成像用强磁场和非电离射频(nonionizing radiofrequency，RF)的能量从身体获取信号。相比之下，计算机断层扫描术和正电子放射断层造影术(注入放射性核素)都使用电离放射。当电离放射通过身体时，其能量足够将电子从原子和分子(如水)中剥离。这会以电离水的形式创造
29 出自由基，进而从体内其他分子中移除电子或氢原子。在足够的剂量下，这一过程将导致细胞损伤或死亡。相比之下，非电离辐射——例如手机信号、收音机信号、微波传输，以及用于磁共振成像的能量传输仅仅将电子激发到较高能的状态，而不是将其从轨道中移除，因此造成的细胞损伤要小得多。当电子退回到低能状态时，它们会以热量的形式释放多余的能量。然而，生成大量的热能需要消耗大量的射频或微波能量，磁共振扫描仪经过仔细的校准，可以避免在一定数量的组织中储存过多的能量。

磁共振成像使用的磁场也是很安全的——几十年的实验显示，长期暴露在高强度磁场中，无论对发育中的有机体，还是成年有机体来说，都没有什么危害。美国食品药品管理局(US Food and Drug Administration)承认这一证据，并申明场强达到8T(tesla，T)以下的磁共振成像对1月龄以上的婴幼儿无害，场强达到4T以下的磁共振成像对1月龄以下的新生儿无害。

磁共振成像是一种灵活的快速成像方法。一个小时的扫描就能提供大量脑

结构和功能等方面的数据。的确,磁共振成像可以在四五分钟内对全脑结构进行高分辨率的扫描。同样,基本的功能性磁共振成像通过 4—8 分钟的扫描就可以对原发性的视觉、听觉、运动和感觉脑区进行定位。虽然用磁共振成像对儿童进行扫描确实存在一些特殊的挑战(正如我们将在下文概述的),但这些品质使磁共振成像作为一项研究工具充满了魅力,尤其是在了解大脑和行为之间的关系以及这一关系会怎样随发展而变化时。

## 2. 磁共振成像的基本组成

虽然磁共振成像扫描仪的构成极度复杂(如图 2.5 所示,一个使用磁共振成像扫描仪的典型研究),但基本可以将其分为四个部分。第一部分是主磁体(main magnet)本身。它是由一个封闭性的圆柱体里面若干纤细的大直径的缠绕线圈组成,这个封闭的圆柱体被液态氦冷却后,其线圈失去所有电阻,变成"超导"(superconducting)。为了生成磁场,我们将一股强电流注入线圈。值得一提的是,这股强电流在没有额外能量输入的情况下会绕线圈流动,前提是液态氦可以使线圈保持足够冷却以维持其超导性。这股强电流绕线圈流动生成以 T 为

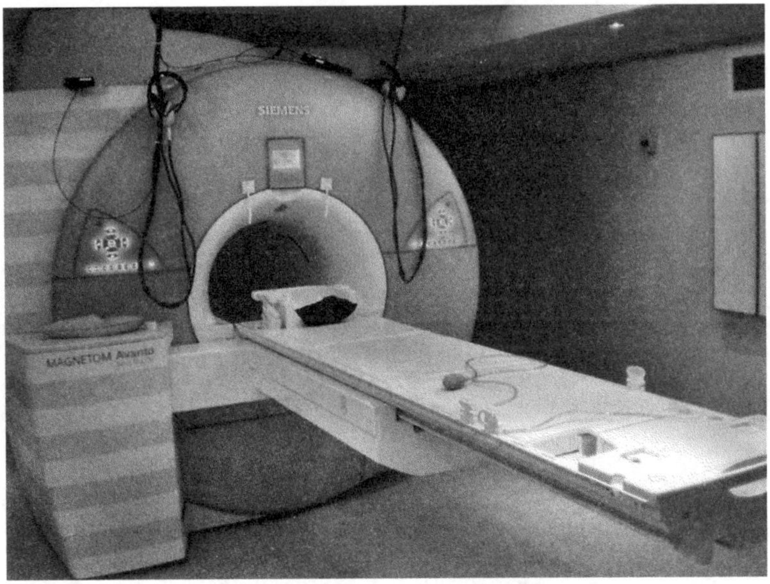


**图 2.5 一个研究用的 1.5 T 的磁共振成像扫描仪** 30

来源:Courtesy Birkbeck/UCL Centre for NeuroImaging

单位的强磁场。标准的磁共振成像扫描仪的磁场强度为1.5 T、3 T和4 T，现在甚至有7 T(作为比较，小磁极附近的磁场强度大约是0.01 T)。磁场强度很大，带进扫描房间的任何含铁金属物(钥匙、硬币或工具等)会被高速吸入磁孔，导致在扫描仪附近或里面的人有危险，甚至也有可能毁坏扫描仪本身。这是使用磁共振成像时一个主要的安全性方面的担心。因此，在磁共振成像扫描仪附近时，请一定记住磁场一直存在，即便扫描仪没有运作。

第二部分是三个磁梯度线圈，它们根据扫描的类型，在不同时间内上下摆动。这些磁梯度线圈的排列方式使它们产生了左右、前后方向的磁场强度的梯度。这些磁梯度线圈生成的磁场并不像主磁场那么强，与主磁场不同的是，这些磁梯度线圈两端的磁场强度是不一样的。原因如下：当主磁场存在时，这些磁梯度线圈中快速开关的电流会生成磁场，并对线圈产生作用力，使其以开关速度振动。磁梯度线圈的振动产生了磁共振成像扫描时“叮当”或“哔”的噪声。幸运的是，现在磁共振成像扫描仪技术的进步大大降低了这一噪声。

31 第三部分是射频(radiofrequency, RF)传输线圈，它发送射频能量的快速脉冲与移动电话传递信号的方式几乎一样。第四部分是射频接收线圈。这一线圈或这套线圈的位置取决于扫描身体的哪个部分。对于脑成像来说，这些线圈会以“鸟笼”的形状放置，并环绕在被试的头部。这些线圈从身体接收微弱的射频信号，而一台与扫描仪相连的电脑会将其放大并对其进行加工。

### 3. 磁共振成像的基本物理学

磁共振成像扫描仪的四个部分是怎样生成如此多样化的脑结构和功能图像的？这一问题的答案是原子的一些基本特性以及它们之间的相互作用。身体最富含成分的原子核(仅有一个质子的氢)像一个有南北极的小磁铁一样活动，医用磁共振成像就是基于这一事实而运作的。在任何一个小的组织中，数十亿计的磁铁偶极(dipole)和氢质子经常做随机定向运动，但却没有一个总体的净磁化(net magnetization)产生。但是，当组织被放在一个强磁场(如磁共振成像扫描仪)中时，组织中的一些氢质子就会和磁场一致，因此一个很微弱但可以探测到的与磁孔一致的磁化(“长期”磁化)就产生了。

每个氢质子都有“旋转”(spin)的内在特质，有点像一个在坚硬表面旋转的陀螺。正如地球重力场上的一个陀螺一样，旋转的质子会在主磁场范围内被定位。如果一个陀螺在桌面上快速旋转，然后旋离地球重力场的主轴（如直上或直下），它就会开始绕这个主轴缓慢旋转。旋转的氢质子在磁场中也是如此。有趣的是，在主磁场场强已知时，质子进动的速度是完全可以预测的，这一进动速率被称为拉莫尔频率（Larmor frequency）。

即使和磁场相一致的氢质子绕磁轴以相同的速度或频率旋转或进动，它们也并不是完全同步的，彼此是不同相的，并不在同一时间指向同一方向。但是，如果我们发送和质子进动频率一样的振动电磁脉冲（射频脉冲），它们旋转时就会开始指向同一方向。

如果射频脉冲长度无误，它就会使所有旋转质子完全倾斜，使其在与主磁体 32
垂直的平面上同步旋转（想象一桌不同方向旋转的陀螺被完全翻转，开始奇迹般地在桌面上同步旋转）。回顾一下，当氢质子对齐时，它们会生成自己的小磁场。当进动的质子在其两侧倾覆时，它们的净磁化率垂直于主磁场旋转。只要它们被倾覆并且不与主磁场对齐，这些小的旋转磁化就会在周围的线圈中感应电流，这是磁共振成像扫描仪检测到的信号。

最后，质子就会开始翻转（或放松）并与主磁场对齐，同时也会彼此脱离相位（这一过程较难用真实的陀螺来视觉化，想象质子“陀螺”没有摩擦且从不降速，但不断相互碰撞，最终的结果是它们从协调的旋转返回到不协调的旋转）。这意味着生成的电流也会逐渐减弱并最终消失。旋转的质子移相（dephase）和放松的速度——电信号衰退的速度——取决于周围组织的化学成分。质子信号衰退速率的差异使得磁共振成像能够检测出不同的组织类型，因为在白质、灰质和脑脊液（cerebrospinal fluid, CSF）中，来自进动质子的信号进动质子会以不同的速率衰退。

上文从本质上展示了一个最基础的磁共振实验。一个物体（对我们来说就是指一个人）被放入一个大磁场中，他的质子开始慢慢和磁场对齐，适用于拉莫尔频率的射频脉冲就开始使旋转质子完全翻转并同步进动。人周围的线圈也因此生成了小电流，这一电流衰减的速率反映了氢质子周围组织的化学成分。

### 4. 磁共振成像是如何生成的

上文所述的磁共振实验对于找出一个既定样本的化学特征十分有效，但却不能获知该样本内不同物质的空间分布。正如上文所述，正是劳特布尔和曼斯

菲尔德在20世纪70年代的革新，使得用磁共振成像生成物体（如人体）的二维
33 图像成为可能。生成磁共振图像主要是利用场强和进动频率（拉莫尔频率）之间的关系。磁共振成像扫描仪不仅有一个很强的静息磁场，而且还有沿垂直于主磁孔的轴（X、Y和Z）分布的三个磁场梯度线圈。电流进入这些线圈的其中一个后，就会在一端生成一个较低的磁场梯度，在另一端生成一个较高的磁场梯度。这意味着拉莫尔频率从磁场梯度的一端到另一端会有所变化。

氢质子进动频率的系统变化大体可以在三个阶段将空间信息编码进磁共振成像信号中。第一个阶段是“选择切片”（slice-select），一个磁场梯度会被打开，沿着与磁孔平行的Z轴生成一个拉莫尔频率的梯度。一个精确调节的射频脉冲在传递时，只会在一个较窄的拉莫尔频率范围内将质子翻转，因而在一个薄的组织切片中激发质子。当一个切片中的质子被翻转并同步进动时，垂直面的磁场梯度就会立刻被暂时打开，进而系统地改变沿Y轴的进动质子的相位。最后一个垂直梯度会沿X轴打开，最终，当收集磁共振信号时，再系统地改变沿X轴的拉莫尔频率。

在这一过程重复多次后，加上许多不同的磁梯度变体，整个样本的空间组成就可以被记录下来。也许这一过程中最值得注意的是信号的解码。将傅里叶变换应用到整套测量中，可以重建大脑图像。傅里叶变换通过将大量不同空间和方向（傅里叶成分）的条纹图加在一起（如大脑切片）来重建图像，每个图像都有特定的权重。每个来自头部线圈的数据点都与一个单独的傅立叶成分相对应，表示大脑切片在多大程度上类似于某一方向和间距的条纹图案。值得注意的是，虽然每个这样的测量都来自整个头部，但仍然可以重新组合成一张详细的图像。本质上，这些梯度被用来创建所有不同的条纹模式。

### 5. 磁共振成像的多样性

磁共振成像是一个非常强大的成像技术，它能揭示相当多不同的组织特性。在认知科学和临床研究中有三种广泛使用的磁共振成像家族：结构成像
34 （structural imaging）、功能成像（functional imaging）和弥散张量成像（diffusion-tensor imaging, DTI）（如图2.6所示）。结构成像可以被看作是在某个时间点对脑的一个快照。研究用的结构成像通常分辨率都比较高（通常 $1\times1\times1\ mm^3$ 甚至更小），可以用来测量感兴趣的组织的体积、形状和位置。这些扫描还可以用

来重构大脑皮层,可以测量其在大脑不同部位的厚度和相对曲度。正如在电影摄影时,对既定组织进行结构性磁共振成像的相对亮度取决于该组织在成像时是如何吸收和释放能量的。而且,结构性扫描类型的选择也可以决定一个既定组织的明暗程度。例如,在所谓的张量 1(T1)加权扫描中,大脑灰质(主要由神经元胞体、胶原细胞、毛细血管和树突组成)看起来是灰的,白质(主要是髓鞘化的轴突)看起来是白的,脑脊液则十分暗。另一方面,在张量 2(T2)加权图像中,白质很暗,灰质很灰,脑脊液却是亮的。

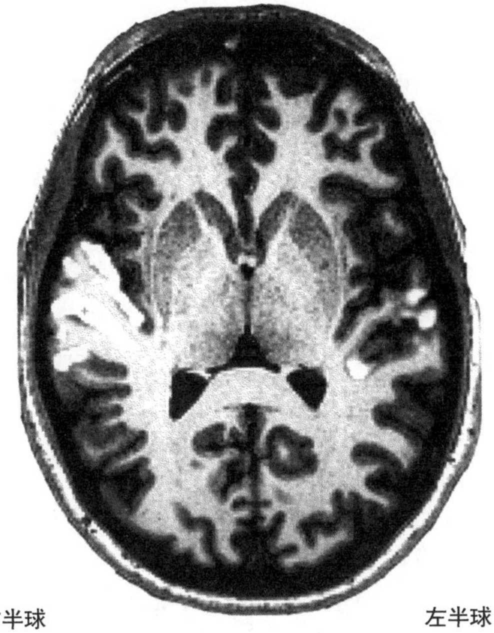

右半球　　　　　　　　　　左半球

**图 2.6　一个年轻人在听复杂的听觉刺激时的功能性磁共振成像激活**

注意:大脑是以"放射学惯例"(radiological convention)呈现的,即图像左边代表大脑右半球。该灰度图是一个高分辨率($1\times1\times1$ mm$^3$)的张量 1 权重的扫描,大体上说,白色像素点显示的是白质(有髓鞘的),灰色像素点显示的是灰质(皮层或皮层下的细胞核),暗色像素点显示的则是脑积液或骨头。这三者的覆盖部分是功能性磁共振成像检测到的左右颞上回(superior temporal gyri)经过平滑的激活的统计图

与结构成像提供的对脑的单次快门高分辨率成像不同,功能性磁共振成像 35
反映了脑在几分钟、几秒钟发生的快速变化,我们可以认为,这段时间足以反映神经元活动的变化。因此,功能性磁共振成像可以在特定的认知任务中对脑区的功能激活模式进行评估和比较。到目前为止,最频繁使用的功能性磁共振成

像是基于血氧水平依赖(blood oxygenation level dependent, BOLD)的成像对比。这一20世纪90年代早期发展起来的技术,巧妙地利用了血液中氧合血红蛋白与脱氧血红蛋白比例的变化作为对神经元激活部位变化的间接测量——这一生理现象和原理与上文所说的功能性近红外光谱技术完全一致。血氧水平依赖成像的逻辑如下:在一批神经元激活速率提高后的2—3秒,由脑循环系统传递到该脑区的氧合血红蛋白的数量会有一个短暂(12—20秒)的变化。这些氧合血红蛋白取代了之前该脑区的一些脱氧血红蛋白。氧合血红蛋白和脱氧血红蛋白比率的细微变化会由一个标准化的临床磁共振扫描仪所记录。一方面,由于脱氧血红蛋白是顺磁性的,所以它会在某种程度上削弱磁共振信号的一致性;另一方面,由于氧合血红蛋白并没有那么顺磁性,所以当它取代脱氧血红蛋白时,该脑区总体信号的一致性就会被提高。这些神经元激活后的血流变化所引起的小而短暂的信号的上升或下降就可以使我们看到——虽然是间接的——神经激活随时间的变化。

弥散加权(diffusion-weighted)成像是广泛应用于脑科学研究的磁共振成像技术,也叫弥散张量成像。这一磁共振成像技术运用了另一种物理学现象——水在脑组织中弥散的方向——来揭示白质神经束如胼胝体和上纵束的位置和定位,这两个部位对于不同脑区之间的沟通十分重要。弥散张量成像技术利用了两种基本现象:(1) 水分子的随机运动,如布朗运动;(2) 水在灰质和白质中弥散率不同。水在灰质中会朝不同的方向慢慢弥散,而在白质中会移动很快,但不会很容易扩散出去,因为它们被一层排水髓鞘包裹。我们可以用磁共振成像来追踪水分子随时间在许多不同方向的弥散,从而重建白质区域的可能位置和方向。

36

## 6. 用磁共振成像进行儿童研究面临的挑战

磁共振成像是一个用途广泛的强大工具,但在运用到发展认知神经科学时也有一些挑战和局限(正如其他所有的研究方法一样)。其中有很多是实践性的困难。例如,磁共振成像是资源密集型的:不仅扫描一小时本身的花费很高,而且加工和分析磁共振成像数据所需的时间和经验成本也很高。另外,有些儿童不能接受扫描(例如,体内有金属如口腔正畸矫正仪的孩子),有些儿童厌恶扫描仪的环境,如有幽闭恐惧症(磁孔可能会很窄),扫描仪噪声很大,还有整个磁共振成像仪所营造的医学氛围等。磁共振成像同时也要求被试在 5—10 分钟内保持不动。这不仅对一些儿童来说十分困难，而且不同年龄组头动程度的不同（导致成像质量有很大不同）也会在实验设计和分析时引进一些干扰因素（Power, Barnes, Snyder, Schlaggar, & Petersen, 2012）。在功能性成像中，被试必须保持较长时间的注意——很难在扫描仪中检测到不同年龄的被试在注意水平或任务合作上的差异，但这种差异会对大脑的激活形式有相当大的影响（Kotsoni, Byrd, & Casey, 2006; Power et al., 2012）。这些问题和其他一些议题已经在几篇发展神经影像的文献里总结过（Karmiloff-Smith, 2010）。

## 7. 运用磁共振成像进行发育研究

正如上文所述，磁共振成像运用于婴幼儿脑结构和功能发育方面的研究时会有一些方法学及实践上的挑战（Berl, Vaidya, & Gaillard, 2006）。例如，很多神经影像数据分析技术均为成人脑所设计，因此，将其用于婴幼儿研究前需对其进行调整。在本章后续部分，我们将总结近年来磁共振成像及功能性磁共振成像在婴幼儿以及儿童脑发育和功能研究上的一些进展。

### 脑结构的发展

在生命的最早期，认知功能的进步伴随着大脑结构的变化。在最早发表的大脑发育研究中，磁共振成像被用来描述 2 岁以内新生儿大脑灰质和白质的定性变化。这些研究描述了大脑组织结构随着髓鞘化进程在最初几个月的变化（Barkovich & Kjos, 1988; McArdle et al., 1987）。磁共振成像技术开始应用于 37
从 3 月龄的婴儿到青年人的脑发育的横断和纵向定量研究。因此，脑的大小、皮层厚度以及白质、灰质体积的变化都可以进行量化分析（Lenroot & Giedd, 2006）。索厄尔等人（Sowell et al., 2004）的一项研究发现，5—11 岁正常发育的儿童脑容量增长的速率高达每年 1 毫米。脑容量的扩大主要在前额区，同时也伴随着灰质和白质内部成分的变化。也就是说，随着脑容量的扩大（右侧额叶、双侧顶叶和枕叶），灰质会变薄（至少磁共振成像中是这样的），而白质会由于髓鞘增加（这一过程可以提高大脑皮层脑区之间加工的速度和效率）而增多。而且，磁共振成像研究还发现，额叶和顶叶皮层变薄和较高的口语技能成绩相关联。此外，皮层厚度也有可能增加，但这种增加更有选择性，貌似主要分布在左侧外侧裂周区的前部和后部。

随着儿童的日渐成熟，脑中灰质和白质的比率也会发生变化。接近青春期时，灰质、白质加速成熟。虽然白质体积在童年期表现出典型的线性增长，灰质体积的变化却是非线性的，因为它们会在青春期之后下降（Giedd et al.，1999；Gogtay et al.，2004；Sowell et al.，1999）。有趣的是，女生的脑额叶和顶叶灰质体积到达顶峰的时间比男生约早一年，这与女生青春期比男生出现较早相对应，体现了性激素对脑发育的影响（Giedd et al，1999）。通过对4—21岁个体不同脑区灰质发展序列的追踪，高泰等人（Gogtay et al.，2004）发现灰质成熟的过程和脑区进化的次序相类似，种系发展史上最古老的脑区成熟最早。而且，结构发展的次序和功能发展的次序也类似，首先成熟的是初级感觉运动皮层、额叶极部和枕叶极部，紧接着是皮层的剩余部分，从后往前依次成熟，颞上区则最后成熟。杰奥尼等人（Deoni et al.，2011）使用量化的磁共振成像技术检测了婴儿次皮层髓鞘化的发展，揭示了婴儿在3—11月龄这段时间内，不同脑区在区域化和髓鞘化速度上的差异。

功能性磁共振成像是一个很有效的探索大脑发育的工具，研究的广度和数量之大，这里无法一一列举（Karmiloff-Smith，2010；Luna，Padmanabhan，&
38 O'Hearn，2010；Schlaggar & McCandliss，2008）。本书其他章也会对儿童的功能性磁共振成像研究进行论述。一项格外有意思的研究调查了新生儿（约2天大）在听言语和音乐刺激时功能分区的进程（Perani et al.，2010，2011）。作者发现，新生儿在自然产生的言语和音乐的初级和二级听觉区域中表现出明显的右侧反应，而改变后的言语和音乐则表现出双侧甚至稍微左侧的激活特征。

## 四、其他的神经影像技术

还有一个越来越多地运用于发育研究的无创的神经影像技术，即脑磁图。脑磁图探测与神经元产生的电流（即脑电图探测的电信号）相关的磁场变化。脑磁图和脑电图一样有很精细的时间分辨率，并有可能有更精细的空间分辨率。哈里和萨尔梅林（Hari & Salmelin，2012）写了一篇综述介绍脑磁图这一技术，特拉维斯等人（Travis et al.，2011）则运用脑磁图进行了一个有趣的发育研究，读者可以检索阅读。另外，还有一个用于成人和临床发展背景的，已经确定有创的神经影像技术——正电子放射断层造影术（上文已提及）。由于这一技术会产生少量的电离辐射，一般不用于正常发展研究，但它对了解非正常发展过程的脑部活动模式，如围产期局部性脑损伤后的脑部活动模式非常重要（Müller et al.，1998，1999）。

## 五、结论

无创的神经影像方法大大提高了我们对脑发育与脑功能重组的认识，但是我们一定要知道，还有很多是技术无法告诉我们的（例如，儿童在想什么，他现在或将来会精通何种技能）。不过，确信无疑的是，这些神经影像方法将会对揭示神经和认知发育机制作出相当大的贡献。

## 参考文献

Aslin，R.，& Mehler，J.（2005）. Near-infrared spectroscopy for functional studies of brain activity in human infants：Promise，prospects，and challenges. *Journal of Biomedical Optics*，*10*，011009－1－3.

Atkinson，J.（2001）. Assessing visual function and prognosis in the developing visual brain. *Investigative Ophthalmology and Visual Science*，*42*，S312.

Barkovich，A.，& Kjos，B.（1988）. Normal postnatal development of the corpus 39
callosum as demonstrated by MR imaging. *American Journal of Neuroradiology*，*9*，487－491.

Bentin，S.，Allison，T.，Puce，A.，Perez，E.，& McCarthy，G.（1996）. Electrophysiological studies of face perception in humans. *Journal of Cognitive Neuroscience*，*8*，551－565.

Berl，M.，Vaidya，C.，& Gaillard，W.（2006）. Functional imaging of developmental and adaptive changes in neurocognition. *NeuroImage*，*30*，679－691.

Blasi，A.，Fox，S.，Everdell，N.，Volein，A.，Tucker，L.，Csibra，G.，Gibson，A.，Hebden，J.，Johnson，M. H.，& Elwell，C.（2007）. Investigation of depth dependent changes in cerebral haemodynamics during face perception in infants. *Physics in Medicine and Biology*，*52*，6849－6864.

Blasi, A., Mercure, E., Lloyd-Fox, S., Thomson, A., Brammer, M., Sauter, D., Deeley, Q., Barker, G. J., Renvall, V., Deoni, S., Gasston, D., Williams, S. C. R., Johnson, M. H., Simmons, A., & Murphy, D. (2011). Early specialization for voice and emotion processing in the infant brain. *Current Biology*, *21*, 1220 - 1224.

Buxton, R. (2009). *Introduction to functional magnetic resonance imaging: Principles and techniques* (2nd ed.). Cambridge: Cambridge University Press.

Carlsson, J., Lagercrantz, H., Olson, L., Printz, G., & Bartocci, M. (2008). Activation of the right fronto-temporal cortex during maternal facial recognition in young infants. *Acta Paediatrica*, *97*, 1221 - 1225.

Carver, L. J., & Bauer, P. J. (2001). The dawning of a past: The emergence of long-term explicit memory in infancy. *Journal of Experimental Psychology: General*, *130*, 726 - 745.

Ceponiene, R., Rinne, T., & Näätänen, R. (2002). Maturation of cortical sound processing as indexed by event-related potentials. *Clinical Neurophysiology*, *113*(6), 870 - 882.

Coch, D., Grossi, G., Skendzel, W., & Neville, H. (2005a). ERP nonword rhyming effects in children and adults. *Journal of Cognitive Neuroscience*, *17*, 168 - 182.

Coch, D., & Guillick, M. M. (2012). Event-related potentials and development. In S. J. Luck & E. S. Kappenman (Eds.), *The Oxford handbook of event-related potential components* (pp. 475 - 511). New York: Oxford University Press.

Coch, D., Skendzel, W., Grossi, G., & Neville, H. (2005b). Motion and color processing in school-age children and adults: An ERP study. *Developmental Science*, *8*(4), 372 - 386.

Conboy, B. T., & Mills, D. L. (2006). Two languages, one developing brain: Event-related potentials to words in bilingual toddlers. *Developmental Science*, *9*, F1 - F12.

Courchesne, E., Ganz, L., & Norcia, A. M. (1981). Event-related brain potentials to human faces in infants. *Child Development*, *52*, 804 - 811.

de Haan, M. (2007). *Infant EEG and event-related potentials*. New York: Psychology.

de Haan, M., & Gunnar, M. R. (Eds.) (2009). *Handbook of developmental social neuroscience*. New York: Guilford.

de Haan, M., Johnson, M. H., & Halit, H. (2003). Development of face-sensitive eventrelated potentials during infancy: A review. *International Journal of Psychophysiology*, *51*, 45 - 58.

Delpy, D. T., & Cope, M. (1997). Quantification in tissue near-infrared spectroscopy. *Philosophical Transactions of the Royal Society of London, B Biological Sciences*,

*352*, 649 - 659.

Deoni, S. C. L., Mercure, E., Blasi, A., Gasston, D., Thomson, A., Johnson, 40
M., Williams, S. C. R., & Murphy, D. G. M. (2011). Mapping infant brain myelination with magnetic resonance imaging. *Journal of Neuroscience*, *31*(2), 784 - 791.

Desroches, A. S., Newman, R. L., & Joanisse, M. F. (2009). Investigating the time course of spoken word recognition: Electrophysiological evidence for the influences of phonological similarity. *Journal of Cognitive Neuroscience*, *21*(20), 1893 - 1906.

Dubois, J., Dehaene-Lambertz, G., Soarès, C., Cointepas, Y., Le Bihan, D., & Hertz-Pannier, L. (2008). Microstructural correlates of infant functional development: Example of the visual pathways. *The Journal of Neuroscience*, *28*(8), 1943 - 1948.

Elwell, C. E. (1995). *A practical users guide to near infrared spectroscopy*. London: Hamamatsu Photonics, UK.

Ferrari, M., & Quaresima, V. (2012). A brief review on the history of human functional near-infrared spectroscopy (fNIRS) development and fields of application. *NeuroImage*. DOI: 10.1016/j.neuroimage.2012.03.049

Friedrich, M., & Friederici, A. D. (2010). Maturing brain mechanisms and developing behavioral language skill. *Brain and Language*, *114*, 66 - 71.

Friedrich, M., & Friederici, A. D. (2011). Word learning in 6-month-olds: Fast encoding-weak retention. *Journal of Cognitive Neuroscience*, *23*, 3228 - 3240.

Fukui, Y., Ajichi, Y., & Okada, E. (2003). Monte Carlo prediction of near-infrared light propagation in realistic adult and neonatal head models. *Applied Optics*, *42*, 2881 - 2887.

Giedd, J. N., Blumenthal, J., Jeffries, N. O., Castellanos, F. X., Liu, H., Zijdenbros, A., Paus, T., Evans, A. C., & Rapoport, J. L. (1999). Brain development during childhood and adolescence: A longitudinal MRI study. *Nature Neuroscience*, *2*, 861 - 863.

Gogtay, N., Giedd, J. N., Lusk, L., Hayashi, K. M., Greenstein, D., Vaituzis, A. C., Nugent, T. F., III, Herman, D. H. Clasen, L. S., Toga, A. W. Rapoport, J. L., & Thompson, P. M. (2004). Dynamic mapping of human cortical development during childhood through early adulthood. *Proceedings of the National Academy of Sciences*, *101*(21), 8174 - 8179.

Grossmann, T., Johnson, M. H., Lloyd-Fox, S., Blasi, A., Deligianni, F., Elwell, C., & Csibra, G. (2008). Early cortical specialization for face-to-face communication in human infants. *Proceedings of the Royal Society*, *B*, *275*, 2803 - 2811.

Halit, H., de Haan, M., & Johnson, M. H. (2003). Cortical specialisation for face processing: Face-sensitive event-related potential components in 3 and 12 month-old infants. *NeuroImage*, *1*(9), 1180 - 1193.

Handy, T. C. (Ed.). (2005). *Event-related potentials: A methods handbook*. Cambridge, MA: MIT Press.

Hari, R., & Salmelin, R. (2012). Magnetoencephalography: From SQUIDs to neuroscience. NeuroImage 20th anniversary special edition. *NeuroImage*, *61*(2), 386 - 396.

Hoshi, Y., Kohri, S., Matsumoto, Y., Kazutoshi, C., Matsuda, T., Okajima, S., & Fujimoto, S. (2000). Haemodynamic responses to photic stimulation in neonates. *Pediatric Neurology*, *23*, 323 - 327.

Huppert, T. J., Hoge, R. D., Diamond, S. G., Franceschini, M. A., & Boas, D. A. (2006). A temporal comparison of BOLD, ASL and NIRS haemodynamic responses to motor stimuli in adult humans. *NeuroImage*, *29*, 368 - 382.

41 Itier, R. J., & Taylor, M. J. (2004). Face recognition memory and configural processing: A developmental ERP study using upright, inverted and contrast-reversed faces. *Journal of Cognitive Neuroscience*, *16*(3), 1 - 15.

Key, A. P., Molfese, D. L., & Ratajczak, E. D. (2006). ERP indicators of learning in adults. *Developmental Neuropsychology*, *29*(2), 379 - 395.

Kuhl, P. K., Conboy, B. T., Padden, D., Nelson, T., & Pruitt, J. (2005). Early speech perception and later language development: Implications for the 'critical period'. *Language Learning and Development*, *1*(3/4), 237 - 264.

Jasper, H. (1958). The ten-twenty electrode system of the International Federation. *Electroencephalography and Clinical Neurophysiology*, *10*, 371 - 375.

Jöbsis, F. F. (1977). Noninvasive, infrared monitoring of cerebral and myocardial oxygen sufficiency and circulatory parameters. *Science*, *198*, 1264 - 1267.

Johnson, M. H. (2005). *Developmental cognitive neuroscience*. Malden, MA: Blackwell.

Karmiloff-Smith, A. (2010). Neuroimaging of the developing brain: Taking "developing" seriously. *Human Brain Mapping*, *31*, 934 - 941.

Kotsoni, E., Byrd, D., & Casey, B. J. (2006). Special considerations for functional magnetic resonance imaging of pediatric populations. *Journal of Magnetic Resonance Imaging*, *23*(6), 877 - 886.

Kuhl, P., & Rivera-Gaxiola, M. (2008). Neural substrates of language acquisition. *Annual Review of Neuroscience*, *31*, 511 - 534.

Kurtzberg, D., Stone, C. L., & Vaughan, H. G., Jr. (1986). Cortical responses to speech sounds in the infant. In R. Q. Cracco & I. Bodis-Wollner (Eds.), *Evoked potentials* (pp. 513 - 520). New York: Liss.

Kurtzberg, D., Vaughan, H. G., Courchesne, E., Friedman, D., Harter, R., & Putnam, L. E. (1984). Developmental aspects of event-related potentials. *Annals of the New York Academy of Sciences*, *425*, 300 - 318.

Kushnerenko, E., Ceponiene, R., Balan, P., Fellman, V., Huotilainen, M., & Näätänen, R. (2002). Maturation of the auditory event-related potentials during the 1st year of life. *Neuroreport*, *13*, 47 - 51.

Lau, E. F., Phillips C., & Poeppel, D. (2008). A cortical network for semantics: [de]constructing the N400. *Nature Reviews Neuroscience*, *9*, 920 - 933.

Lenroot, R. K., & Giedd, J. N. (2006). Brain development in children and adolescents: Insights from anatomical magnetic resonance imaging. *Neuroscience and Biobehavioral Reviews*, *30*(6), 718 - 729.

Lloyd-Fox, S., Blasi, A., & Elwell, C. E. (2010). Illuminating the developing brain: The past, present and future of functional near infrared spectroscopy. *Neuroscience and Biobehavioural Reviews*, *34*(3), 269 - 284.

Lloyd-Fox, S., Blasi, A., Everdell, N., Elwell, C. E., & Johnson, M. H. (2011a). Selective cortical mapping of biological motion processing in young infants. *Journal of Cognitive Neuroscience*, *23*(9), 2521 - 2532.

Lloyd-Fox, S., Blasi, A., Mercure, E., Elwell, C. E., & Johnson, M. H. (2011b). The emergence of cerebral specialisation for the human voice over the first months of life. *Social Neuroscience*, 7, 317 - 330.

Lloyd-Fox, S., Blasi, A., Volein, A., Everdell, N., Elwell, C., & Johnson, M. 42
H. (2009). Social perception in infancy: A near infrared spectroscopy study. *Child Development*, *80*, 986 - 999.

Luck, S. J. (2005). *An introduction to the event-related potential technique*. Cambridge, MA: MIT Press.

Luck, S. J., & Kappenman, E. S. (Eds.) (2012). *Oxford handbook of event-related potential components*. New York: Oxford University Press.

Luna, B., Padmanabhan, A., & O'Hearn, K. (2010). What has fMRI told us about the development of cognitive control through adolescence? *Brain and Cognition*, *72*(1), 101 - 113.

Mani, N., Mills, D. L., & Plunkett, K. (2012). Vowels in early words: An event-related potential study. *Developmental Science*, *15*, 2 - 11.

Mannel, C. (2008). The method of event-related potentials in the study of cognitive processes. In A. Friederici & G. Thierry (Eds.), *Trends in language acquisition research: Early language development* (pp. 1 – 22). Amsterdam: Benjamins.

McArdle, C. B., Richardson, C. J., Nicholas, D. A., Mirfakhraee, M., Hayden, C. K., & Amparo, E. G. (1987). Developmental features of the neonatal brain: MR imaging. Part I. Gray-white matter differentiation and myelination. *Radiology*, *162*, 223 – 229.

Meek, J. (2002). Basic principles of optical imaging and application to the study of infant development. *Developmental Science*, *5*, 371 – 380.

Meek, J. H., Firbank, M., Elwell, C. E., Atkinson, J., Braddick, O., & Wyatt, J. S. (1998). Regional haemodynamic responses to visual stimulation in awake infants. *Pediatric Research*, *43*, 840 – 843.

Mercure, E., Dick, F., Halit, H., Kaufman, J., & Johnson, M. H. (2008). Differential lateralization for words and faces: Category or psychophysics? *Journal of Cognitive Neuroscience*, *s*(*11*), 2070 – 2087.

Mills, D. L., Alvarez, T. D., St. George, M., Appelbaum, L. G., Neville, H., & Bellugi, U. (2000). Electrophysiological studies of face recognition in Williams syndrome. *Journal of Cognitive Neuroscience*, *12*, 47 – 64.

Mills, D., & Conboy, B. (2009). Early communicative development and the social brain. In M. de Haan & M. Gunnar (Eds.), *Handbook of developmental social neuroscience* (pp. 175 – 207). New York: Guilford.

Mills, D. L., Plunkett, K., Prat, C., & Schafer, G. (2005). Watching the infant brain learn words: Effects of language and experience. *Cognitive Development*, *20*, 19 – 31.

Mills, D. L., Prat, C., Zangl, R., Stager, C. L., Neville, H. J., & Werker, J. F. (2004). Language experience and the organization of brain activity to phonetically similar words: ERP evidence from 14-and 20-month-olds. *Journal of Cognitive Neuroscience*, *16*, 1452 – 1464.

Minagawa-Kawai, Y., Matsuoka, S., Dan, I., Naoi, N., Nakamura, K., & Kojima, S. (2009). Prefrontal activation associated with social attachment: Facial-emotion recognition in mothers and infants. *Cerebral Cortex*, *19*, 284 – 292.

Minagawa-Kawai, Y., Mori, K., Hebden, J. C., & Dupoux, E. (2008). Optical imaging of infants' neurocognitive development: recent advances and perspectives. *Developmental Neurobiology*, *68*, 712 – 728.

43 Mitchell, T. V., & Neville, H. J. (2004). Asynchronies in the development of electrophysiological responses to motion and color. *Journal of Cognitive Neuroscience*, *16*(8), 1363 – 1374.

Molfese, D. L., Molfese, V. J., & Pratt, N. L. (2007). The use of event-related evoked potentials to predict developmental outcomes. In M. de Haan (Ed.), *Infant EEG and event-related potentials*. Hove, UK: Psychology (pp. 199 - 225).

Muller, R. A., Rothermel, R. D., Behen, M. E., Muzik, O., Chakraborty, P. K., & Chugani, H. T. (1999). Language organization in patients with early and late left-hemisphere lesion: A PET study. *Neuropsychologia*, *37*(5), 545 - 557.

Müller, R. A., Rothermel, R. D., Behen, M. E., Muzik, O., Mangner, T. J., & Chugani, H. T. (1998). Differential patterns of language and motor reorganization following early left hemisphere lesion: A PET study. *Archives of Neurology*, *55*(8), 1113 - 1119.

Nagamitsu, S., Yamashita, Y., Tanaka, H., & Matsuishi, T. (2012). Functional near-infrared spectroscopy studies in children. *BioPsychoSocial Medicine*, *6*, 7. DOI: 10.1186/1751 - 0759 - 6 - 7

Nelson, C., & Luciana, M. (Eds.) (2008). *Handbook of developmental cognitive neuroscience*. Cambridge, MA: MIT Press.

Nelson, C. A., & McCleery, J. P. (2008). Use of event-related potentials in the study of typical and atypical development. *Journal of the American Academy of Child and Adolescent Psychiatry*, *47*, 1252 - 1261.

Nelson, C. A., & Monk, C. S. (2001). The use of event-related potentials in the study of cognitive development. In C. Nelson & M. Luciana (Eds.), *Handbook of developmental cognitive neuroscience* (pp. 125 - 136). Cambridge, MA: MIT Press.

Neville, H., Stevens, C., & Pakulak, E. (2011). Interacting experiencial and genetic effects on human neurocognitive development. In Battro A. M., Dehaene, S., & Singer, W. J. (Eds.), *Human neuroplasticity and education* (pp. 167 - 181). Vatican City: Pontifical Academy of Sciences.

Otsuka, Y., Nakato, E., Kanazawa, S., Yamaguchi, M. Y., Watanabe, S., & Kakigi, R. (2007). Neural activation to upright and inverted faces in infants measured by near infrared spectroscopy. *NeuroImage*, *34*, 399 - 406.

Perani, D., Saccuman, M. C., Scifo, P., Awander, A., Spada, D., Baldoli, C., Poloniato, A., Lohmann, G., & Friederici, A. D. (2011). Neural language networks at birth. *Proceedings of the National Academy of Sciences of the United States of America*, *108*, 16056 - 16061.

Perani, D., Saccuman, M. C., Scifo, P., Spada, D., Andreolli, G., Rovelli, R., Baldoli, C., & Koelsch, S. (2010). Functional specializations for music processing in the human newborn brain. *Proceedings of the National Academy of Sciences of the United States of*

*America*, *107*(10), 4758 - 4763.

Power, J. D., Barnes, K. A., Snyder, A. Z., Schlaggar, B. L., & Petersen S. E. (2012). Spurious but systematic correlations in functional connectivity MRI networks arise from subject motion. *NeuroImage*, *59*, 2142 - 2154.

Reynolds, G. D., Courage, M. L., & Richards, J. E. (2010). Infant attention and visual preferences: Converging evidence from behavior, event-related potentials, and cortical source localization. *Developmental Psychology*, *46*, 886 - 904.

44 Richards, J. E., Reynolds, G. D., & Courage, M. I. (2010). The neural bases of infant attention. *Current Directions in Psychological Science*, *19*, 41 - 46.

Rodriguez-Fornells, A., Schmitt, B. M., Kutas, M., & Munte, T. M., (2002). Electrophysiological estimates of the time course of semantic and phonological encoding during listening and naming. *Neuropsychologia*, *40*, 778 - 787.

Sakatani, K., Chen, S., Lichty, W., Zuo, H., & Wang, Y. (1999). Cerebral blood oxygenation changes induced by auditory stimulation in newborn infants measured by near infrared spectroscopy. *Early Human Development*, *55*, 229 - 236.

Schlaggar, B. L., & McCandliss, B. D. (2007). Development of neural systems for reading. *Annual Review of Neuroscience*, *30*(1), 475 - 503.

Segalowitz, S. J., & Davies, P. L. (2004). Charting the maturation of the frontal lobe: An electrophysiological strategy. *Brain and Cognition*, *55*, 116 - 133.

Shimada, S., & Hiraki, K. (2006). Infant's brain responses to live and televised action. *NeuroImage*, *32*, 930 - 939.

Sowell, E. R., Thompson, P. M., Holmes, C. J., Batth, R., Jernigan, T. L., & Toga, A. W. (1999). Localizing age-related changes in brain structure between childhood and adolescence using statistical parametric mapping. *NeuroImage*, *9*, 587 - 597.

Sowell, E. R., Thompson, P. M., Leonard, C. M., Welcome, S. E., Kan, E., & Toga, A. W. (2004). Longitudinal mapping of cortical thickness and brain growth in children. *The Journal of Neuroscience*, *24*(38), 8223 - 8231.

Stevens, C., Harn, H., Chard, D., Currin, J., Parisi, D., & Neville, H. (2011). Examining the role of attention and instruction in at-risk kindergarteners: Electrophysiological measures of selective auditory attention before and after an early literacy intervention. *Journal of Learning Disabilities*. DOI: 10.1177/0022219411417877

Stevens, C., Lauinger, B., & Neville, H. (2009). Differences in the neural mechanisms of selective attention in children from different socioeconomic backgrounds: An event-related brain potential study. *Developmental Science*, *12*(4), 634 - 646.

Thierry, G. (2005). The use of event-related potentials in the study of early cognitive development. *Infant and Child Development*, *14*, 85 - 94.

Travis, K. E., Leonard, M. K., Brown, T. T., Hagler, D. J., Curran, M., Dale, A. M., Elman, J. L., & Halgren, E. (2011). Spatiotemporal neural dynamics of word understanding in 12-to 18-month-old-infants. *Cerebral Cortex*, *21*(8), 1832 - 1839.

Van Petten, C., & Luka, B. J. (2006). Neural localization of semantic context effects in electromagnetic and hemodynamic studies. *Brain and Language*, *97*, 279 - 293.

Vanderwert, R. E., Marshall, P. J., Nelson, C. A., Zeanah, C. H., & Fox, N. A. (2010). Timing of intervention affects brain electrical activity in children exposed to severe psychosocial neglect. *PLoS ONE*, *5*(7), 1 - 5.

Villringer, A., & Chance, B. (1997). Noninvasive optical spectroscopy and imaging of human brain function. *Trends in Neuroscience*, *20*, 435 - 442.

Watanabe, H., Homae, F., Nakano, T., & Taga, G. (2008). Functional activation in diverse regions of the developing brain of human infants. *NeuroImage*, *43*, 346 - 357.

Wilcox, T., Bortfeld, H., Woods, R., Wriuck, E., & Boas, D. A. (2005). Using near-infrared spectroscopy to assess neural activation during object processing in infants. *Journal of Biomedical Optics*, *10*, 1010 - 1019.

Wilcox, T., Bortfeld, H., Woods, R., Wruck, E., & Boas, D. A. (2008). Haemodynamic response to featural changes in the occipital and inferior temporal cortex in infants: A preliminary methodological exploration. *Developmental Science*, *11*, 361 - 370.



Wolf, M., Ferrari, M., & Quaresima, V. (2007). Progress of near-infrared spectroscopy and topography for brain and muscle clinical applications. *Journal of Biomedical Optics*, *12*, 062104 - 1 - 14.

Wunderlich, J. L., Cone-Wesson, B. K., & Shepherd, R. (2006). Maturation of the cortical auditory evoked potential in infants and young children. *Hearing Research*, *212*, 185 - 202.

Zaramella, P., Freato, F., Amigoni, A., Salvadori, S., Marangoni, P., Suppjei, A., Schiavo, B., & Chiandetti, L. (2001). Brain auditory activation measured by near-infrared spectroscopy (NIRS) in neonates. *Pediatric Research*, *49*, 213 - 220.

## 推荐阅读

Buxton, R. (2009). *Introduction to functional magnetic resonance imaging: Principles and techniques* (2nd ed.). Cambridge: Cambridge University Press.

Luck, S. J. (2005). *An introduction to the event-related potential technique*. Cambridge, MA: MIT Press.

Meek, J. (2002). Basic principles of optical imaging and application to the study of infant development. *Developmental Science*, *5*, 371 - 380.

Weishaupt, D., Kchli, V. D., & Marincek, B. (2008). *How does MRI work? An introduction to the physics and function of magnetic resonance imaging*. Berlin: Springer.

# 第三章　学习和教学的计算式模型 46

迈克尔·S.C.托马斯(Michael S.C. Thomas)
黛安娜·劳里拉德(Diana Laurillard)

## 一、引言

在本章中,我们将要探讨如何利用计算式模型来推进对学习和教学的理解。“模型”的概念是指抓住操作时的关键理论原则,对一种现象进行简化的表达和实施。在计算式模型中,模型是以计算机程序的形式实现的。

在教育神经科学中,计算机作为模型系统以两种截然不同却密切相关的方式运行。首先,用计算机了解学习过程背后的**认知机制**。其次,将计算机作为**教学工具**来模拟师生互动,这类教学工具可以用**智能辅导系统**(intelligent tutoring systems)或**自适应微观世界**(adaptive microworlds)的方式发挥作用。认知模型和基于计算机的教学工具相互关联,它们既要求对学习者有所了解,又要求对特定类型的经验和反馈如何促进学习者的知识累积有所了解。的确,有些计算机程序既被当作认知模型,又被当作智能辅导系统的基础(参见后文理性思想的自适应控制模型/Adaptive Control of

Thought-Rational model, ACT－R 的例子)。这两个模型的目标截然不同,认知模型的目标是儿童或成人身上发生的学习过程,而教学工具模型的目标是教师的行为及师生互动。

47 这两个模型都关注**个体差异**。认知模型旨在了解导致学习成绩差异的因果机制(是源自遗传还是环境)。对于教学工具,智能辅导系统可以根据个别学习者在以前任务上的成功或失败的经验来定制他或她所需的特定领域的知识(教师教育模型)。自适应微观世界包含一个模型,说明学习者如何与一个领域产生交互作用以构造对象或事件,程序将根据单个学习者在最后一个任务上的表现来调整任务目标的难度(建构主义教学模型)。

认知模型为教育学和神经科学之间的对话建立了学科之间的一个积极的交流平台。**人工神经网络**(artificial neural networks)可以在实际观察到的神经回路的计算原则基础上建立学习模型。一定程度上,这些认知模型是成功的,它们揭开了学习者知识表征的本质以及知识发展的序列。因此,未来我们可能会更加了解以计算机为基础的教学程序。

我们将以下列顺序对计算方法进行回顾。在本章的前半部分,我们将讨论计算机作为认知模型的应用。我们将探讨为何构建外显的、可实施的模型能够有效推进我们对学习本质的了解,也将总结建立这种模型的一般原则和目标。我们还将探讨建立认知模型的两种主要方法：符号法和亚符号法。亚符号法使人工神经网络模型能够广泛应用。通过举例,我们描述了用大量的人工神经网络模拟语言发展速度的个体差异的研究,它解决了具体的教育问题,即为什么在儿童早期被确诊的语言延迟,有时会自动消失,有时却需要持续的干预。在本章的前半部分,我们展望了未来,即学习的计算式模型如何超越目前的局限性,以丰富我们对代表教育经验的众多现象的理解。

在本章的后半部分,我们将要讨论计算机作为教学工具的应用。我们总结了教和学的教育模式的关键特性。然后,我们描述数字化学习环境的两个不同组成部分——智能辅导系统和自适应微观世界。在每一种情况下,我们都参考
48 它们体现的教学理论。我们用自适应微观世界是为了解决在数字知觉理解方面的缺陷,这种缺陷在计算障碍儿童的数学技能学习中表现出来。

虽然认知模型和基于计算机的教学工具在概念上是相互关联的,但它们使用术语和概念的方式有时却有明显不同,并且两者是从不同的角度来理解学习

进程。我们将使用反馈的例子来说明这两种方法什么时候一致,什么时候不一致。最后,我们将对本章的要点进行总结。

## 二、认知计算式模型

### 1. 用模型来了解学习机制

教育学的核心是"学习"这一概念——随着时间的推移,促进知识和能力的进步。计算系统提供了一种模型,使我们能够理解学习背后的认知过程。这种模型作为一种正式的系统,可以追踪信息加工随行为或技能的习得所发生的变化。模型通常是通过心理制约下的计算机模拟来实现的,它会学习一些如推理、概念形成及语言和识字技能之类的任务。

迄今为止,这些模型主要用于研究认知发展,特别是儿童在达到一定的认知水平后,是如何通过经验或者成熟,达到下一个认知水平的。该模型已经用于探索一些问题,如婴儿头脑中存在多少"预编程"或先天的知识,以及推理的复杂程度怎样随儿童的年龄和经验而增长。教育和认知发展的不同点在于,它们预设的学习环境是不同的。发展反映的是学习者通过与周围自然的物理环境和社会环境的互动,能够发现什么;而教育关注的是在多代文化积累的基础上,学习者能够获取怎样的知识和技能。教育可以提供扩展的、结构性的学习环境,该环境强大到足以雕刻新的神经系统,如参与到阅读和数学中的神经系统。教育建立在认知发展的基础上,而在认知发展的内在成分方面,教育既可以利用脑可塑性这一遗传机制,也受心智所支持的知识表征类型的制约。

在发展心理学从描述性科学转变为一门成熟的解释学的过程中,计算式模型是一个举足轻重的工具(Mareschal & Thomas, 2007)。描述性科学是对发生事 49
件的观察和总结——在发展的情况下,是儿童在不同年龄段表现出的能力。而解释学则是一种机制——揭示观察到的行为产生的潜在原因。建构计算式模型有助于发展心理学向解释学转型,因为当研究者将潜在的理论转变成外显的计算式模型时,他们必须明确指出在因果理论中各种术语的意思。例如表征、符号、变量和学习这样的术语在具体实施时必须有一个确切的定义。精确度的要求需要我们构建一个有效的计算式模型,以避免不精确的口语理论可能带来的误解和争论。例如,“注意力”这一概念的确是对一些人类行为的方便的总结。然而,要想建立一个处理系统以选择某种特定的信息给予增强处理,却是另外一件事。系统选择注意哪些信息?系统对注意到的(和没注意到的)信息的加工有什么不同?建构一个有效的加工模型,不允许存在这些模糊性。

## 2. 学习的计算式模型的一般原则和目标

学习过程的认知计算式模型通常包括以下四个元素。第一,要有一个种类多样的**计算系统**。计算系统是获取、存储及操纵信息的一个机制,可以用其来驱动行为。第二,要有**信息表征**。有一些表征建模者已经明确说明,并且这些表征与模拟环境提供给该系统的信息相对应,也与产生期望行为(如单词命名,给数学问题提供答案或推测类比的寓意)所需要的输出反应相对应。其他一些信息的表征可能是在学习过程中由计算系统本身发展而来的——即在已经提供输入的情况下,系统需要的那些可以用来产生适当行为的信息。第三,该模型要有一个**学习算法**。通过这个学习算法,系统改变它的内部结构,根据对当前表现的反馈来提升系统在目标问题上的表现(对计算机学习系统反馈类型的更详细介绍,参见后文关于反馈的部分)。第四,要有一个**训练集**,对应于模型需要习得的问题领域。训练集可以由建模者在外部供应,建模者可以构建一个人工微观世界,模型可以
50 根据自己在人工微观世界的行为和后续经验产生自己的训练集。微观世界可能含有可以和模型互动的其他个体(或行为主体)。此外,建模者有时也会对学习系统的迁移集进行测试,对于目标领域内的一些新问题作出反应。成功设置迁移集可以确保模型习得的是问题领域的一般原则,而不仅仅是记忆训练集中的单个项目。

在认知系统中,很多计算系统都可以作为学习模型(Mitchell, 1997; Sun, 2008)。其中包括概念学习、决策树学习、人工神经网络、贝叶斯(概率)学习、基于实例的学习、遗传算法和强化学习。符号模型和亚符号模型在计算模拟的发展方面有很大的区别。符号模型的研究者坚持认为,认知的最大特点是,它是一个遵守规则的物理符号系统,就像一个传统的计算机程序一样。因此,认知的发展包括心理规则的建立和修正。相比之下,亚符号模型的研究者将认知当作一种高度互动的动态系统,例如,人工神经网络。人工神经网络包括简单的处理单元,每个处理单元的激活水平都与一个神经元的激活率相类似,这些处理单元在网络中按照权重被连接在一起。任何两个单元之间的连接强度都决定了一个单

元的活动对另一个单元的后续活动有多大影响。人工神经网络可以将任务当作学习不同激活状态之间的相互转换——根据周围环境的信息，通过逐渐改变连接权重的强度来产生适当的激活状态，进而实现学习。在这类系统中，因果实体不再是规则，而是分布在整个网络的持续激活状态，这种状态有时会随时间循环。人工神经网络并不是按照物理符号系统来运转的，因此最好在某些特定的情况下对它们进行评估。也就是说，人工神经网络虽然不受**规则驱动**，有时却表现出**遵循规则**的行为。在亚符号模型下，学习和发展都是对认知系统基本参数的连续调整（对于人工神经网络来说，这些参数就是连接权重），以使系统的反应更接近于期望行为。

在符号模型中，编码的知识可以很清晰透明。在某些情况下，它是对观察到的行为基于规则（例如，数学系统的加法和减法规则）的描述。在生成复杂行为时，规则可以非常强大（例如，语法规则可以产生无数句型）。在亚符号模型中， 51
编码的知识可能不太明显，因为动态激活模式（连接简单加工单位之间的网络）可能无法与行为产生直接联系。如果将任务作为输入，激活模式必须能够提供简单正确的答案作为输出。大多数符号模型都强调了认知发展涉及的知识表征的透明性，而没有考虑习得新知识和新能力的执行机制或实施机制。也就是说，现在我们仍然难以理解按照规则运行的系统是如何学习一套新的规则的，尤其是那些比前面规则更复杂的规则。相比之下，大多数亚符号模型强调了学习机制（逐步提高某个问题领域的行为）的特殊性，当然，其代价是系统习得知识表征的透明性。总之，符号模型的工作方式更透明，但却不能快速掌握学习过程；而亚符号模型很善于学习，但其内部的运作却比较模糊。

对那些探索心智本质和发展本质的心理学研究者来说，规则与激活模式的可学性不同，这是一个难题。在一定程度上，我们认为，在传授认知技能时，人的心智需要一个复杂的、结构密集的心理表征，但却很难捉摸这些表征是如何习得的。有三种方式可以解决这一难题（Mareschal & Thomas，2006）。**或者**表征生成的复杂行为在很大程度上是先天的（即非习得的；乔姆斯基的普遍语法理论就为我们提供了一个语言发展领域的例子——该理论认为，人类之所以能够轻松地掌握复杂的语言，是因为我们生来就有一个语法的蓝图）。**或者**我们还不了解人类心智所用的全套学习机制（也就是说，在某种程度上，我们可以以某种方式学会复杂的心理表征，只不过我们还不了解）。**或者**我们目前高估了产生复杂行为所需的人类心智表征的复杂性。

研究者如何才能构建一个良好的认知过程模型？当然，模型应该再现人们的行为。一个认知过程模型应该能够学习人可以学习的技能，不能学习人学不来的技能，并且应该表现出与人相同的学习轨迹，包括犯与人在学习过程中所犯的错误相同的错误。

然而，对模型进行评估时可以更加细致入微。模型必须受实证心理学证据的制约。为了使模型更加有效，其中不应该包含“不现实的”成分或过程。例如，学习阅读的模型应该以儿童的编码方式对书面文字（正字法）进行编码，并以儿
52 童的编码方式对口语（音韵）进行编码。虽然这并不一定意味着，模型应该有识别书面文字的视觉系统和对单词进行发音的嘴巴，但是这确实意味着，模型收到的关于书面文字的信息应该类似于我们所知道的视觉系统从页面提取的信息，并且从发音特征来说，模型输出的信息应该尊重发音的结构。模型应该和儿童一样，接触同样的学习经验，例如把书面和口头的字母和单词并列在一起。此外，模型还应该包含一个学习机制，我们认为模型可以在头脑中运行。然而，模型必然是简化的（例如阅读时没有眼睛，说话时没有嘴巴）。毕竟，这是一个模型，旨在抓住正在研究的过程的关键原则，而不是在各个方面重复这一过程。

一个认知过程模型应该根据以下几个标准进行评估：(1) 模型是否真的在目标领域模拟了人类行为；(2) 模型是否有助于**解释**人类行为发生的原因（这要求建模者理解为什么模型是有效的）；(3) 模型能够成功模拟目标行为是因为模型遵循了关键的设计原则（模型包含的理论），还是因为模型设计的简化（解决了模型工作的关键点），如果答案是前者，那么证明该模型体现的理论是可行的；(4) 模型是否能解释一系列的行为，而不仅仅解释一个行为（即该模型是否经济）；(5) 模型能否产生在不同条件下（例如，在新的条件下或在模型受破坏时）可以观察到的新行为，也就是说，模型能否作出新的预测，这些预测可以通过随后对人进行的心理实验得到证实。

### 3. 以符号认知模型和亚符号认知模型为例：理性思想的自适应控制模型和人工神经网络

一种广泛使用的符号认知模型叫作 ACT－R（Anderson，2007；Anderson & Lebiere，1998）。ACT-R 这几个字母代表 Adaptive Control of Thought-Rational，

即理性思想的自适应控制。该模型作为一个总领性的认知结构，意在捕捉整个脑是如何运作的。理性思想的自适应控制模型的关键成分是观察到的脑的加工差异，特别是陈述性记忆（外显的事实和知识）和程序性记忆（内隐的知识和技能）之间的差异。该模型分化出来的不同成分可以反映这种差异。

理性思想的自适应控制模型的核心是程序性的“如果—那么”（IF—THEN）规则。如果一组特定的条件成立，那么某个行为一定会产生。该模型有工作记忆或现有知识的缓冲区，这既反映了新的输入，又反映了以前的处理状态。该模 53
型的规则库之间会相互竞争，直到找到与当前缓冲区的状态最匹配的规则。然后由获胜的规则来产生后续的行为。当这一规则产生作用时，缓冲器中的知识可能会改变，继而触发下一个获胜的规则，依次类推。对理性思想的自适应控制模型来说，认知过程和规则操作其实是接替向前的。理性思想的自适应控制模型是符号的，因为它包含了离散变量和基于语法的操作，尽管该模型的表现也可能取决于所谓的“亚符号的量”，如某个组块的知识产生的强度和激活的基础水平（base level；Anderson & Schunn，2000）。理性思想的自适应控制模型已经用于对多种认知过程（如记忆、注意、执行控制、语言和问题解决）的模拟。

还有两点是值得注意的。首先，基于规则表征的认知模型在学习新的规则时很难找到一个现成的手段，与此一致，理性思想的自适应控制模型在模拟学习和发展的认知过程时作用比较小。其次，理性思想的自适应控制模型可以成功用作智能辅导系统的基础引擎。

一个广泛用于认知处理的亚符号模型是人工神经网络（Rumelhart & McClelland，1986；Spencer，Thomas，& McClelland，2009；Thomas & McClelland，2008）。正如我们所看到的，人工神经网络是对神经回路计算过程的一些关键特征进行捕捉的抽象事物。脑由大量神经元组成，这些神经元通过高度连接的网络，互相传递电信号。人工神经网络包含简单的处理单元（每个单元都有一个激活值）和连接网络，不同处理单元的活动通过连接网络相互影响。神经系统的一个关键特性是具有适应性。单元之间的连接强度可以逐步改变，使网络的输出更接近于（根据输入行为推断的）期望的行为。人工神经网络的很多学习算法都基于**赫布学习**（Hebbian learning；Hebb，1949），其原则是“一起激活的单元也应该连接在一起”。换句话说，如果两个单元被同时激活，那么它们可能会参与到同样的计算过程中。因此，它们之间的连接应该也会被加强，当单元下一轮接收同等输入时，它们也能互相激活。

随着学习，人工神经网络能够在处理单元库的基础上发展自己的内部知识表征。人工神经网络可以被看作是亚符号认知模型，因为信息是作为连续的激活模式进行编码的。正如我们在前文看到的，这些知识的表征相对于它们包含
54 的信息来说，不一定是透明的。当人工神经网络被当作认知模型使用时，其实是在以牺牲习得知识的透明性为代价来学习新的能力。人工神经网络已被用来模拟各种发展现象，如婴儿的感知学习和物体导向性行为，儿童的语言习得和识字能力习得，以及儿童的推理能力的发展（Elman et al.，1996；Mareschal & Thomas，2007）。此外，人工神经网络也为我们提供了一个平台，帮助我们了解同一个解释框架内的发展和个体差异。也就是说，为什么同样年龄的儿童，能力却各不相同，遗传变量和环境变量在产生这些差异时各自起到怎样的作用（Thomas，Baughman，Karaminis，& Addyman，2012a；Thomas，Forrester，& Ronald，2013；Thomas，Knowland，& Karmiloff-Smith，2011）。下文我们将举一个人工神经网络的例子，来说明语言发展的这些问题，以及一些更加普遍的认知模型的构建和评估原则。

## 4. 教育神经科学中一个认知模型的例子：语言发展的个体差异

教育神经科学中认知模型的一个核心问题就是**个体差异**。造成学习结果差异的遗传原因或环境原因是什么？找到这些原因有助于我们提高不同能力、不同背景的儿童的学习成绩。那么，为什么儿童学习知识的速度不同呢？虽然人们早就知道个体差异既有环境原因又有遗传原因，但是仍然缺少认知模型来详细地描绘这些影响是如何体现在行为产生上的。例如，人们对**社会经济地位**（socioeconomic status，SES）如何影响儿童的发育和教育成果感兴趣（Hackman & Farah，2009）。但是，社会经济地位与儿童的物理环境和社会环境等诸多因素有关，目前还不清楚是哪种因果途径最终导致了我们观察到的发展过程中的个体差异。在语言发展领域，可能是社会经济地位与暴露给儿童的信息（在这种情况下，是“语言输入”）的质量和数量有关（对语言发展更多相关问题的总结，见本书第六章）。在低社会经济地位家庭，直接暴露给儿童的语言数量相对较少（Hart & Risley，1995）。赫滕洛克等人（Huttenlocher，Vasilyeva，Cymerman，& Levine，2002）更准确地研究了语言输入的作用，发现教师产生复杂句子的比例

可以预测儿童在一年的学前教育中，在语法理解能力方面18%的变异。语言输 55
入方面的差异似乎是造成发达国家各阶层语言发展速度差异的一个重要原因（如果不是唯一原因的话）。

托马斯和诺兰（Thomas & Knowland，2014）构建了一个认知模型，用于学习英语语法中的英语动词过去式。该模型专门模拟一批儿童学习者的发展轨迹，并从内源性（即每个儿童的学习能力）和外源性（儿童接触的环境质量，根据前文的假设会受社会经济地位的影响）两个方面来观察个体差异。人口水平的建模是相对近期的创新，因为现在计算能力提高了才使之成为可能——计算能力提高后，几千个模型（而不仅仅是几个模型）可以同时运行（Thomas et al.，2012a）。如图3.1所示，托马斯等人的模型由一个人工神经网络组成，英语动词词干的语音表征和动词的语义信息作为输入，过去式的语音表征作为输出。人工神经网络是由规则和不规则英语动词的“词干—过去式”的词对组成（例如，规则英语动
词的过去式 knock—knocked；不规则英语动词的过去式 think—thought），该语法 56
知识的习得经历了一个漫长的发展轨迹。该模型希望能从毕晓普（Bishop，2005）的实验中获取实证数据，这批数据表明，社会经济地位对300个6岁儿童学习英语动词过去式的影响。这些儿童产生规则英语动词的过去式的正确率要

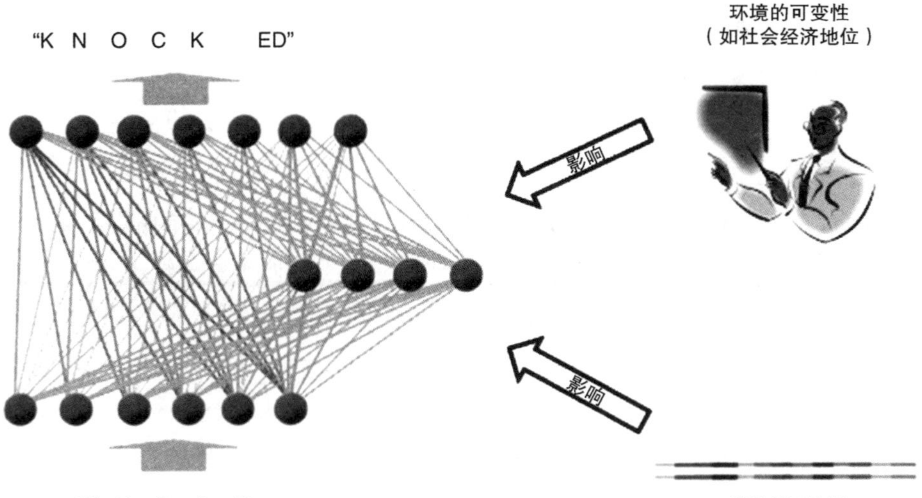


**图3.1　一个基于人工神经网络的认知模型在学习语言某个方面时的应用**

该模型是对一批学习英语动词过去式的儿童学习者的模拟。这批学习者的学习能力和学习环境不同，因此在学习上表现出个体差异

比产生不规则英语动词的过去式高。社会经济地位对儿童规则英语动词的过去式和不规则英语动词的过去式成绩分别有1%和5%的影响。

该模型在实证数据的基础上，成功观察到了社会经济地位的预测能力，特别是相对于规则英语动词来说，社会经济地位对不规则英语动词具有更强的预测能力。该模型认为，实证数据常常反映了儿童在学习能力上有较大差异，在环境信息上有较小差异。该模型曾证明了以下理论的可行性，即社会经济地位可能会引起语言输入的不同(进而引起个体语言水平的差异。——译者注)。此外，该模型还作出了一种全新的预测，这是之前的研究者从未考虑过的，即社会经济地位应该可以可靠地预测儿童超常的表现(例如，儿童是否会成为人群中的前10%)而非延迟性的表现(例如，儿童是否会落后，成为人群中的后10%)。这个惊人的预言随后被毕晓普的数据证实(Bishop, 2005)。

在一项追踪研究中，托马斯和诺兰(Thomas & Knowland, 2014)用该模型聚焦于当前发展性语言障碍领域一个很重要的问题。如果能在儿童早期(如三四岁)诊断出语言延迟，那是很好的，这样，有效干预的机会将得到极大提高。不过，在早期被诊断为语言延迟的儿童中，有超过一半的语言延迟儿童的症状会自行消失，不需要干预。因此，早期干预虽然好，但也有可能治疗了那些本不需要干预的儿童(治疗可能是很昂贵的)。托马斯和诺兰用人口建模技术追踪了早期被诊断为语言延迟的儿童及其后续结果。图3.2显示了模拟的一组儿童在五个时间点是怎样被诊断为语言延迟的(这里将语言延迟定义为低于平均数至少一个标准差)。图3.3总结了在每个时间点模拟的语言延迟儿童的比例——并确认了在该模型中，语言延迟儿童的数量从第一个时间点到第五个时间点下降了一半以上。然后，托马斯和诺兰详细调查了早期语言延迟持续和早期语言延迟恢复的案例，对个体的发展轨迹进行追踪。图3.4显示了四种发展轨迹，对应四种发展模式：正常发展、持续延迟、恢复到中低程度和恢复到正常。

在这一点上，调查着重关注这四种发展模式在环境条件和人工神经网络的学习性质方面的差异。人工神经网络有很多特性，这些特性可以改变儿童学习信息的数量以及学习信息的速度。我们可以将这些特性广泛地称为系统的**能力**(capacity)和**可塑性**(plasticity)。例如，能力受人工神经网络内部单元和连接的数量影响。可塑性受人工神经网络改变行为时连接权重改变强度的速度影响。能力、可塑性和学习环境质量的不同，使托马斯和诺兰区分出四个组(见表3.1)。

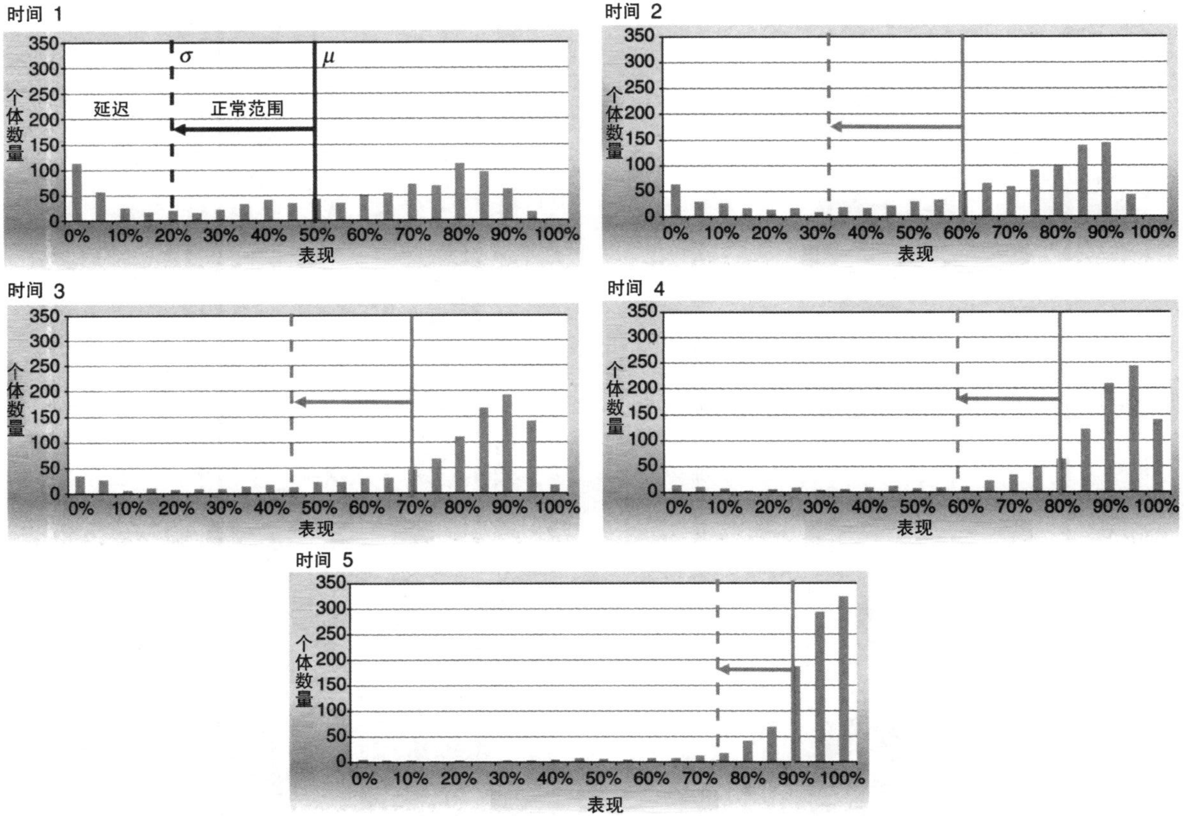


**图 3.2　在五个时间点被诊断为语言延迟的模拟儿童数量的分布**

无论在哪个时间点，被诊断为语言延迟的儿童都是低于平均值（mean；$\mu$）至少一个标准差（standard deviation；$\sigma$）以上，语言延迟儿童的比例随时间而下降，表明某些语言延迟儿童的症状确实能够自行消失　57

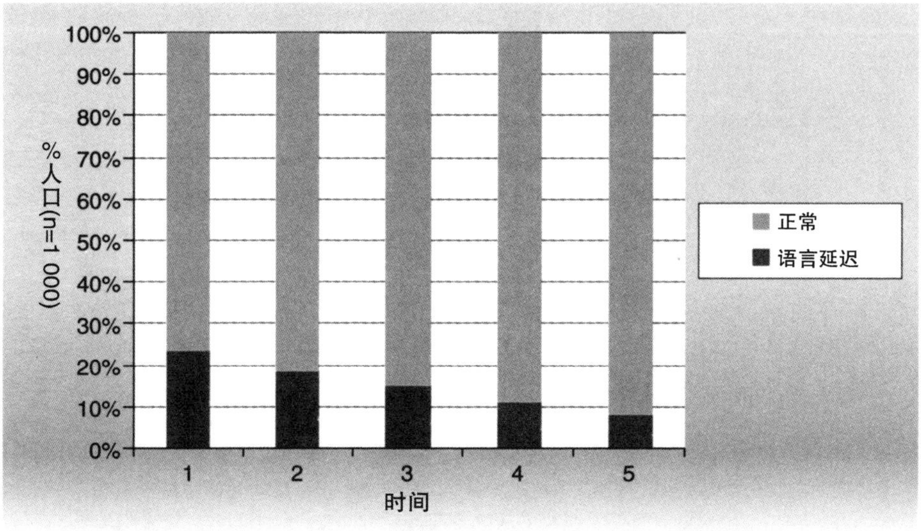


58　**图 3.3　在每个时间点模拟的语言延迟儿童的比例**

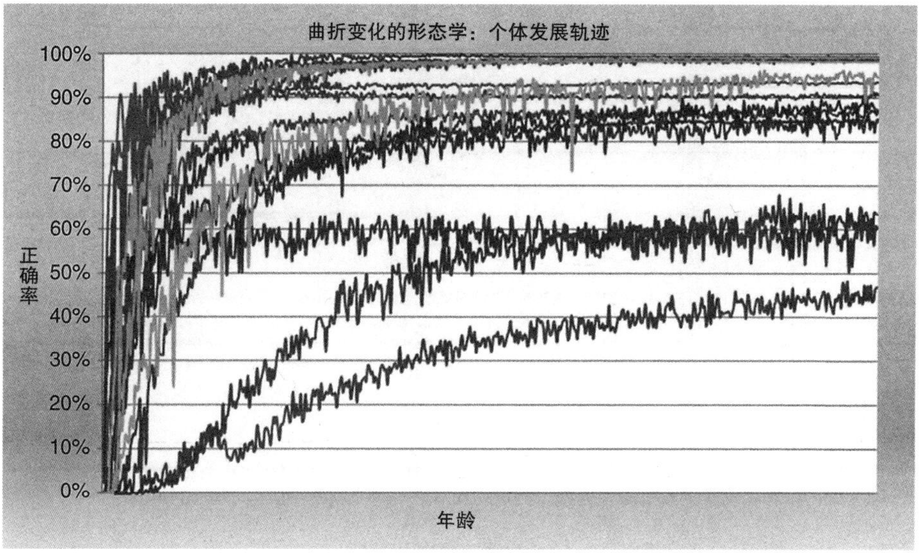


**图 3.4　四种发展轨迹的例子**

注：正常发展、持续延迟、恢复到中低程度和恢复到正常这四种发展模式对应的发展轨迹示意见下页表 3.1

**表 3.1 四种发展轨迹的计算学原因** 59

| | | 可塑性 | 能 力 | 环 境 |
|---|---|---|---|---|
|  | 正常发展 | 高 | 强 | 良 |
| 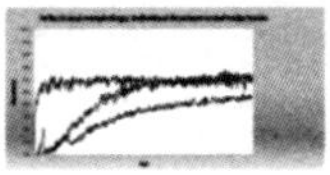 | 持续延迟 | 高/低 | 弱 | 良 |
| 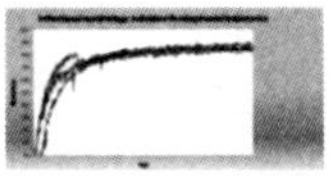 | 恢复到中低程度 | 低 | 强 | 差 |
|  | 恢复到正常 | 低 | 强 | 良 |

发展的延迟可能受能力或可塑性的限制。持续延迟可能与能力弱有关，环境条件似乎不那么重要。延迟恢复与可塑性低有关，学习者可能要用更长的时间来适应，因此学得也较慢。重要的是，对延迟恢复来说，环境质量可以预测最终延迟恢复的水平。良好的环境(高社会经济地位)最终延迟恢复的结果较好，而较差的环境(低社会经济地位)最终延迟恢复的结果只是在中低水平。这再次说明，该预测是以前理论尚未涉及的，同时也再次证实了毕晓普(Bishop, 2005)数据库的预测，这个数据库测试的是一批在 4 岁时被诊断为有语言延迟风险的英国儿童，在 6 岁时完成英语动词过去式的能力。接下来，该研究项目将会在语言延迟的早期诊断中，将可塑性低和能力弱的行为标记物或神经标记物区分出来，然后将关注点聚焦在对语言延迟的干预上。

这个认知模型的例子解释了我们前面介绍过的那几个一般原则。该模型仅仅关注一个特定的任务领域的习得。它的组成成分有：一个计算系统——人工
神经网络；信息表征——英语动词词干和过去式的语音解码及语义信息；一个学 60
习算法——在本例中，是反向传播，即有指导的学习算法(见后文“反馈”部分)，其本身就是赫布学习的一个变体(Thomas & McClelland, 2008)；一个训练集——若干英语动词词干及过去式的对应词对。该模型通过模拟真实的实验数据，即儿童学习规则英语动词和不规则英语动词过去式的能力，以及这些能力对个体差异的影响来进行评价。通过设计原则而不是简化原则来评估该模型在多

大程度上取得了这一成功，正在实施的理论是，在学习能力各不相同的背景下，社会经济地位对儿童所接触的环境中语言信息的丰富性产生影响。进一步评估该模型解释一系列现象的能力——在这种情况下，包括正常的语言发展、天赋语言发展和延迟语言发展。此外，对该模型作出新的经验预测的能力进行评估，这些预测随后得到了实际实验数据的证实——在这种情况下，该模型预测了社会经济地位对语言发展和延迟语言发展的不同影响，并验证了不同类型的延迟发展。

## 5. 更广阔的视角：神经建构主义和教育

在上文中，我们描述了一个认知模型，该模型旨在探索儿童的语言发展怎样受环境变化的影响。该模型以人工神经网络为基本的计算系统。人工神经网络从神经科学中派生出来，体现了神经科学的原则，并以认知水平建模的方式将神经科学和儿童行为的外在方面联系在一起，这正是教育关注的核心问题。然而，这也只是个模型，针对的只是语言习得的一个小的方面。因此，更重要的是从更广泛的角度考虑理论方法的内涵及其对教育理论的潜在影响。

神经科学的原则应该对认知学习理论产生影响，因为认知系统（“心智”）在脑中的一些实现方式使某些思维和学习方式变得更容易，而另一些实现方式则使之变得更难。因此，根据这种观点，如果不考虑脑如何与认知连接，我们就无法推导出认知理论。神经建构主义是试图充实这一观点的一种理论方法（Elman et al.，1996；Mareschal et al.，2007）。特别是，神经建构主义是基于皮
61 亚杰的观点，即认为发展是在经验基础上将心理表征的复杂性逐步精细的过程，该过程使新的能力可以在更早、更简单能力的基础上发展起来（建构主义）。神经建构主义也整合了当前功能性脑发育理论，认为脑功能性皮层结构愈精细，脑表征愈复杂（Sirois et al.，2008；Thomas et al.，2008；Westermann et al.，2007；Westermann，Thomas，& Karmiloff-Smith，2010）。

有人可能会问，那么，脑功能的哪些原则会影响认知理论的形成？这里是影响认知理论形成的五个原则：（1）脑利用**知识的部分表征**：通常我们很少使用整个概念，通常只使用与当前行为情境相关的行为的某一知识维度。确实，人们可能很少习得整个概念。（2）**语境化**：机制总是在一定的背景下运行——基因在其他基因的背景下运行，神经元在神经网络的背景下运行，脑区在一组脑区的

背景下运行，脑在身体的背景下运行，个体在文化和社会的背景下运行。(3) **时间**：事件发展的时间至关重要，相同的事件发生在不同的时间可能会有不同的结果。(4) **突现的专业化**(和脑定位)：系统随着发展会愈加分化，在经验的基础上功能会向特定的领域调整。例如，在视觉范围内，专用于人脸识别的系统和专用于书面文字识别的系统就是在经验的基础上，通过最初对一般物体的识别实现进一步分化。(5) 必须在更广泛的**进化发展生物学**的框架内建构脑发育事件：一个适应性的框架可以告诉你在脑发育过程中建立起来的功能。进化这一系统要做什么？当孩子在一个正常的环境中长大时，脑结构中的神经约束是什么？这些神经约束如何适应新的环境，如文化环境的进化、识字和识数。

这些想法对教育理论的影响尚未被充分探讨。例如，在时间方面，一些研究已开始专注于脑发育的敏感期对教育课程时间的意义(例如，Thomas, 2012; Thomas & Knowland, 2009)。在某些情况下，这项工作还是要依赖于计算式模型，用计算式模型来将神经科学原则和高水平行为连接起来(Thomas & Johnson, 2006)。但是，对教育更深层的启示可能还是要从神经建构主义的论文中得到。例如，知识的部分表征这一概念表明，同一概念的不同维度会在不同的背景下有 62
不同的激活。一方面，这意味着，知识本质上可能受背景的约束，知识的习得过程[①]也是如此；另一方面，这也意味着，习得一个完整的抽象概念需要接触使用该概念的所有背景。举一个具体的例子，儿童可能知道 5 这个数字在 4 和 6 之间，5 是 1 加 4 的和，5 是 10 除以 2 的商，但每个例子都仅仅反映了数字 5 在一个特定背景下的应用。学习的最终目的是习得脱离背景的概念——学会 5 就是 5。但是受脑功能模式的制约，儿童在开始习得概念时，总是受特定背景的约束。呈现的各种背景最终都必须被撤去，以将概念从环境的束缚和习得时的感觉运动条件中释放出来，这样才能构建抽象的概念。抽象的概念才能在各种情况下使用，包括那些儿童还没有遇到过的情况。

## 6. 认知模型在教育中的未来

虽然认知模型是推动学习和发展理论向前发展的强有力方法，但仍有一些原因导致认知模型在教育方面存在一定的局限性。这是因为教育中的很多核心

---

① 详见 Thomas, Purser, & Mareschal (2012b).

现象都是心理学中最复杂的现象的结合——包括课堂上的社会背景,师生互动的动态性,以及知识和动机的结合。目前,认知模型受限有以下两个原因:因为模型不够复杂(如前文所述,模型必须保持一定程度的简约才能实现它们的解释性目标);因为模型当前针对的只是个体认知系统或该系统内的成分,因此很难捕捉到师生互动的动态或教室中的社群现象。此外,认知研究中还有一些尚待解决的争论:高水平的概念性知识的表征是什么样的?元认知是怎样工作的?情绪、奖励和动机是怎样调节学习的?

不过,我们可以想象,未来认知模型对教育很有帮助。认知模型的最终目的
63 是通过了解脑习得知识、巩固知识和总结知识的机制和原则,实现学习时机、学习机制和学习背景的最优化。这有助于我们了解学习者是怎样形成知识表征的,课堂上学生是如何互动以达成共同理解的,注意和动机在这个过程中起了什么作用,其他因素会怎样影响脑的学习性质(如睡眠对巩固记忆的作用,或有氧健身对调节脑可塑性的作用),以及可能随年龄的增长而改变脑可塑性的因素,以便在整个生命周期里优化学习。认知模型有助于我们了解教师的认知机制:教师怎样照顾学习者的当前状态;教师怎样将自己的知识中和任务领域相关的信息逐步展示并传递给学习者;教师怎样基于学习者当前的知识状态提供对其有意义的反馈;教师的情感和动机状态会如何调节这些过程。最后,认知模型也有助于我们了解上述过程是怎样随个体的天赋而改变的。

认知模型作为一种神经科学的计算方法,是用来理解学习和发展过程的。我们可以通过现在对学习过程的了解(虽然只是部分了解)来发展一个教学的计算式模型。这里有两种不同的方法:智能辅导系统和自适应微观世界。

## 三、作为教学系统的计算机

### 1. 教学和学习的教育模式

从教育的观点出发,任何教学—学习环境都要包括一组使学生的学习成为可能的必备特征。虽然用不同的术语,但教育文献中提到的特征在上文所说的发展学习的神经科学解释里都能找到对应部分。这些神经科学的解释可以参考下面教育学解释中括号里的内容。在教育学解释中,教学—学习环境必须指定

一个学习成果（必要/目标行为）；评估学习成果的方法（迁移集，即学习时的测试）；一组学习者为了实现目标必须完成的任务活动（训练集），其中每一项活动都包括学习者为实现目标（目标问题）而采取的行为（输出反应）以及与目标有关的行动的有意义反馈（反馈）。教学—学习环境还可以让学习者接触同学（媒
介）。这不仅是传统的人类（物理）学习环境的特征，也是模拟人类教师的数字化 64
教学—学习环境的特征。数字化版本的教学—学习环境是一个计算机程序，在该程序中，学习者通过“智能辅导系统”或“自适应微观世界”与模拟教师进行互动，教师的作用、任务活动、目标和反馈都是通过上述互动过程实现的。

剩余的就是计算系统（在认知系统中模拟学习）和学习的教师模型（对应于学习者的学习方式）之间的对应了。在数字化版本的教学—学习环境中，教育和学习模式借鉴一个或多个学习理论，如建构主义、社会建构主义、神经建构主义、概念学习、体验学习和合作学习（Laurillard，2012）。这些理论没有一个和学习的计算系统模型有明确的等价关系，如概念学习、决策树学习、人工神经网络、贝叶斯（概率）学习、基于实例的学习、遗传算法和强化学习。这可能是因为，在计算系统模型中，学习的知识或技能成分是相关的（如动词词干与过去式之间的关系），而教育理论却在不同课程的描述层面操作（如动词词形变化的不同形式，运动定律或第一次世界大战爆发的原因）。然而，学习的教育模型的很多参数和机制并没有明确统一，缺乏协同效应（Bransford et al.，2006）。

建立一个数字化版本的教学—学习环境有一个好处，即清晰、明确地说明学习模型到底由何组成。通过整合现有的学习教育模型对教师和学生的期望，就有可能得到一个外显的模式，即“对话框架”，用以描述教学—学习教育过程（Frederickson，Reed，& Clifford，2005；Laurillard，2002）。这种模型将这一过程定义为教师与学习者之间，学习者和同伴之间，以及每个被试的观念和行动之间的不断迭代。图 3.5 显示了真实或虚拟的环境下，教师、学习者和同伴之间的关系。

教师的概念性知识（teacher’s concept knowledge）和学习者的概念性知识（learner’s concept knowledge）之间的迭代是通过语言、符号、图表、动画等表征形式，通过读、听、看、辩论和讨论等过程，在概念层面进行。在实践层面上，教师会生成一个模拟世界的教师建模环境，如练习、实验室和实地考察等，在这种环境中，学习者可以用他们的实践技能，通过目标导向的行为、反馈和修改后的行为等形式，在行为水平进行学习。同伴学习是指与同伴讨论和交流实践输出和同

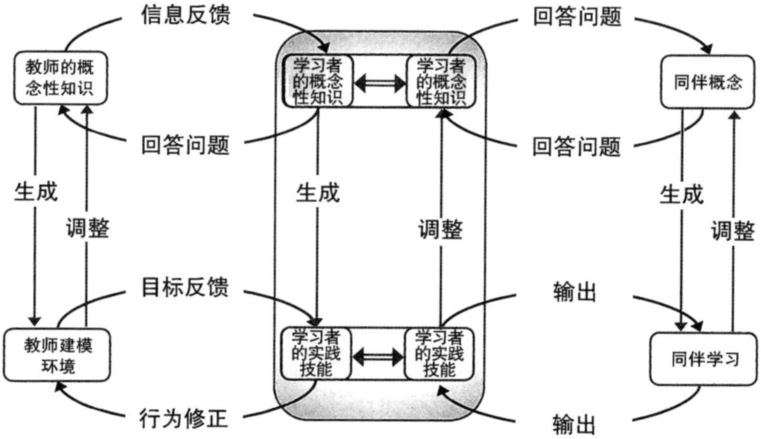


65 **图 3.5　个体学习和同伴学习的对话框架**

伴概念。被试内部的迭代是指根据当前的概念和行为反馈对概念进行调整而生成行为。这包括教师根据学习者的讨论和提问,生成实践环境,并根据学习者的行为反应,调整自己的语言。该框架尝试探索课堂内外教师—学习者—同伴之间交互作用的动态过程。目前,教育中使用的学习理论可以与该框架的全部或部分相对应。

在上述模型中,模型迭代的本质以及生成动作和调整概念的过程的适应性本质,使模型更接近基于亚符号模型增量改进行为的学习机制。在对话框架中,构成学习者的概念表征和行为表征同样是模糊的——只有从学习者与教师和同伴的互动中,或是在练习阶段进行的动作中,才能探测到学习者产生怎样的概念表征。

下文我们将介绍教育和学习的计算式模型的两种主要方法:智能辅导系统和自适应微观世界。

## 2. 教学和学习的计算式模型:智能辅导系统

智能辅导系统基于符号模型,从人类信息加工理论推导而来。认知加工的
66 计算式模型,如理性思想的自适应控制模型,使智能辅导系统可以推测学生学了什么,如何学的,因为它可以监视系统中一组活动的输出(Sawyer, 2006)。

智能辅导系统由三部分组成,这对师生保持一致很关键。

(1) **学习模型**(learning model)是一个由陈述性组块和生成规则组成的网络,用以对问题集作出反应,等同于神经科学领域的**计算系统**及教育领域的**教师**

**学习模型**。

(2) 通过监视学生的行为(**学习者的行为或输出反应**)对学生的当前需求进行**诊断**,然后将学生的行为与模型的预测行为进行比较,以推断正在使用哪些陈述性知识与生成规则。例如,如果学生犯错误,该系统就会推导出学生正在使用的某些错误知识导致了他犯这样的错误。

(3) **教师反馈**是指诊断出的实际行为和预测行为之间的差异,由系统以帮助、脚手架以及"用动态指导来修补知识漏洞"等形式提供的(Anderson & Schunn, 2000, p.19)。

这一解释并不能外显地推论到认知模型的其他成分,虽然这些成分也存在于智能辅导系统中:**任务活动或训练集**通过学生必须采取的行为实现系统设置的目标。于是,在智能辅导系统提供的认知模型和计算式模型之间就有了一种良好的对应关系。

智能辅导系统方法与认知建模有一些共同点,但由于20世纪90年代出现了基于计算机的学习活动这一替代形式(如网络资源、多媒体、用户生成内容的方法和在线通信技术),智能辅导系统被赶超,直到现在也没有任何重大的进展对主流层面产生影响(Laurillard, 2010)。

### 3. 计算式模型:自适应微观世界

相比之下,自适应微观世界并没有明确的学习模型,也更接近于学习的亚符号模型,并建立在佩珀特(Papert, 1980)"不教而学"理念的基础上(diSessa, 2001)。微观世界是对世界某个方面的交互式计算式模拟,微观世界有自己的约束条件和假设,学习者可以用某种程序来学习相应的概念,这种程序是"参与有
价值的任务,并通过这样做……来了解强大的基本原则"(diSessa, 2001)。在下 67
列两种情况下,微观世界是自适应的:(1) 当给学习者展示他们在微观世界中的行为结果时;(2) 当微观世界会根据学习者的当前表现专门去调整任务难度时。

微观世界法表现得更好,"建构主义"作为学习如何成功的模式的基本思想仍然流行。"建构主义"是麻省理工学院的佩珀特(Seymour Papert)首创,受皮亚杰心理学思想的影响。建构主义是以下理论的具体化,即我们通过建构使用复杂概念和思想的表征来学习这些概念和思想(Papert, 1980; Papert & Harel, 1991)。这一观点已被用到科学课的一些主题上,对数学课的影响最大:很多国

家用“乐高”(一种拼图游戏)来学习几何(Hoyles & Noss, 2003)。建构主义的学习理念适用于很广的学科领域及学习的各个层面。这个理念现在正以“乐高网”(NetLogo)的形式付诸实践,这是一种建模工具,它使学习者能调查和设定一系列行为模型,如人口增长、电路和气候变化,只要可以进行计算式模拟就可以使用这一工具(Gilbert & Troitzsch, 2005)。

## 4. 教育学的计算式模型

为了提供一种教学—学习环境,计算机程序必须包括前文定义的所有属性,但简单的建模环境,如乐高或乐高网却没有这些属性。一个简单的建模环境可能适用于学生的行为,却不一定适用于他们的表现水平。教师监控并设置任务活动也是很重要的。因此,自适应微观世界将任务模型和规则结合在一起,来监视学生的表现,并根据学习者的需求调整下一个任务的难度。图 3.6 显示了教和学两种截然不同的计算环境是怎样体现在框架中的。

在图 3.6(a)中,智能辅导系统使用教师建模环境的模型来生成任务目标(1,2);学习者在现有概念性知识的基础上产生行为,以实现目标(3,4);智能辅导系统观察学习者的行为,并提供外在的反馈或指导(5,6),使学习者调整概念性知识以进一步修正行为(7,8)。

在图 3.6(b)中,教师的建模环境是一个设置任务目标的微观世界(1);学习者在现有概念性知识的基础上产生行为以实现目标(2,3);微观世界模拟并显示

68

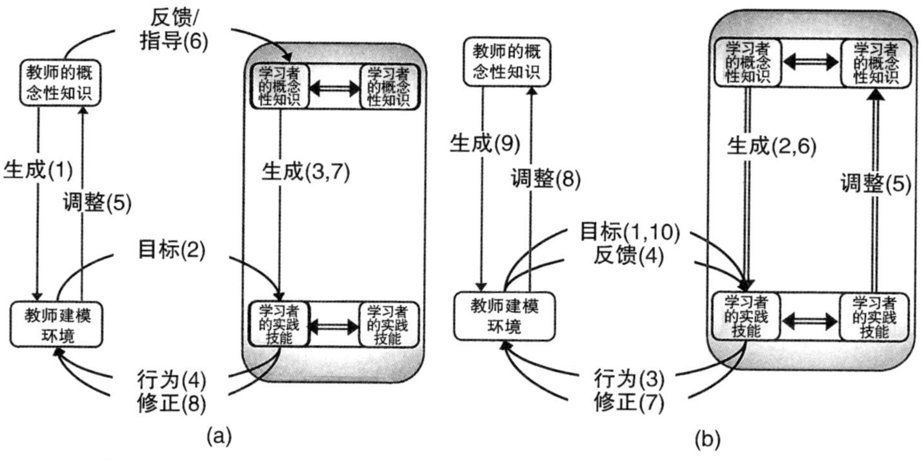


**图 3.6　(a) 对话框架下的智能辅导系统;(b) 对话框架下的自适应微观世界**

行为的结果(4);学习者根据反馈调整他们的概念性知识(5)并进一步修正行为(6,7);自适应微观世界监视学习者的行为,并调整教师对概念的选择(8),以产生一个挑战性更大或更小的目标任务(9,10)。

与学习者的表现相适应的观点是使学习情景更具有挑战性,将其保持在学生的最近发展区,在最近发展区,学生难免会犯错(Vygotsky, 1978)。学习的神经机制告诉我们,对待错误的反应至关重要。通过**错误预测学习**,脑机制会尽量减少机体反应和正确或最佳结果之间的差异(Dayan & Abbott, 2001)。同样,在建构主义者的教育学中,学习者要能解释错误的性质(也就是要确保反馈对他们是有意义的),然后建立正确的反应,从而用错误预测学习的机制来处理任务集。为了使之更有可行性,任务集必须在学习者当前的技能范围内,所以该程序对学习者**行为或输出响应**的监视是很重要的,这样程序就能提供**有意义的反馈**,使学 69
习者能够改变行为或反应,直到与**目标**相匹配。如果仍有困难,可以通过改变**任务活动或训练集**来调整**目标或目标问题**。

## 5. 自适应微观世界的例子

正如我们所看到的,神经科学可以通过错误预测学习这一认知模型,或者是通过机器学习系统(这个系统可以兼容建构主义的教育模式,对人类教师或辅导程序也有启发)的学习算法,来帮助我们了解学习的过程。神经科学还可以帮助我们识别目标知识的类型。一个典型的例子是识别"计算障碍"——一种特定的神经缺陷,有时也叫作"数感缺乏"(见第八章)。患有计算障碍的儿童和成人要花较长时间来理解算术问题。服务于特殊需要群体(special educational needs, SEN)的教师已经开发出一些材料和技术来帮助解决这一缺陷(Butterworth & Yeo, 2004)。例如,用不同长度的杆来代表数字(如古氏积木),学习者的任务是建构不同集合之间的关系(例如,找到两个杆使其总长为10,或找到两个相同的杆使其总长为10)。同样的方法已经通过在自适应微观世界对教师进行模拟,作为一个数字化的环境在实施,这验证了我们的预期:学习者在使用错误预测学习这一认知模型。举个学习10的数字组合的例子。

**学习结果**:能够计算,如3+? =10;

**评估方法**:如这样的任务,3+? =10;

**任务活动的集合**:为一个已知的数字找到另外一个正确的数字,使两者的和为 10(落下宽度为 10 的杆;任务顺序如下:颜色 + 长度,只有长度,颜色 + 长度 + 数字,长度 + 数字,只有数字;表现越差,杆落下得越慢);

**学习者行为**:从一堆杆中找到一个长度合适的杆;

**目标**:选择合适的杆;

**有意义的反馈**:杆有重叠、间隙或需要扭动。

这个程序无法提供同伴互动,是专门为没有教师指导的个体学习者设计的。该程序中学习的教师模型体现的是建构主义的理念,即尝试构建适合的配对,并根据行为的结果进行改善,慢慢地,学习者就可以逐渐弄清 0 到 10 这些数之间的关系了。刚开始,这些数字可能代表长度,但最终这些数字将仅仅代表数字(如图 3.7 所示)。正如人类教师一样,程序会根据学习者的反应速度、准确性,以及学习者的能力来调整下一个任务集:如果学习者在完成某个任务时非常慢或非常不准确,就要重复相同的任务(虽然学习者可以无视这些)。将这一程序用于小学和中学有特殊需要的班级的学生(8—13 岁)后,对他们学习结果进行调查(评估方法或迁移集),结果表明:(1) 他们的表现在短期内(两周)提升了;(2) 完成任务的数目显著多于另外一个只有 3 个学习者的特殊需要的班级——使用该程序的个体学习者每分钟完成了 4—11 次试验,而另外一个班级的学习者在 10 分钟的观察期里,他们平均每分钟只完成了 1.4 次试验(Butterworth, Varma, & Laurillard, 2011)。

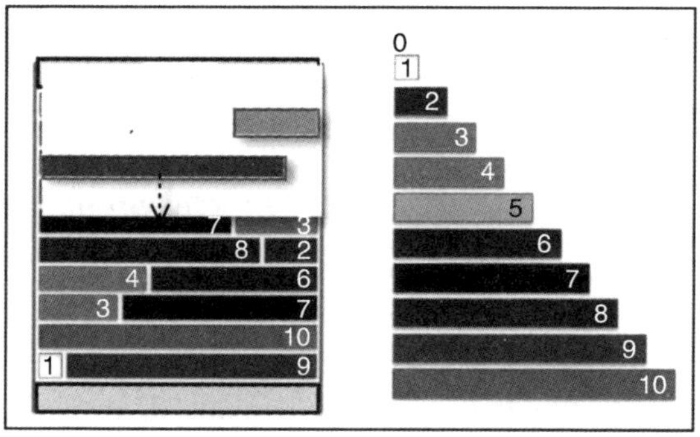


随着杆一个个落下来,学习者要为每个杆找到另一个合适的杆,使两者长度和为 10。这个过程会给学习者反馈,如重叠、间隙或适合与否。如果不正确,同样的杆会再次落下,学习者可以根据反馈调整他们的反应。任务难度取决于在不同的组合中,杆的长度、颜色和数字等信息是否显示了出来。难度最大时,只显示了数字。

70 **图 3.7 学习“10”的数字组合**

与前文认知模型和智能辅导系统的例子一样,自适应微观世界也强调了教学—学习系统的要点。神经科学和教育学的计算式模型的主要区别是:前者是模拟学习过程,因此输出和人类学习者的输出类似;而后者仅是一个假定的模型，用以描述人类是如何学习的，且人类教师的行为被系统所模拟。对此问题更详细的分析，我们将在下文进行探讨。

### 6. 反馈的不同视角

神经科学和教育学的计算式模型，有时会使用类似的术语，但这些术语背后的概念并不总是直接相关。反馈的概念为我们提供了一个有益的例子。在教育中，反馈对学习者在特定任务上的表现和构建对某个话题的理解是非常重要的。 71
教师基于学习者对一组活动的当前表现，提供一个反馈表。反馈表有两种类型："外在的"，教师告诉学习者提高他们的表现所需要的东西；"内在的"，教师告诉学习者行为结果和预期目标之间的关系。在这两种情况下，如果想要学习者利用反馈的话，这些反馈必须对学习者有意义。区分这两者很重要，因为教育学研究有力地证明了，内在动机和奖励比外在动机更有效(Deci, Koestner, & Ryan, 2001)。

智能辅导系统力图捕获教师(根据学习者在系统任务环境中的行为提供相应的外部反馈)的作用并使这种作用自动化(即给予学习者自动反馈)。例如，在一个辅导乘法的系统中，学习者尝试解决一组问题。根据学习者错误的特点，智能辅导系统会推断当前学习者对乘法步骤的理解(错误的)，提供直接的外部反馈来帮助学习者填补知识和规则之间的间隙，然后进一步设置问题促进学习者成绩提高。

自适应微观世界则会创造一个实践环境，根据学习者的世界模型，提供学习者在任务中的行动的内在反馈。通过模拟现实世界的一个特定方面，它将学习者的注意力集中在与学习结果相关的概念和技能上。然后，它根据学习者的表现选择下一步任务，促进学习者成绩提高。

认知模型关注反馈如何在学习机制里发挥作用。模型通常涉及习得特定行为所需的机制(如学习阅读、英语语法或数字的某些方面)。通过暴露在某一问题领域，习得才得以发生。对于人工神经网络来说，反馈通常会落入三种不同的类别。第一类是**自组织学习**(self-organizing learning)。自组织学习的目标是让系统开发一些类别来捕获问题领域的关键维度，无须产生明显的行为。自组织系统没有外部反馈，随着暴露于问题领域的例子越来越多，其内部知识表征的某些特性就可以逐步被优化，其中一个特性就是表征非常简洁。

第二类是**监督学习**(supervised learning)。在监督学习中，系统给学习机制提供非常详细的反馈，以改进其成绩。对于一个特定的输入(即问题领域的例
72 子)，学习机制必须能够输出一个特定的反应(即正确答案，或接近正确的答案，以与更广泛的认知系统中其他机制相融合)。因此，学习是这样发生的：对于特定的输入，学习机制会输出其当前对适宜反应的“最佳猜测”。然后与期望的反应进行比较。期望的反应和实际的反应之间的差距被当作错误信号，来调节网络的连接强度——下一次网络再遇到同样的问题时，其输出将更接近期望的答案。通过反复接触例子和详细的反馈，网络逐渐获得期望的知识。但从学习机制的视角来看，期望反应则被简单地看作是来源于机制的外部——它可能来源于认知系统的另一部分，可能来源于环境的信息反馈，也可能来源于教师。因此，作为一种学习算法，监督学习的反馈是较为中立的，既不是完全内在的，也不是完全外在的。

第三类是**强化学习**(reinforcement learning)。强化学习介于自组织学习(没有反馈)和监督学习(详细反馈)之间。强化学习提供了对期待反应的最佳猜测，但它接收到的反馈却非常模糊。这和寻找隐藏物体的游戏类似，在该游戏中，游戏者会被告知“更暖、更暖、更凉、更凉”来提示在某个地方而不是其他地方寻找。对学习精细知识来说，这种类型的学习机制并不是很强大。然而，根据儿童对每个决定好坏结果的判断，研究者已经开始利用这种机制来构建决策发展模型和行为控制发展模型了，甚至开始构建模型来探查各种不同的障碍，如注意缺陷多动障碍会使患者的决策能力有何不同(Williams & Dayan, 2005)。强化学习会尝试减少行为的预期回应和实际回应之间的差距(例如，在寻找隐藏物体的游戏中，你会被告知物体是在“更暖”的地方，还是在“更冷”的地方)，因此强化学习有时也被叫作错误预测学习。

这些反馈的例子表明，上文讨论的所有形式的计算式模型都需要将非常详尽的信息提供给学习者，以提高学习者的任务成绩。在智能辅导系统中，提供的反馈要求系统能将输出和假定的输入相匹配，并通过反馈来指导输出错误的行为。在自适应微观世界中，任务互动模型必须给行为提供适宜的信息反馈，使学习者知道如何改进行为。在认知模型中，反馈指导信息朝特定的机制转变，以改进学习者的知识结构，进而逐步改变学习者的后续行为。

## 四、结论 73

本章回顾了教育神经科学领域在计算式模型方面的工作，以及认知模型和数字化教学工具的相关方法。我们强调计算式模型在构建学习和教学理论时的优点。我们也证实了认知模型和数字化教学工具之间有很多相似点，即使两者的目标和理论渊源各不相同。认知模型的目标是了解脑的学习进程；而在教学工具中，智能辅导系统的目标是将学习者的知识模拟为该领域内知识的一个版本，进而生成适当的补救性的辅导；自适应微观世界的目标是利用我们对脑学习过程的了解来模拟一个环境，使学习者可以在这种环境中利用这一学习过程来学习正式的概念和技能。这些对比鲜明的方法的主要理论渊源分别是神经科学、信息加工和建构主义。

我们已经表明，认知模型和数字化教学工具有一组共同的特征是学习环境必须具备的。这对教育神经科学这一跨学科领域的未来来说是振奋人心的。尽管两者的目标和理论渊源非常不同，计算式模型可以确定学习的本质是什么，并将其正式作为一组条件使学习成为可能。在这个分析的基础上，我们可以设想学习模型、任务活动或反馈类型怎样从一个学科迁移到另一个学科，或从一个发现迁移到另一个待检验的发现。有争议的术语和精确的定义有助于推动教育学和神经科学这两个不同学科的发展，并将它们逐步绑定。总之，随着我们对学习的理解日渐增加，我们正朝着整合教育学、神经科学和心理学方法这一潜在方向发展。

因此，我们的结论是，这两种模型为建构主义的跨学科对话提供了基础，这种对话现在可以发生在神经科学导向的认知模型与教育学导向的教学模型之间。

## 致　谢

本研究得到 ESRC 基金 RES－062－23－2721 的支持。感谢帕姆斯塔(Kaska Porayska-Pomsta)和哈伯德(Ed Hubbard)在本章写作过程中提供的有益的探讨，以及三位匿名审稿人的有益的意见。

74

# 参考文献


Anderson, J. R. (2007). *How can the human mind occur in the physical universe?* New York: Oxford University Press.

Anderson, J. R., & Lebiere, C. (1998). *The atomic components of thought*. Mahwah, NJ: Erlbaum.

Anderson, J. R., & Schunn, C. D. (2000). Implications of the ACT-R learning theory: No magic bullets. In R. Glaser (Ed.), *Advances in instructional psychology: Educational design and cognitive science* (Vol. 5) (pp. 1-34). Mahwah, NJ: Erlbaum.

Bishop, D. V. M. (2005). DeFries-Fulker analysis of twin data with skewed distributions: Cautions and recommendations from a study of children's use of verb inflections. *Behavior Genetics*, *35*(4), 479-490.

Bransford, J., Vye, N., Stevens, R., Kuhl, P., Schwartz, D., Bell, P., Meltzoff, A., Barron, B., Pea, R., Reeves, B., Roschelle, J., & Sabelli, N. (2006). Learning theories and education: Toward a decade of synergy. In P. Alexander & P. Winne (Eds.), *Handbook of educational psychology* (2nd ed.) (pp. 209-244). Mahwah, NJ: Erlbaum.

Butterworth, B., Varma, S., & Laurillard, D. (2011). Dyscalculia: From brain to education. *Science*, *332*, 1049-1053.

Butterworth, B., & Yeo, D. (2004). *Dyscalculia guidance: Helping pupils with specific learning difficulties in maths*. London: nferNelson.

Dayan, P., & Abbott, L. F. (2001). *Theoretical neuroscience: Computational and mathematical modeling of neural systems*. Cambridge, MA: MIT Press.

Deci, E. L., Koestner, R., & Ryan, R. M. (2001). Extrinsic rewards and intrinsic motivation in education: Reconsidered once again. *Review of Educational Research*, *71*(1), 1-27. DOI: 10.3102/00346543071001001

diSessa, A. A. (2001). *Changing minds: Computers, learning and literacy*. Cambridge, MA: MIT Press.

Elman, J. L., Bates, E. A., Johnson, M. H., Karmiloff-Smith, A., Parisi, D., & Plunkett, K. (1996). *Rethinking innateness: A connectionist perspective on development*. Cambridge, MA: MIT Press.

Frederickson, N., Reed, P, & Clifford, V. (2005). Evaluating web-supported learning versus lecture-based teaching: Quantitative and qualitative perspectives. *Higher Education Research and Development*, *50*, 645-664.

Gilbert, N., & Troitzsch, K. G. (2005). *Simulation for the social scientist*. Maidenhead, UK: McGraw-Hill.

Hackman, D. A., & Farah, M. J. (2009). Socioeconomic status and the developing brain. *Trends in Cognitive Sciences*, *13*(2), 65 - 73.

Hart, B., & Risley, T. R. (1995). *Meaningful differences in the everyday experience of young American children*. Baltimore, MD: Brookes.

Hebb, D. O. (1949). *The organization of behavior*. New York: John Wiley & Sons, Inc.

Hoyles, C., & Noss, R. (2003). What can digital technologies take from and bring to research in mathematics education? In A. J. Bishop, M. A. Clements, C. Keitel, J. Kilpatrick, & F. K. S. Leung (Eds.), *Second international handbook of research in mathematics education* (pp. 323 - 349). Dordrecht: Kluwer.

Huttenlocher, J., Vasilyeva, J., Cymerman, E., & Levine, S. (2002). Language 75
input and child syntax. *Cognitive Psychology*, *45*, 337 - 374.

Laurillard, D. (2002). *Rethinking university teaching: A conversational framework for the effective use of learning technologies* (2nd ed.). London: RoutledgeFalmer.

Laurillard, D. (2010). Effective use of technology in teaching and learning in HE. In Peterson, P., Baker, E., & McGaw, B. (Eds.), *International encyclopedia of education* (Vol. 4) (pp. 419 - 426). Oxford: Elsevier.

Laurillard, D. (2012). *Teaching as a design science: Building pedagogical patterns for learning and technology*. New York: Routledge.

Mareschal, D., Johnson, M., Sirios, S., Spratling, M., Thomas, M. S. C., & Westermann, G. (2007). *Neuroconstructivism: How the brain constructs cognition*. Oxford: Oxford University Press.

Mareschal, D., & Thomas, M. S. C. (2006). How computational models help explain the origins of reasoning. *Computational Intelligence Magazine*, *IEEE*, *1* (3), 32 - 40.

Mareschal, D., & Thomas M. S. C. (2007). Computational modeling in developmental psychology. *IEEE Transactions on Evolutionary Computation* (*Special Issue on Autonomous Mental Development*), *11*(2), 137 - 150.

Mitchell, T. M. (1997). *Machine learning*. New York: McGraw-Hill.

Papert, S. (1980). *Mindstorms: Children, computers, and powerful ideas*. Brighton, UK: Harvester.

Papert, S., & Harel, I. (1991). Situating constructionism. In I. Harel & S. Papert (Eds.), *Constructionism: Research reports and essays, 1985 - 1990*. Norwood, NJ: Ablex.

Rumelhart, D. E., & McClelland, J. L. (1986). *Parallel distributed processing* (Vol. 1). Cambridge, MA: MIT Press.

Sawyer, K. (Ed.) (2006). *Cambridge handbook of the learning sciences*. Cambridge: Cambridge University Press.

Sirois, S., Spratling, M., Thomas, M. S. C., Westermann, G., Mareschal, D., & Johnson, M. H. (2008). Précis of neuroconstructivism: How the brain constructs cognition. *Behavioral and Brain Sciences*, *31*, 321 - 356.

Spencer, J., Thomas, M. S. C., & McClelland, J. L. (2009). *Toward a new unified theory of development: Connectionism and dynamical systems theory re-considered*. Oxford: Oxford University Press.

Sun, R. (2008). *Cambridge handbook of computational cognitive modelling*. Cambridge: Cambridge University Press.

Thomas, M. S. C. (2012). Brain plasticity and education. *British Journal of Educational Psychology — Monograph Series II: Educational Neuroscience*, *8*, 142 - 156.

Thomas, M. S. C., Baughman, F. D., Karaminis, T., & Addyman, C. (2012a). Modelling development disorders. In C. Marshall (Ed.), *Current issues in developmental disorders* (pp. 93 - 124). Hove, UK: Psychology.

Thomas, M. S. C., & Johnson, M. H. (2006). The computational modelling of sensitive periods. *Developmental Psychobiology*, *48*(4), 337 - 344.

Thomas, M. S. C., & Knowland, V. (2009). Sensitive periods in brain development: Implications for education policy. *European Psychiatric Review*, *2* (1), 17 - 20.

76 Thomas, M. S. C, & Knowland, V. C. P. (2014). Modelling mechanisms of persisting and resolving delay in language development. *Journal of Speech, Language, and Hearing Research*, *57*(2), 467 - 483.

Thomas, M. S. C., Knowland, V. C. P, & Karmiloff-Smith, A. (2011). Mechanisms of developmental regression in autism and the broader phenotype: A neural network modeling approach. *Psychological Review*, *118*(4), 637 - 654.

Thomas, M. S. C., & McClelland, J. L. (2008). Connectionist models of cognition. In R. Sun (Ed.), *Cambridge handbook of computational cognitive modelling* (pp. 23 - 58). Cambridge: Cambridge University Press.

Thomas, M. S. C., Purser, H. R. M., & Mareschal, D. (2012b). Is the mystery of thought demystified by context-dependent categorisation? Towards a new relation between language and thought. *Mind and Language*, *27*(5), 595 - 618.

Thomas, M. S. C., Forrester, N. A., & Ronald, A. (2013). Modelling socioeconomic status effects on language development. *Developmental Psychology*, *49* (12), 2325 - 2343.

Thomas, M. S. C., Westermann, G., Mareschal, D., Johnson, M. H., Sirois, S., & Spratling, M. (2008). Studying development in the 21st century. *Behavioral and Brain Sciences*, *31*, 345 - 356.

Vygotsky, L. S. (1978). *Mind in society: The development of higher psychological processes*. Cambridge, MA: Harvard University Press.

Westermann, G., Mareschal, D., Johnson, M. H., Sirois, S., Spratling, M. W., & Thomas, M. S. C. (2007). Neuroconstructivism. *Developmental Science*, *10*(1), 75 - 83.

Westermann, G., Thomas, M. S. C., & Karmiloff-Smith, A. (2010). Neuroconstructivism. In U. Goswami (Ed.), *Blackwell handbook of child development* (2nd ed.) (pp. 723 - 748). Oxford: Blackwell.

Williams, J. O. H., & Dayan, P. (2005). Dopamine, learning and impulsivity: A biological account of ADHD. *Journal of Child Adolescent Psychopharmacology*, *15*(2), 160 - 179.

## 推荐阅读

Laurillard, D. (2012). *Teaching as a design science: Building pedagogical patterns for learning and technology*. New York: Routledge.

Mareschal, D., Johnson, M., Sirios, S., Spratling, M., Thomas, M. S. C., & Westermann, G. (2007). *Neuroconstructivism: How the brain constructs cognition*. Oxford: Oxford University Press.

Sawyer, K. (Ed.)(2006). *Cambridge handbook of the learning sciences*. Cambridge: Cambridge University Press.

Thomas, M. S. C., Baughman, F. D., Karaminis, T., & Addyman, C. (2012). Modelling development disorders. In C. Marshall (Ed.), *Current issues in developmental disorders* (pp. 93 - 124). Hove, UK: Psychology.

77

# 第四章　遗传学对教育的影响

尤利娅·科瓦西(Yulia Kovas)

谢廖加·马雷赫(Sergei Malykh)

史蒂芬·A.彼得里(Stephen A. Petrill)

教育是影响个体发展因素中最明确的环境因素。课程体系、师资培训、教学方法、班级设置，以及与教育相关的文化准则和价值观都属于环境因素，对我们学什么、什么时候学和怎么学有着深远的影响。然而，行为遗传学研究表明，这些因素和其他教育环境一起，与人类独特的遗传背景相互作用，使得个体在动机、学识、能力和成就上产生巨大的差异(Kovas, Haworth, Dale, & Plomin, 2007)。本章我们将概括用于行为遗传学的研究方法，用这些方法研究与教育相关的现象，如阅读、数学、语言和其他认知性状、动机性状和行为性状的变化。这些性状在行为遗传学研究中被称为**表型**(phenotypes)，是基于基因—环境过程的可观测、可量化的表达。我们总结并简单介绍大量重要的行为遗传学术语和概念，详见专栏 4.1 和专栏 4.2。

虽然这是一本关于教育神经科学的书，但我们不会直接讨论脑和行为之间的联系。原因有两个：其一，已经有一些涵盖这一新兴领域现状主题的出版物(例如，Kovas & Plomin, 2006; Plomin,

Kovas, & Haworth, 2007)；其二，从行为遗传学的角度来看，脑以及与脑相关的参数(如脑体积、连接性和功能)只是表型的集合。因此，同样的方法也适用于对脑性状和行为性状的基因敏感性研究，这是本章的重点。

**专栏 4.1　关于遗传学我们需要知道些什么?** 78

下面介绍关于脱氧核糖核酸分子的一些基本信息，氨基酸、染色体、双螺旋、孟德尔遗传定律、基因表达或表观遗传学调控。这些信息在很多在线网站也能够免费获得。

此外，许多教科书介绍了遗传研究的诸多方面(Plomin et al., 2012)。本章我们也总结了一些行为遗传学的术语和概念。

就像不理解具体的脑组织和功能或复杂的脑研究信息，仍然可以理解神经科学的基本信息一样，非专业人士也可以理解遗传研究的基本信息。这里，我们强调三个重要的方面。

1. 每个人都有独特的遗传概貌，作用于独特的表型。这包括独特的脱氧核糖核酸编码序列，独特的遗传表达模式和独特的基因—环境相互作用的产物。在人类基因组中，存在数百万脱氧核糖核酸变异，每一个都可能导致我们之间可观察到的差异。每一个脱氧核糖核酸变异都可能对每一个性状只有一点儿影响。这使探索基因和行为的连接变得困难，但新的方法使这个任务成为可能。

2. 遗传的影响就像环境效应一样是不确定的。基因通过复杂的基因—环境相互作用模式作用于结果。同一基因在不同的环境下可能有完全不同的作用。一个基因的激活或沉默取决于多个因素。遗传效应可以由环境调节，因此遗传效应本身不能解释任何复杂的行为。同一性状(如认识能力)在一个文化中可能与遗传高度相关，
在另一个文化中可能与环境(如受教育的机会)高度相关。复杂性状的基因信息是由 79
概率决定的。就像知道了某人的家庭环境可能仅仅提供了其教育潜能的概率信息一样，知道了脱氧核糖核酸序列也只能提供概率信息。随着行为基因组研究的发展，这些概率信息变得越来越精确和有用。

3. 遗传效应不是静态的，会随着发展而发生分解和变化。通常认为，遗传效应是提前编制的、稳定的和永久的。然而，与此相反，遗传效应是概率的、可变的和可塑的。一些基因只有在特定的阶段才会被激活，并且有时只在特定的刺激下出现。此外，在不同的发展阶段，同一行为性状可能处于不同的遗传影响之下。例如，在当今的西方社会，幼儿期一般智力的个体差异主要源自环境因素不同，但在成年期，一般智力的个体差异主要受遗传因素的控制(Haworth et al., 2010)。知道个体独特的脱氧核糖核酸序列并不足以理解基因对行为的影响。我们需要在发展的每个重要阶段了解基因对行为的复杂影响。

**专栏 4.2 术语表**

**行为遗传学**(behavioral genetics):通过定量遗传学和分子遗传学的方法研究行为。

**行为基因组学**(behavioral genomics):研究基因组中的基因如何发挥作用,包括基因—环境相互作用的过程。

**双变量遗传性**(bivariate heritability):遗传作用于性状间的表型相关。

**乔里斯基分解**(Cholesky decomposition):一种用于定量遗传学的统计方法,它让我们能在两个或多个表型相关的性状中,评估遗传和环境影响的重叠部分和独特部分。

**脱氧核糖核酸**(deoxyribonucleic acid, DNA):编码遗传信息的双链分子。双链通过两个碱基之间的氢键连接在一起,腺嘌呤和胸腺嘧啶结合,鸟嘌呤和胞嘧啶结合。

80 **脱氧核糖核酸序列**(DNA sequence):脱氧核糖核酸上单链的碱基对序列。人类基因组序列大约包含30亿个碱基对,但只计算一对染色体中的一条。30亿个碱基对包含25 000个蛋白编码基因,范围从1 000个碱基到200万个碱基不等。

**脱氧核糖核酸变异**(DNA variation):尽管所有人的基因组序列大致相同,然而包含数百万个DNA多态性,不同的人有不同的变异。脱氧核糖核酸变异最常见的类型是单核苷酸多态性(single-nucleotide polymorphism, SNP),涉及单个核苷酸的变异。其他类型的变异包括拷贝数量的变异(copy number variants, CNVs),涉及脱氧核糖核酸长片段的复制以及其他类型的缺失、替换和插入。

**异卵双生子**(DZ twins):异卵双生子平均有50%不同的脱氧核糖核酸。

**表观遗传学**(epigenetics):不影响脱氧核糖核酸序列,但影响其表达的脱氧核糖核酸修饰。

**表观遗传学调控**(epigenetic regulation):在环境的影响下,基因表达或沉默的过程。

**遗传相关性**(genetic correlation):一个性状的遗传影响与另一个性状的遗传影响相关的程度和范围。

**基因—环境相关性**(gene-environment correlation):受遗传影响的环境经历与遗传倾向相关。

**基因—环境相互作用**(gene-environment interaction):遗传敏感性或对环境的敏感性。

**基因组**(genome):有机体的所有脱氧核糖核酸序列。人类基因组包括30亿个碱基对。

**组遗传相关性**(group genetic correlation):同一遗传效应作用于一种学习障碍(如阅读障碍)和另一种能力(如数学能力)的程度(Knopik, Alarcón, & DeFries, 1997)。

**组遗传性**(group heritability)：在多变量极值分析中，表示遗传效应介导两种性状(如阅读和数学能力)表型共变异的范围。

**全基因组相关研究**(genome-wide association study，GWAS)：通过基因组试图将多个脱氧核糖核酸变异和性状变异联系起来，以此评估脱氧核糖核酸变异的分子遗传学方法。

**遗传性**(heritability)：在存在遗传差异的特定群体中，表型差异作用于性状的比 81
例。应该指出，遗传性是基于群体的统计——在不同的发展阶段、不同群体、不同环境中，同一性状的遗传性可能不同。

**甲基化**(methylation)：脱氧核糖核酸甲基化是一种表观遗传学过程，通过添加甲基使脱氧核糖核酸表达沉默。

**微芯片/基因芯片**(microarray/gene chip)：在分子关联研究或表达研究中，有数十万个脱氧核糖核酸序列作为探测单核苷酸多态性标记大小的表面。

**分子遗传学**(molecular genetics)：寻求特定基因和具体结果之间的关联。

**同卵双生子**(MZ twins)：同卵双生子表示有同样的脱氧核糖核酸序列。

**同卵双生子差异设计**(MZ differences design)：同卵双生子的任何行为差异都被归因于环境因素和表观遗传学因素，不同的环境导致同一基因的表达发生变化。研究不同性状的同卵双生子是寻找真实环境因素的有效工具。该方法也被用来评估教育方法和干预的有效性，因为同卵双生子是最好的对照。

**非共享环境**(nonshared environment)：对家庭成员相似性不起作用的环境影响。

**表型**(phenotype)：由基因型和环境的共同作用产生的个体可观察到的性状。

**表型变异**(phenotypic variance)：性状中可观察到的变异。

**多效性**(pleiotropy)：基因的多重作用。同样的基因有多个功能，通过相同或不同的机制影响不同的器官。

**多效相关性**(pleiotropic associations)：不同性状之间由于同一基因作用观察到的相关性。

**定量遗传学**(quantitative genetics)：定量遗传方法(如双生子和收养研究)估计遗
传和环境对某一特定时间特定种群某一性状的观察(表型)变异(个体差异)的影响， 82
以及遗传和环境对不同性状间协方差的贡献。

**量化性状位点**(quantitative trait locus，QTL)：在多个基因系统中，不同效应量基因导致表型的定量(连续)变异，而不是一个基因导致一个结果。

**共享环境**(shared environment)：造成家庭成员之间相似性的环境因素，而不是客观上的共同因素。一些客观共享的环境可能与其他影响因素一起作用于相异性而发挥作用。

**单核苷酸多态性**(single-nucleotide polymorphism，SNP)：见脱氧核糖核酸变异。

**结构方程模型/模型拟合**(structural equation modeling/model fitting):在定量遗传学中,测试遗传和环境之间拟合度的方法。该方法可以比较不同的模型,最拟合的模型被用来评估遗传和环境之间的关系参数。

**脱氧核糖核酸三联密码子**(triplet code of DNA):脱氧核糖核酸由 A、T、C、G 这四个字母组成,其中任意三个字母构成三联密码子。这些三联密码子编码氨基酸,即组成多肽的有机分子,而多肽是酶或蛋白的组件。例如,"CGA"编码丙氨酸,"CCA"编码甘氨酸。

**全基因组测序**(whole-genome sequencing):检测个体的全基因组序列的过程,可以了解所有的普遍或罕见的变异。

我们在本章提出的一些观点或许是显而易见的。但以我们的经验看来,这些观点对解决基本问题仍然是有效的,因为关于遗传学及其与行为的关联,仍有许多误解。实际上,我们在和许多非行为遗传学家讨论关于本章的问题后发现,即便是专业的心理学研究者,对于遗传学的研究结论仍然存在一些严重的误解。一般而言,可以将这些误解概括为将遗传影响视为静态的和确定的。例如,对于学业成就高遗传性的现象,经典的"外行"理解是:一个人的成就水平大部分由
83 他的遗传性决定,小部分受教育干预的影响。而这是完全错误的想法。事实上,遗传性仅仅反映了在特定环境下遗传因素的影响。在英国,大多数教育相关性状中度到高度的遗传性可能反映了英国课程与教学标准的统一性(Kovas et al., 2007)。来自国际比较研究的证据表明,当学校类型和质量之间有更高的变异度,基因在学业成就上就会表现出更低的变异度(Petrill, Deater-Deckard, Thompson, Schatschneider, & DeThorne, 2007)。

现代社会最大的挑战是给每个人提供同等的教育机会。作为普及教育的结果,教育成果的个体差异在很大程度上可以用遗传变异来解释。当今的教育政策始终试图进行因材施教,认识到不同的人需要用不同的方法和不等量的时间来达到特定的教育目标。然而,尽管做了一些尝试,包括给在学校里表现不佳的孩子以额外的支持,但是在动机、能力和成就这些方面仍存在较多的差异。这种现象适用于所有的文化。例如,虽然中国儿童的数学往往比其他国家的儿童更出色,但是在数学能力和成就方面仍然存在大量的差异(PISA, 2009; Rodic et al., 2014)。显然,理解导致这一广泛差异的因素是非常重要的,行为遗传学

研究已经表明，这些因素涉及脱氧核糖核酸变异与环境差异之间复杂的相互作用过程。

遗传效应是动态的。基因对能力和成就的稳定性和变化都有影响，遗传因素对能力的影响随年龄的增长而变大（例如，Haworth，Kovas，Petrill，& Plomin，2007；Haworth et al.，2010；Kovas et al.，2007）。遗传效应不是静态的，在不同的环境、不同的发展阶段，同一基因的表达可能非常不同。这一理解对教育实践来说是非常重要的。

遗传学研究并没有削弱教育的重要性，而是有助于改善教育实践。教育普及的社会面临一个全新的、更困难的挑战，即创建教育系统，使所有人能完全利用他们独特的基因图谱——脱氧核糖核酸序列独特的结构和功能——实现教育效应最大化。在未来，教育确实可能通过成功预防许多学习问题来减少学习成绩的差异，并使整个学习成绩的分布朝着积极的方向转变。我们认为，只有通过理解基因对环境作出反应的机制，以我们目前无法完全理解的个性化教育方式，才能实现这一目标。然而，将遗传学融入教育研究和实践的过程才刚刚开始。84
在接下来的部分，我们综述了对这一过程有重要贡献的方法和发现。

## 一、遗传学对教育的影响：工具箱中有什么？

对当今的行为遗传学研究者而言，有很多高精度、高质量的专业工具可以使用。在不同性状的变异和性状间的关系方面，定量遗传学使用双生子研究、收养研究和其他家庭研究来对基因和环境的相对作用进行定量研究。如今的定量遗传学研究涉及大量的典型样本并利用最新的统计分析方法。快速发展的分子遗传学旨在发现涉及性状变异的真实基因。定量遗传学和分子遗传学是行为遗传学的两个分支，催生了进一步的行为基因组研究，其目的在于阐明由每个基因到行为的复杂途径，包括基因与环境影响的复杂的相互作用。

本章将提供已经应用到教育相关问题的定量遗传学和分子遗传学方法的例子，以及跨文化设计的遗传敏感性。我们从双生子研究方法的综述开始，双生子研究方法是定量遗传学最常用的方法。然后，我们提供一些双生子研究方法在教育相关问题上的特殊应用：评估基因和环境因素对个体差异的相对作用；评估教师/班级的作用；检验学习障碍的生物学原因；研究不同性状、同一性状变化或持续的关系；利用对遗传敏感的方法来理解环境的影响。然后，我们小结一下教育相关分子遗传研究的突破，概述对遗传敏感的跨文化研究。最后，我们以预测遗传学研究对未来教育的益处结束。

## 二、定量遗传学对教育的影响

当比较少数同卵双生子（基因一致）和异卵双生子（脱氧核糖核酸平均有
85 50%的不同），以确定基因和环境对特定性状的相对作用时，定量遗传学领域已
经脱离了方法的“石器时代”。研究者已经开发出高级统计方法，利用大量、多变量、纵向的双生子和其他家庭数据来解决重要的教育问题。例如，相同的环境对于数学和语言学习重要吗？同一基因对于不同阶段的数学学习起同样的作用吗？动机与成就之间的关键连接是什么？

双生子研究被视为理想的自然试验。在经典的双生子研究设计中，同时使用同卵双生子和异卵双生子，以确定遗传和环境因素对教育相关性状的相对贡献。在大量典型样本中，双生子研究设计还能实现以下目标：评估和区分两种环境的影响；为分子遗传学研究提供十分可控的样本数据；在控制基因的基础上研究环境的作用（例如，在什么程度上，环境与动机、成就存在因果关系）；在控制基因的基础上研究表观遗传差异（例如，识别教育成就水平不同的同卵双生子的表观遗传学差异）。表观遗传学差异是指基因表达差异，可能是由环境，而不是脱氧核糖核酸结构差异引起的，揭示基因与环境之间的相互作用（例如，一种特殊的教育方法的有效性在多大程度上取决于遗传）；追踪人一生中遗传和环境的影响（例如，确定早期遗传影响是如何出现的，基因和环境的相互作用在一生中是如何改变的，以及随着年龄增长，表观遗传学的作用是如何表现的）。在以下部分，我们解释了双生子研究设计和解决这些重要教育问题的发现。

尽管量化遗传研究（例如，双生子研究、收养研究、虚拟双生子—无关联的人表现出高度的相似性）使用不同的研究方法，双生子研究方法仍是常用的方法，因为存在大量典型样本，并且在统计参数评估中有高精确度。和其他方法一样，
双生子研究方法也有局限性（Boomsma，Busjahn，& Peltonen，2002；Martin，
86 Boomsma，& Machin，1997；Plomin，DeFries，McClearn，& McGuffin，2008）。
除限制性以外，双生子研究方法提供了可靠的结果，这些结果不单单通过了多次

重复研究的验证，并与其他方法(例如收养研究方法和分子遗传学研究方法)获得的结果一致(Bates, 2008; Visscher et al., 2006; Wray, Goddard, & Visscher, 2008)。基于此，我们主要关注双生子研究方法及其目前的应用。

### 1. 评估基因和环境对教育相关性状变异的相对作用

通过评估遗传、共享环境和非共享环境对变异贡献的比例，双生子研究方法解决了个体差异的起源问题(Plomin et al., 2008)。在复杂性状可能是由多个因素影响的例子中，变异的遗传成分(遗传性)涉及影响性状的所有基因位点(脱氧核糖核酸序列的位置)的等位基因(基因变异)。对任何特定性状而言，双生子之间任何特殊特征的相似之处都可能全部或部分归因于这些共同的遗传效应。双生子之间的相似特征可能完全或部分由共享环境造成的。共享环境指的是种群中对双生子成员有相似影响的环境。例如，一对双生子在妊娠期间经历了相似的环境，有同样的社会经济环境，在同一个家庭生活，上同一所学校。这些因素可以使我们合理地预期，同卵双生子之间的相似性会增加。非共享环境是指会导致双生子之间表型差异的环境方面，包括测量误差。这种影响包括个人特有的经验，例如创伤和疾病、特殊经历、不同的同伴、父母和教师对待方面的差异，以及对经验的不同看法，即使这两个孩子的情况看起来是一样的。

通过比较同卵双生子和异卵双生子的组内相关性，可以评估遗传学影响。在某种程度上，如果同卵双生子的相关性超过异卵双生子的相关性，则性状的表型变异可归因于遗传变异，特别是当同卵双生子和异卵双生子的遗传性(遗传变异作用于表型变异的比例)相关评估差异为两倍时。在同一家庭长大的同卵双
生子和异卵双生子的共享环境相关性被认为是 1.0，因为他们经历了同等的、相 87
似的产前和产后环境。共享环境影响已经证明，异卵双生子的相关性要比同卵双生子的相关性高一半以上。非共享环境通过从总方差减去同卵双生子相关性($100-r_{MZ}$)来评估，并将所有可能导致在一起成长的同卵双生子之间差异的因素进行分析。

结构方程模型拟合是一种基于双生子研究方法评估性状或性状间共变差异的变异部分的综合方法。结构方程模型拟合是一种综合的方法，可以根据双值法的原理估计特定性状的方差分量或性状间的协方差。基本的定量遗传学模型就是所谓的 ACE 模型，它将表型变异分配到遗传(A)、共享环境(C)和非共享环

境(E)三个组成部分,认为非累积遗传学或非随机匹配是无效的。使用模型拟合程序 Mx 来拟合模型进入变异/共变异矩阵,以此来预测 ACE 参数和置信区间(Neale, Boker, Xie, & Maes, 2006)。

这一方法已经被应用到教育相关性状的研究中,从不同学习领域的成就(Hart, Petrill, & Kamp Dush, 2010; Keenan, Betjemann, Wadsworth, DeFries, & Olson, 2006; Kovas et al., 2007)到动机和自我认知能力(Luo, Kovas, Haworth, & Plomin, 2011),再到认知能力和障碍(Plomin & Kovas, 2005)。这些研究已经明确证明,基因对每一个研究中的性状都有贡献。

### 2. 性别差异的原因

双生子研究方法的延伸,如性别限定法,已经应用于能力、动机和成就方面性别差异的原因研究。性别差异有三种可能性原因(Neale et al., 2006)。第一种可能性原因是不同的遗传或环境因素使性状(如阅读能力)存在性别差异,这被称为质性差异。这种性别差异可能与性染色体(如 X 或 Y 染色体上的基因)有关,也可能与常染色体上有性别差异的基因有关,例如与性激素相互作用的基因。第二种可能性原因与第一种有所关联,即普遍存在的原因导致性别差异,但
88 对不同性别有不同程度的影响,这被称为量化差异。第三种可能性原因是在性别差异的本原方面没有差异,同样的基因和环境在两性中的作用程度相同,即使男孩和女孩之间存在着平均差异。比如说,男孩的平均阅读分数比女孩低,但造成男孩与女孩之间分数不同的因素可能与使女孩与女孩之间分数不同的因素是一样的。应该指出,定量遗传学对于男孩和女孩之间平均差异的起源没有多大意义。

这三种可能性原因(质性差异、量化差异和无差异)可以通过性别限定结构方程模型来评估(Neale et al., 2006)。每种可能性都与性别限定结构方程模型中的一系列参数相关。在异性异卵双生子的遗传相关性中,质性差异得到了证明。在同性异卵双生子中假定有平均 50% 的脱氧核糖核酸不同,因此遗传相关系数是 0.5。如果男孩和女孩在性别差异的本原方面存在质性差异(不同的遗传和环境因素),异性异卵双生子的遗传相关系数将小于 0.5。如果存在量化差异(相同的因素,但施加的影响程度不同)而不是质性差异,异性异卵双生子的遗传相关系数仍然是 0.5,但在同性之间,ACE 参数预测存在显著的差异。如果性

别之间不存在质性差异或量化差异，则异性异卵双生子的遗传相关系数将是0.5，而且同性的ACE参数相同。然而，表型差异在两性之间可能存在差异，因为平均差异往往与方差差异相关（即较高的平均值意味着较高的方差）。

在与教育相关的性状个体差异研究中应用这种方法发现，尽管存在很小的平均差异，但并不存在质性差异和量化差异（Kovas et al.，2007）。例如，在双生子早期发展研究中，涉及大约1万对双生子，从出生到上学（7—12岁），在学习成绩或学习动机方面并没有发现性别差异（例如，Haworth et al.，2009；Kovas et al.，2007）。同样，在随后的发展中也没有发现性别差异，例如在17、18岁的荷兰双生子的数学能力方面（Markowitz，Willemsen，Trumbetta，van Beijsterveldt，& Boomsma，2005），以及16岁的英国双生子的数学成绩和数字相关认知特征方面没有发现性别差异（Tosto et al.，2014）。

## 3. 教师和班级在个体差异中的作用 89

几项研究采用与性别限制模式类似的方法解决另一个与教育密切相关的问题。这些研究测试在同一个班级学习或与同一个教师一起学习是否增加了同一班级儿童能力的相似性（Byrne et al.，2010；Kovas et al.，2007）。这些研究分别比较了两组（分别为同一个班级和不同班级）双生子在不同特征上的相似程度。这些研究中的相关性模式揭示了一个惊人的发现：在同一个班级和同一个教师学习，似乎并没有显著增加双生子在任何被检测的特征上的相似性，包括阅读、数学、科学、一般认知能力、自我感知能力和对学校科目的喜爱程度。当这对双生子在同一个班级和同一个教师学习，以前也在同一个班级（有相同的数学启蒙老师）时，他们的相似性也没有增加。

除了检测两组双生子相似性，研究还报道了模型拟合分析，应用了所谓的"教师异质性模型"来测试两组双生子之间是否存在显著差异（例如，Kovas et al.，2007）。这一模型与性别限制模型十分类似。完全模型使组间的ACE三项参数变化。无用模型则使组间ACE三项参数一致。双生子早期发展研究中的模型拟合分析系统报告认为，在英国，在同一个班级学习并没有增加他们在7—16岁时学业相关性状上的相似性。

这些发现需要仔细考虑。从这些发现得到的最初（错误）结论可能是教师不重要。不过，还有不同的理解。共享班级环境效应的缺失反映了现代教育的成就：作为一个社会，我们制订了好的教学方法和方案，并使所有儿童获得了高质量的教学。这使大多数儿童能够达到一定水平，超过这一水平的差异在很大程度上是由遗传差异和独特的经历造成的。在一个不太平等的社会，教育共享环境对动机和成就的影响可能要大得多。我们亦可以得出一个不乐观的结论。由于英国儿童的总体学习成绩水平在国际比较中并没有处于最前端（PISA，
90 2009），教师效应的缺乏可能反映了缺乏对每个儿童发展都产生强烈影响的有效的个性化教育方法。

### 4. 概念化学习障碍

双生子研究方法也被用于研究一个重要的问题，即学习障碍是否应该被归为与正常个体变异不同或有病理性联系的类别。通过在正态分布低端选择儿童，大量双生子样本使得学习障碍研究成为可能（Oliver & Plomin，2007）。研究者可以使用不同的理论来选择研究被试（个体表现低于或高于预期标准）。例如，可以将数学障碍定义为产生的具体问题，例如在智力正常的情况下有着较低的估算能力。换句话说，参加者（proband）可以是那些在特定年龄达不到预期教育标准的孩子。参加者智力一致性（匹配一致参加者在所有参加者中所占的比例）代表了组双生子共同受到影响的风险，并且能从测试或分组中计算得出。同卵双生子的一致性比异卵双生子的更大，表明遗传影响的重要性（Plomin et al.，2008）。

解决这些病因问题的另一统计方法被称为 DF 极值分析（DeFries & Fulker，1985）。这一分析通过将障碍的二分类诊断和能力的定量性状结合在一起，评估能力和障碍之间的遗传联系。DF 极值分析不是根据能力的定量性状一致性或诊断界限的一致性来评估双生子的相似性，而是处理了被试的平均标准化分数，其中双生子平均标准化定量性状分数的极值比群体平均值要低（关于 DF 极端分析的详细解释和替代方法的讨论，见 Plomin & Kovas，2005）。在 DF 极值分析中，双生子相似性的测试被称为组双生子相似性（或改变的双生子平均值），因为它主要是双生子平均定量性状分数，而不是个体差异。

如果组双生子相似性中，同卵双生子大于异卵双生子，也就是说，如果同卵双生子平均标准化分数低于异卵双生子，则意味着遗传的影响。同卵双生子和异卵双生子相关性之间的成倍差异表示遗传在被试和群体之间的平均表型差异

中发挥了作用。被试与群体之间的表型差异和遗传估计的比率被称为组遗传 91
性。应该指出,组遗传性并不涉及被试之间的个体差异,因为问题**不**在于被试之间的个体差异,而在于被试和群体之间的差异。

组遗传性发现表明:第一,障碍和能力都是可遗传的;第二,能力的正常变异和障碍之间存在遗传连接。组遗传性本身并不是组遗传性和遗传性的其他估计值的比较,而是表明了能力和障碍之间的遗传联系。如果极值或诊断的测量并没有在遗传上与定量性状连接起来,组遗传性则是0。例如,可能出现这种情况:严重的学习障碍是由单基因紊乱造成的,而这个基因在学习能力的正常变异中起很小的作用。然而,现在大多数研究者认为,常见的疾病如学习障碍是由常见的遗传变异引起的——常见病或常见突变假说,而不是罕见的单基因紊乱串联引起的(Plomin, Haworth, & Davis, 2009)。如果是同一个基因作用于学习障碍和学习能力的正常变异,那么会观察到组遗传性,尽管组遗传性的程度取决于个体遗传性。

使用这一方法的研究表明,学习障碍取决于与能力相关的同一病因学因素。换言之,相同的遗传影响和环境影响涉及个体障碍和个体差异。正是这些因素的数量和结合决定了每个特定的情况(Plomin & Kovas, 2005; Plomin et al., 2009)。

## 5. 年龄和能力之间的病因学联系

量化遗传法的多元扩展是量化遗传设计最不为人所知的优点之一。多变量遗传设计扩展了双生子研究方法的原理,解决了有关教育兴趣计量之间关系的理论问题。与单变量遗传分析相比,单变量遗传分析将单性状变异分解为遗传和环境两方面,多变量遗传分析将性状间的共变异分解为遗传和环境两方面
(Martin & Eaves, 1977)。换言之,多变量遗传分析评估了与两个性状表型相关 92
的遗传因素和环境因素。例如,如果相同的基因影响不同的表型,即基因多效性,那么性状间的遗传相关性会被观察到。

对双生子研究而言,多变量遗传分析是基于两个或多个性状的交叉性状一致性进行的。也就是说,与其比较同卵双生子在变量 X 上的分数,不如比较同卵双生子变量 *X* 与变量 *Y* 的关联。两个性状之间的表型共变异可能完全或部分源于遗传重叠,以至于同卵双生子交叉性状的相关性超过了异卵双生子的相

关性。共同的环境影响表明，异卵双生子的相关性超过了同卵双生子相关性的一半。与单变量分析一样，基于相同原理的结构方程建模是一种更全面的估计协方差比例的方法。典型的模型（即乔里斯基分解/Cholesky decomposition）是一种常用的多元双生子研究方法，用来测试两种不同性状对变异的共同和独立的遗传和环境影响。该方法与非遗传学研究中的层次回归分析相似，即在考虑预测变量与其他预测变量的共享方差后，对预测变量的独立贡献进行评估。在双变量情况下，第一个因素评估遗传、共享和非共享环境对性状 1 的影响，其中一些因素也可能影响性状 2。第二个因素评估遗传、共享和非共享环境对性状 2 的影响。同样的逻辑适用于两个以上的因素。

另一个源自乔里斯基分解的重要统计是**双变量遗传性**（bivariate heritability）。这个统计指标 $X$ 和 $Y$ 之间的表型相关受遗传影响的程度。也就是说，单变量遗传是一个性状的变异可以用遗传变异来解释的程度；双变量遗传性是两个性状（或同一性状在两个年龄）之间的协方差可以用遗传协方差来解释的程度。双变量遗传性是 $X$ 和 $Y$ 之间遗传平方根的乘积加权，再除以这两个性状之间表型相关得到的遗传相关（Plomin & DeFries, 1979）。其余的表型相关是由双变量共享环境和双变量非共享环境解释的。

此外，模型路径可以被转化，以获得每对因素之间遗传、共享和非共享环境一致性的估计。遗传相关性指数范围表示对一项测试的遗传影响和对第二项测试的遗传影响的相关性。也就是说，遗传相关性说明了反映同一遗传影响的两种测试中的个体差异的程度。这一相关因素模型仅仅是乔里斯基分解模型的代
93 数转化。此处的重点在于两种重要的统计方法：双变量遗传性，即计算遗传对性状间表型相关性的贡献；遗传相关性，即计算遗传对两个性状影响的相关性。

也可以扩展 DF 极值分析来解决多变量问题，分析同一测量条件下的两种性状，或两种测量条件下的同一性状（Plomin & Kovas, 2005）。换句话说，在这种情况下，在多变量极值分析中，组遗传性表明，遗传效应在多大程度上调节了阅读障碍与数学能力之间的表型协变性。如果阅读分数低的同卵双生子，他们的数学分数也低于平均值，那么会观察到这样的协方差。

**组遗传相关性**（group genetic correlation）表示同一遗传效应作用于阅读障碍和数学能力的范围。需要两个方向的分析来估计 DF 极值遗传相关性，即挑选数学能力后 15%的儿童来分析他们的阅读定量性状分数。

使用多变量双生子研究方法解决了很多重要的教育问题。例如，简单阅读观点认为，阅读理解是文本解码技能与语言技能共同作用的结果（Gough & Tunmer，1986）。文献表明，即便文本解码技能与语言技能之间存在很多的共享变异，这些因素对阅读理解也有独特的作用（Catts，Hogan，& Adlof，2005；Cutting & Scarborough，2006；Kendeou，van den Broek，White，& Lynch，2009）。多变量遗传设计已被用于检查重叠而非独立的解码技能和语言技能对阅读理解贡献的病因。有以下几种可能性。一方面，解码技能与语言技能之间的遗传影响可能相互重叠，但共享和非共享环境因素可能是独立的。在这种情况下，个人在阅读理解上的差异受一组共同的潜在遗传因素的影响，而与阅读理解相关的环境因素则是通过不同的途径产生影响的。另一方面，解码技能和语言技能可能通过不同的遗传途径来影响阅读理解，而共享或非共享环境可能影响解码技能和语言技能之间重叠的部分。结果表明，遗传对解码技能和语言技能的影响，虽然有重叠的部分，但在阅读理解方面也显示出独立的遗传的影响。相比之下，94
共享环境的影响几乎是完全重叠的（Harlaar et al.，2010；Keenan et al.，2006）。换言之，解码技能和语言技能之间的区别是由独立的遗传因素造成的，家庭环境或与教学有关的差异不是造成两者差异的独立来源。

这一方法已被用来解决其他教育问题，例如阅读和数学能力的关系（Hart et al.，2010a；Hart，Petrill，Thompson，& Plomin，2009；Kovas et al.，2007）；阅读、数学和注意力的关联（Hart et al.，2010b）；阅读和环境测试的关系（Harlaar，Deater-Deckard，Thompson，& Petrill，2011）。

对学习障碍而言，多变量遗传双生子研究通常显示出大量的遗传共病现象，因为阅读、数学和语言障碍的遗传相关性很高（约 0.70）（Plomin & Kovas，2005）。

横断性、前瞻性和回顾性纵向分析可以使用多变量双生子研究方法来评估原因的世代变化和连续性。例如，通常认为，学习态度或学习成绩随年龄发生的改变是由于环境（如来了一位新教师）或压力（如生病）的改变。然而，基因和环境的相对作用随时间发生变化，也会导致学习成绩随之发生变化（提高或降低）（Haworth et al.，2010）。

我们常常让行为遗传学的学生解决以下悖论：性状（如一般智力）的遗传性是 30%，但也是 70%。怎么会这样呢？通常，学生会对这个问题感到困惑，但仔细思考一番后，他们至少可以部分解决这个问题，例如，提到发展。同一性状可能在一个年龄与环境高度相关，但在另一个年龄与遗传高度相关。这已被证明是一般智力(g)的情况，一般智力的遗传性随年龄而增加(Haworth et al.，2010；Malykh，Iskoldsky，& Gindina，2005)。一旦解决了这个问题，学生往往会举出其他像文化和代际效应这样的因素。

行为遗传学研究表明，遗传因素决定了大部分阅读技能发展的稳定性(Byrne et al.，2005，2009；Harlaar，Dale，& Plomin，2007；Petrill et al.，2007；Wadsworth，Corley，Hewitt，Plomin，& DeFries，2002)和数学技能发展的稳定性(Haworth et al.，2007；Kovas et al.，2007)。

综合考虑，多变量遗传设计表明，在纵向和横向，环境对教育兴趣的不同度
95 量指标之间的关系是重要的。这些研究表明，遗传影响有助于解释阅读、数学、语言、注意力和其他技能之间的关系。因此，为了充分了解儿童的教育效果如何发展，我们还必须了解这些技能如何发展，它们的遗传和神经基础以及彼此之间的相关。

最后，多变量法可以推广到跨时间交叉性状关联的病因研究。例如，一项研究考察了数学自我评估中个体差异的遗传和环境起源，以及它与英国9—12岁的2 138对双生子的后期数学成就之间的关系(Luo et al.，2011)。自我评估将儿童对数学活动的喜爱程度和他们认为自己在数学活动中的出色程度联系起来。与普遍观点相反(Krapp，2005；Wigfield & Eccles，2000)，数学自我评估的个体差异源自遗传和非共享环境因素，而不是共享环境因素，不仅在童年中期如此，在青春期早期也是如此。对数学能力和兴趣的自我评价在9岁和12岁(分别为40%和43%)都是中度遗传的，这表明基因对数学自我评价的影响从童年中期到青春期早期大体稳定。

这项研究发现，非共享环境的巨大影响表明，兄弟姐妹——在这个例子中是双生子——不会在基因相似性之外发展出类似的数学自我评估，尽管他们有共同的环境因素，如父母的信仰、态度和行为。我们对非共享经验或看法对动机的影响仍缺乏了解，需要进一步的调查。其他潜在的候选因素包括同伴压力、儿童疾病、不同的期望以及父母和教师的辅助。有趣的是，这些结果也得到了教师对这些数据的分析的支持。在这个大样本中，双生子在同一班级或不同班级学习时，他们在自我评估或对不同学科的喜好方面不再相似。

该研究的主要结果来自对自我评估和成绩之间联系的交叉滞后分析(这两

种特征都在同一个儿童的两个年龄进行测量）。该研究发现了随时间而发生的交互影响，早期的自我评估有助于后期的成绩，早期的成绩也有助于后期的自我评估。换句话说，在控制了当时的自我评估和成绩以及智商之后，9 岁的自我评估和 12 岁的数学成绩之间存在微小但显著的相关性。同样，9 岁的数学成绩和 12 岁的自我评估也有显著的相关性。两种交叉滞后关系均受遗传的中介影响。 96
从 9 岁的数学自我评估到 12 岁的数学成绩，交叉滞后关系都受遗传的中介影响，这一交叉滞后的贡献几乎完全归因于遗传效应（98%），这意味着什么？遗传的中介作用意味着，如果我们能够在 9 岁时识别出影响自我评估的遗传基因，其中一些基因可能与 9 岁时的数学成绩无关，但与 12 岁时的数学成绩有关。尽管 9 岁至 12 岁的数学成绩存在明显的遗传稳定性，但 12 岁时出现了一些对数学成绩有影响的新的遗传效应，而 9 岁时自我评估产生的交叉滞后效应促成了这种新的遗传变异。显然，我们还远远没有理解这些多效关联的机制（同一基因影响不同的性状），但这些研究结果有助于澄清跨年龄的交叉性状关联的性质。研究中未发现早期自我评估和后期数学成绩之间存在确定的环境因果关系，至少在英国是这样（Luo et al.，2011）。

### 6. 理解环境的作用

环境研究在很多方面比遗传研究更困难。遗传学正在进入后基因组时代，人们将逐渐了解整个基因组的结构和功能。相比之下，并没有“环境组”计划。事实上，并没有环境传播的法则，也没有什么可以与脱氧核糖核酸的**三联密码子**相比较。对环境作用的理解出现困难的一个原因是：社会科学看待环境影响的观点与遗传相反。然而，环境机制的三个主要发现（下文将述）来自双生子研究（Plomin et al.，2008）。

**家庭环境并没有使儿童彼此相似**。关于环境的第一个主要发现是：不同于大多数环境理论，正如本章之前举的几个例子，环境影响主要是非共享类型的（Plomin & Daniels，1987）。有效的环境并不会使一个家庭的孩子与另一个家庭的孩子有更多的相似性。也就是说，环境的影响不是以家庭为单位的，而是以个体为单位的。尽管环境研究中优先识别出这些非共享环境因素，但对这些因素却知之甚少（Plomin，Asbury，& Dunn，2001； 97
Turkheimer & Waldron，2000）。然而，意识到非共享环境的重要性，对进一步的教育研究有重要影响(Plomin, Kovas, & Haworth, 2007)。

**环境部分是遗传的**。关于环境的第二个主要发现来自数十项双生子研究。研究表明,当将心理环境(如养育、压力和社会支持)作为因变量进行测量时,它们显示出巨大的遗传影响,这种现象被称为"教养的本质"(Plomin & Bergeman, 1991)。在没有脱氧核糖核酸的环境下,环境测量如何显示遗传影响?答案是,心理环境可以被认为是个体的扩展表型,反映了个体在选择、修改和构建环境时的遗传差异。

到目前为止,几乎没有任何研究将教育环境作为遗传和环境病因学中需要分解的性状。一项研究(Walker & Plomin, 2006)对1 162对9岁双生子(部分是双生子早期发展研究中的双生子,Oliver & Plomin, 2007)进行的《学校生活调查问卷》(Ainley & Bourke, 1992)儿童感知的数据进行了分析,在六个维度发现显著的遗传影响(平均30%的遗传力),其中冒险维度(教室好玩的程度,令人兴奋的程度和有趣的程度)和一般满意度维度显示出最强的遗传影响(遗传力分别为44%和45%)(Walker & Plomin, 2006)。不论双生子是否来自同一班级,他们的遗传性是类似的。

在教育方面,尽管儿童被分配到某位教师或某个班级,但他们自我认知的强项和弱项、兴趣和价值、选择的同伴,可能有一部分遗传的原因,使他们成为接受和创造学习体验的积极被试。为了研究教育方面基因—环境的相关性,需要运用遗传敏感设计来研究学习环境。教育环境的大多数衡量指标是与儿童有关的、被动的指标,例如,教师质量和班级规模,因此,不太可能反映遗传的影响(尽管此类措施可能涉及被动的基因—环境的相关性,导致儿童在学校上学时,教师质量和班级规模因其父母的遗传影响的特点不同而有所不同)。然而,为了充分考虑学校环境和儿童遗传优缺点的相互作用,有必要制订措施,捕捉儿童在选择、修改和创造其教育环境方面的积极作用。

98 **环境与结果的联系在一定程度上是遗传的**。关于环境的第三个主要发现涉及环境与结果之间隐含的因果关系。如果环境措施和发展结果措施显示出遗传影响,那么环境措施和教育结果措施之间的联系可能至少在一定程度上受遗传的中介影响。为了研究这一点,多变量遗传设计分解环境措施和发展结果措施之间的协方差,以调查遗传对它们之间联系的中介作用(Pike, McGuire, Hetherington, Reiss, & Plomin, 1996)。这类研究的典型

> 发现是，遗传因素在家庭环境和儿童行为结果的关系中起一半的中介作用(Plomin，1994)。进行此种分析的一个先决条件是：环境措施和发展结果措施之间存在表型的协变性，而实际情况往往并非如此。例如，世界上最大的教育相关双生子样本 TEDS，由于环境措施与儿童学习成绩之间的表型相关性太小(平均为 0.05)，不可能使用《学校生活调查表》进行这种分析，因此不需要进行多变量遗传分析。(Walker & Plomin，2006)

研究结果表明，遗传在环境测量和结果测量之间起中介作用，对这一结果的解释集中在基因型—环境的相关过程中，在这一过程中，儿童的遗传倾向与他们的经历相关(例如，见 Plomin et al.，2008)。也就是说，儿童唤起父母的反应，部分是由于遗传的原因(有时被称为诱发性基因型—环境相关性)；儿童积极创造的环境强化了他们的遗传倾向(有时被称为激活了基因型—环境相关性)。这一研究有助于改变对儿童经验与其行为发展之间关系的思考。环境直接导致儿童发展差异的被动模式已被儿童创造自我经验的主动模式所取代，例如，儿童通过选择、改变他们的环境，构建认知经验，并在记忆中重构他们的经验(Plomin，1994)。

研究环境影响的一个非常有效的方法是所谓的同卵双生子差异设计，该设计可以使研究者识别非共享环境因素，同时控制遗传影响。使同卵双生子彼此不同的唯一影响是他们独特的环境体验，例如，不同的朋友、教师和生活事件。

一项研究利用这一设计的基本逻辑评估同卵双生子在课堂环境感知(如师 99
生关系和总体满意度)和教师报告的行为问题(如行为问题和同伴问题)方面的差异(Oliver，Pike，& Plomin，2008)。研究发现，同卵双生子在课堂环境感知和行为问题方面的相关性远低于 100%(22%—52%)，这表明课堂环境感知和行为问题在很大程度上受非共享环境的影响。同一研究表明，同卵双生子之间的课堂环境感知差异可以解释 1%—5%的行为差异(或者，行为差异可以解释一部分课堂感知差异)。无论这种关联的方向如何，最初的差异一定是由环境因素而不是遗传因素造成的。

### 用基因敏感的方法评估教育方法

同卵双生子差异设计以及其他使用同卵双生子的研究方法，也可应用于教育方法和干预措施的评估。这种双生子研究方法的应用并不新。早在 20 世纪

30年代，心理学家鲁利亚（Luria）和他的同事们用“对照双生子”的研究方法进行了研究，以评估特定教育方法（如学前儿童的扫盲训练）的有效性。在一项这样的研究中，鲁利亚和米瑞诺瓦（Luria & Mirenova，1936）用不同的方法教几对同卵双生子搭积木和其他建造任务。通过控制遗传差异，作者建立了一种更有效的教授方法。另一项研究（Mirenova，1934）评估了4岁同卵双生子的体能（如跳高、掷球），在确立每对双生子中表现较差的一个之后，对较差的这个采用了一种特殊的训练方法。控制遗传效应后，研究者可以评估该训练方法在心理运动发展的不同方面的有效性。尽管这一方法需要慎重考虑伦理和实际问题，但我们认为这对教育目的来说是非常有用的。

**应用同卵双生子差异设计扩大除学校、家庭经历以外的非共享环境的研究**

遗传研究的一个全新领域——**表观遗传学**致力于整个基因组中的**脱氧核糖核酸甲基化**（DNA methylation）研究。脱氧核糖核酸甲基化是环境影响下基因表达或沉默的一种机制（Mill & Petronis，2007；Petronis，2004）。尽管这一机制并未被人们完全认识，但甲基化的研究仍然非常有前景：与脱氧核糖核酸结构不同，甲基化是动态的，并且对环境干预有反应。研究发现，同卵双生子的甲基
100 化水平存在差异，表明表观遗传过程受非共享环境影响（Mill & Petronis，2007；Petronis，2006）。理解表观遗传学机制可以进行营养、化学、生理和心理社会方案的个体化干预（Dolinoy，Weidman，& Jirtle，2007；Feil，2006）。

总的来说，与分子生物学方面取得的进展不同，双生子设计正在变得越来越有用，并且为教育相关的性状提供了更明确的遗传研究。双生子研究对于分子遗传研究也有指导作用，如选择明确的表型或表型组，选择对照相关性研究的被试，增强对遗传影响发展的变化认知（McCarthy et al.，2008）。

## 三、分子遗传学对教育的作用

如今的行为遗传学家拥有一系列的分子遗传学技术。这些技术包括不断改进的新技术（如能够同时有数十万脱氧核糖核酸标记基因型的微阵列）和统计方法（如全基因组统计分析），增加对生物过程的了解（如表观遗传学调控，环境调控遗传效应）。**分子遗传学**（molecular genetics）可能是人类科学史上发展最快的

领域。虽然该领域仍然处于起步阶段,但已经为个体差异的起源和机制提供了许多重要的见解。毫无疑问,对未来的教育而言,这一领域有很大的前景。因此,这里我们简短概述分子遗传学中使用的重要概念和方法,并提供该领域已经作出贡献的几个例子。

### 1. 量化性状位点观点

分子遗传学研究提供了许多证据,支持遗传因素影响学习能力、障碍、动机和成就等复杂特征的个体差异的假设(Davies et al., 2011; Docherty, Kovas, & Plomin, 2011; Plomin et al., 2009)。此外,这项遗传研究为复杂性状遗传的多基因概念提供了有力的支持:许多脱氧核糖核酸标记都促成了复杂性状的变异,而此类标记对结果的影响都很小。这些遗传标记(基因组中导致正常变异的区域)常被称为**量化性状位点**(quantitative trait loci, QTL);量化性状位点理论 101
是量化遗传理论的分子遗传反映,而定量遗传理论是双基因方法的基础(Plomin et al., 2008; Plomin, Owen, & McGuffin, 1994)。量化性状位点理论的含义是深远的。如果许多影响很小的脱氧核糖核酸标记对复杂的性状有贡献,这就意味着,每个人的教育背景都可能是许多遗传标记、环境及其相互作用的独特组合的产物。

对分子遗传学而言,量化诊断和量化分布的遗传连接证据支持了从对照设计向量化性状转化的价值以及量化性状位点的观点(Plomin, DeFries, Knopik, & Neiderhiser, 2012)。除了对全基因组相关研究的影响,量化性状位点观点对于学习障碍和动机低下的诊断、治疗和预防有着深远的意义。然而,量化性状位点分析需要非常大的样本以代表整个群体,并且在量化特征分布的条件下也能研究量化诊断。

### 2. 全基因组相关研究

人类基因组在很大程度上是不变的:基本上所有人有相同的脱氧核糖核酸序列。如果人类基因组是一本书,那么它对所有人来说都是一本引人入胜的书,每本书有着同样的页数和字数。然而,当一本书被一次又一次的人工复制时,错误的数量是巨大的。当复制了一个包含错误(突变)的副本时,那么这个副本也将包含错误。下一个副本将包含旧的错误和新的错误。这些错误是我们独特个体的来源，也是进化的基石。我们个体的基因组包含了数以百万计的这样的错误（变体或多态性），其中一些是常见的，因为它们来自同一个旧的来源，而其他则是非常罕见的，因为它们只出现了一个副本（人）。有些是戏剧性的——例如缺失或插入整个页面——这通常会导致戏剧性的后果（如唐氏综合征）。还有一些是不明显的，如只有一个字母（单核苷酸）被取代——单核苷酸多态性。有些单核苷酸多态性可能没有功能意义，如一个拼写错误没有改变词句的意思；有些则有重要的含义，如一个字母可能改变了词句，甚至整个文章的含义。

如今，我们处在一个前所未有的位置：通过将几千人的基因组重新排序，基因组中数以百万计的普遍变异被记录下来。功能变异（对任何表型都有影响的变体）中，假定每个变体对性状的影响非常小，现在需要做的是把人类行
102 为变异和这些变异联系起来。这不是一件容易的事。我们现在对个人能力、动机和成就变化背后的生物学机制的理解仍然非常有限。这可能意味着，我们需要研究数百万变异中的每一个，以确定它们在教育相关特征的个体差异中的作用。

这一任务被认为是不可能的任务。然而，随着技术的迅速发展，分子遗传学研究正向识别所有脱氧核糖核酸标记（即便只有极小的影响，包括罕见的遗传变异）的方向发展。最新的微芯片技术可以同时评估数百万个脱氧核糖核酸标记。在几小时内就可以检测出一个人的基因组中的百万种变异。然后，将数百人或数千人的基因组进行比较，以确定与观察到的任何特定性状差异相关的基因组中的任何差异点（Plomin et al.，2012；McCarthy et al.，2008）。这些所谓的全基因组相关研究已经开始识别与教育相关特征有关的脱氧核糖核酸多态性（变体），如阅读（Meaburn，Harlaar，Craig，Schalkwyk，& Plomin，2007）、数学（Docherty et al.，2009）、一般认知能力（Butcher，Davis，Craig，& Plomin，2008；Davies et al.，2011）。戴维斯等人（Davies et al.，2011）的研究不仅提供了与人类智力个体差异相关的遗传变异的信息，同时也为用双生子研究方法得出的结论提供了有力的支持——认知能力的很大一部分个体差异可以用多基因协同效应来解释，每个基因都有微小的个体效应。

在我们能够真正利用这些知识之前，我们完整的基因组图谱上的信息很可能早已可用。从每个基因变异到行为的追踪过程可能需要很长时间。事实上，在寻找与教育相关特征有关的脱氧核糖核酸标记的同时，对每一种基因影响教

育相关特征的确切机制的研究也正在进行。这项工作是复杂的，涉及多个层面——从基因表达特征到特定的蛋白质功能，再到生理学，往往还要到脑的结构和功能（Plomin et al.，2009）。在这个阶段，很难预测分子遗传研究在教育中的具体应用，但更难想象的是，我们独特的丰富知识并不能帮助最大限度地发挥我们独特的潜力。

## 四、跨文化行为遗传研究

在这个非常简短的章节中，我们讲述了我们认为能够为教育带来巨大希望的另一种重要方法。研究同一基因在不同文化中的表达程度，将对基因—环境 103
相互作用的机制提供新的认识。跨文化比较已经产生了一些重要的发现。诸多数据表明，遗传和环境对许多性状的影响模式在不同文化中是相似的。例如，一般智力的遗传能力在许多国家均有记录（Haworth et al.，2010；Malykh et al.，2005）。

然而，一些原因上的差异也被记录下来。例如，一些研究发现，在美国的学龄儿童阅读和数学能力的一些方面，共享环境比基因的影响更大，但在英国学龄儿童中并未发现（Petrill et al.，2012）。美国学校类型和质量的差异比英国大得多，这也许可以解释在这两个国家所观察到的基因和环境对教育表现的相对贡献的差异。然而，必须指出，人的实际学习成绩水平不一定与基因和环境对个体差异的相对贡献有关。例如，在数学成绩国际比较中，英国和美国的孩子的成绩低于平均水平（PISA，2009）。

不同人群中特定遗传变异频率的平均差异和相关环境的平均差异可能一起驱动了跨文化差异。我们认为，许多观察到的群体间教育成就的差异，不太可能用群体之间的遗传差异来解释。一项研究比较了几个国家（中国、吉尔吉斯斯坦、俄罗斯和英国）儿童的早期数学发展，结果发现这些国家的表现存在显著的差异（Rodic et al.，2015）。由于这项研究包括了吉尔吉斯斯坦的两个不同民族——吉尔吉斯族和东干族——作者能够测试出与观察到的差异有关的几个重要的假设。吉尔吉斯斯坦是中亚较贫穷的国家，吉尔吉斯族人和居住在吉尔吉斯斯坦的东干族人有相同的社会经济背景。他们都遵循着俄罗斯的教育制度，用俄语学习，但在家都讲母语。东干族人从中国移民而来，与中国人有密切的基因联系，说汉语的变体，但不使用汉字，而是使用西里尔文。研究发现，吉尔吉斯族和东干族儿童在早期数学能力方面的表现非常类似，但不如英国、俄罗斯和中国的儿童。中国的儿童表现得最好。换言之，与吉尔吉斯族儿童相比，东干族儿童在数学上并没有任何优势。这些结果表明，尽管遗传差异解释了大部分数学
104 能力的个体差异，但观察到的跨文化差异很可能是源自非遗传因素，例如，文化规范或书面语言的结构。然而，作者呼吁进一步对潜在的差异进行实证调查，包括仔细记录相关环境，分子和表观遗传学研究以及双生子设计中的干预工作。

不同文化之间的差异所涉及的相同过程也可能涉及文化内部的个体差异，以及国家内部的群体差异。例如，即便在同一文化中，同一特征的遗传也可能在不同年代或社会群体之间有所不同，这反映了经济和政治、社会组织和文化规范方面的变化。随着环境的变化，遗传效应也会发生改变。这与教育环境尤其相关。今天的儿童和几代前的儿童明显不同。例如，由于有了最新的数码产品，今天的儿童获得的知识比过去最伟大的教育家获得的知识还要多。这种获得知识方面的变化可能导致认知和动机的变化，并且改变了教师的角色。在这种新的环境中，遗传对学业成绩的贡献可能发生巨大的改变。运用对遗传敏感的跨文化方法研究这些过程，可能有助于未来教育适应新需求的复杂目标。

## 五、结论

我们认为，这些行为遗传学方法的例子和研究结果表明，在通过高度个性化的教育方法预防学习障碍并促进教育成功的总体水平方面，行为遗传学可以对教育产生深远的影响。为了更精确地应对重要的教育挑战，我们需要大量有代表性的双生子样本、最新的分子遗传学方法和跨文化行为基因组比较。我们认为，把这里所描述的研究嵌入到跨文化遗传敏感设计中，将有助于我们快速理解学习中个体差异背后机制的研究进展。进而，这种新的认识将有助于今后成功实施个性化教育方案。

## 致　谢

非常感谢英国医学研究理事会（资助项目：G0500079）、美国国立卫生研究

院(资助项目:HD44454、HD46167 和 HD059215)和俄罗斯联邦政府(资助项目:11.G34.31.0043)的支持。

# 参考文献 105


Ainley, J., & Bourke, S. (1992). Students' views of primary school. *Research Papers in Education*, 7, 107 - 128.

Bates, T. C. (2008). Current genetic discoveries and education: Strengths, opportunities, and limitations. *Mind, Brain, and Education*, *2*(2), 74 - 79.

Boomsma, D., Busjahn, A., & Peltonen, L. (2002). Classical twin studies and beyond. *Nature Reviews Genetics*, *3*(11), 872 - 882.

Butcher, L. M., Davis, O. S. P., Craig, I. W., & Plomin, R. (2008). Genome-wide quantitative trait locus association scan of general cognitive ability using pooled DNA and 500 K single nucleotide polymorphism microarrays. *Genes, Brain and Behavior*, 7, 435 - 446.

Byrne, B., Coventry, W. L., Olson, R. K., Samuelsson, S., Corley, R., Willcutt, E. G., Wadsworth, S., & DeFries, J. C. (2009). Genetic and environmental influences on aspects of literacy and language in early childhood: Continuity and change from preschool to grade 2. *Journal of Neurolinguistics*, *22*, 219 - 236.

Byrne, B., Coventry, W. L., Olson, R. K., Wadsworth, S., Samuelsson, S., Petrill, S. A., Willcutt, E. G., & Corley, R. (2010). "Teacher effects" in early literacy development: Evidence from a study of twins. *Journal of Educational Psychology*, *102*(1), 32 - 42.

Byrne, B., Wadsworth, S., Corley, R., Samuelsson, S., Quain, P., DeFries, J. C., Willcutt, E., & Olson, R. K. (2005). Longitudinal twin study of early literacy development: Preschool and kindergarten phases. *Scientific Studies of Reading*, *9*(3), 219 - 236.

Catts, H., Hogan, T., & Adloff, S. (2005). In H. Catts & A. Kamhi (Eds.), *The connections between language and reading disabilities* (pp. 25 - 40). Mahwah, NJ: Erlbaum.

Cutting, L. E., & Scarborough, H. S. (2006). Prediction of reading comprehension: Relative contributions of word recognition, language proficiency, and othr cognitive skills can depend on how comprehension is measured. *Scientific Studies of Reading*, *10*(3), 277 -

299.

Davies, G., Tenesa, A., Payton, A., Yang, J., Harris, S. E., Liewald, D., Ke, X., Le Hellard, S., Christoforou, A., Luciano, M., McGhee, K., Lopez, L., Gow, A. J., Corley, J., Redmond, P., Fox, H. C., Haggart, P., Whalley, L. J., McNeill, G., Goddard, M. E., Espeseth, T., Lundervold, A. J., Reinvang, I., Pickles, A., Steen, V. M., Ollier, W., Porteous, D. J., Horan, M., Starr, J. M., Pendleton, N., Visscher, P. M., & Deary, I. J. (2011). Genome-wide association studies establish that human intelligence is highly heritable and plygenic. *Molecular Psychiatry*, *16*, 996 - 1005.

DeFries, J. C., & Fulker, D. W. (1985). Multiple regression analysis of twin data. *Behavioral Genetics*, *15*, 467 - 473.

Docherty, S. J., Davis, O. S. P., Kovas, Y., Meaburn, E. L., Dale, P. S., Petrill, S. A., Schalkwyk, L. C., & Plomin, R. (2009). A genome-wide association study identifies multiple loci associated with mathematics ability and disability. *Genes, Brain and Behavior*, *9*, 234 - 247.

Docherty, S. J., Kovas, Y., & Plomin, R. (2011). Gene-environment interaction in the etiology of mathematical ability using SNP sets. *Behavioral Genetics*, *41*, 141 - 154.

106 Dolinoy, D. C, Weidman, J. R., & Jirtle, R. L. (2007). Epigenetic gene regulation: Linking early developmental environment to adult disease. *Reproductive Toxicology*, *23*, 297 - 307. DOI: 10.1016/j.reprotox.2006.08.012

Feil, R. (2006). Environmental and nutritional effects on the epigenetic regulation of genes. *Mutation Research: Fundamental and Molecular Mechanisms of Mutagenesis*, *600*, 46 - 57. DOI: 10.1016/j.mrfmmm.2006.05.029

Gough, P. B., & Tunmer, W. E. (1986). Decoding, reading and reading disability. *Remedial and Special Education*, 7, 6 - 10.

Harlaar, N., Cutting, L., Deater-Deckard, K., Dethorne, L. S., Justice, L. M., Schatschneider, C., Thompson, L. A., & Petrill, S. A. (2010). Predicting individual differences in reading comprehension: A twin study. *Annals of Dyslexia*, *60*(2), 265 - 288.

Harlaar, N., Dale, P. S., & Plomin, R. (2007). From learning to read to reading to learn: Substantial and stable genetic influence. *Child Development*, *78*(1), 116 - 131.

Harlaar, N., Deater-Deckard, K., Thompson, L. A., & Petrill, S. A. (2011). Associations between reading achievement and independent reading in early elementary school: A genetically-informative cross-lagged study. *Child Development*, *82*(6), 2123 - 2137.

Hart, S. A., Petrill, S. A., & Kamp Dush, C. M. (2010a). Genetic influences on language, reading, and mathematic skills in a national sample: An analysis in the National Longitudinal Survey of Youth. *Language, Speech, and Hearing Services in Schools*, *41*, 118 - 128.

Hart, S. A., Petrill, S. A., Thompson, L. A., & Plomin, R. (2009). The ABC's of math: A genetic analysis of mathematics and its links with reading ability and general cognitive ability. *Journal of Educational Psychology*, *101*(2), 388 - 402.

Hart S. A., Petrill S. A., Willcutt E., Thompson L. A., Schatschneider C., Deater-Deckard K., & Cutting L. E. (2010b). Exploring how symptoms of attention-deficit/hyperactivity disorder are related to reading and mathematics performance: General genes, general environments. *Psychological Science*, *21*(11), 1708 - 1715.

Haworth, C. M. A, Kovas, Y., Harlaar, N., Hayiou-Thomas, M. E., Petrill, S. A., Dale, P. S., & Plomin, R. (2009). Generalist genes and learning disabilities: A multivariate genetic analysis of low performance in reading, mathematics, language and general cognitive ability in a sample of 8000 12-year-old twins. *Journal of Child Psychology and Psychiatry*, *50*(10), 1318 - 1325.

Haworth, C. M. A., Kovas, Y., Petrill, S. A., & Plomin, R. (2007). Developmental origins of low mathematics performance and normal variation in twins from 7 to 9 years. *Twin Research and Human Genetics*, *10*(1), 106 - 117.

Haworth, C. M. A., Wright, M. J., Luciano, M., Martin, N. G., de Geus, E. J. C., van Beijsterveldt, C. E. M., Bartels, M., Posthuma, D., Boomsma, D. I., Davis, O. S. P., Kovas, Y., Corley, R. P., DeFries, J. C., Hewitt, J. K., Olson, R. K., Rhea, S.-A., Wadsworth, S. J., Iacono, W. G., McGue, M., Thompson, L. A., Hart, S. A., Petrill, S. A., Lubinski, D., & Plomin, R. (2010). The heritability of general cognitive ability increases linearly from childhood to young adulthood. *Molecular Psychiatry*, *15*, 1112 - 1120.

Keenan, J. M., Betjemann, R. S., Wadsworth, S. J., DeFries, J. C., & Olson, R. K. (2006). Genetic and environmental influences on reading and listening comprehension. *Journal of Research in Reading*, *29*, 79 - 91.

Kendeou, P., van den Broek, P., White, M. J., & Lynch, J. (2009). Predicting 107
reading comprehension in early elementary school: The independent contributions of oral language and decoding skills. *Journal of Educational Psychology*, *101*, 765 - 778.

Knopik, V. S., Alarcon, M., & DeFries, J. C. (1997). Comorbidity of mathematics and reading deficits: Evidence for a genetic etiology. *Behavior Genetics*, *27*, 447 - 453.

Kovas, Y., Haworth, C. M. A., Dale, P. S., & Plomin, R. (2007). The genetic and environmental origins of learning abilities and disabilities in the early school years. *Monographs of the Society for Research in Child Development*, *72*, 1 - 144.

Kovas, Y., & Plomin, R. (2006). Generalist genes: Implications for cognitive sciences. *Trends in Cognitive Science*, *10*, 198 - 203.

Krapp, A. (2005). Basic needs and the development of interest and intrinsic motivational orientations. *Learning and Instruction*, *15*(5), 381 - 395. DOI: 10.1016/j.learninstruc.2005.07.007

Luo, Y., Kovas, Y., Haworth, C., & Plomin, R. (2011). Cross-lagged analyses of mathematical achievement and mathematical self-evaluation in children at 9 and 12 years of age. *Learning and Individual Differences*, *21*(6), 710 - 718.

Luria, A. R., & Mirenova, A. N. (1936). Экспериментальное развитие конструктивной деятельности. Дифференциальное обучение однояйцевых близнецов [Experimental development of constructive activity. Differential education of monozygotic twins]. *Труды Медико-биологического института* [*Works of the Medico-Biological Institute*], *4*, 487 - 505.

Malykh, S. B., Iskoldsky, N. V., & Gindina, E. D. (2005). Genetic analysis of IQ in young adulthood: A Russian twin study. *Personality and Individual Differences*, *38*(6), 1475 - 1485.

Markowitz, E. M., Willemsen, G., Trumbetta, S. L., van Beijsterveldt, T. C. E. M., & Boomsma, D. I. (2005). The etiology of mathematical and reading (dis)ability covariation in a sample of Dutch twins. *Twin Research and Human Genetics*, *8*, 585 - 593.

Martin, N., Boomsma, D. I., & Machin, G. (1997). A twin-pronged attack on complex traits. *Nature Genetics*, *17*, 387 - 392.

Martin, N. G., & Eaves, L. J. (1977). The genetical analysis of covariance structure. *Heredity*, *38*, 79 - 95.

McCarthy, M. I., Abecasis, G. R., Cardon, L. R., Goldstein, D. B., Little, J., Ioannidis, J. P. A., & Hirschhorn, J. N. (2008). Genome-wide association studies for complex traits: Consensus, uncertainty and challenges. *Nature Reviews Genetics*, *9*, 356 - 369.

Meaburn, E. L., Harlaar, N., Craig, I. W., Schalkwyk, L. C., & Plomin, R. (2007). Quantitative trait locus association scan of early reading disability and ability using pooled DNA and 100K SNP microarrays in a sample of 5760 children. *Molecular Psychiatry*, *13*, 729 - 740.

Mill, J., & Petronis, A. (2007). Molecular studies of major depressive disorder: The epigenetic perspective. *Molecular Psychiatry*, *12*, 799 - 814. DOI: 10.1038/sj.mp.4001992

Mirenova, A. N. (1934). Миренова А.Н. Психомоторное обучение дошкольника и общее развитие. Некоторые эксперименты на близнецах [Psychomotor education of preschoolers and general development. Several experiments with twins]. *Труды медико-биологического института* [*Works of the Medico-Biological Institute*], *3*, 86 - 103. 108

Neale, M. C, Boker, S. M., Xie, G., & Maes, H. H. (2006). *MX: Statistical modeling* (7th ed.) (Available from Department of Psychiatry, VCU, Box 900126, Richmond, VA 23298, USA)

Oliver, B., Pike, A., & Plomin, R. (2008). Nonshared environmental influences on teacher-reported behaviour problems: Monozygotic twin differences in perceptions of the classroom. *Journal of Child Psychology and Psychiatry*, *49*, 646 - 653.

Oliver, B., & Plomin, R. (2007). Twins Early Development Study (TEDS): A multivariate, longitudinal genetic investigation of language, cognition and behaviour problems from childhood through adolescence. *Twin Research and Human Genetics*, *10*, 96 - 105.

Petrill, S. A., Deater-Deckard, K., Thompson, L., Schatschneider, C., & DeThorne, L. (2007). Longitudinal genetic analysis of early reading: The Western Reserve Reading Project. *Reading and Writing*, *20*(1/2), 127 - 246.

Petrill, S. A., Logan, J. A. R., Hart, S. A., Vincent, P., Thompson, L., Kovas, Y., & Plomin, R. (2012). Math fluency is etiologically distinct from untimed math performance, decoding fluency, and untimed reading performance: Evidence from a twin study. *Journal of Learning Disabilities*, *45*(4), 371 - 381.

Petronis, A. (2004). The origin of schizophrenia: Genetic thesis, epigenetic antithesis, and resolving synthesis. *Biological Psychiatry*, *55*, 965 - 970.

Petronis, A. (2006). Epigenetics and twins: Three variations on the theme. *Trends in Genetics*, *22*, 347 - 350. DOI: 10.1016/j.tig.2006.04.010

Pike, A., McGuire, S., Hetherington, E. M., Reiss, D., & Plomin, R. (1996). Family environment and adolescent depressive symptoms and antisocial behavior: A multivariate genetic analysis. *Developmental Psychology*, *132*(4), 574 - 589.

PISA. (2009). *PISA 2009 key findings*. Retrieved June 10, 2013, from http://www.oecd.org/pisa/pisaproducts/pisa2009keyfindings.htm

Plomin, R. (1994). *Genetics and experience: The interplay between nature and nurture*. Thousand Oaks, CA: Sage.

Plomin, R., Asbury, K., & Dunn, J. (2001). Why are children in the same family so different? Nonshared environment a decade later. *Canadian Journal of Psychiatry*, *46*(3), 225 - 233.

Plomin, R., & Bergeman, C. S. (1991). The nature of nurture: Genetic influences on "environmental" measures. *Behavioral and Brain Sciences*, *14*, 373 – 427.

Plomin, R., & Daniels, D. (1987). Why are children in the same family so different from each other? *Behavioral and Brain Sciences*, *10*, 1 – 16.

Plomin, R., & DeFries, J. C. (1979). Multivariate behavioral genetic analysis of twin data on scholastic abilities. *Behavioral Genetics*, *9*, 505 – 517.

Plomin, R., DeFries, J. C., Knopik, V. S., & Neiderhiser, J. M. (2012). *Behavioral genetics* (6th ed.). New York: Worth.

Plomin, R., DeFries, J. C., McClearn, G. E., & McGuffin, P. (2008). *Behavioral genetics* (5th ed.). New York: Worth.

Plomin, R., Haworth, C. M. A., & Davis, O. S. P. (2009). Common disorders are quantitative traits. *Nature Reviews Genetics*, *10*, 872 – 878.

109 Plomin, R., & Kovas, Y. (2005). Generalist genes and learning disabilities. *Psychological Bulletin*, *131*, 592 – 617.

Plomin, R., Kovas, Y., & Haworth, C. M. A. (2007). Generalist genes: Genetic links between brain, mind, and education. *Mind*, *Brain*, *and Education*, *1*(1), 11 – 19.

Plomin, R., Owen, M. J., & McGuffin, P. (1994). The genetic basis of complex human behaviors. *Science*, *264*(5166), 1733 – 1739.

Rodic, M., Zhou, X., Tikhomirova, T., Wei, W., Malykh, S., Ismatulina, V., Sabirova, E., Davidova, Y., Tosto, M., Lemelin, J.-P., & Kovas, Y. (in press). Cross-cultural perspective on cognitive underpinning of individual differences in early mathematics. *Developmental Science*.

Tosto, M. G., Petrill, S. A., Halberda, J., Trzaskowski, M., Tikhomirova, T. N., Bogdanova, O. Y., Ly, R., Wilmer, J. B., Naiman, D. Q., Germine, L., Plomin, R., & Kovas Y. (2014). Why do we differ in number sense? Evidence from a genetically sensitive investigation. *Intelligence*, *43*, 35 – 46.

Turkheimer, E., & Waldron, M. (2000). Nonshared environment: A theoretical, methodological, and quantitative review. *Psychological Bulletin*, *126*, 78 – 108.

Visscher, P. M., Medland, S. E., Ferreira, M. A., Morley, K. I., Zhu, G., Cornes, B. K., Montgomery, G. W., & Martin, N. G. (2006). Assumption-free estimation of herita-bility from genome-wide identity-by-descent sharing between full siblings. *PLoS Genetics*, *2*, e41.

Wadsworth, S. J., Corley, R. P, Hewitt, J. K., Plomin, R., & DeFries, J. C. (2002). Reading performance at 7, 12 and 16 years of age in the Colorado Adoption Project: Parentoffspring analyses. *Journal of Child Psychology and Psychiatry*, *43*, 769 – 774.

Walker, S. O., & Plomin, R. (2006). Nature, nurture, and perceptions of the classroom environment as they relate to teacher assessed academic achievement: A twin study of 9-year-olds. *Educational Psychology*, *26*, 541 - 561.

Wigfield, A., & Eccles, J. S. (2000). Expectancy-value theory of achievement motivation. *Contemporary Educational Psychology*, *25* (1), 68 - 81. DOI: 10.1006/ceps.1999.1015

Wray, N. R., Goddard, M. E., & Visscher, P. M. (2008). Prediction of individual genetic risk of complex disease. *Current Opinion in Genetics and Development*, *18*, 257 - 263.

## 推荐阅读

Plomin, R., DeFries, J. C., Knopik, V. S., & Neiderhiser, J. M. (2013). *Behavioral Genetics* (*6th ed*.). London UK: Worth.

Scerif, G., & Karmiloff-Smith, A. (2005). The dawn of cognitive genetics? Crucial developmental caveats. *Trends in Cognitive Sciences*, *9*, 126 - 135.

Taylor, J., Roehrif, A. D., Hensler, B. S., Connor, C. M., & Schatschneider, C. (2010). *Teacher quality moderates the genetic effects on early reading*. *Science*, *328*, 512 - 514.

# 第五章　教育心理学的研究方法

安迪·托尔米(Andy Tolmie)

## 一、不同类型的教育研究方法

从总体上看,主流教育研究涉及的问题范围极为广泛,包括学校组织和效能,教学法和课堂教学过程,教育技术和其他形式的对学习、特殊教育和全纳教育的支持,以及各种交叉课程专业,如科学、数学和识字教育等。考虑到教育的重要性,以及一个多世纪以来对影响教育成果的因素进行积极研究的历程,这种多样性不足为奇,尽管这对任何试图总结所采用的研究方法来说都是一个挑战。

然而,在所谓的"纯"教育研究和教育心理学研究之间存在着更为根本的区别。前者往往关注具体的教育制度和结构,以及这些教育制度和结构所产生的结果;后者通常不太关注具体的教育制度和结构,而是关注学习发生的过程和形成这些过程的因素,以及如何将对两者的理解运用在教育环境中。许多这类研究甚至没有在正规的教育环境(如实验室环境)中进行(Huss et al., 2011; Philips & Tolmie, 2007),而是集中在校外的非正式学习环境中进行的(Pino-Pasternak, Whitebread., & Tolmie, 2010)。

学习神经科学与教育心理学的方法和理论关注点之间存在密切的关联：两 111
者都是为了理解学习的基本过程以及促进或制约这些基本过程的因素。如果教育神经科学试图在不同的研究传统之间找到共同点，那么在这里找到共同点的可能性更大些，即大于神经科学和纯教育研究之间的共同点，至少目前看来是如此。因此，本章主要侧重于教育心理学中使用的方法。第二部分将讨论测量问题，以及随着时间的推移而演变的捕捉学习过程的策略。第三部分将讨论如何在不同类型的研究设计中运用这些测量技术，以及基于学校的干预措施。本章的核心目标是：强调与其他章的实验认知神经科学方面的工作相比，教育心理学采用的研究方法所具有的局限性。

## 二、决定测量什么

教育心理学的研究主要关注两类变量的测量，即学习结果和预测或制约这些结果的因素，以便推断连接它们的过程。由于对具体的学习现象感兴趣，教育心理学通常还强调精细测量概念理解或技能，而不是精细测量课程目标的一般成就，强调学习者的学业自我概念、教师对话和家长在学习活动中的支持等密切相关因素的影响，而不是社会经济地位等结果的结构性预测因素的影响。尽管要按照先例和商定的原则进行工作，而不是依赖既定的工具，但这也造成了为每项研究设计新的测量标准的压力。下文将考虑这种情况对行为测量和报告测量这两种主要测量方法的影响。最后，本章考虑了人口统计学和环境的测量，以及这些测量在教育心理学中的应用方式。

### 1. 行为测量

行为测量可分为两大类，即表现测量（在正常情况下观察到的个人实际所做
的事情）和能力测量（在控制条件下，个人能够做的事情）。每种测量方法都有其 112
局限性。表现测量在表面上更具真实性，但在某一领域中达到的学业水平可能是不易察觉的，除非环境需要才能显示出来。能力测量似乎避免了这个问题，但可能只是反映了在测试条件下和其他地方的表现（Nunes，Schliemann，& Carraher，1993，阐明了关于这一问题的情景学习概念）。本章不想进一步阐述这些问题的背景，但我想谈谈有助于解决这些问题的实际方法。

**表现的观察测量**

观察测量的形式多种多样，但界定基本框架的标准方法被称为**系统观察**（Croll，1986）。系统观察基于这样一个核心原则，即对行为的观察应使用预先确定的重要理论框架，以避免主观性对自发判断的影响。重点关注的行为方面在观察测量之前就被操作化为精确的变量，并在观察测量的过程中贯穿始终。观察通常也是以固定的时间间隔在固定的时间内进行，以确保有一个共同的基线来比较个体。

在课堂教学中进行系统观察时，一开始就要确定哪些学习者（可能只是在场学习者的一个子集）作为观察对象，然后在可比的情况下，尽可能由观察者轮流观察一个或多个预先确定的时间段（通常至少几分钟）。在此期间，采用事件抽样或时间抽样技术，记录约定类别的行为发生情况。在事件抽样中，行为类别（例如，儿童以特定方式回答教师问题的情况）在数量和类型上是有限的，在观察期间，行为的发生率将被简单地记录下来。时间抽样技术的目的是更完整地记录行为，将观察期分成固定的时间间隔（如 15 秒），研究者在每个时间间隔内记录在广泛的、可能的类别中表现出哪些行为。例如，在克里斯蒂等人（Christie et al.，2009）的小学科学小组合作的效果研究中，观察的类别是特定的对话类型，表明有效参与合作任务，如提出观点、使用解释和处理分歧等。在这种方法中，通常的做法是观察时间窗口与记录时间窗口交替进行，以确保有时间将观察结果正确记录下来。

系统观察的基本原理是：由于不可能记录学习者的**所有**行为，因此只关注有代表性的可能是对比性的子样本。例如，在克里斯蒂等人（Christie et al.，
113 2009）的研究中，将目标儿童在小学科学小组合作课上的对话与在相关主题的全班课上的对话进行比较，以确定对话类型在多大程度上是环境的函数。同样，通过使用四个月中的三个时间点，研究者能够证明小组合作课上有效对话的发生率增加，而在全班课上没有观察到，这表明发生了针对特定情境的学习。

系统观察并非没有问题。实时进行观察并确保研究者经过适当的培训，以必要的谨慎态度进行这项耗费精力的活动自然会需要一些资源。考虑到观察者在场可能对行为产生影响，因此也存在测量的有效性问题。一些研究者对目标行为进行录像，并在事后对其进行编码，而不是让观察者在场（Blatchford et al.，2006）。然而，儿童通常认为摄像机的存在比研究者记笔记更有新意，因此前者

实际上可能更有侵扰性，而且在记录质量方面也有技术方面的挑战。只有在以下情况下，录制视频才是更好的选择：编码方案复杂，难以实时使用；在课外环境中，记录质量问题较少，而且固定摄像机的存在通常很快就会被遗忘（Howe, Rodgers, & Tolmie, 1990）；学习者是成人，他们不太容易分心。系统观察还需要进行可靠性检查，以证明观察结果不依赖于研究者，这增加了开销。考虑到系统观察具体规定了哪些行为应该被视为“使用解释”或“思想命题”的实例的要求，这种可靠性检查的确是必要的。准确的定义通常太过抽象，没有太多实际价值，所以大多数研究者都回到实例上。这使得不同研究者之间的解释差异是不可避免的，尤其在关注非言语行为的情况下，因为这种非言语行为往往更加短暂。可靠性检查通常由两个研究者进行。两个人记录目标子集的相同行为（10%就足够了），然后比较他们的编码，以确保一致率足够高（70%或更多）并高于偶然水平。由于教育心理学中收集的许多数据需要研究者对反应或行为作出判断，所以可靠性检查是很常见的。使用从已经被证明有效的编码方案中衍生出来的编码方案也是常见的做法。例如，克里斯蒂等人（Christie et al., 2009）使用的编码就借鉴了之前近 20 年对小组合作课上对话的研究。

系统观察有对目标行为类别进行定量频率计数的优点，并适合进行统计分析。然而，系统观察也有信息丢失和假对等性的潜在问题。例如，玩具车在光滑 114
陡坡比在粗糙陡坡滚得更快，有两种不同解释（例如，“它不受表面粗糙程度的影响”与“它受重力的影响”），这在小组合作练习中有相同的重要性吗？事实上，在这种情况下，该问题的答案可能是肯定的，因为解释的频率与学习有关，不论内容是什么（Howe et al., 2007）。然而，一些研究者避免使用系统观察，而是使用详细的案例研究观察，在案例研究观察中长时段跟踪个体学习者的活动，一些重要的具体问题会在学习者出现时或在其后检查录像记录时得到注意（Meard, Bertone, & Flavier, 2008）。这种方法本身存在一些问题，例如需要确定是否进行了合理的分析。通常的解决办法是提供已得出结论的发言和/或活动的细节，作为根据这些发言和/或活动得出结论的依据。然而，研究者确实有能力用定量方法得出一些可能用质性方法难以获得的见解。教育心理学的一个常见策略是：在研究计划的早期阶段使用案例研究方法，在此基础上设计出更“有根据的”定量行为测量方法。

## 能力测量：测试和心理测量

在构建能力测量时，教育心理学对学习测量的关注产生了一些特殊的问题。以小学生对物理中物体漂浮的理解为例。对于为什么一些物体漂浮在水面上，而另一些物体则沉没，小学生很少有明确和概括的概念。因此他们对这个问题(例如，给他们展示一个木块，要求他们预测它是否会漂浮在水面上并证明他们的答案是正确的，Howe et al.，1990)的回答不太可能提供特别有用的信息。在这一领域和其他领域的学习通常是逐步进行的——虽然未必顺利——在这一学习过程进行中，学习者根据测试的情境和具体问题，表现出对问题的不同理解(Karmiloff-Smith，1992；Siegler，1996)。此外，即使进行了有针对性的干预，也很难有把握地假设哪些具体问题或情境将揭示学习效果。

因此，在教育心理学中，基于测试的学习测量遵从基本心理测量原则：(a) 使用涵盖不同情境的一系列项目，在这些情境中运用理解；(b) 采用比合格/不合格更好的评分办法，以提高测量的敏感度；(c) 检查各项目的回答情况，以
115 确保每个项目都有额外的辨别能力。如果这些项目的反应显示出一定的相关性，那么它们测量的是同一个东西，它们可以用来生成一个理解的综合指标(更多细节请见 Tolmie，Muijs，& McAteer，2011)。一旦确立了适当的指标，学习测量就可以用于评估随时间而变化的学习程度，或以相当可靠和敏感的方式对具体的干预措施进行评估。例如，豪等人(Howe et al.，2007)采用了对力和蒸发的理解测量，在实验组和控制组之间产生统计上约 5%的显著性差异——这种差异在 18 个月后仍然可检测到。

这种做法不可避免会引起关于应该使用多少项目，以及项目范围的问题。这些问题没有明确的答案，因为它们取决于测量的领域和目标。例如，在豪等人(Howe et al.，2007)的研究中，测量的目标是测试开展的基础科学小组的广泛干预对理解力和蒸发概念的影响，以及系统调查力和蒸发所需的程序。因此，干预前和干预后比较与这两个领域的概念理解和程序有关的项目。力和蒸发的测量项目数不同(分别为 29 项和 16 项)，因为与力有关的现象比与蒸发有关的现象要多。在有明确心理操作分类的情况下，如在数学中，这可能为确定所需项目的重点和数量提供了依据，尽管这可能存在项目难度问题(例如，个位数与多位数相加)(Dowker & Sigley，2010)。

在行政管理方面也有一些实际问题需要考虑。以问卷形式进行的以班级为

单位的管理方案更有效率，但可能限制了被试参与的条件和潜在的反应。使用书面作答可能需要使用多项选择题，以消除自由撰写答案所带来的问题，但是会缺少细节。由受过训练的研究者进行的一对一测试，可能产生更可靠的数据，并且由于口头反应内容较丰富，使得使用较少的项目成为可能。一对一测试还可以测量非言语反应（Pine，Lufkin，& Messer，2004，用手势测量对平衡的内隐的理解），尽管一对一测试需要花更多的时间（这是它最重要的缺陷）。无论采用哪种方法，都有答卷人的注意力能持续多久的问题。因此，理想做法是：在实际测量之前，都应进行预测量，以检查其可用性，除非它是基于既定的先例。

虽然能力测量在心理测量方法中已经占主导地位，但在皮亚杰的批判方法 116
中有大量纯粹描述性的非量化方法的先例。在这种方法中，研究者给儿童呈现一个具体的问题，然后对他们进行观察，或进一步询问他们对目标现象的想法（Piaget，1929，儿童在扭曲的绳子的情况下理解动态紧张关系）。皮亚杰几乎一生都在使用这种方法，从三个方面来剖析不同的个人访谈的细节，从而详细解释儿童知识发展的原因（仍然非常有影响力）。然而，这种方法有两个相互联系的局限性：用不同的问题比较不同的孩子带来的局限性，以及任何配对的图片只在样本层面上，而非个体学习者层面才明显。由于学习者之间和学习者内部存在个体层面的差异，为跟踪影响学习的因素提供了重要手段，因此很难避免在这一水平进行数据比较的需求。

对心理测量方法的潜在的更有用的扩展是解决个体差异的动态评估，在维果茨基（Vygotsky，1978）最近发展区的概念中有其基础。最近发展区的定义是：学习者独立做可以达到的水平和他们在得到更专业的协助时可以达到的水平之间的差异。维果茨基认为，个别儿童独立做时似乎有相同的能力，但在得到协助后的表现却不相同。维果茨基总结认为，忽略儿童的发展能力（学习和改变的能力）的评估，也就忽略了能力的一个基本方面，"因为'只有在运动中，身体才能显示出它是什么'"（Vygotsky，1978，p. 65）。动态评估建立在这一原则基础上，其特点是采用分阶段的测量方法，即在教学前、教学中以及教学后记录行为，所有这些都是在单一阶段进行的（Tzuriel & Shamir，2010）。这种方法不排斥使用定量指标或系统项目设计，而是将这些指标或设计作为一个出发点来捕捉学习本身的数据。因此，这也是一个资源密集的问题。

虽然使用定制的能力测量很普遍，但教育心理学确实使用标准化测量，而且在许多情况下，定制的测量逐渐演变成更加标准化的形式（例如，儿童的工作记忆成套测量，Pickering & Gathercole，2001）。然而，标准化测量确实存在两个特别的问题。第一个问题是，发展标准化测量需要付出很多劳动，在项目设计和项目选择上需要花费大量精力，因为最终的测量必须足够有效，能够在不同情况下、在很长一段时间内得到重复的检验。因此，单个项目的可变性必须降到最
117 低。这通常需要系列设计，进行测试并淘汰不合适的项目，直到得到稳定和一致的集合。达到这一点后，研究者仍然需要从一个具有代表性的大型标准化样本中收集数据，以形成常模。

第二个问题是，这个过程不可避免地会产生一种普遍的测量标准，而这种测量标准又不能满足个别研究的具体要求。因此，将标准化测量作为结果或作为学习的唯一预测因素是极其罕见的。它们大多仅仅用作：(1) 建立样本内和样本间不同组别的相似性的基准测量；(2) 协变量，在检查具体效果时，控制更基本的个体差异；(3) 调解或调节变量，这有助于解释观察到的具体测量之间的关系。这种用法意味着所选择的标准化测量往往侧重于言语和非言语智能，执行功能和工作记忆或语言发展等基本参数。必须指出，当这种度量被用作协变量或潜在的中介变量时，它更可能是原始测试分数而不是研究者感兴趣的标准化分数，因为它关注的通常是与同一样本中其他个体相比的个体差异，而非同龄人中的其他个体。

使用标准化测量凸显了另一个问题，即当代教育心理学广泛使用标准化测量的组合。在一定程度上，这仅反映了调查学习结果与预测或制约这些结果的因素之间关系的目标。然而，在过去 20 年，研究者逐渐意识到采用多个测量作为交叉验证手段的研究价值——观测和测量措施可用来检查成绩和能力之间的关系。例如，采用多个测量可以对研究进行交叉验证，以便发展更广泛的一致性和有更深远力量的学习模式。教育神经科学本身也可以被看作是这种追求一致性和理论整合的体现。

## 2. 报告测量

鉴于许多初始外显知识的零碎性，学习测量的报告，特别是自我报告测量，指出了认识论的矛盾：要能够准确报告自己所学，需要一定程度的理解和元认
118 知意识，这就好像将一个人置于接近最高的成就水平。因此，毫不奇怪，报告测

量通常用于评估影响学习的维度，而不是学习本身，尤其不像在类似的标准化测试中生成的关于中介或调节变量的数据。

在某些情况下，自我报告测量被用于行为指标的测量中。一个常见的例子是在能力测试中使用置信测量，要求学习者不仅要提供问题的答案，还要评价他们对自己回答正确的把握程度，或者他们认为的问题的难易程度(Tolmie et al.，2006)。这种数据可以精确测量知识的状态或知觉到的一般能力指标。然而，更常见的是，通过书面问卷或更不常见的访谈的方法，将自我报告测量从行为数据中分离出来。

问卷测量已在教育心理学的很多研究领域中应用，最普遍的研究是情感对教育参与和结果的影响。这类研究主要关注被试对学校和特定领域课程的直接态度(Pell & Jarvis，2001；Summers & Svinicki，2007)。然而，已有大量研究对动机对学习行为和结果的影响模型进行研究，如自我决定理论(Ryan & Deci，2000)，成就目标理论(Elliot & Thrash，2001)，学业自我效能感(Schunk & Pajares，2002)和学业自我概念(Marsh & O'Mara，2008)。由于这些模型的基本构念被认为具有类似性状的特征(traitlike characteristics)，所以通常不认为局部适用性的约束以与能力测量相同的方式运行。因此，在许多情况下，所采取的测量已经获得了标准化工具的地位，却没有经过正式的标准化过程。人格的衡量标准和情商的衡量标准都是以类似的方式使用的(Mavroveli，Petrides，Sangareau，& Furnham，2009)。

第三人称报告测量也常用于教育心理学研究。这种测量通常采取家长或教师报告儿童情况的形式，用调查问卷了解行为的关键方面。如《优势和困难问卷》(Goodman，1997)，该问卷旨在评估儿童表现良好的领域和他们表现有问题的领域，以及《学业自律行为问卷》(Stright，Neitzel，Sears，& Hoke-Sinex，2001)，该问卷旨在评估儿童如何应对学业带来的挑战(如寻求教师帮助，参与小组讨论，检查错误)。

访谈法有助于收集深入的答复，这些答复不像问卷那样受到限制，但是访谈 119
法同样不适于量化。这并不是说，访谈法结构不佳。研究者一般倾向于选择结构化或半结构化访谈，即事先确定一系列固定的问题(访谈计划)，按访谈计划对受访者进行访谈，在半结构化访谈的情况下能更好地对个体进行追踪。然而，访谈法需要大量时间和资源，这限制了样本的规模，并且受访者回答的灵活性使研究者能对受访者的回答进行内容归纳或主题分析(Braun & Clarke, 2006)。根据访谈法的定义,访谈法的目的是识别个体的周期性规律。因此,在教育心理学中,访谈法常常是定量测量的补充,或在数据收集初始阶段使用,旨在编制更基础的问卷(Lindsay, 2007; Pickering & Howard-Jones, 2007)。

### 3. 人口统计学和环境的测量

年龄和性别等人口统计学变量一直是教育心理学的关注焦点,不收集这些数据的研究是极其罕见的。然而,当前这些数据的使用范围局限于确保平衡的研究设计,或用这些数据来控制变量。很少有理论认为,相较于其他形式的神经认知或社会文化差异,年龄或性别与过程的理解更具相关性。社会经济地位或家庭收入变量也是如此,通常研究甚至不收集这些变量的数据:由于样本通常来自已知区域的学校,因此可以从该区域的信息确定样本的社会经济地位,至少可以大致确定。如果环境影响是研究的重点,如对不利生活事件的弹性预测因素的研究中,所采用的测量集中在环境特征方面(Malmberg & Flouri, 2011)。这通常包括家长行为和家庭环境的某些方面,这些方面虽然与社会经济地位和工作相关,但更可能对儿童的学习和发展产生直接影响,例如家长的情绪、亲子关系的质量和花费在教育相关活动(如阅读)的时间。

120 学校环境变量也是如此,测量可能集中在学校氛围、课堂互动和同伴关系方面。例如,库特尼克、奥塔和伯顿迪尼(Kutnick, Ota, & Berdondini, 2008)利用课堂组织测量,定期记录教师和学生的活动,以研究小组工作、教师参与和学生的学习成绩之间的关系。皮安塔(Pianta, 2003)提供了一种用于检查教师与学生互动和教学方法质量的编码方案。研究中使用了更多的远端变量。例如,在一项英国研究中,学校或班级中接受免费午餐的学生的比例被广泛用作相对匮乏的指标,但是该比例只是控制手段,不是预测指标(Howe et al., 2007)。

## 三、选择一个研究设计

之前提到的测量方法阐明了在教育心理学研究中使用的大部分方法,但是它们对过程理解的准确度,与不同类型的研究设计中使用方法的方式,特别是识别因果关系的方式有关。下文我们将探讨准实验设计、实验设计和非实验性设计，重点关注每种研究设计的基本原理和它们存在的问题。然而，我们将从简要介绍教育心理学研究中构建样本的挑战开始。

### 1. 抽样问题

教育心理学通常关注的是收集一系列个体的一般学习过程的数据，因此需要构建有代表性的样本，以便得出这样的结论。不幸的是，由于教育过程的复杂性和环境的敏感性，很难通过便利抽样产生有代表性的样本，然而在接触学习者方面又存在实际的限制——几乎总是要通过学校或学院来安排——因此几乎不可能用任何强有力的随机抽样的形式。

一种解决方案是使用随机分层抽样。在这种方法中，为特定类型的学校设置抽样的名额，然后（尽可能）对这些学校进行随机抽样，以满足名额的要求。然后，在选定的目标范围内收集学生的数据，而不必考虑这个目标范围内样本的代表性，因为它已经得到处理。课堂或学校的学生分组给跨学校比较带来了困难，
因为同一所学校产生的个体的相似度超过了真正随机抽样的预期。然而，这些 121
问题远不是致命的，因为它们可以通过多层建模等统计程序来解决，这些统计程序明确检查不同抽样单位（如学校）在多大程度上表现出相同的效果模式（Tolmie et al.，2010，2011）。

然而，随机分层抽样只有在资源丰富的大规模研究中可行，大多数教育心理学研究都不是这种性质。规模较小的研究通常依赖于当地取样，抽样取决于学校、教师和家长是否愿意让孩子参与。这并不意味着某些原则不适用。例如，除非有特定的理由，需要特殊学校参与，否则可以避免特殊学校参与。同样，研究者可以努力在参与的学校内，至少在目标年龄范围内的学生中自由抽样，而不只是让最有能力或表现最好的学生参与，从而导致抽样偏差。

然而，这些原则本质上是薄弱的，只能避免最明显的抽样偏差。在数据收集的时候只能对样本的代表性进行猜测。构建样本的任务主要在数据分析阶段，例如通过与其他样本的数据进行比较——如果这些样本有类似的特征，这就提供了证据，证明样本具有代表性——或者检查样本是否表现出我们认为有代表性的特征。正是由于这个原因，标准化的测量标准和人口统计学变量才在校本研究中找到了一席之地。

### 2. 准实验设计

准实验设计比较研究者无法控制的变量(如年龄或性别)对结果的影响。研究者无法随机分配被试,这使准实验设计不同于真正的实验设计,但准实验设计和实验设计仍然在结构上存在相似之处。例如,它们具有相互依存的变量关系,并且往往可以在相对受控的条件下进行比较。

准实验设计的优点是:它能够利用一些自然的变量,实际分配要么是不可能的,要么是不道德的。这类变量包括:年龄,性别,种族,社会经济地位,以及
122 是否存在异常、疾病或缺陷。研究者有时会将这些变量结合起来加以考察,有时也会将这些变量与其他一些独立变量结合起来(如不同的实验条件)加以考察。准实验设计的缺点是:与准自变量相关联的任何效应只能简单地反映与其相关的其他变量的操作。这在比较不同年龄组表现的横断研究时尤其如此,即使发现年龄差异,这些差异也不可能直接归于年龄本身。为此,横断研究现在主要作为确保抽样平衡的一种手段,并对假定正在起作用的变量进行直接测量(Alloway, Gathercole, & Pickering, 2006,关于工作记忆中与年龄有关的变化及其对表现的其他方面的影响)。

即使通过准实验设计发现的影响仍需要谨慎解释,但它们在揭示变化的根本原因方面可能具有相当大的价值,值得进一步研究。在个案控制设计中,最常见的情况就是这样——在这种设计中,确定了恰当的案例(例如,具有某些特定条件的个案),并测量了这些个案在假设重要的依赖变量方面的状况。在控制样本中也测量相同的变量,这些样本在一般特征上与案例相似,但在定义特征方面有差异。如果对照样本和控制样本在所关注的变量上存在差异,就可以得出这样的结论:这些变量与个人状态之间存在关联(Hudson & Farran, 2011,关于威廉姆斯综合征患者和发育中的儿童在绘图技巧上的差异)。

这一方法可以通过为每个个案找到真正的匹配(适用)对象(即在年龄、性别、社会背景等其他影响变量上具有共同特征的对象)得到加强。最终结果是创建在这些方面匹配的样本,这有助于排除混淆变量的影响。在学习困难的研究中,通常使用匹配样本设计。例如,与正常发展的儿童相比,自闭症儿童的心理年龄通常较低。如果我们希望发现自闭症儿童特有的特征,而不仅仅是特定心理年龄的儿童通常具有的特征,那么应该对在这方面匹配的儿童样本进行比较

(Farran & Brosnan, 2011)。由于该样本中的儿童通常比自闭症样本中的儿童年龄小很多，因此通常采用双重匹配程序，即用年龄和心理年龄匹配的儿童作样本。通过检查这些匹配样本的表现，研究者可以确定哪些特征反映了年龄方面的变化，哪些特征反映了心理年龄的变化，哪些是自闭症儿童所特有的。

### 3. 实验设计 123

实验设计通过将被试随机分配到实验条件（即假设对因变量有影响的自变量的不同水平），以明确的方式确定因果关系。然而，独立的因果影响不仅取决于随机分配，还取决于自变量没有与其他与其发生系统性共变的变量混淆。混淆变量的影响是教育心理学实验研究的主要风险，因为通常不可能对此类实验研究中常见的条件进行严格控制。因此，必须采取特定的预防措施，防止混淆变量的影响。

基于此，实验研究通常采用简单的能力测量或简单的观察，在一定程度标准化的课外情境收集数据。如果收集不止一个数据元素（例如，几个任务的执行情况），标准做法是平衡这些实验条件（例如，两个任务，一半被试按照先 A 后 B 的顺序执行，另一半被试按先 B 后 A 的顺序执行），或者收集更多的数据来随机改变任务顺序。这能确保任务顺序不会对结果产生系统性影响。其他已知的混淆变量源会对在多个时间点进行测量的研究（如干预研究）产生影响，当实施这种研究设计时，应当考虑这些可能的影响。这些影响包括：

- 在测量期发生的外部但和测量相关的事件（如学校实践方面的一些变化）；
- 时间的影响，在干预研究中需要使用控制条件以评估干预期间发生的变化；
- 不同条件下被试流失的差异，会对测量结果产生影响；
- 使用相同的仪器重复测量产生的练习效应，这可以通过设计等价的测量来预防。

在教育心理学研究中，尽管一些设计存在实际的限制，但没有一种设计绝对优于另一种。与心理学的其他分支相比，教育心理学研究更倾向于使用干预设
计，因为干预设计通过直接进入学习过程来进行研究。下面简要描述几种主要 124
的实验设计的特点。

**随机设计**是实验设计的最基本形式。在随机设计中，用自变量的不同水平定义实验条件，将被试随机分配到这些实验条件中。通常，实验条件不超过四个，这部分是因为实际的问题，部分是因为方差分析的限制（Tolmie et al.，2011）。**因子设计**（factorial design）通过组合或交叉变量的不同水平，同时操纵两个或多个自变量。这使我们不仅可以看到每个自变量的主效应，还可以看到交互效应的影响，而这些影响往往作用很大（Kerger，Martin，& Brunner，2011，将科学主题与特定类型的实例相结合，提高女孩对科学的兴趣）。然而，鉴于每增加一个自变量所产生的交互效应的数量呈指数增加，通常认为三因子设计是在实用性和解释性两方面面均较理想的极限条件。

**重复测量设计**通过在每种实验条件下使用相同的被试，防止偶然的外来群体差异（如不同班级的儿童之间存在的差异）可能产生的误差。由于个体受自己的控制，原则上重复测量设计能更有效地检测到实验条件的影响。困难之处在于，重复测量设计本身可能会产生无关变量——被试的表现可能由于练习效应而变好，或者由于厌倦而变差。总的来说，重复测量设计倾向于在随机设计或因子设计存在某种逻辑约束的情况下使用。在干预研究中常采用前测和后测的实验设计，来评估干预的效果。事实上，重复测量研究通常采用接受测试但不进行干预的控制条件，重复测量研究通常也使用被试间变量和被试内变量的混合设计（Howe et al.，2007）。

**微观遗传设计**是一种更专业的重复测量设计形式，在教育研究中，这种设计越来越普遍。这种设计利用重复测量设计的主要缺点，即重复执行一项任务会导致被试在这一任务上的表现发生变化，以直接调查这些变化的发生方式。微
125 观遗传设计的关键特征是：使用比普通重复测量设计更多的重复观察（可能多达 10 或 12 个测试点），它们的分布十分密集（每两到三天就有一次）。这些特征使我们能够检查在其他控制条件下被试任务表现发生变化的轨迹。

这种设计的一个扩展是：与不同形式的干预一起使用，将没有干预的重复测量作为控制条件。这使我们可以考虑学习是如何随着经验的积累而发生的，又如何与某种形式的外部支持或援助结合在一起（Philips & Tolmie，2007，父母早期教育对儿童在平衡量表任务中的表现随时间而发生的变化的影响）。这种设计使用相对较小的样本，并在个体而不是群体的水平进行数据分析，以便反映不同条件的影响，以及个体在不同条件下反应的程度和性质。这种设计的目标

是提供关于长期学习过程的深入数据，而不是抛弃定量实验方法的优势。这种设计所面临的困难是，如何采用更多的静态测量，通过较大样本对这些数据进行三角测量，特别是当他们常常表明学习没有普遍的模式时（例如，Siegler，1995）。

**随机对照试验**是采用随机化设计的干预研究的特殊形式，用于评价具体的活动。在随机对照试验中，样本是从已知是同源的群体中抽取的，并且测试干预对群体产生的影响，所以没有前测来建立基线。一旦确定了样本，研究者就将被试随机分配到实验条件，或者分配到替代形式的干预条件，或者分配到实验条件与对照条件。然后实施实验或干预，通常在实验后的一段时间，而不是一次性后测来对结果进行监测，以确定实验条件之间是否存在持续的差异。这些数据用于确定处理是否有效，因此是否能得到更广泛的应用。随机对照试验通常有一些保障措施，以确保不受外在因素影响。例如，他们通常使用更严格的随机分配过程条件，确保那些进行分配的人对被试特征不知情，因为了解这些特征可能导致分配偏见。同样，那些负责评估结果的人通常对被试的实验条件不知情，在双盲实验中，干预的性质决定了被试也不知道他们所在的实验条件。

尽管随机对照试验被认为是医学或健康相关研究中建立最佳治疗或预防性 126
干预的黄金标准程序，但它们在教育相关研究中很难实施。双/单盲的程序需要一个足够大的团队才能分清责任，这在教育心理学中是不常见的。更重要的是，基本不可能在个体层面实现随机分配。该研究方法有时应用在关于营养补充剂对教育影响的研究中（Richardson & Montgomery，2005），但是，当干预涉及课堂授课时，对条件的分配几乎总是必须在班级甚至学校水平上进行。

大多数教育研究采用与随机对照试验类似的**随机聚类试验**，即采用分层抽样，将区域内的学校随机分配到干预条件或对照条件（Tymms et al.，2011，评估同伴辅导计划影响的试验）。即使这样也很难达到高标准，因为样本的代表性仍然受限，干预的代表性和准确性都受到了威胁。双/单盲的程序在很大程度上是不可能的，并且学校不愿意被分配到控制条件下（尽管在某种程度上，可以通过保证将来在结果是积极的情况下，提供干预措施加以弥补）是可以理解的。

### 4. 非实验设计

精细测量十分重要，考虑到确定影响学习的自然因素和相对缓慢的变化速度，以及上面提到的实验实施方法的困难都表明非实验设计仍然是教育心理学研究的重要方面。在过去 20 年中，为了发展非实验设计，研究者已经做了许多复杂的概念工作，以确保在缺乏直接操纵自变量和将被试随机分配到实验条件的情况下，实验设计仍能在识别因果过程中发挥重要而可靠的作用。

自变量和因变量之间的差异支持了这一点，它们之间的差异部分取决于收集数据的方法。此外，变量必须满足某些标准，才能进行非实验设计，这些标准
127 涉及一个变量对另一变量产生影响的**逻辑可能性**。首先，一个基本原则是，原因或影响必须先于被影响的事物而存在，并且至少假设变量的"独立"是合理的。

因此，**时间顺序**（即能够将变量的操作放置在时间序列中）是推断潜在因果关系的最低要求。如果在某一个时间点收集了一组变量的信息，那么就削弱了时间顺序上的分配。即使有理由认为，一个变量比另一个变量的运行时间更早（例如，可以认为学生做家庭作业的数量越多，考试成绩越好），也不可能确定事实就是如此。如果测量是在同一个时间点进行的，则无法确定两个变量的时间先后关系，那么因果关系就可以发生逆转（例如，考试成绩越好的学生做更多的家庭作业）。最后，为了揭示因果关系，在结果或因变量之前收集关于假设的自变量的数据（即某种形式的**预期设计**），这为分类提供了更好的基础。然而，即使有时间顺序，确定的影响实际上仍然有可能是虚假的，并可归因于另外一些或一组自变量和因变量的操作。

由于这些问题，当代非实验设计发展出了一些关键特征。

第一，非实验设计通常收集一系列具有理论重要性的变量的数据，以便能够评估变量之间更复杂的关系，例如，对共同原因（伪关联的来源）——**中介**的共同依赖——一个变量对另一个变量的影响是通过第三个变量发生和调节的（参见前面对社会经济地位操作的讨论），即其中一个变量的影响因另一个变量的变化而变化（参考因子实验中相互作用效应）。

第二，人们越来越倾向于采用数据收集时间滞后的方式进行研究设计。**纵向设计**——在选定的时间段内（通常为一年或更长时间），反复测量单个样本的相同特征的研究——可能是最常见的方法。纵向研究是提供反映个体大致变化和确定后期特征与早期特征有多大关联的方法（Passolunghi & Lanfranchi，2012，关于学前教育对一年级数学成绩的预测）。纵向设计有独特的优势，但也有特殊的困难。纵向研究的主要优势在于，在研究期间，反应模式的变化可归因于被试的实际变化，因为这些变化是恒定的。此外，如果存在三个或更多的数据收集时

间点，就有可能对被测量的变量的变化轨迹进行建模，确定其是线性（均匀增加还是减少）、指数（随着时间的推移而增加或减少）、渐近（最初急剧增加或减少，逐渐趋于平缓），还是呈间断或U形曲线（即以喷射形式增加，之后是变化很小 128
或没有变化的周期，或先增后减或先减后增）。在形成变化所涉及过程的理论时，这种类型的细节提供了关键的证据，为形成变化的过程提供了依据（Siegler，1996）。

然而，重复使用相同的仪器可能导致某种练习效应。因此，收集数据的时间间隔往往较长，但延长数据收集的时间间隔加剧了样本流失的问题：间隔时间越长，被试流失就越大。此外，被试流失的主要原因往往是诸如搬家或转学而失去联系，家庭环境不稳定的人（特别是社会经济地位较低的人）往往会如此。最终的结果是，被试流失可能导致样本逐渐变得不具有代表性，一开始样本可能就不具有理想的代表性。让家庭参与一项长期的研究并不容易，那些同意参与的人——通常是那些受过高等教育的人，更容易承认这项研究的价值。

代表性缺失和转移的问题可能在单样本纵向设计——在研究开始，研究者招募一组参与者，并尽可能让其保持到研究完成——中最为突出。代表性缺失和转移的问题在一定程度上可以通过**纵向队列顺序设计**解决。在这种方法中，研究者招募了多组被试，而不仅仅是一组被试，多组被试以交错的方式被引入研究，并且可能在不同的时间段对其进行追踪。例如，在一项为期4年的研究中，可能每年都要引入一组5岁儿童，第一组的追踪时间为4年，第二组的追踪时间为3年，以此类推。这是一个优于单样本纵向设计的方法，因为它可以比较不同组被试以检查任何新出现模式的稳定性。此外，由于不同组被试中，被试流失的情况可能不太相同，这有助于纠正代表性缺失和转移的问题。

有一个更简单、成本更低的方法，即**前瞻性调查设计**，它保留了纵向设计的一些优点。该方法采用两阶段研究，通过初步调查收集数据，后续仅进一步调查少量变量，以确定时间排序的要素。这种设计常用在动机或态度的研究中，即在第一个时间点收集情感数据，在第二个时间点收集行为或成就数据（Moller，Streblow，& Pohlmann，2006）。这种设计还存在被试流失和自选偏差的潜在问题，但如果收集数据的两个时间点之间的时间间隔相对较短，并且响应负载不大，那么这两个问题应当没有真正的纵向设计那么严重。

第三，教育研究中的非实验设计用统计建模，以检验观察到的变量之间关系 129

的数据与假设的变量之间关系的数据的拟合度。最基本的方法是使用模拟单个连续因变量影响的多元回归或者适用二分因变量的逻辑回归，而且这种方法越来越强大。采用顺序输入预测变量的分层方法，可以检查中介和调节效应，如通过检查在被测模型中，自变量和因变量之间的关系如何随其他变量的变化而变化的（Baron & Kenny，1986；Tolmie et al.，2011）。多层建模（Multilevel modeling，MLM）将这些方法扩展到数据嵌套在采样单位（如班级或学校）的情况中，而假设随机抽样的模型无法应用（Tolmie et al.，2011）。多层建模还可应用于重复观察同一个体，将其作为采样单位，从而进行更灵敏的发展分析。

这些更基本的方法可以扩展到变量网络之间关系模式的同时分析，以便测试整体模型的拟合度。路径分析建立在多元回归的基础上，以适当的时间顺序检验观察变量之间的关系模型（见 Tolmie et al.，2011），而结构方程模型通过使潜变量（描述相关指数之间的联合方差因素）在同一种框架内（Kaplan，2000，概述结构方程模型；Chen，Hwang，Yeh，& Lin，2011，结构方程模型应用示例）来进行下一步研究。即使是被试流失这样的问题，也可以在一定程度上通过使用多重插补技术来弥补，多重插补技术允许以现有数据为基础推断缺失的数据的值。如果这种方法有缺点的话，那就是它需要更大的样本量。多层建模和结构方程模型至少需要 200 个样本，以估计可靠的模型参数，如果有多个预测指标，多重回归也需要同样多的样本，因为每个预测指标至少需要 15 个被试。

## 四、结论

作为对教育心理学研究方法的总结，我补充一点最后的观察。在回顾本章
文献时，我不断感到震惊的是，虽然我们区分了研究方法和研究设计，并认为这
130 是一个必要的分类方式，但它仍未能捕捉到目前在该领域进行的研究的复杂性。
例如，我发现，我在《英国教育心理学杂志》（*British Journal of Educational
Psychology*）上发表的论文，不属于以上任何一个类别。这强调了先前提出的关于综合使用研究方法和研究设计的观点。在同一研究中，经常既使用实验设计又使用非实验设计，以便对正在检验的过程的复杂性作出公正的判断。我们有充分的理由认为，教育心理学的研究天生就要接受增加神经数据和神经科学方法而带来的复杂性。

# 参考文献


Alloway, T. P., Gathercole, S. E., & Pickering, S. J. (2006). Verbal and visuo-spatial short-term and working memory in children: Are they separable? *Child Development*, 77, 1698 - 1716.

Baron, R. M., & Kenny, D. A. (1986). The moderator-mediator variable distinction in social psychological research — conceptual, strategic, and statistical considerations. *Journal of Personality and Social Psychology*, *51*, 1173 - 1182.

Blatchford, P., Baines, E., Rubie-Davies, C., Bassett, P., & Chowne, A. (2006). The effect of a new approach to group-work on pupil-pupil and teacher-pupil interaction. *Journal of Educational Psychology*, *98*, 750 - 765.

Braun, V., & Clarke, V. (2006). Using thematic analysis in psychology. *Qualitative Research in Psychology*, *3*, 77 - 101.

Chen, S.-K., Hwang, F.-M., Yeh, Y.-C., & Lin, S. S. J. (2011). Cognitive ability, academic achievement and academic self-concept: Extending the internal/external frame of reference model. *British Journal of Educational Psychology*, *82*, 308 - 326.

Christie, D., Tolmie, A., Thurston, A., Howe, C., & Topping, K. (2009). Supporting group work in Scottish primary classrooms: Improving the quality of collaborative dialogue. *Cambridge Journal of Education*, *39*, 141 - 156.

Croll, P. (1986). *Systematic classroom observation*. Basingstoke, UK: Falmer.

Dowker, A., & Sigley, G. (2010). Targeted interventions for children with arithmetical difficulties. In R. Cowan, M. Saxton, & A. Tolmie (Eds.), Understanding number development and difficulty. *British Journal of Educational Psychology Monograph Series II: Psychological Aspects of Education — Current Trends: Number 7*.

Elliot, A. J., & Thrash, T. M. (2001). Achievement goals and the hierarchical model of achievement motivation. *Educational Psychology Review*, *13*, 139 - 156.

Farran, E. K., & Brosnan, M. (2011). Perceptual grouping abilities in individuals with Autism Spectrum Disorder: The importance of grouping type and of development. *Autism Research*, *4*, 283 - 292.

Goodman, R. (1997). The Strengths and Difficulties Questionnaire: A research note. *Journal of Child Psychology and Psychiatry*, *38*, 581 - 586.

Howe, C. J., Rodgers, C., & Tolmie, A. (1990). Physics in the primary school: 131
Peer interaction and the understanding of floating and sinking. *European Journal of Psychology of Education*, *4*, 459 - 475.

Howe, C., Tolmie, A., Thurston, A., Topping, K., Christie, D., Livingston, K., Jessiman, E., & Donaldson, C. (2007). Group work in elementary science: Towards organisational principles for supporting pupil learning. *Learning and Instruction*, *17*, 549 - 563.

Hudson, K., & Farran, E. K. (2011). Drawing the line: Graphic strategies for simple and complex shapes in Williams Syndrome and typical development. *British Journal of Developmental Psychology*, *29*, 687 - 706.

Huss, M., Verney J. P., Fosker, T., Mead, N., & Goswami, U. (2011). Music, rhythm, rise time perception and developmental dyslexia: Perception of musical meter predicts reading and phonology. *Cortex*, *47*, 674 - 689.

Kaplan, D. (2000). *Structural equation modelling*. London: Sage.

Karmiloff-Smith, A. (1992). *Beyond modularity: A developmental perspective on cognitive science*. Cambridge, MA: MIT Press.

Kerger, S., Martin, R., & Brunner, M. (2011). How can we enhance girls' interest in scientific topics? *British Journal of Educational Psychology*, *81*, 606 - 628.

Kutnick, P., Ota, C., & Berdondini, L. (2008). Improving the effects of classroom group-work with young children: Attainment, attitudes and behaviour. *Learning and Instruction*, *18*, 83 - 95.

Lindsay, G. (2007). Educational psychology and the effectiveness of inclusive education/mainstreaming. *British Journal of Educational Psychology*, 77, 1 - 24.

Malmberg, L. E., & Flouri, E. (2011). The comparison and interdependence of maternal and paternal influences on young children's behavior and resilience. *Journal of Clinical Child and Adolescent Psychology*, *40*, 434 - 444.

Marsh, H. W., & O'Mara, A. (2008). Reciprocal effects between academic self-concept, self-esteem, achievement, and attainment over seven adolescentyears: Unidimensional and multidimensional perspectives of self-concept. *Personality and Social Psychology Bulletin*, *34*, 542 - 552.

Mavroveli, S., Petrides, K. V., Sangareau, Y., & Furnham, A. (2009). Relating trait emotional intelligence to objective socioemotional outcomes in childhood. *British Journal of Educational Psychology*, *79*, 259 - 272.

Meard, J., Bertone, S., & Flavier, E. (2008). How second-grade students internalize rules during teacher-student transactions: A case study. *British Journal of Educational Psychology*, *78*, 395 - 410.

Moller, J., Streblow, L., & Pohlmann, B. (2006). The belief in a negative interdependence of maths and verbal abilities as determinant of academic self-concepts.

*British Journal of Educational Psychology*, *76*, 57–70.

Nunes, T., Schliemann, A. D., & Carraher, D. W. (1993). *Street mathematics and school mathematics*. Cambridge: Cambridge University Press.

Passolunghi, M. C., & Lanfranchi, S. (2012). Domain-specific and domain-general precursors of mathematical achievement: A longitudinal study from kindergarten to first grade. *British Journal of Educational Psychology*, *82*, 42–63.

Pell, T., & Jarvis, T. (2001). Developing attitude to science scales for use with 132
children of ages from five to eleven years. *International Journal of Science Education*, *23*, 847–862.

Philips, S., & Tolmie, A. (2007). Children's performance on and understanding of the Balance Scale problem: The effects of parental support. *Infant and Child Development*, *16*, 95–117.

Piaget, J. (1929). *The child's conception of the world*. London: Routledge & Kegan Paul.

Pianta, R. C. (2003). *A day in third grade: Classroom quality, teacher and student behaviours*. Charlottesville, VA: NICH Human Development Early Child Care Network, University of Virginia.

Pickering, S. J., & Gathercole, S. E. (2001). *Working memory test battery for children*. London: Psychological Corporation.

Pickering, S. J., & Howard-Jones, P. (2007). Educators' views on the role of neuroscience in education: Findings from a study of UK and international perspectives. *Mind, Brain, and Education*, *1*, 109–113.

Pine, K. J., Lufkin, N., & Messer, D. (2004). More gestures than answers: Children learning about balance. *Developmental Psychology*, *40*, 159–1067.

Pino-Pasternak, D., Whitebread, D., & Tolmie, A. (2010). A multi-dimensional analysis of parent-child interactions during academic tasks and their relationships with children's self-regulated learning. *Cognition and Instruction*, *28*, 219–272.

Richardson, A. J., & Montgomery, P. (2005). The Oxford-Durham study: A randomized controlled study of the effects of supplementation with fatty acids in children with developmental coordination disorder. *Pediatrics*, *11*, 1360–1366.

Ryan, R. M., & Deci, E. L. (2000). Self-determination theory and the facilitation of intrinsic motivation, social development, and well-being. *American Psychologist*, *55*, 65–78.

Schunk, D. H., & Pajares, F. (2002). The development of academic self-efficacy. In A. Wigfield & J. S. Eccles (Eds.), *Development of achievement motivation* (pp. 15–31).

San Diego, CA: Academic Press.

Siegler, R. S. (1995). How does cognitive change occur: A microgenetic study of number conservation. *Cognitive Psychology*, *25*, 225 - 273.

Siegler, R. S. (1996). *Emerging minds: The process of change in children's thinking*. New York: Oxford University Press.

Stright, A. D., Neitzel, C., Sears, K. G., & Hoke-Sinex, L. (2001). Instruction begins in the home: Relations between parental instruction and children's self-regulation in the classroom. *Journal of Educational Psychology*, *93*, 456 - 466.

Summers, J. J., & Svinicki, M. D. (2007). Investigating classroom community in higher education. *Learning and Individual Differences*, *17*, 55 - 67.

Tolmie, A., Muijs, D., & McAteer, E. (2011). *Quantitative methods in educational and social research using SPSS*. Buckingham, UK: Open University Press.

Tolmie, A., Thomson, J. A., O'Connor, R., Foot, H. C., Karagiannidou, E., Banks, M., O'Donnell, C., & Sarvary, P. (2006). *The role of skills, attitudes and perceived behavioural control in the pedestrian decision-making of adolescents aged 11 - 15 years* (Department for Transport Road Safety Research Report No. 68). London: DfT. Retrieved July 15, 2012, from http://webarchive.nationalarchives.gov.uk/20110509101621, http://www.dft.gov.uk/pgr/roadsafety/research/rsrr/theme 1/pedestriandecisionmaking.pdf

133 Tolmie, A., Topping, K., Christie, D., Donaldson, C., Howe, C., Jessiman, E., Livingston, K., & Thurston, A. (2010). Social effects of collaborative learning in primary schools. *Learning and Instruction*, *20*, 177 - 191.

Tymms, P., Merrell, C., Thurston, A., Andor, J., Topping, K., & Miller, D. (2011). Improving attainment across a whole district: School reform through peer tutoring in a randomized controlled trial. *School Effectiveness and School Improvement*, *22*, 265 - 289.

Tzuriel, D., & Shamir, A. (2010). Mediation strategies and cognitive modifiability in young children as a function of peer mediation with young children program and training in analogies versus math tasks. *Journal of Cognitive Education and Psychology*, *9*, 48 - 72.

Vygotsky, L. S. (1978). *Mind in society: The development of higher psychological processes*. Cambridge, MA: Harvard University Press.

## 推荐阅读

Breakwell, G. M., Hammond, S., & Fife-Schaw, C. (2006). *Research methods in psychology* (*3rd ed*.). London: Sage.

Cohen, L., Manion, L., & Morison, K. (2007). *Research methods in education*. Abingdon: Routledge.

Oppenheim, A. N. (1992). *Questionnaire design, interviewing and attitude measurement*. London: Pinter.

Robson, C. (2011). *Real world research: A resource for social scientists and practitioner researchers* (*3rd ed*.). Blackwell. Oxford.

Rust, J., & Golombok, S. (2008) *Modern psychometrics: The science of psychological assessment* (*3rd ed*.). London: Taylor & Francis.

# 第六章 语言发展

维多利亚·诺兰(Victoria Knowland)
克里斯·唐兰(Chris Donlan)

教育神经科学旨在通过优化教育环境,利用脑发育的知识,最大限度地提高学习效果。语言在实现这一目标的过程中发挥着特殊的作用,因为学习了语言反过来可以使学习跨越所有学科的界限。因此,语言与交流的发展问题可能会对儿童的教育成果以及就业能力产生严重的消极影响(The Bercow Report; Department of Education, 2008)。在此,我们将讨论教育环境对语言学习所起到的两种关键作用:一是弥补早期语言环境对语言输入数量和质量的影响;二是帮助儿童克服语言学习的先天性问题,尽可能增加他们进入高校和社会的机会。本章的目的在于:说明语言系统的多变性是如何产生的,以及丰富的环境会如何影响语言学习的发展轨迹。

人们早就认识到环境因素对语言发展的重大影响,例如,社会经济地位低的儿童常常难以达到基本的语言水平(Law, McBean, & Rush, 2011; Locke, Ginsborg, & Peers, 2002)。我们回顾了最近关于社会经济地位与语言发展之间关系,以及针对高危群体的干预方案的研究结果。我们通过神经科学研究探讨脑与语言之间的相

关性，从而增进我们对语言发展的理解，例如，通过区分与环境剥夺有关的语言 135
缺陷和那些独立于社会经济地位而与遗传因素有关的语言缺陷，探讨这些发现能否用于优化干预方法。

语言发展受遗传因素的高度影响。大量研究表明，遗传因素在儿童**特定语言损伤**(specific language impairment, SLI)的成因中发挥着重要作用。在过去20年里，这方面的研究不断增加，在一定程度上证明了这一点(Bishop, 1997; Leonard, 1998; Paul & Norbury, 2012)。特定语言损伤的临床定义是：未受损的非语言认知能力与明显的语言能力损伤之间的差异。语言能力损伤可能会影响语法、词汇以及音韵。尽管特定语言损伤的潜在缺陷一直都是争论的主题(Bishop, 2009)，但早期的双生子研究显示了遗传因素的重要作用(Bishop, 2002;见本书第四章，遗传学对教育的影响)，并开辟了一个迅速发展和扩展的跨学科研究领域。该领域旨在探索与脑系统相关的遗传表达复杂过程背后的非典型语言发展。我们的目的是显示这项研究在教育上的巨大潜力，以提高我们识别存在语言发展困难的个人，找出潜在的处理局限，为设计特殊教育干预措施提供信息。重要的是，了解非典型的发展过程也可以帮助我们更多地了解典型的发展过程，突出学习中重要但未必显而易见的方面。

在评估遗传和环境因素影响语言发展的证据时，必须持发展的观点。在本章中，我们探究语言习得的个体遗传过程：从婴儿首次接触他们的母语开始；在童年期，个体的语言逐渐发展并开始对他们的学业能力和阅读能力产生影响；在青春期，随着个体的语言能力的巩固，个体拥有的词汇的数量也不断增多。我们思考的是语言系统在神经层面的逐步成熟，以及语言行为随发展时间逐渐形成。在这些数据的基础上，我们开始思考教育环境怎样从那些涉及发展过程的证据中获得启迪。

语言教育的先驱，例如，康恩(Conn, 1971)和赫特(Hutt, 1986)记录了他们研究的儿童群体的特点，以及他们根据经验和理论见解制订的特殊教育方法。这些开创性的教育方法受当时患有严重特殊语言障碍儿童的启发，在某种程度上与19世纪和20世纪发现和详细研究的典型脑损伤病例的神经心理学进展相
对应。在承认这些见解的重要性的同时，我们在本章引用了一个关于TZ的简 136
单案例，TZ从赫特及其同事开发的高度专业化的教育方法中受益。我们认为，教育原则报告和行之有效的具体内容和干预策略是特别有价值的。

## 一、婴儿期和儿童早期 0—5 岁的语言发展

儿童五六岁进入正规的教育环境时，无论是在语法的掌握，还是在组织复杂的叙述方面，大多数儿童的接受性语言和输出性语言与成年教师的水平没有多大的不同。事实上，可以说，在这个时候，儿童的语言是他们最发达的认知技能。然而，儿童能说出和能明白的语言，在这个阶段也存在很大的可变性（参见，例如，Bates, Bretherton, & Snyder, 1988; Fenson, Dale, Reznick, & Bates, 1994）。因此，在此我们将探讨在儿童早期，个体差异和环境因素是如何导致儿童中期有如此大程度的可变性的。

### 1. 先天因素对语言发展的影响

一些研究开始思考，婴儿期语言系统的哪些方面最能预测学前以及上学期间的语言发展结果。其中突出的研究是对婴儿如何感知和理解语音流的研究，该研究首要要求是：发展语言的分类表征，即最小的带意义的语音单位（参见，例如，Davenport & Hannahs, 2010）。构成任何特定语言的音素实际上都是声音的类别：音位作为语音的精确的声学属性，会随说话者与语境等因素的不同而略有不同。在连续的声学空间中，如果语音之间的差异属于一个范畴，则无法对其进行编码；如果他们不属于同一个范畴，则会被定义为有重要的语言差异。例如，“spin”“bin”和“pin”的“p”和“b”的声学差异大致相同，在英语中，两者都处于一个范畴，但在语言学中，“p”不同于“b”。为了能够区分哪些差异是语言学方面的，哪些差异不依赖听觉加工的两个基本特性，首先需要有听觉快速转变的敏感
137 性，这种转变往往定义了音位之间的临界对比（参见 Rosen, 1992），其次是能对输入进行精细的分类，这种分类普遍被认为是皮质学习的基本原则。建立语音分类是语言学习的关键组成部分，也是环境输入与低水平的脑机制之间相互作用的一个很好的例证。脑机制在这里被称为**先天因素**，反映了语言学习可能的基因基础。教育神经科学领域常常探讨先天因素与适当的环境输入之间相互作用的基本原理。在早期语言习得方面，我们可以考虑将行为和脑的测量方法结合起来，共同说明语言的本质以及在儿童早期支持语言发展的脑系统。

**语音发展** 库尔（Kuhl, 2010）开展了大量研究来探讨在婴儿脑中建立的早

期语音表征，以及这些早期表征对后来语言能力发展的影响。在婴儿出生第一年，婴儿从能够根据声学线索辨别任意两个音素，发展到只能辨别与母语相关的音素(Werker, Gilbert, Humphrey, & Tees, 1981; Werker & Tees, 1984)。在一系列行为(Kuhl et al., 2005)和电生理学(Kuhl et al., 2008)研究的基础上，库尔提出，这一转变速度表明，任何特定系统需要多少投入才能熟练处理与环境有关的差异。电生理学测量频繁应用于婴儿研究中，因为类似事件相关电位这样的技术是无创的，比大多数神经影像技术对运动伪影敏感度低，并且不需要婴儿作出行为反应。事件相关电位测量事实上甚至不需要被试集中注意力(参见本书第二章，神经影像方法)。事件相关电位常用于研究婴儿的**失匹配响应**(mismatch response, MMR)，它记录了婴儿的脑对一个经常重复出现的刺激(标准刺激)与很少重复出现的刺激(异常刺激)的差异反应。差异的大小代表婴儿从标准刺激中识别异常刺激的程度。库尔和他的同事(Kuhl et al., 2008)在研究中使用了与7.5月龄的婴儿的母语相关或无关的语音作为对比的刺激对。婴儿对母语刺激对与对非母语刺激对的失匹配响应大小之间存在显著负相关。而且，积极的语言效果尤其是产出性语言在婴儿24月龄和30月龄时，与母语刺激对中大的失匹配响应存在相关，而与非母语刺激对中小的失匹配响应存在相关。这些数据可以用来支持有助于早期语音发展的**神经定型**(neural commitment，在一组特定的与环境相关的差异基础上建立的表征)的概念。这是一个很有说服力的概念，因为它确实有助于说明，低水平的语音表征与之后建立的依赖该表征的抽象语言之间的连续性。如果神经定型的概念是正确的，那么建立充足保证的速率可以由先天因素或由环境中可利用的数据的质量或数量决定。区分这两种可能性对下一步的研究是非常重要的，因为每一步都表明了一种不同的干预策略，以帮助那些表现出早期发育迟缓的人。 138

**神经生物学的成熟** 在生命的最初几年，语言习得方面所取得的巨大进步在神经生物学层面上是与处理能力、速度以及连接性的实质性变化平行的。神经生物学的改变可以分为与灰质相关的(主要是神经元细胞体)和与白质相关的(神经元轴突)变化。灰质通过突触发生与修剪的过程，即突触(连接神经元的化学桥梁)逐渐增加与移除那些没有明显功能的突触的过程发生变化，不同的脑皮层区的开始时间和变化速度是不同的(Huttenlocher & Dabholkar, 1997)。白质的变化包括从婴儿早期开始，在特殊区域形成髓鞘(有助于信号的快速传递的脂肪鞘）(Deoni et al.，2011)，从幼年开始，白质总量呈直线上升(Giedd et al.，1999)。由于还未充分理解这些变化，而且时间跨度太大，因此无法明确将白质的变化与语言行为的具体变化联系起来，但这些神经水平变化中的个体差异提示，应该注意时间与行为发展之间的关系(Giedd et al.，2008)。其中，一个与环境相关的音位类别发展的潜在基础变化是：从 6 个月左右开始，婴儿的颞叶皮层的连接逐渐成熟(Moore，2002)。

值得注意的是，成熟变化未必先于功能变化。正如互动特异化理论(Johnson，2010)所阐述的那样，通过相关的输入经验的作用，一些脑皮层可能成为某方面能力的主要脑区而变得专业化，这与认为脑皮层遵循的是随时间而逐渐成熟的观点不同。就语言而言，互动特异化理论得到了数据的支持，数据表明，词汇量而非年龄与功能偏侧化相关(Mills，Coffey-Corina，& Neville，1993)。在行为水平上，不满 20 个月的婴儿根据细微的语音差异来学习新词的
139 能力，与词汇的关系要比与年龄的关系更密切(Werker，Fennell，Corcoran，& Stager，2002)。这对教育有重要启示，因为如果经验可以促进儿童的学习能力，那么早期经验的差异，包括在语言输入的质量和数量上的差异，可能会加剧发展轨迹的偏离。

### 2. 社会经济地位对语言发展的影响

看来，即使在人生的头几个月，早期的语言发展也与后来的结果，包括正规教育开始时儿童能力的变化有关。学习在一定程度上受先天因素的制约。有证据显示，不仅语音分类会对学习产生影响，其他的技能也会对学习产生影响，例如，快速听觉加工(Benasich，Thomas，Choudhury，& Leppanen，2002)和对语音流的统计规律的敏感性(Newman et al.，2006)。在正常发展的儿童中，变异是明显的，这可以解释后天的不正常发展(Benasich et al.，2006；Benasich & Tallal，2002；Marshall，Snowling & Bailey，2001；Rosen，2003)。然而，早期的语言发展迟缓在其他领域未必会导致持续的问题或者不正常的学习。例如，根据美国的代表性样本，儿童 5 岁时特定语言损伤的发病率约为 7%(Tomblin，Records，Buckwalter，Zhang，& Smith，1997)，而在 3 岁或 4 岁时就有高达 15%的儿童接受了语言干预(Broomfield & Dodd，2004)。现在还不清楚这些语言发展迟缓的儿童是如何在入学前解决这个问题的，也不能轻易预测哪些儿童具有解决语言

发育迟缓的能力，哪些儿童会出现持久性困难。其中一个可能起重要作用的因素是语言输入的质量和数量，这与社会经济地位有关。

社会经济地位是一个多维的结构，通常通过父母受教育程度、职业和收入的组合来衡量。然而，就认知发展来说，这些因素最有可能成为多重环境变量的替代指标。语言障碍会影响语言的发展，社会经济地位较低的儿童可能会因为环境原因而出现语言发展迟缓的情况。社会经济地位较低的儿童尤其容易出现行为语言障碍(Prathanee et al., 2009; Reilly et al., 2010)，而且大多数在早期便转到诊所(Tomblin, Hardy, & Hein, 1991)。事实上，英国政府发布的数据表明，在社会经济地位较低的儿童中，大约有 50%的人在进入学校时都有某种形式的语音或者语言困难(Department of Education, 2008)。这两点与我们此处的讨论 140
高度相关，因为政府将注意点从儿童本身的因素上转移开来，并开始探讨儿童早期的环境因素，以及它们是如何在一段时间内补偿甚至加剧系统层面的制约因素的。

社会经济地位对语言发展的影响比它对除了执行功能以外的任何其他认知领域的影响都要大(Noble, Norman, & Farah, 2005; Hackman & Farah, 2009，综述)。对于 6 岁儿童来说，社会经济地位对整个语言发展的预测力达到 30%(Noble et al., 2005)。社会经济地位之所以能解释如此大的变异，可能在于不同社会经济地位的语言输入差异较大(Hart & Risley, 1995; Huttenlocher et al., 2010)。确切地讲，这些影响是如何发挥影响的以及它们是如何随时间而变化的，我们还不完全了解。重要的是，环境影响似乎是直接的，而不是通过遗传效应来调节的，因为研究已经证实，教师在课堂中所使用的句子的复杂性能够预测儿童句子理解能力在整个学年的提高(Huttenlocher, Vasilyeva, Cymerman, & Levine, 2002)。

社会经济地位并不是对语言的所有方面都有影响。社会经济地位能解释语音知觉(24%)和接受词汇(24%)方面的差异，但只能解释 5%的接受性语法方面的差异(Noble et al., 2005)。这表明，不同方面的语言发展或多或少取决于语言输入的质量。甚至在语法领域，研究者也发现，社会经济地位对 22 到 42 个月的幼儿的复杂而非简单的生产性语法有影响(Vasilyeva, Huttenlocher, & Waterfall, 2006)。

关于认知能力的研究数据表明，与低社会经济地位的儿童相比，先天因素的差异更可能会限制高社会经济地位儿童的语言发展。认知能力的遗传率(遗传的相对影响)受社会经济地位的调节,在社会经济地位较低的家庭,7 岁儿童的遗传率只有 10%,而在高社会经济地位的家庭则高达 72%(Turkheimer et al., 2003)。这表明,丰富的认知环境会使先天的个体差异显现出来,而当环境刺激没那么丰富时,语言输入的质量就会成为限制儿童认知发展的主要因素。现有的数据表明,高、低社会经济地位家庭语言输入的差异足以对语言发展产生相似的影响。哈特和里斯利(Hart & Risley, 1995)进行了一项开创性的研究,研究者选择高、低社会经济地位的家庭的孩子,从 7—9 个月开始,每个月录一个小时的音,一直坚持两年半的时间,结果发现高、低社会经济地位家庭之间存在三个主要差异:低社会经济地位家庭使用的词汇更少。据估计,当儿童 3 岁时,低社会会
141 经济地位家庭的儿童接触到的词汇不到 3 000。低社会经济地位家庭的父母使用的词汇也更少,有更多的规矩和更少的肯定。在这个研究中,低社会经济地位能预测儿童在 3 岁时词汇量更少和词汇增长曲线更缓慢,而这反过来又能预测他们在 10 岁时语言接受能力和表达能力较差(Walker, Greenwood, Hart, & Carta, 1994)。

由于环境测量的复杂性以及环境效应与成熟效应之间的相互作用,社会经济地位的影响途径是多种多样的。有关社会经济地位对半球偏侧化的新数据可能会提供一些线索。莱扎达等人(Raizada, Richards, Meltzoff, & Kuhl, 2008)认为,来自低社会经济地位家庭的 5 岁儿童,在执行语音加工任务时解剖不对称性减少与功能偏侧化现象。儿童和成人的行为研究数据支持了社会经济地位与半球偏侧化有关的观点(Boles, 2011),这暗示了在神经水平上,随社会经济地位变化的语言测量与语言系统特异化减少存在关联。教育研究的重要问题是皮层偏侧化的早期差异是否能适应环境调节。如果我们从功能发展的互动特异化理论的角度来看,由于低社会经济地位家庭的儿童语言输入较少,导致他们早期的语言体验减少,这导致他们与语言加工处理相关的皮层区域的偏侧化程度降低(Johnson, 2010)。这个假设表明,早期的社会经济地位不会导致长期的缺陷,并且这种缺陷可以通过丰富环境来解决。如果给低社会经济地位家庭的儿童提供更多的语言输入,那么当他们年龄稍大一点后,我们可以观察到比高社会经济地位家庭的儿童更大的系统特异化。

语言习得的可变性源于开发系统和输入系统之间的交互作用。例如,史蒂

文森等人(Stevens, Lauinger, & Neville, 2009)的研究表明,低社会经济地位家庭的3到8岁的儿童有选择地注意听觉刺激的能力比高社会经济地位家庭的儿童弱。具体来说,事件相关电位的记录表明,低社会经济地位家庭的儿童会注意所有的听觉刺激输入,而高社会经济地位家庭的儿童则会注意与当前相关的刺激,这表明儿童过滤无关信息的能力与社会经济地位有关。这强调了"环境"这个词不仅指可用的刺激,还指取样的刺激,即关注的刺激。与社会经济地位相关的注意力差异被认为是由低社会经济地位家庭的儿童较高的警觉水平所驱动的(Chen, Cohen, & Miller, 2010)。因此,社会经济地位不仅与语言发展直接相关,也与语言技能的早期变异发生相互作用,从而增加或者减少儿童之间的差异。

**解决不平等**　我们可以做些什么来解决由社会经济地位造成的在早期语言 142
能力上的不平等呢?这是教育神经科学领域的一个关键问题。也有一些解决由不同的社会经济地位导致的入学时的认知不平等问题的方案,结果令人鼓舞,但尚无定论。好消息是,低社会经济地位家庭的儿童可以从丰富认知环境的干预措施中受益。例如,亚伯利安(Abecerderian)与佩里(Perry)的学前干预项目(参见Knudsen, Heckman, Cameron, & Shonkoff, 2006; Raizada & Kishiyama, 2010)。在该项目中,提供1∶1的强化训练和群组训练,结果在多个领域可测得短期进步(Gramlich, 1986)。然而,短期进步后出现一个有趣的现象,那就是这种短期进步在干预完成后似乎会出现消退现象,而且这些接受过干预的人在成年时在各种生活指标上会再次出现不利的情况,例如上大学和建立家庭(Muennig, Schweinhart, Montie, & Neidell, 2009; Reynolds et al., 2011)。在语言方面,以班级为单位进行干预去提升儿童的语音意识,似乎也会出现快速消退的现象,且在读写方面没有发现进步(O'Connor, Arnott, McIntosh, & Dodd, 2009)。然而,研究尚未对这些人进行长期的随访。现在需要通过纵向的利用神经影像技术的研究来处理那些来自低社会经济地位家庭的儿童在干预后出现的那些令人困扰的发展轨迹的问题,尤其是语言领域的问题。语言能力水平作为入学的一个标志,也是读写能力发展、跨领域的学习以及同辈之间社会互动的一个基础。

那么,到5岁时,语言能力发展的关键性决定因素首先是内在处理因素的变化,例如对输入的信息进行精细分类,以及根据输入特性形成系统。在正式教育开始之前,哪些非典型的、低水平的或迟缓的语言发展需要加以处理,哪些异常可以通过适当的和丰富的教育投入来加以改善或纠正,这是教育的一个关键问题。

## 二、小学阶段(5—12 岁)的语言发展

教育环境中正式的教学通常依赖于口语。由于儿童需要不断吸收新的表达方式和理解方式,他们的语言能力可能在一开始就存在压力。在下面的例子中,
143 我们跟踪了一名教师与一群正在努力学习简单数学的 5 岁儿童之间的对话:

教师:如果我问你 4 加 2 等于几,你会怎么做? 你会怎么做?

儿童 A:加一个 1。

教师:你呢?

儿童 B:加一个 2。

教师:你用什么方法来做?

儿童 A:加法。

教师:你用加法? 加法是什么意思?

儿童 C:相等。

教师:真的是这个意思吗?

儿童 A:它是一个加号。

教师:加的意思是把东西放在一起……把数字放在一起,如果我把数字放在一起是变多了还是变少了?

儿童 D:是的,是的,是的。

儿童 A:变多了。

这段简短的对话以其所包含的误解而闻名(Mills, personal communication, 2012)。教师非常熟练、细心地引导儿童理解关键词的意思。随着对话的继续,在后续的对话中,她会继续使用这种办法来使孩子们领会这些意思,去展示这些意思是如何在句子中和行动的语境中运作的,因此她提高了儿童学习的效果。这种敏感的语言支持是个例外。没有这种帮助,大多数儿童在学校学习时都会遇到困难。在新形式要求的压力下,儿童在多大程度上可以使用和理解语言,将对他们未来的成功和生活至关重要。即使在似乎远离传统意义上的语言学科领域(如数学领域)也是如此。

神经科学上的深刻见解解释了支持儿童发展的语言能力的脑水平的发展。接下来,我们将了解正常的发展过程,之后将集中讨论特定语言损伤的原因和特

征，以及它们对特殊教育所提出的挑战。

### 1. 语言神经系统的特异化

磁共振成像技术的儿童友好性，使得与儿童语言相关的脑活动定位有了全
面的发现(McNealy, Mazziotta, & Dapretto, 2011)。麦克尼利等人对 156 个从 5 144
岁到成年的被试进行了测试。尤其令人感兴趣的是，研究发现，被试接触具有高度统计规律性的语音流时，会出现显著的激活。6 岁、10 岁、13 岁以及成人颞叶皮层，包括颞上回的激活强度均呈上升趋势。然而，这些激活的偏侧化因年龄而异。6 岁儿童的右侧脑激活增强，10 岁、13 岁的儿童的双侧脑激活增强，成人的左侧脑激活增强。这些发现表明，支持儿童中期语言学习的神经系统发生了实质性发展。神经系统的偏侧化对口语中的高频词的应答是长期的，并在儿童中期及整个青春期发生了实质性发展。

听觉和语音加工处理在整个小学阶段继续发展。毕晓普等人(Bishop, Hardiman, & Barry, 2011)已经在神经水平上证明了这一点，他们用电生理学的测量方法，记录了在简单的听觉刺激实验中脑的同步反应。毕晓普等人发现一个显著的线性趋势，即随着年龄的增长，三个年龄测试组(7—12 岁，13—16 岁，成年)的同步度都在增加，这与频率辨别的行为测试有关。值得注意的是，在测试儿童时需要使用适当的神经测量方法，这些测量方法反映了发育过程的复杂性，并且能够用行为数据进行解释。更传统的电生理学测量方法通常参照成人的数据来进行解释，这容易造成误导。

与语言发展的连续性假设一致，幼儿对母语音位对比的脑层面的反应是连续性的，其发展过程甚至包括表明词汇语义加工和语法发展的神经反应(Friederici, 2005)。后来，研究对儿童后期语言神经系统的特异化提出了新的观点。弗里德里西等人(Friederici, Oberecker, & Brauer, 2012)提出一些关于儿童中后期纤维束连通发育与语法理解之间可能存在联系的推测性观点。这方面的研究还处于非常初期的阶段。需要解决的一个中心问题是语法处理和语义处理的神经基础分化，以及这些核心的语言系统的发展可能会受成熟和经验因素的不同影响。

### 2. 特殊语言障碍儿童 145

我们已经考虑了社会经济地位影响语言系统发展的证据，以及这些影响可

能受输入的质量或数量的差异调节。我们考虑基因和成熟因素对语言发展的限制性影响，并研究了基因对以下两方面——语音记忆的一般测量和形态句法技能的测量——特定和独立的影响。

特定语言损伤是一种发展障碍，在这种障碍中，表达性语言和接受性语言的显著缺陷（不是由于感觉和环境的剥夺）与非语言智力在平均范围内同时出现（American Psychiatric Association, 2000）。显著受损的语言和明显未受损的智力同时出现，证明了使用“特定”一词是合理的。特定语言损伤的儿童的认知特征与其他神经发育障碍（如威廉姆斯综合征）儿童的认知特征有显著差异（Martens, Wilson, & Reutens, 2008）。威廉姆斯综合征儿童的词汇水平大大超过非语言智力的水平，无论在“教”的方面，还是在“学”的方面，威廉姆斯综合征儿童所遇到的挑战都与那些有特定语言损伤的人非常不同。然而，必须清楚的是，语言在特定语言损伤中受到影响的方式，在不同的个体和个体内部随时间的推移有很大的差异（Bishop, 1997）。特定语言损伤包括句子产生和理解困难、语法或者词汇困难以及情景语言使用困难（Chiat, 2000）。此外，尽管研究往往侧重于语言缺陷，并排除有语言障碍的儿童，但是基于学校群体的更加广泛的教育研究往往很难区分两者（Haynes & Naidoo, 1991）。尽管特定语言损伤缺少明确的定义，但还是有普遍共识。汤布林等人（Tomblin, Hardy, & Hein, 1997）在美国进行的一项研究发现，约有7%的幼儿园儿童受到了特定语言损伤的影响。如果这一数字在人群中是恒定的，那便意味着，每20个学龄前儿童中，就有1—2个儿童患有特定语言损伤。即使考虑到这一估计有很大的误差，特定语言损伤所带来的教育挑战也是毋庸置疑的。

**特定语言损伤的起因** 遗传因素在特定语言损伤的发病中起着重要作用。双生子研究和基于脱氧核糖核酸分析的双重证据表明，非单词重复（对语音加工和记忆的一个总体测量）在遗传的特定语言损伤中起表型标记的作用（Bishop, North, & Donlan, 1995, 1996；特定语言损伤，Consortium, 2002, 2004）。这一发
146 现指出语音加工的认知缺陷（语音加工对一种或多种语言至关重要）而非听觉加工过程中的感知缺陷（捕捉语音信号中的声学特征）。毕晓普等人（Bishop et al., 1999）利用双生子数据探究语音加工和快速听觉加工在特定语言损伤病因学中的作用。结果表明，患有特定语言损伤的儿童与正常发育的儿童在非单词重复和快速听觉加工上存在很大的不同，这与先前的研究结果一致

(Gathercole & Baddeley, 1990; Tallal & Piercy, 1974)。然而,目前还没有证据表明快速听觉加工缺陷有遗传的可能性(异卵或者同卵双生子的表现水平相似,这表明主要是环境的原因)。此外,异卵双生子而非同卵双生子的非单词重复分数是有区别的,这与之前发现的显著遗传效应相类似(Bishop et al., 1999)。在另一项规模更大的双生子研究中,毕晓普等人(Bishop, Adams, & Norbury, 2006)发现,语言障碍的独立遗传传递与非单词重复分数和过去时态的产出分数有关(Rice, Wexler, Marquis, & Hershberger, 2000)。基于这一发现,毕晓普等人认为,不止一个由基因决定的专门系统有助于语言的发展,特定语言损伤最有可能发生在基因变异导致的这类系统协同缺陷的方面。

双生子研究的方法(在本书第四章有详细的讨论)为特定语言损伤的遗传原因提供了有力的证据基础,在阐明特定行为措施病因的重要性方面取得了丰硕的成果。目前,分子水平的基础研究揭示了特定语言损伤基因传递背后复杂的神经生物机制。与此相关的一个重要突破来自对一个多数成员都患有严重的语音和语言障碍的大家庭(KE 家族)的研究。这些对障碍遗传基础的研究,为谨慎解释新领域的科学研究提供了参考。这些研究也表明经验丰富的教育专业人员(教师和语言治疗师)的重要作用。关于这个家庭的第一份已发表的报告(Hurst, Baraitser, Auger, Graham, & Norell, 1990)由专业人员与这个家庭的成员合作完成。这份报告中强调了他们严重的发音困难,并将这种损伤描述为"严重的语言失用症"(Hurst et al., 1990, p. 352)。瓦尔加卡登等人(Vargha-Khadem et al., 1998)基于非单词重复和面部运动进行了广泛的行为测试,并用神经影像研究支持了以上诊断。对比受影响的个体与未受影响的个体,瓦尔加卡登等人发现前额叶皮层异常的活动水平和运动相关区域结构异常。赫斯特等人最初的报告中包括一个孟德尔遗传模式的家族谱系。多年后,当分子遗传学研究发现受影响的家族成员中叉头框 P2 基因发生了特定突变时,这一模式得到 147
了证实(Lai et al., 2001)。后续研究表明,这种将 KE 家族从其他几种严重的语言障碍中分离出来的罕见的基因突变,在其他具有特定语言损伤的儿童中并未发现(Newbury et al., 2002)。

现在看来,特定语言损伤儿童的语言缺陷不太可能是单基因的,它是基于常见的基因突变组合的复杂的多基因的相互作用,而非罕见的基因突变所致(Bishop, 2009)。进一步的遗传学研究表明,在不同发育障碍中观察到的基因表达途径之间可能存在重叠。韦尔纳等人(Vernes et al., 2008)的一项研究表明，叉头框 P2 基因(该基因在 KE 家族发生了突变，但其他患有特定语言损伤的人身上没有发生突变)控制着一种名为 *CNTNAP2* 的基因(也在 7 号染色体上)的活动，该基因对神经发展具有重要作用。韦尔纳等人继续证明 *CNTNAP2* 的突变与有特定语言损伤的患儿在非单词重复测试上的得分有关。此外，也有研究发现，*CNTNAP2* 突变与自闭症之间存在联系(Alarcón et al., 2008)。这些发现使我们能进一步确定语言和交流障碍的特殊的因果途径，并可能最终导致在遗传学上重新定义这些障碍，从而能尽早识别受影响的个体。然而，目前的知识状态缺乏这样的应用。特定语言损伤与其他的发育障碍(如威廉姆斯综合征)不同，不易受基因检测的影响，但随着该领域研究工作的范围扩大，速度加快，我们有理由期待在未来几年取得重大进展。毕晓普(Bishop, 2009)对未来的研究提出了以下设想：加强表型识别，以此来区分语言障碍。语言障碍的原因可归于：(a) 罕见的基因突变(如叉头框 P2 基因)；(b) 复杂的多基因因素；(c) 环境因素。

尽管语音和语言障碍的原因背后的复杂科学可能颇具吸引力，但它似乎也远离了教育政策和课堂老师的关注点。然而，如果毕晓普可以成功进行鉴别诊断，那么教育实践将会从一个新的视角获益。如果正如研究开始表明的那样，语音和语言功能对遗传和经验变化具有不同的敏感性，那么当我们开始理解这些差异时，我们将会提供更好的干预措施，并在神经水平上监测结果的变化。

**早期的特定语言损伤：甄别程序** 用行为测验来甄别特定语言损伤儿童的
148 困难已有相当长一段时间了(Law, 1994; Rescorla, 1989)。一些研究致力于改进语言和认知加工的测量方法。加德纳等人(Gardner, Froud, McClelland, & van der Lely, 2006)基于非单词和句子重复任务，开发了一个工具，结果发现，该工具与年长儿童的特殊语言损伤密切相关(Bishop et al., 1996; Conti-Ramsden, 2003; Gathercole & Baddeley, 1990)。尽管这种方法似乎可行，但在 3—6 岁的儿童样本中，它显示出对特殊语言障碍病例非常低的敏感性，仅识别了 20% 的病例(Nash, Leavett, & Childs, 2011)。

本奈斯等人(Benasich & Tallal, 2002; Heim, Friedman, Keil, & Benasich, 2011)采用不同的方法，该方法基于特定语言损伤的快速听觉加工缺陷理论(Tallal & Piercy, 1974)。在一些研究中，他们对有特定语言损伤家族病史的儿童的一系列习惯和偏好任务进行了评估。有家族病史的群体与无家族病史的群体之间出现了一些一致的差别。除了婴儿期的听觉加工和以后的语言学习之间存在显著的整体相关性外，还发现有家族病史的群体存在听觉和视觉加工缺陷的证据。这类研究最终可能有助于识别和改进那些用于甄别的行为测验，但为了使早期用于甄别的行为测验的敏感性达到满意的程度，鉴别儿童可能患有语言障碍的危险，仍有很多工作要做。毕晓普等人（Bishop, Hardiman, & Barry, 2010）的研究扩展了关于特定语言损伤中听觉加工的发现。研究者测量了7—16岁患有或没患有特定语言损伤的儿童对异常音调和语音的电生理反应，结果在没患有特定语言损伤的儿童身上发现了专门的神经加工的后期的失匹配响应波形，却没有在患有特定语言损伤的儿童身上发现。此外，值得注意的是，在特定语言损伤组中，后期的失匹配响应波形的光谱能量与非单词重复测试的行为表现显著相关，非单词重复测试是可遗传语言障碍的候选表型标记。这些发现与塔拉尔和皮尔西（Tallal & Piercy, 1974）提出的听觉加工缺陷之间存在广泛的一致性，但是必须注意的是，毕晓普和皮尔西不限于简单或快速刺激的提议是更普遍的。这些发现可能会为语言障碍的早期发展提供新的敏感的神经标记。

尽管在早期甄别方面还有许多科学的障碍，但教育学家和临床医生有责任评估因语言、沟通困难而转诊给他们的幼儿的需求。任何决策都需要对相对风险进行评估：错误地确定一个人在没有干预的情况下语言和沟通能力正常发展的风险，必须与未能在最佳学习期进行干预的风险进行权衡。此外，未能准确区 149
分语言缺陷是由基因决定、环境决定或两者共同决定，可能会带来不当干预的风险，这本身也会导致科学评价干预战略的障碍。

恰特和罗伊（Chiat & Roy, 2008）的开创性研究表明了预测结果的复杂性。在对2—3岁儿童进行发音、语言和沟通需求的抽样调查后，他们测试了功能性语言评估、语音发展的测量和社会认知技能的预测价值（Tomasello, 1995; DeLoache, 2004）。在4—5岁的时候，大约有50%的儿童在语言测试上达到了与年龄相适应的水平。这项研究的期望是，越集中测量语音和社会认知技能，越有可能预测儿童未来的状态。然而，与期望相反，尽管语音技能是预测特定形态同步功能缺陷的最佳预测因子，但2—3岁时的功能接受性语言测试是预测4—5岁结果的最强的整体预测因子。10—11岁的进一步随访再次发现，功能接受性语言测试是最强的整体预测因子（Roy & Chiat, personal communication）。然而，与第一次随访的结果相反，10—11岁儿童的形态同步技能最强的预测因子不是儿童早期的语音技能，而是儿童早期的社会认知技能。这些重要发现强调了异常语言发展过程的复杂性和交互性。

**特定语言损伤中听觉加工缺陷的干预** 基于神经科学研究的教育干预已有好多年了。这里以被我们广泛引用的速学单词项目（Fast ForWord program）为例来阐述用细致的研究引导干预的重要性。从理论上来说，有两种通过改善环境来处理由异常感知加工引起的发育问题的方法：第一种方法是旨在提升个体感知加工能力的训练；第二种方法是调整输入，使其符合系统的约束，这样就可以成功处理这些输入。加工限制能否通过训练来直接改善还不清楚。一个很有前景的线索是：对发展性阅读障碍儿童的快速转换处理能力进行训练，已被证明能够促使脑对这种转换反应模式的常态化（Gaab et al.，2007）。然而，速学单词项目的例子是一个警示故事。

速学单词项目是一个商用计算机软件套件，其原理是特定语言损伤的快速
150 听觉加工缺陷解释理论（Tallal & Piercy，1974），通过在声学上改变语音设计而成，用来弥补学生的快速听觉加工缺陷，随着学生的发展会逐渐减少对材料的改变。这个项目是基于发表在《科学》（*Science*）上的初步试验（Merzenich et al.，1996；Tallal et al.，1996）。然而，在系统的元分析综述中（Strong，Torgerson，Torgerson，& Hulme，2011），一系列评估性研究清楚地表明，这个项目是无效的，尽管它已经被广泛应用（据估计，在美国有超过 50 万的儿童使用过该软件；Strong et al，2011，p. 224）。斯特朗等人（Strong et al.，2011）的综述基于随机对照试验或准实验，其中一组被试接受速学单词干预，另一组被试不接受干预或接受替代干预。对两组进行元分析，比较速学单词干预组与不接受干预的控制组和接受替代干预的控制组的结果。进行的八项对比，没有一项显示组间结果有显著差异，其中四项对比结果为阴性（速学单词干预组的结果较差）。速学单词项目提供一个实在的教训，说明在实施表面上看似合理的干预措施时，需要进行科学评估。斯诺林和休姆（Snowling & Hulme，2011）对这个问题提出了一个原则性的方法，并对这一领域现有的证据进行了全面的审查。

### 3. 可选择的发展路径：TZ 案例

教育致力于让个体在成年时获得实用的成就。在研究中发现，成年早期（最终状态）的行为和神经测量可以从追踪这些测量的发展进程中获得大量的信息。

同样，成年早期的数据对这些发展路径也具有重要作用。接下来，我们将描述一个非常有吸引力的案例（TZ），这个案例示范了在异常的发展限制下，一个例外的最终状态的成就是如何获得的。

**背景**　据报道，TZ 的语言发展符合正常的发展过程，但是到了 3 岁左右，除了单个词的交流，他失去了所有的语言。如果在今天对 TZ 进行诊断的话，TZ 很可能会被诊断为朗多-克莱夫那综合征（Landau-Kleffner syndrome）（Bishop, 1985; Duran, Guimaraes, Medeiros, & Guerreiro, 2009），这种语言障碍的特征是在一段时间的正常发展后，语言功能会逐渐或者突然丧失。然而，在 20 世纪 60 年代末，这样的诊断很少见。相反，TZ 接受了语音和语言治疗，进入了一所主流小学。尽管听力正常，她却被描述为严重失聪的孩子。之后，6 岁零 10 个月的 151
TZ 转学去了一所语言学校——一所专门为患有严重的、特殊的言语和语言障碍的儿童开设的特殊学校。在这里，她受益于高度结构化的课程，这种课程专门通过基本的视觉输入来传递语言（Conn, 1971; Hutt, 1986），并继续接受高度专业化的教育直到 16 岁。TZ 在一所继续教育学院取得秘书资格，并从事办公室管理工作。成年后，她被证明是一个有能力的沟通者，并参与一系列的研究评估（Aboagye, 2001; Donlan, Aboagye, Clegg, & Stackhouse, in preparation）。

**非言语 IQ**　TZ 在童年和成年的测试具有一致性，这表明 TZ 的表现一直处在平均水平，没有证据显示这两次测试之间有显著的差异。

**言语/语音的记忆**　据记录，TZ 大部分的语音记忆障碍发生在童年到中年阶段。童年时期的 TZ 不能参与任何的听觉记忆评估。在成年时期，对 TZ 进行了儿童非词重复任务测验，但不能计分（Gathercole & Baddeley, 1986）。在一个由布里奇曼和斯诺林（Bridgeman & Snowling, 1988）编制的测量音位序列的感知测试中，区别简单的单音节词的词对以及非词的最后一个字母（例如，bus/but; vis/vit），TZ 的分数出现了天花板效应（以 6 岁的儿童作为控制组），但是当试图区分单词与非词（例如，lost/lots; vust/vuts）时，TZ 却表现出随机水平。

**词汇知识**　在儿童早期，TZ 在接受性词汇和图片命名方面存在大量缺陷。在 6—8 岁时，TZ 的表现有了显著的改善，特别是当使用视觉方法（手势）来增强说话能力时，但是仍有明显的缺陷。在 8 岁零 9 个月时，在没有手势传达的情况下，TZ 在标准的接受性词汇测试上的成绩与 3 岁零 9 个月时相当。到了中年，TZ 的情况有了显著改善，尽管词汇解释的能力明显较差，但在接受性词汇和图片命名上的表现都高于平均水平。最重要的是，测试人员在接受性词汇表的备注中注明，TZ 曾多次要求将单词拼写出来，这表明她更喜欢正字法而不是语音输入。

**语法和理解** 在童年期，TZ 在语法技能和功能性语言方面存在障碍。在八
152 九岁时，TZ 取得了一些进步，特别是用手势来辅助语音输入时，但也有极其显著的缺陷。在中年时，TZ 在语法理解方面仍存在缺陷。然而，《韦氏成人智力量表》(Wechsler, 1997)的阅读理解分量表，包括例如“为什么人们要交税?”这类的问题，符合 TZ 的高级常识以使其产生与年龄相当的表现。

**读写能力** TZ 的阅读能力在童年期是相对较强的一个方面。TZ 七八岁时的阅读能力低于同龄人的水平，但是发展接近于正常的速度。TZ 高水平的阅读能力保持到中年，阅读能力在平均水平以上，拼写能力高于平均水平(在成人的标准中达到 75%的百分位数)。

在整个发展过程中，TZ 的语音处理和语音记忆缺陷是极端的和持续的。在成年期，TZ 的听觉辨别测试结果显示，她能感知到非常简单的音位对比，但是只要复杂程度稍微增加一点，她就会产生混淆，即使呈现真实单词刺激时也是如此。然而，到了中年，TZ 的词汇知识有了显著增长。综上所述，这些研究结果表明，尽管 TZ 的词汇量在儿童后期或成年早期有显著增长，但与词汇知识相关的语音表征仍然非常贫乏。语法技能在童年期的发展是极其有限的，且问题持续到成年。然而，进一步证据表明，存在基于视觉输入的有效改善因素。在童年期，使用手势来辅助说话使 TZ 在图片命名和语言理解方面有巨大的优势。在整个发展过程中，TZ 的阅读水平远远高于口语水平，正字法似乎是词汇发展的首选媒介。因此，开发语义系统的非典型路径为 TZ 提供了广泛的一般知识。这似乎可以解释 TZ 中年时期在言语理解方面与年龄相一致的表现。

成年期 TZ 的语言能力令人印象深刻，特别是考虑她从 3 岁左右开始就一直无法准确处理语音。她似乎完全依赖由赫特(Hutt, 1986)设计的视觉输入和高度专业化的教育课程。这些课程高度结构化，聚焦重点，组织内容有序，不像那些广泛用于解决与社会经济地位相关的语言障碍的益智活动(例如，Gonzalez et al., 2011)。这些课程有两个关键因素：(a) 综合利用手势帮助获得口语词汇和形态学成分；(b) 通过书写语言教授语法(Conn, 1971; Lea, 1970)。

153 TZ 的语言障碍可能是由与朗多-克莱夫那综合征相关的那种严重的、持续

的神经层面的干扰造成的(Bishop, 1985; Duran et al., 2009)。如果是这样的话,那么在某种意义上,TZ的情况与由低社会经济地位和有限的刺激输入造成的语言障碍截然相反。她所依赖的那些结构性视觉输入,构成了神经系统所需要的适当反应,该系统的成熟度被典型的期望值系统持续地改变了(值得注意的是,TZ在阅读上的特殊优势使她有别于那些有持续语言障碍的特定语言损伤者)。TZ的脑发育过程似乎遵循了非典型的路线,它们依赖于上述非典型输入。因此,这说明一个神经系统异常的人,在理解这些异常且环境和教育需要都能得到满足的情况下是可以取得成功的。这些数据提出了一个问题,即无论是行为补偿还是神经重组,通往成功的发展路径究竟有多灵活。

## 三、青春期的语言发展

到目前为止,我们已经论述了早期的语言发展,童年期复杂语言系统的建立以及异常的系统或者输入是如何影响发展路径的。考虑到儿童开始接受正规教育时已经取得的成就以及童年中期在识字和社会语言方面所取得的跨越性发展,普遍的看法是,在青春期基本完成正常的语言发展,建立了语言系统,同时语言习得的敏感期也在迅速结束。在本节中,我们对语言是静态的或确实是在青春期建立的这一观点提出质疑,并强调将青春期的脑和语言系统视为动态发展过程的一部分的重要性。

随着儿童进入青春期,语言的使用发生了巨大的变化。中学要求使用复杂而抽象的语言,既要学习这些语言,又要将这些语言融入现有的图式(Grant-Hennings, 2000)。语言,无论是书面形式还是口头形式,作为学习工具变得越来越重要,以至于低语言能力在整个课程中都可能产生连锁效应。随着青少年社交圈的扩大,课堂上和社会上语言需求发生了变化,而且变得更加复杂。同伴关系的发展需要有足够的语言能力以交流知识(Turkstra, Williams, Tonks, & Frampton, 2008),同时还要有语用和元语言能力的多方面知识,包括理解和产生非文字语言的能力(Nippold, 2000; Nippold & Duthie, 2003),行为抑制的能 154
力,理解语境和推断的能力(参见 Blakemore & Choudhury, 2006)。因此,对那些有语言和语用问题的人来说,青少年期是很困难的(Botting & Conti-Ramsden, 2010; Wadman, Botting, Durkin, & Conti-Ramsden, 2011)。语言的使用和重要

性方面的学术和社会变化，既反映在语言产生和理解的神经基础上，也反映在儿童的语言能力上。它们强调了明显存在于年幼儿童身上的潜在性和脆弱性在青春期同样重要。

### 1. 青春期的语言行为

青少年需要满足环境所提出的语言需求，尤其要在语用语言上发生巨大改变，包括对成语（Nippold & Taylor，2002）、谚语和比喻的理解（参见，Nippold，2000），这可能不仅取决于词汇知识的发展（Nippold，Allen，& Kirsch，2000），而且更可能取决于社会脑在心理理论和观点采择方面的基本发展（Dumontheil，Küster，Apperly，& Blakemore，2010）。在青春期，语言功能和行为不仅在语用学的层面发生改变，在最基本的层面，在青春期早期和青春期早期到成年之间，脑电图可以测量到，在快速听觉加工方面发生了变化（Poulsen，Picton，& Paus，2009），这表明快速听觉加工在青春期中期仍在继续发展。音位分类也持续发展到青春期，至少到 12 岁（Hazan & Barrett，2000），边界定义与成人的不一致，边界精确度一直到青春期结束都在变化（Medina，Hoonhorst，Bogliotti，& Seniclaes，2010）。其他测量到的变化包括对语言的运动控制（Walsh & Smith，2002）和语言流畅性，前者在这段时间变得更准确了，后者已被证明在 12 岁以后有所改善（Romine & Reynolds，2005）。

### 2. 青春期语言的神经基础

青春期是脑解剖和功能结构不断变化的时期。特别值得注意的是，局部性的和远距离的白质束的成熟，以及局部和脑区之间连通性的变化。随着白质体积的增大，伴随的是突触和神经元的修剪，并以大范围的灰质体积的减小为指标（Giorgio et al.，2010），灰质体积的减小在前额叶皮层和颞叶区域最持久（Gotgay et al.，2004）。外侧颞叶在生理上是最后一个成熟的，在 16 岁时，灰质
155 的体积达到顶峰（Gotgay et al.，2004；Blakemore，2008）。白质的变化对语言的发展也很重要，可以说，白质反映着系统之间的相互作用和信息流动（Paus，2010）。在青春期，脑中多个区域的白质逐渐成熟，包括弓形束（Barnea-Goraly et al.，2005），它连接着与接受性语言有关的后侧颞顶区域和与运动输出有关的额下回区域（Bernal Ardila，2009），并且已经被证明它与这个年龄的语言行为有关

(Ashtari et al., 2007)。

额叶白质的发展也相当显著(Barnea-Goraly et al., 2005)。在成人神经心理学中,额叶与行为和语言的语用学密切相关(Angeleri et al., 2008; Dardier et al., 2011),包括比喻语言(Yang, Fuller, Khodaparast, & Krawczyk, 2010)和心理理论(Martín-Rodríguez & Leon-Carrion, 2010)。因此,在额叶成熟与建立复杂语用语言之间存在发展相关性是不足为奇的。

词汇知识是一个已知会在整个生命周期发生变化的领域。在青春期,青少年仍然在学习词汇,词汇知识与左后侧缘上回的灰质密度之间存在相关,但成年后就不一样了(Richardson, Thomas, Filippi, Harth, & Price, 2009)。因此,青春期的灰质密度可能反映了正规教育中所学到的相关词汇和语义的等价物。这表明了语言环境对青少年的脑—行为功能的影响。

利用神经影像技术追踪神经系统的专门化,包括语言的偏侧化发现,尽管其中一些在童年中期就已显示出高度偏侧化(参见,例如,Gaillard et al., 2003),但在青春期直到 20 岁,颞部和额部还持续发生变化(Everts et al., 2009; Szaflarski, Holland, Schmithorst, & Byars, 2006)。例如,弓形束结构的偏侧化(Pugliese et al., 2009),这一偏侧化与儿童晚期和青少年早期的语音处理(Lebel & Beaulieu, 2009)和阅读(Yeatman et al., 2011)相关。有趣的是,青春期静息态电生理活动的测量已经证明,家庭社会经济地位可以预测青少年在静息态电生理活动中额叶不对称性较低(Tomarken, Dichter, Garber & Simien, 2004),这可能支持输入的数量和质量在功能特异性中的作用。

### 3. 青春期的教育神经科学

整个青春期,青少年的行为、脑以及脑—行为关系上的变化是显而易见的,
语言也在不断发展。在课堂里最需要考虑的是如何避免对这些变化的限制,并 156
鼓励和利用这一潜在的时间来最大限度地提高语言的收益。我们已经知道,环境剥夺会限制语言系统的专业化。然而,很少有人关注在这个年龄段环境丰富的潜在益处或者环境本身的问题。白鼠研究的一个有力证据表明,丰富的环境可以扭转早期行为剥夺的影响(Zaias et al., 2008),甚至可以对脑中蛋白质的运行产生影响(Laviola et al., 2004),这说明丰富的环境在神经水平上有潜在而深远的影响。在这一领域对人类的研究重点是干预的经济影响而不是对脑系统的

潜在影响(例如,Doyle, Harmon, Heckman, & Tremblay, 2009)。

正如我们在本文中所看到的那样,限制发展的另一个源头是系统的成熟程度。对于少数患有特定语言损伤的儿童来说,语言行为在青春期变得正常(Conti-Ramsden, 2008);但是对大多数儿童来说,语言问题以及与这些问题相关的社会和情绪障碍一直持续到成年(Clegg, Hollis, Mawhood, & Rutter, 2005),同样,这些问题的神经相关性也一直持续到成年,它们标志着持久的低水平的加工问题(Weber-Fox, Leonard, Hampton-Wray, & Tomblin, 2010)。从治疗师那里获得的语音和语言障碍的干预会随着儿童年龄的增长而减少(Stothard et al., 1998)。教育神经科学家在青春期语言方面所面临的挑战是提供证据,证明丰富的环境对有意义的行为和神经元水平变化方面的好处。

## 四、语言发展的敏感期

前面已经说了,在儿童期早期语言还未建立,语言的发展贯穿了整个青春期。最后,我们认真考虑了语言发展的敏感期,对未来的课程设计来说,这可能是一个有丰富成果的研究区域。

### 1. 定义敏感期

敏感期是发展过程中的一个点,在发展过程中,环境输入可以最大限度地影响行为的改变。从神经的角度来说,这意味着功能性的可塑性达到顶点,而脑结
157 构和功能是最具延展性的,尽管这并不能排除以后发展也会有进一步的变化(Knudsen, 2004)。当个体确保神经加工系统最适合物种特征和个体环境时,敏感期对个体有相当大的优势(Knudsen, 2004)。在发展过程中,一般认为会出现多个不同的敏感期,涉及不同领域或者子领域的功能变化。感觉加工的各个方面,例如对整体运动的视觉感知(Lewis & Maurer, 2005),显示了最早的和最明确的敏感期。这些对环境性质敏感性的变化被认为与突触发生和修剪的过程相对应,广义地说,这些过程从低级的感觉加工皮层不断发展到高级的整合和抽象加工区域(Gogtay et al., 2004; Huttenlocher, 2002)。对于任何特定的区域,敏感期的时间过程及灵活性,以及在多大程度上能够观察到敏感期,由三种类型的数据确定:正常发展的学习结果,早期剥夺的影响,以及在不同的发展阶段从损

害中恢复(Lewis & Maurer, 2005; Thomas & Knowland, 2009)。在语言学习的敏感期,我们需要考虑年龄对第二语言习得的影响,早期社会或感官剥夺的影响,以及在不同发展阶段,早期社会或者感觉剥离以及损伤的功能性结果对关键神经结构的影响。这些数据与我们对教育神经科学的讨论高度相关,因为为了在任何特定领域优化学习,教育投入最好与相关神经系统的最大敏感度相吻合。因此,当与教育实践相关时,敏感期可被称为"最佳时期"(Koizumi, 2011, p.328)。在语言教育方面,有两个关键问题:首先,什么时候可以学一种或多种其他的语言;其次,那些由于环境或感官因素导致入学时语言能力较低的儿童,什么时候能赶上同龄人。

## 2. 外语学习的敏感期

在其他领域,如视觉领域,可以观察到人类语言习得的不同方面存在着多个敏感期(Lewis & Maurer, 2005)。这里的不同方面指的是不同层次的语言,从低级的知觉方面,例如,处理复杂音调的加工和对母语语音的形成,到更高层次的方面,例如,语法规则的建立和词汇的学习。正如前面指出的那样,敏感期是对较低水平感知加工的有力证明(Huttenlocher, 2002),因此,确立语言的发音可 158
能是敏感期的一个主要的任务。为了证明这一点,即使控制了居住时间和经验程度等混淆因素,出国时的年龄与保持母语语音相关(Flege, Yeni-Komshian, & Liu, 1999)。该研究发现,语音灵活性呈线性下降趋势。作者认为,这种线性下降趋势表示母语语音表征的持续变化,这一观点后来得到了母语和外语在第二语言学习过程中相互竞争的观点的支持(Linck, Kroll, & Sunderman, 2009)。这些数据可以作为进一步的证据来支持库尔在神经定型上的研究(上文已讨论过)。然而,即使是语音,婴儿期失去的对非母语类别的敏感性,在社会学习的背景下也可以得到扭转(Kuhl, 2007)。任何年龄的个体,只要有适当的学习策略和对输入刺激的操作,都可以实现对非母语的比较学习(McCandliss et al., 2002)。因此,尽管语音的获得似乎对系统的成熟(和经验)状态很敏感,但即使在这里也没有明确界定的敏感期,而且事实上,只要有适当的学习条件,语音系统在整个生命周期都是可塑的。

在语言感知的更上层,语法判断水平也随出国年龄的增长而下降(Flege et al., 1999)。然而,在这里,并没有控制混淆因素,这表明这种效应可能不是受出国年龄，而是受经验丰富程度的影响。进一步考虑的是，学习一门新语言的语法和形态学能力的降低程度，在多大程度上取决于是否习得准确的和稳定的语音系统。在学习新词汇时，没有证据表明，初次接触语言的年龄会对学习产生限制(Slabakova, 2006)。事实上，行为和电生理学的研究数据表明，儿童首次接触第二语言英语的年龄在 0 岁到 11 岁时，在接触程度较深的情况下，可能会有利于以后第二语言学习的语义发展(Ojima et al., 2011)。然而，有趣的是，一项针对 1 岁或 2 岁接受人工耳蜗植入的失聪儿童的研究发现，延缓植入而非语音的发展对语义发展的影响最大(Houston, Moberly, Hollich, & Miyamoto, 2012)。这项研究表明，从生命第一年开始建立声音模式与现实世界参照物之间的联系，可能比语音学习更严格地受敏感期的影响。

159 ### 3. 早期剥夺的影响

接下来，我们会谈论早期剥夺的影响。有学习机会的时期也是易受伤害的时期。语言剥夺主要是由于感官缺陷导致的，即先天性耳聋或者极端的环境剥夺。对早期生活在罗马尼亚孤儿院的儿童的语言能力的研究表明，到 30 个月的时候，儿童的语言已经显著落后了(Windsor, Glaze, & Koga, 2007)。然而，头 6 个月发生语言剥夺并不会对个体产生长期的影响。同样，对于那些 18 个月以后被收养的婴儿，拥有诸如模仿语音等最低技能也是一个积极的信号(Croft et al., 2007)。因此，剥夺是短暂的，即使严重的语言剥夺也不一定会对长期发展产生毁灭性的影响。在一些先天严重失聪或者重度失聪的儿童中，也观察到类似的模式：大约在 30 个月前，给他们植入人工耳蜗，使用两年后，他们的词汇量与同龄人接近(Connor et al., 2006)，但是在 30 个月后植入人工耳蜗的儿童，使用两年后，他们的单词量会低于正常值。斯维尔斯基等人(Svirsky, Teoh, & Neuburger, 2004)认为，30 个月并不是一个特别精确的敏感期，而是一个随着儿童年龄的增长，能力逐步下降的时段。对于早期感觉剥夺的影响，未来研究的一个特别重要的领域是：生命早期一些复杂声音和语言输入的经验对以后语言发展的影响。在对幼鼠的研究中，已经建立了对复杂声音典型反应的一个明确的敏感期(Insanally, Kover, Kim, & Bao, 2009)。同样，李等人(Li et al., 2012)研究了那些在 6 岁前患有重度耳聋，并且在 6 岁前没有使用助听器或没有植入人工耳蜗的被试的颞叶白质连接的完整性。在控制了耳聋时间后，李等人发现，白质连接与耳聋的发病年龄存在相关性。

在教育方面，我们可以借鉴一些语言习得敏感期的文献。在探究行为可塑性不断下降的第二语言学习时，我们发现，这种下降趋势是渐进的而不是激进的。即使是语音等相对低级的语言方面，在给予适当刺激的情况下，在生命的后期仍具有可塑性。因此，学习第二语言可能并没有年龄限制，尽管需要调整学习环境以适应不同发展阶段的学习风格。然而，这里一个重要的考虑因素是按照正确的顺序建立技能的作用，以免在学习中产生瓶颈。从这种观点来看，学习第 160
二语言时，在学习词汇和语法之前，要先建立语音系统，这符合婴儿期学习母语时的模式。这种观点也在失读症的案例中得到了证明。在失读症的案例中，研究者发现，在解决识字问题之前，先加强发音方面的训练可以得到最好的干预效果（Bus & van Ijzendoorn，1999）。而对于那些因为环境剥夺而导致语言能力下降的儿童，尽管剥夺的时间长短与程度影响着干预成功与否，但是合适的刺激输入可以带来很大的进步，能让能力正常化。从有关社会剥夺和感官剥夺的现有数据来看，30 个月似乎是一个提供丰富环境以最大限度提高取得良好结果可能性的时间。

## 五、总结和讨论

关于语言发展的课堂教育的争论主要表现在两个方面：首先是在为所有儿童提供丰富的语言环境方面创造公平的竞争环境；其次是适当地调整刺激措施，尽可能让有不同先天缺陷的人都能适用；所有这些都是为了获得语言能力，不仅是为了社会交流，而且是为了作为一个工具学习整个课程。为了这个目的，我们已经表明，获得语言能力的变异是由语言输入的数量和质量、加工输入的能力以及两者之间的相互作用决定的。我们已经表明，语言能力和潜在的神经联系在整个童年期和青少年期都在不断变化和发展，与成熟语言形成相关的发展路径因个体系统约束的不同而有根本的不同。

随着教育神经科学的起步，不可避免会有无数的研究方向。在语言领域，我们建议，目前的优先事项应包括：(a) 明确早期语言异常的表型与环境剥夺之间的关系，以及与不同类型的先天性困难之间的关系；(b) 确定干预是否最好针对可观察到行为困难的高级语言过程，还是可以通过针对低层次的加工限制来取

得明显的收益，这可以填充语言的层次结构；(c) 探索学习技能原则对熟练获得
161 语言和读写能力的重要性。我们相信，解决这些问题的关键是继续聚焦于教育
学家和神经科学家之间公开交流的对话。

## 参考文献


Aboagye, S. (2001). *A follow-up study of adults with a childhood history of specific speech and language impairments*. Unpublished MSc thesis, University College London.

Alarcón, M., Abrahams, B. S., Stone, J. L., Duvall, J. A., Perederiy, J. V., Bomar, J. M., Sebat, J., Wigler, M., Martin, C. L., Ledbetter, D. H., Nelson, S. F., Cantor, R. M., & Geshwind, D. H. (2008). Linkage, association, and gene-expression analyses identify *CNTNAP2* as an autism-susceptibility gene. *American Journal of Human Genetics*, *82*(1), 150 - 159.

American Psychiatric Association. (2000). *Diagnostic and statistical manual of mental disorders: DSM-IV-TR* (4th ed.). Washington, DC: Author.

Angeleri, R., Bosco, F. M., Zettin, M., Sacco, K., Colle, L., & Bara, B. G. (2008). Communicative impairment in traumatic brain injury: A complete pragmatic assessment. *Brain and Language*, *107*(3), 229 - 245.

Ashtari, M., Cervellione, K. L., Hasan, K. M., Wu, J., McIlree, C., Kester, H., Ardekani, B. A., Roofeh, D., Philip, R. S., & Kumra, S. (2007). White matter development during late adolescence in healthy males: A cross-sectional diffusion tensor imaging study. *NeuroImage*, *35*(2), 501 - 510.

Barnea-Goraly, N., Menon, V., Eckert, M., Tamm, L., Bammer, R., Karchemskiy, A., Dant, C. D., & Reiss, A. L. (2005). White matter development during childhood and adolescence: A cross-sectional diffusion tensor imaging study. *Cerebral Cortex*, *15*, 1848 - 1854.

Bates, E., Bretherton, I., & Snyder, L. (1988). *From first words to grammar: Individual differences and dissociable mechanisms*. New York: Cambridge University Press.

Benasich, A. A., Choudhury, N., Friedman, J. T., Realpe-Bonilla, T., Chojnowska, C., & Gou, Z. (2006). The infant as a prelinguistic model for language learning impairments: Predicting from event-related potentials to behavior. *Neuropsychologia*, *44*(3), 396 - 411.

Benasich, A. A., & Tallal, P. (2002). Infant discrimination of rapid auditory cues predicts later language impairment. *Behavioural Brain Research*, *136*(1), 31 - 49.

Benasich, A. A., Thomas, J. J., Choudhury, N., & Leppanen, P. H. T. (2002). The importance of rapid auditory processing abilities to early language development: Evidence from converging methodologies. *Developmental Psychobiology*, *40*(3), 278 - 292.

Bernal, B., & Ardila, A. (2009). The role of the arcuate fasciculus in conduction aphasia. *Brain*, *132*(9), 2309 - 2316.

Bishop, D. V. M. (1985). Age of onset and outcome in acquired aphasia with convulsive disorder (Landau-Kleffner syndrome). *Developmental Medicine and Child Neurology*, *27*(6), 705 - 712.

Bishop, D. V. M. (1997). *Uncommon understanding: Development and disorders of language comprehension in children*. Hove, UK: Psychology.

Bishop, D. V. M. (2002). The role of genes in the etiology of specific language 162
impairment. *Journal of Communication Disorders*, *35*(4), 311 - 328.

Bishop, D. (2009). Genes, cognition, and communication insights from neurodevelop-mental disorders. *Annals of the New York Academy of Sciences*, *1156*, 1 - 18.

Bishop, D. V. M., Adams, C. V., & Norbury, C. F. (2006). Distinct genetic influences on grammar and phonological short-term memory deficits: Evidence from 6-year-old twins. *Genes Brain and Behavior*, *5*(2), 158 - 169.

Bishop, D. V. M., Bishop, S. J., Bright, P., James, C., Delaney, T., & Tallal, P. (1999). Different origin of auditory and phonological processing problems in children with language impairment: Evidence from a twin study. *Journal of Speech, Language, and Hearing Research*, *42*(1), 155 - 168.

Bishop, D. V. M., Hardiman, M. J., & Barry, J. G. (2010). Lower-frequency event-related desynchronization: A signature of late mismatch responses to sounds, which is reduced or absent in children with specific language impairment. *Journal of Neuroscience*, *30*(46), 15578 - 15584.

Bishop, D. V. M., Hardiman, M. J., & Barry, J. G. (2011). Is auditory discrimination mature by middle childhood? A study using time-frequency analysis of mismatch responses from 7 years to adulthood. *Developmental Science*, *14*(2), 402 - 416.

Bishop, D. V. M., North, T., & Donlan, C. (1995). Genetic basis of specific language impairment: Evidence from a twin study. *Developmental Medicine and Child Neurology*, *37*(1), 56 - 71.

Bishop, D. V. M., North, T., & Donlan, C. (1996). Nonword repetition as a behavioural marker for inherited language impairment: Evidence from a twin study.

*Journal of Child Psychology and Psychiatry and Allied Disciplines*, *37*(4), 391 - 403.

Blakemore, S.-J. (2008). The social brain in adolescence. *Nature Reviews: Neuroscience*, *9*, 267 - 277.

Blakemore, S.-J., & Choudhury, S. (2006). Development of the adolescent brain: Implications for executive function and social cognition. *Journal of Child Psychiatry*, *47*, 296 - 312.

Boles, D. (2011). Socioeconomic status, a forgotten variable in lateralization development. *Brain and Cognition*, *76*, 52 - 57.

Botting, N., & Conti-Ramsden, G. (2010). The role of language, social cognition, and social skill in the functional social outcomes of young adolescents with and without a history of SLI. *British Journal of Developmental Psychology*, *26*(2), 281 - 300.

Bridgeman, E., & Snowling, M. (1988). The perception of phoneme sequence: A comparison of dyspraxic and normal children. *British Journal of Disorders of Communication*, *23*(3), 245 - 252.

Broomfield, J., & Dodd, B. (2004). Children with speech and language disability: Caseload characteristics. *International Journal of Language and Communication Disorders*, *39*(3), 303 - 324.

Bus, A. G., & van Ijzendoorn, M. H. (1999). Phonological awareness and early reading: A metaanalysis of experimental training studies. *Journal of Educational Psychology*, *91*, 403 - 414.

Chen, E., Cohen, S., & Miller, G. E. (2010). How low socioeconomic status affects 2-year hormonal trajectories in children. *Psychological Science*, *21*(1), 31 - 37.

163 Chiat, S. (2000). *Understanding children with language problems*. Oxford: Cambridge University Press.

Chiat, S., & Roy, P. (2008). Early phonological and sociocognitive skills as predictors of later language and social communication outcomes. *Journal of Child Psychology and Psychiatry*, *49*, 635 - 645.

Clegg, J., Hollis, C., Mawhood, L., & Rutter, M. (2005). Developmental language disorders — a follow-up in later adult life: Cognitive, language and psychosocial outcomes. *Journal of Child Psychology and Psychiatry*, *46*, 128 - 149.

Conn, P. (1971). *Remedial syntax*. London: ICAA.

Connor, C., Craig, H. K., Raudenbush, S. W., Heavner, K., & Zwolan, T. A. (2006). The age at which young deaf children receive cochlear implants and their vocabulary and speech-production growth: Is there an added value for early implantation? *Ear and Hearing*, 27(6), 628 - 644.

Conti-Ramsden, G. (2003). Processing and linguistic markers in young children with specific language impairment (SLI). *Journal of Speech, Language, and Hearing Research*, *46* (5), 1029 - 1037.

Conti-Ramsden, G. (2008). Heterogeneity of specific language impairment in adolescent outcomes. In C. Norbury, B. Tomblin, & D. V. M. Bishop (Eds.), *Understanding developmental language disorders in children: From theory to practice* (pp. 119 - 133). Hove, UK: Psychology.

Croft, C., Beckett, C., Rutter, M., Castle, J., Colvert, E., Groothues, C., Hawkins, A., Kreppner, J., Stevens, S. E., & Sonuga-Barke, E. J. S. (2007). Early adolescent outcomes of institutionally-deprived and non-deprived adoptees. II: Language as a protective factor and a vulnerable outcome. *Journal of Child Psychology and Psychiatry*, *48* (1), 31 - 44.

Dardier, V., Bernicot, J., Delanoe, A., Vanberten, M., Fayada, C., Chevignard, M., Delaye, C., Laurent-Vannier, A., & Dubois, B. (2011). Severe traumatic brain injury, frontal lesions, and social aspects of language use: A study of French-speaking adults. *Journal of Communication Disorders*, *44*(3), 359 - 378.

Davenport, M., & Hannahs, S. J. (2010). *Introducing phonetics and phonology* (3rd ed.). London: Hodder Education.

DeLoache, J. S. (2004). Becoming symbol-minded. *Trends in Cognitive Sciences*, *8* (2), 66 - 70.

Deoni, S. C. L., Mercure, E., Blasi, A., Gasston, D., Thomson, A., Johnson, M., Williams, S. C. R., & Murphy, D. G. M. (2011). Mapping infant brain myelination with magnetic resonance imaging. *The Journal of Neuroscience*, *31*(2), 784 - 791.

Department of Education. (2008). The Bercow Report. *A review of services for children and young people (0 - 19) with speech, language and communication needs*. London: Stationery Office.

Donlan, C., Aboagye, S., Clegg, J., & Stackhouse, L. (in preparation). Long term developmental trajectories of three individuals with specific language impairments in childhood.

Doyle, O., Harmon, C. P., Heckman, J. J., & Tremblay, R. E. (2009). Investing in early human development: Timing and economic efficiency. *Economics and Human Biology*, 7(1), 1 - 6.

Dumontheil, I., Küster, O., Apperly, I. A., & Blakemore, S. J. (2010). Taking perspective into account in a communicative task. *NeuroImage*, *52*(4), 1574 - 1583. 164

Duran, M. H. C., Guimaraes, C. A., Medeiros, L. L., & Guerreiro, M. M. (2009). Landau-Kleffner syndrome: Long-term follow-up. *Brain and Development*, *31*(1), 58-63.

Everts, R., Lidzba, K., Wilke, M., Kiefer, C., Mordasini, M., Schroth, G., Perrig, W., & Steinlin, M. (2009). Strengthening of laterality of verbal and visuospatial functions during childhood and adolescence. *Human Brain Mapping*, *30*(2), 473-483.

Fenson, L., Dale, P., Reznick, J. S., Bates, E., & Pethick, S. (1994). Variability in early communicative development. *Monographs of the Society for Research in Child Development*, *59*, 5.

Flege, J. E., Yeni-Komshian, G. H., & Liu, S. (1999). Age constraints on second language acquisition. *Journal of Memory and Language*, *41*, 78-104.

Friederici, A. D. (2005). Neurophysiological markers of early language acquisition: From syllables to sentences. *Trends in Cognitive Sciences*, *9*(10), 481-488.

Friederici, A. D., Oberecker, R., & Brauer, J. (2012). Neurophysiological preconditions of syntax acquisition. *Psychological Research — Psychologische Forschung*, *76*(2), 204-211.

Gaab, N., Gabrieli, J. D. E., Deutsch, G. K., Tallal, P., & Temple, E. (2007). Neural correlates of rapid auditory processing are disrupted in children with developmental dyslexia and ameliorated with training: An fMRI study. *Restorative Neurology and Neuroscience*, *25*(3/4), 295-310.

Gaillard, W. D., Sachs, B. C., Whitnah, J. R., Ahmad, Z., Balsamo, L. M., Petrella, J. R., Braniecki, S. H., McKinney, C. M., Hunter, K., Xu, B., & Grandin, C. B. (2003). Developmental aspects of language processing: fMRI of verbal fluency in children and adults. *Human Brain Mapping*, *18*(3), 176-185.

Gardner, H., Froud, K., McClelland, A., & van der Lely, H. K. J. (2006). Development of the Grammar and Phonology Screening (GAPS) test to assess key markers of specific language and literacy difficulties in young children. *International Journal of Language and Communication Disorders*, *41*(5), 513-540.

Gathercole, S. E., & Baddeley, A. D. (1986). *The Children's Non-word Repetition Test*. London: Psychological Corporation.

Gathercole, S. E., & Baddeley, A. D. (1990). Phonological memory deficits in language disordered children: Is there a causal connection? *Journal of Memory and Language*, *29*(3), 336-360.

Giedd, J. N., Blumenthal, J., Jeffries, N. O., Castellanos, F. X., Liu, H., Zijdenbos, A., Paus, T., Evans, A. C., & Rapoport, J. L. (1999). Brain development during childhood and adolescence: A longitudinal MRI study. *Nature Neuroscience*, *2*, 861 - 863.

Giedd, J. N., Lenroot, R. K., Shaw, P., Lalonde, F., Celano, M., White, S., Tossell, J., Addington, A., & Gotgay, N. (2008). Trajectories of anatomic brain development as a phenotype. *Novertis Foundation Symposium*, *289*, 101 - 112.

Giorgio, A., Watkins, K. E., Chadwick, M., Winmill, L., Douaud, G., De Stefano, N., Matthews, P. M., Smith, S. M., Johansen-Berg, H., & James, A. C. (2010). Longitudinal changes in grey and white matter during adolescence. *NeuroImage*, *49*(1), 94 - 103.

Gogtay, N., Giedd, J. N, Lusk, L., Hayashi, K. M., Greenstein, D., Vaituzis, A. C., Nugent, T. F. III., Herman, D. H., Clasen, L. S., Toga, A. W., Rapoport, J. L., & Thompson, P. M. (2004). Dynamic mapping of human cortical development 165
during childhood through early adulthood. *Proceedings of the National Academy of Sciences of the United States of America*, *101*(21), 8174 - 8179.

Gonzalez, J. E., Goetz, E. T., Hall, R. J., Payne, T., Taylor, A. B., Kim, M., et al. (2011). An evaluation of Early Reading First (ERF) preschool enrichment on language and literacy skills. *Reading and Writing*, *24*(3), 253 - 284.

Gramlich, E. M. (1986). Evaluation of education projects: The case of the Perry Preschool Program. *Economics of Education Review*, *5*(1), 17 - 21.

Grant-Hennings, D. (2000). Contextually relevant word study: Adolescent vocabulary development across the curriculum. *Journal of Adolescent and Adult Literacy*, *44*(3), 268 - 279.

Hackman, D. A., & Farah, M. J. (2009). Socioeconomic status and the developing brain. *Trends in Cognitive Sciences*, *13*(2), 65 - 73.

Hart, B., & Risley, T. R. (1995). *Meaningful differences in the everyday experiences of American children*. Baltimore, MD: Brookes.

Haynes, C., & Naidoo, S. (1991). *Children with specific speech and language impairment*. Oxford: Blackwell.

Hazan, V., & Barrett, S. (2000). The development of phonemic categorisation in children aged 6 - 12. *Journal of Phonetics*, *28*(4), 377 - 396.

Heim, S., Friedman, J. T., Keil, A., & Benasich, A. A. (2011). Reduced sensory oscillatory activity during rapid auditory processing as a correlate of language-learning impairment. *Journal of Neurolinguistics*, *24*(5), 538 - 555.

Houston, D. M., Stewart, J., Moberly, A., Hollich, G., & Miyamoto, R. T. (2012). Word learning in deaf children with cochlear implants: Effects of early auditory experience. *Developmental Science*, *15*(3), 448 - 461.

Hurst, J. A., Baraitser, M., Auger, E., Graham, F., & Norell, S. (1990). An extended family with a dominantly inherited speech disorder. *Developmental Medicine and Child Neurology*, *32*(4), 352 - 355.

Hutt, E. (1986). *Teaching language-disordered children: A structured curriculum*. London: Arnold.

Huttenlocher, P. R. (2002). *Neural plasticity: The effects of the environment on the development of the cerebral cortex*. Cambridge, MA: Harvard University Press.

Huttenlocher, P. R., & Dabholkar, A. S. (1997). Regional differences in synaptogenesis in human cerebral cortex. *The Journal of Comparative Neurology*, *387*(2), 167 - 178.

Huttenlocher, J., Vasilyeva, J., Cymerman, E., & Levine, S. (2002). Language input and child syntax. *Cognitive Psychology*, *45*, 337 - 374.

Huttenlocher, J., Waterfall, H., Vasilyeva, M., Vevea, J., & Hedges, L. V. (2010). Sources of variability in children's language growth. *Cognitive Psychology*, *61*(4), 343 - 365.

Insanally, M. N., Kover, H., Kim, H., & Bao, S. (2009). Feature-dependent sensitive periods in the development of complex sound representation. *Journal of Neuroscience*, *29*(17), 5456 - 5462.

Johnson, M. H. (2010). Interactive Specialization: A domain-general framework for human functional brain development? *Developmental Cognitive Neuroscience*, *1*(1), 7 - 21.

166 Knudsen, E. I. (2004). Sensitive periods in the development of the brain and behaviour. *Journal of Cognitive Neuroscience*, *16*(8), 1412 - 1425.

Knudsen, E. I., Heckham, J. J., Cameron, J. L., & Shonkoff, J. P. (2006). Economic, neuro-biological, and behavioral perspectives on building America's future workforce. *Proceedings of the National Academy of Sciences of the United States of America*, *103*(27), 10155 - 10162.

Koizumi, H. (2011). Brain science and education in Japan. In S. Della Sala & M. Anderson (Eds.), *Neuroscience in education: The good, the bad, and the ugly* (pp. 319 - 337). Oxford: Oxford University Press.

Kuhl, P. (2007). Is speech learning "gated" by the social brain? *Developmental Science*, *10*(1), 110 - 120.

Kuhl, P. K. (2010). Brain mechanisms in early language acquisition. *Neuron*, *67*, 713 - 727.

Kuhl, P. K., Conboy, B. T., Padden, D., Nelson, T., & Pruitt, J. (2005). Early speech perception and later language development: Implications for the "critical period". *Language Learning and Development*, *1*, 237 - 264.

Kuhl, P. K., Conboy, B. T., Padden, D., Rivera-Gaxiola, M., & Nelson, T. (2008). Phonetic learning as a pathway to language: New data and native language magnet theory expanded (NLM-e). *Philosophical Transactions of the Royal Society B*, *363*, 979 - 1000.

Lai, C. S. L., Fisher, S. E., Hurst, J. A., Vargha-Khadem, F., & Monaco, A. P. (2001). A forkhead-domain gene is mutated in a severe speech and language disorder. *Nature*, *413*(6855), 519 - 523.

Laviola, G., Rea, M., Morley-Fletcher, S., Di Carlo, S., Bacosi, A., De Simone, R., Bertini, M., & Pacifici, R. (2004). Beneficial effects of enriched environment on adolescent rats from stressed pregnancies. *European Journal of Neuroscience*, *20*(6), 1655 - 1664.

Law, J. (1994). Early language screening in City and Hackney: The concurrent validity of a measure designed for use with 2 ½ year olds. *Child Care Health and Development*, *20*(5), 295 - 308.

Law, J., McBean, K., & Rush, R. (2011). Communication skills in a population of primary school-aged children raised in an area of pronounced social disadvantage. *International Journal of Language and Communication Disorders*, *46*(6), 657 - 664.

Lea, J. (1970). *The colour pattern scheme*. Oxted, UK: Moor House School.

Lebel, C., & Beaulieu, C. (2009). Lateralization of the arcuate fasciculus from childhood to adulthood and its relation to cognitive abilities in children. *Human Brain Mapping*, *30*(11), 3563 - 3573.

Leonard, L. (1998). *Children with specific language impairment*. Cambridge, MA: MIT Press.

Lewis, T. L., & Maurer, D. (2005). Multiple sensitive periods in human visual development: Evidence from visually deprived children. *Developmental Psychobiology*, *46*, 163 - 183.

Li, Y., Ding, G., Booth, J. R., Huang, R., Lv, Y., Zang, Y., He, Y., & Peng, D. (2012). Sensitive period for white-matter connectivity of superior temporal cortex in deaf people. *Human Brain Mapping*, *33*(2), 349 - 359.

Linck, J. A., Kroll, J. F., & Sunderman, G. (2009). Losing access to the native language while immersed in a second language: Evidence for the role of inhibition in second language learning. *Psychological Science*, *20*(12), 1507 - 1515.

Locke, A., Ginsborg, J., & Peers, I. (2002). Development and disadvantage: 

Implications for the early years and beyond. *International Journal of Language and Communication Disorders*, *37*(1), 3 - 15.

Marshall, C. M., Snowling, M. J., & Bailey, P. J. (2001). Rapid auditory processing and phonological ability in normal readers and readers with dyslexia. *Journal of Speech, Language, and Hearing Research*, *44*, 925 - 940.

Martens, M. A., Wilson, S. J., & Reutens, D. C. (2008). Research Review: Williams syndrome: A critical review of the cognitive, behavioral, and neuroanatomical phenotype. *Journal of Child Psychology and Psychiatry*, *49*(6), 576 - 608.

Martín-Rodríguez, J. F., & Leon-Carrion, J. (2010). Theory of mind deficits in patients with acquired brain injury: A quantitative review. *Neuropsychologia*, *48* (5), 1181 - 1191.

McCandliss, B. D., Fiez, J. A., Protopapas, A., Conway, M., & McClelland, J. L. (2002). Success and failure in teaching the [r] — [l] contrast to Japanese adults: Tests of a Hebbian model of plasticity and stabilization in spoken language perception. *Cognitive, Affective, and Behavioural Neuroscience*, *2*(2), 89 - 108.

McNealy, K., Mazziotta, J. C., & Dapretto, M. (2011). Age and experience shape developmental changes in the neural basis of language-related learning. *Developmental Science*, *14*(6), 1261 - 1282.

Medina, V., Hoonhorst, I., Bogliotti, C., & Seniclaes, W. (2010). Development of voicing perception in French: Comparing adults, adolescents and children. *Journal of Phonetics*, *38*(4), 493 - 503.

Merzenich, M. M., Jenkins, W. M., Johnston, P., Schreiner, C., Miller, S. L., & Tallal, P. (1996). Temporal processing deficits of language-learning impaired children ameliorated by training. *Science*, *271*(5245), 77 - 81.

Mills, D. L., Coffey-Corina, S. A., & Neville, H. J. (1993). Language acquisition and cerebral specialization in 20-month-old infants. *Journal of Cognitive Neuroscience*, *5*, 317 - 334.

Moore, J. K. (2002). Maturation of human auditory cortex: Implications for speech perception. *Annals of Otology, Rhinology and Laryngology*, *189*, 7 - 10.

Muennig, P., Schweinhart, L., Montie, J., & Neidell, M. (2009). Effects of a prekindergarten educational intervention on adult health: 37-year follow-up results of a randomized controlled trial. *American Journal of Public Health*, *99*(8), 1431 - 1437.

Nash, H., Leavett, R., & Childs, H. (2011). Evaluating the GAPS test as a screener for language impairment in young children. *International Journal of Language and Communication Disorders*, *46*(6), 675 - 685.

Newbury, D. F., Bonora, E., Lamb, J. A., Fisher, S. E., Lai, C. S. L., Baird, G., Jannoun, L., Slonims, V., Stott, C. M., Merricks, M. J., Bolton, P. F., Bailey, A. J., Monaco, A. P., & the International Molecular Genetic Study of Autism Consortium. (2002). *FOXP2* is not a major susceptibility gene for autism or specific language impairment. *American Journal of Human Genetics*, *70*(5), 1318 - 1327.

Newman, R., Ratner, N. B., Jusczyk, A. M., Jusczyk, P. W., & Dow, K. A. (2006). Infants' early ability to segment the conversational speech signal predicts later language development: A retrospective analysis. *Developmental Psychology*, *42* (4), 643 - 655.

Nippold, M. A. (2000). Language development during the adolescent years: Aspects of pragmatics, syntax and semantics. *Topics in Language Disorders*, *20*, 15 - 28.

Nippold, M. A., Allen, M. M., & Kirsch, D. I. (2000). How adolescents 168
comprehend unfamiliar proverbs: The role of top-down and bottom-up processes. *Journal of Speech, Language, and Hearing Research*, *43*, 621 - 630.

Nippold, M. A., & Duthie, J. K. (2003). Mental imagery and idiom comprehension: A comparison of school-age children and adults. *Journal of Speech, Language, and Hearing Research*, *46*, 788 - 799.

Nippold, M. A., & Taylor, C. L. (2002). Judgments of idiom familiarity and transparency: A comparison of children and adolescents. *Journal of Speech, Language, and Hearing Research*, *45*, 384 - 391.

Noble, K., Norman, M. F., & Farah, M. J. (2005). Neurocognitive correlates of socioeconomic status in kindergarten children. *Developmental Science*, *8*(1), 74 - 87.

O'Connor, M., Arnott, W., McIntosh, B., & Dodd, B. (2009). Phonological awareness and language intervention in preschoolers from low socio-economic backgrounds: A longitudinal investigation. *British Journal of Developmental Psychology*, *27*(4), 767 - 782.

Ojima, S., Matsuba-Kurita, H., Nakamura, N., Hoshino, T., & Hagiwara, H. (2011). Age and amount of exposure to a foreign language during childhood: Behavioral and ERP data on the semantic comprehension of spoken English by Japanese children. *Neuroscience Research*, *70*(2), 197 - 205.

Paul, R., & Norbury C. F. (2012). *Language disorders from infancy through adolescence: Listening, speaking, reading, writing, and communicating*. London: Elsevier Mosby.

Paus, T. (2010). Growth of white matter in the adolescent brain: Myelin or axon? *Brain and Cognition*, *72*(1), 26 - 35.

Poulsen, C., Picton, T. W., & Paus, T. (2009). Age-related changes in transient and oscillatory brain responses to auditory stimulation during early adolescence.

*Developmental Science*, *12*(2), 220 - 235.

Prathanee, B., Purdy, S., Thinkhamrop, B., Chaimay, B., Ruangdaraganon, N., Mo-Suwan, L., & Phuphaibul, R. (2009). Early language delay and predictive factors in children aged 2 years. *Journal of the Medical Association of Thailand*, *92*(7), 930 - 938.

Pugliese, L., Dell'Acqua, F., De Schotten, M., Budisavlievic, S., Williams, S., Murphy, D., & Catani, M. (2009). Lateralization of language pathways during adolescence and early adulthood. In *Proceedings 17th Scientific Meeting*, *International Society for Magnetic Resonance in Medicine*.

Raizada, R. D. S., & Kishiyama, M. M. (2010). Effects of socioeconomic status on brain development, and how cognitive neuroscience may contribute to levelling the playing field. *Frontiers in Human Neuroscience*, *4*(3), 1 - 11.

Raizada, R., Richards, T. L., Meltzoff, A., & Kuhl, P. (2008). Socioeconomic status predicts hemispheric specialisation of the left inferior frontal gyrus in young children. *NeuroImage*, *40*, 1392 - 1401.

Reilly, S., Wake, M., Ukoumunne, O. C., Bavin, E., Prior, M., Cini, E., Conway, L., Eadie, P., & Bretherton, L. (2010). Predicting language outcomes at 4 years of age: Findings from Early Language in Victoria Study. *Pediatrics*, *126*(6), e1530 - e1537.

Rescorla, L. (1989). The language development survey: A screening tool for delayed language in toddlers. *Journal of Speech and Hearing Disorders*, *54*(4), 587 - 599.

169 Reynolds, A. J., Temple, J. A., Ou, S.-R., Arteaga, I. A., & White, B. A. B. (2011). School-based early childhood education and age-28 well-being: Effects by timing, dosage and subgroups. *Science*, *333*(6040), 360 - 364.

Rice, M. L., Wexler, K., Marquis, J., & Hershberger, S. (2000). Acquisition of irregular past tense by children with specific language impairment. *Journal of Speech*, *Language*, *and Hearing Research*, *43*(5), 1126 - 1145.

Richardson, F. M., Thomas, M. S. C., Filippi, R., Harth, H., & Price, C. (2010). Contrasting effects of vocabulary knowledge on temporal and parietal brain structures across lifespan. *Journal of Cognitive Neuroscience*, *22*(5), 943 - 954.

Romine, C. B., & Reynolds, C. R. (2005). A model of the development of frontal lobe functioning: Findings from a meta-analysis. *Applied Neuropsychology*, *12*(4), 190 - 201.

Rosen, S. (1992). Temporal information in speech: Acoustic, auditory and linguistic aspects. *Philosophical Transactions of the Royal Society of London*, *Series B*, *336*, 367 - 373.

Rosen, S. (2003). Auditory processing in dyslexia and specific language impairment:

Is there a deficit? What is its nature? Does it explain anything? *Journal of Phonetics*, *31*(3/4), 509 - 527.

Slabakova, R. (2006). Is there a critical period for semantics? *Second Language Research*, *22*, 302 - 338.

SLI Consortium. (2002). A genomewide scan identifies two novel loci involved in specific language impairment. *American Journal of Human Genetics*, *70*(2), 384 - 398.

SLI Consortium. (2004). Highly significant linkage to the *SLI1* locus in an expanded sample of individuals affected by specific language impairment. *American Journal of Human Genetics*, *74*(6), 1225 - 1238.

Snowling, M. J., & Hulme, C. (2011). Evidence-based interventions for reading and language difficulties: Creating a virtuous circle. *British Journal of Educational Psychology*, *81*(1), 1 - 23.

Stevens, C., Fauinger, B., & Neville, H. (2009). Differences in the neural mechanisms of selective attention in children from different socioeconomic backgrounds: An event-related brain potential study. *Developmental Science*, *12*(4), 634 - 646.

Stothard, S. E., Snowling, M. J., Bishop, D. V. M., Chipchase, B. B., & Kaplan, C. A. (1998). Language impaired preschoolers: A follow-up into adolescence. *Journal of Speech, Language, and Hearing Research*, *41*, 407 - 418.

Strong, G. K., Torgerson, C. J., Torgerson, D., & Hulme, C. (2011). A systematic meta-analytic review of evidence for the effectiveness of the 'Fast ForWord' language intervention program. *Journal of Child Psychology and Psychiatry*, *52*(3), 224 - 235.

Svirsky, M. A., Teoh, S.-W., & Neuburger, H. (2004). Development of language and speech perception in congenitally, profoundly deaf children as a function of age at cochlear implantation. *Audiology and Neuro-Otology*, *9*, 224 - 233.

Szaflarski, J. P., Holland, S. K., Schmithorst, V. J., & Byars, A. W. (2006). An fMRI study of language lateralisation in children and adults. *Human Brain Mapping*, *27*(3), 202 - 212.

Tallal, P., Miller, S. L., Bedi, G., Byma, G., Wang, X., Nagarajan, S. S., Schreiner, C., Jenkins, W. M., & Merzenich, M. M. (1996). Fanguage comprehension in language learning impaired children improved with acoustically modified speech. *Science*, *271*(5245), 81 - 84.

Tallal, P., & Piercy, M. (1974). Developmental aphasia: Rate of auditory processing 170
and selective impairment of consonant perception. *Neuropsychologia*, *12*(1), 83 - 93.

Thomas, M. S. C., & Knowland, V. (2009). Sensitive periods in brain development: Implications for education policy. *European Psychiatric Review*, *2* (1), 17 - 20.

Tomarken, A. J., Dichter, G. S., Garber, J., & Simien, C. (2004). Resting frontal brain activity: Linkages to materal depression and socioeconomic status among adolescents. *Biological Psychology*, *67*, 77 - 102.

Tomasello, M. (1995). Joint attention as social cognition. In D. Moore & P. Dunham (Eds.), *Joint attention: Its origins and its role in development*. Hillsdale, NJ: Erlbaum.

Tomblin, J. B., Hardy J. C., & Hein, H. A. (1991). Predicting poor-communication status in preschool children using risk factors present at birth. *Journal of Speech and Hearing Research*, *34*, 1096 - 1105.

Tomblin, J. B., Records, N. L., Buckwalter, P., Zhang, X., & Smith, E. (1997). Prevalence of specific language impairment in kindergarten children. *Journal of Speech, Language, and Hearing Research*, *40*, 1245 - 1260.

Turkheimer, E., Haley, A., Waldron, M., D'Onofrio, B., & Gottesman, I. (2003). Socioeconomic status modifies heritability of IQ in young children. *Psychological Science*, *14*, 623 - 628.

Turkstra, L. S., Williams, W. H., Tonks, J., & Frampton, I. (2008). Measuring social cognition in adolescents: Implications for students with TBI returning to school. *NeuroRehabilitation*, *23*(6), 501 - 509.

Vargha-Khadem, F., Watkins, K. E., Price, C. J., Ashburner, J., Alcock, K. J., Connelly, A., Frackowiak, R. S. J., Friston, K. J., Pembrey, M. E., Mishkin, M., Gadian, D. G., & Passingham, R. E. (1998). Neural basis of an inherited speech and language disorder. *Proceedings of the National Academy of Sciences of the United States of America*, *95*(21), 12695 - 12700.

Vasilyeva, M., Huttenlocher, J., & Waterfall, H. (2006). Effects of language intervention on syntactic skill levels in preschoolers. *Developmental Psychology*, *42* (1), 164 - 174.

Vernes, S. C., Newbury, D. F., Abrahams, B. S., Winchester, L., Nicod, J., Groszer, M., Alarcón, M., Oliver, P. L., Davies, K. E., Geschwind, D. H., Monaco, A. P., & Fisher, S. E. (2008). A functional genetic link between distinct developmental language disorders. *New England Journal of Medicine*, *359* (22), 2337 - 2345.

Wadman, R., Botting, N., Durkin, K., & Conti-Ramsden, G. (2011). Changes in emotional health symptoms in adolescents with specific language impairment. *International Journal of Language and Communication Disorders*, *46*(6), 641 - 656.

Walker, D., Greenwood, C., Hart, B., & Carta, J. (1994). Prediction of school outcomes based on early language production and socioeconomic factors. *Child Development*, *65*(2), 606 - 621.

Walsh, B., & Smith, A. (2002). Articulatory movements in adolescents: Evidence for protracted development of speech motor control processes. *Journal of Speech, Language, and Hearing Research*, *45*(6), 1119 - 1133.

Weber-Fox, C., Leonard, L. B., Hampton-Wray, A., & Tomblin, B. (2010). Electrophysiological correlates of rapid auditory and linguistic processing in adolescents with Specific Language Impairment. *Brain and Language*, *115*(3), 162 - 181.

Wechsler, D. (1997). *The Wechsler Adult Intelligence Scale* (3rd ed.). San Antonio, 171
TX: Psychological Corporation.

Werker, J. F., Fennell, C. T., Corcoran, K. M., & Stager, C. L. (2002). Infants' ability to learn phonetically similar words: Effects of age and vocabulary size. *Infancy*, *3*(1), 1 - 30.

Werker, J. F., Gilbert, J. H. V., Humphrey, K., & Tees, R. C. (1981). Developmental aspects of cross-language speech perception. *Child Development*, *52*, 349 - 355.

Werker, J. F., & Tees, R. C. (1984). Cross-language speech perception: Evidence for perceptual reorganisation during the first year of life. *Infant Behaviour and Development*, 7(1), 49 - 63.

Windsor, J., Glaze, L. E., & Koga, S. F. (2007). Language acquisition with limited input: Romanian institution and foster care. *Journal of Speech, Language, and Hearing Research*, *50*, 1365 - 1381.

Yang, F. G., Fuller, J., Khodaparast, N., & Krawczyk, D. C. (2010). Figurative language processing after traumatic brain injury in adults: A preliminary study. *Neuropsychologia*, *48*(7), 1923 - 1929.

Yeatman, J. D., Dougherty, R. F., Rykhlevskaia, E., Sherbondy, A. J., Deutsch, G. K., Wandell, B. A., & Ben-Shachar, M. (2011). Anatomical properties of the arcuate fasciculus predict phonological and reading skills in children. *Journal of Cognitive Neuroscience*, *23*(11), 3304 - 3317.

Zaias, J., Queeney, T. J., Kelley, J. B., Zakharova, E. S., & Izenwasser, S. (2008). Social and physical environmental enrichment differentially affect growth and activity of preadolescent and adolescent male rats. *Journal of the American Association for Laboratory Animal Science*, 47(2), 30 - 34.

## 推荐阅读

Better Communication Research Programme. Retrieved June 18, 2013, from http://www2.warwick.ac.uk/fac/soc/cedar/better/

Bishop, D. V. M. (2007). Using mismatch negativity to study central auditory processing in developmental language and literacy impairments: Where are we, and where should we be going? *Psychological Bulletin*, *133*(4), 651 - 672.

Johnson, M. H., & de Haan, M. (2011). Language. In *Developmental Cognitive Neuroscience* (pp. 164 - 183). London: Wiley.

Snowling, M. J., & Hulme, C. (2011). Evidence-based interventions for reading and language difficulties: Creating a virtuous circle. *British Journal of Educational Psychology*, *81*(1), 1 - 23.

# 第七章　阅读能力发展

172

卢里·弗恩-波拉克(Liory Fern-Pollak)
杰基·马斯特森(Jackie Masterson)

阅读看起来比较简单，然而，当我们在一张纸上，在电脑屏幕上或在街上看到一组印刷符号时，我们会深入思考这组符号涉及的问题。我们眼睛看到的这组符号是如何成为我们可以在内部加工或处理的信息的，我们怎样理解符号背后的含义？我们的脑把这些简单的印刷符号组合在一起，我们形成符号的声音，理解符号的含义和背景，这使我们能够阅读带有深刻哲学思想的书籍，这些思想或者包含了我们的灵感或愤慨，或者使我们了解自己最喜欢的肥皂剧明星的闲闻逸事并感到愉快。这些全都是通过小线条、圆圈、破折号和点（正字法）转换成有声音（语音）和意义（语义）的字母、单词和句子。这些符号被我们的眼睛所感知，并在脑中组合成文学、新闻、信件、指导手册或圣诞卡片。这远不是“简单”二字可以形容的，因为我们不能像学说话和理解口头语言那样，通过周围人来学习阅读。阅读的学习需要系统的指导和努力钻研。没有学习如何阅读的孩子是文盲。这表明，我们的脑似乎有固定的语言区域，能够在学习如何阅读的过程中，利用这些区域和其他区域来扩展我们的语言能力和理解语言的能力，进而学会阅读。理解

173 阅读时起作用的脑机制是认知神经科学的基本宗旨。虽然这本身就很有趣，但这对于理解脑是如何工作的或者更确切地说，发生错误时脑是如何运作的也很重要。

当儿童在努力学习阅读时，我们通过评估他们语言能力的不同方面来帮助他们。这是为了发现问题的原因，并提供适当的矫正方法（如果有的话）或处理问题的技术。这些技术是从教育心理学、发展心理学、认知心理学和知觉心理学，以及最近的认知神经科学的几个知识流发展而来的。所有这些绝妙的知识流的融合是新兴的教育神经科学的领域。

在本章中，我们回顾了一些研究，这些研究的重点是了解我们的脑在学习阅读时是如何变化的。特别有趣的一点是，这些研究探究年幼儿童如何通过获得阅读能力的过程，在专门为加工视觉信息的脑区和加工口语信息的脑区（参见第六章，语言发展）建立神经联系的。我们首先简要介绍我们已经了解的关于成人脑语言加工（包括阅读和阅读障碍）的知识，然后描述了发育中的脑的阅读和阅读障碍的知识。通过这些知识，我们可以更深入地了解在学习阅读的过程中，发育中的脑经历了什么。

## 一、脑中的语言

人体已经进化到利用那些专门为吃饭或呼吸的脑区来产生声音并组成口头语言。相应地，人脑也已经进化到管理说话所必需的口舌运动的运动程序。同样，人体也有专门的听觉器官，因此脑也有专门的区域来加工声音并将它们整合起来，以便理解它们，并从其他环境的声音中辨别出与语言相关的声音。目前，关于这些脑区的知识都来源于大量使用不同类型的方法的研究，从损伤研究到结构和功能的神经影像研究。

### 1. 通过观察到的功能障碍推测脑功能

虽然不能将大多数较高级的认知功能定位在特定的脑区，但是语言加工已经
174 被重复证明和一些脑区有关联，主要在左脑，这一点最早是法国医师布罗卡（Paul Broca）在 1861 年提出的。布罗卡表明，额下回（inferior frontal gyrus，IFG，毗连面部运动皮层）损伤会导致语言生成和流畅度方面的缺陷，但不会损伤表达能力。

1874 年,德国神经学家和精神病学家韦尼克(Carl Wernicke)发现了另一种类型的障碍,其特点是理解能力受损,表达不合逻辑但流畅。这种类型的损伤,有时会被称为流畅型失语症(fluent aphasia)或韦尼克失语症(Wernicke's aphasia),它是由左侧颞上回(superior temporal gyrus, STG)中相关皮层的损伤导致的,左侧颞上回位于初级听觉皮层和角回之间。这两种类型的障碍之间是可以分离的,这表明,额下回可能在语言生成方面起主要作用,而左侧颞上回可能在语言理解方面起主要作用。

1885 年,德国医师利什特海姆(Ludwig Lichtheim)报道了一个失语症患者的案例,该患者不能重复句子,也倾向于说语义错误的话。除此之外,他的语言理解能力和说话的能力都没有受损。对该患者进行尸体解剖后发现,该患者的弓形束白质纤维受损,弓形束连接了额下回和左侧颞上回。这种与弓形束白质纤维受损有关的失语症现在被称为传导型失语症(conduction aphasia, Gazzaniga, Ivry, & Mangun, 1998)。19 世纪末,法国神经学家德热里纳(Joseph Jules Dejerine, 1892)发现了两种主要的阅读障碍:伴失写症的失读症(alexia with agraphia)和无失写症的失读症(alexia without agraphia),它们都与特定的皮层损伤有关。伴失写症的失读症的特征为:在阅读(失读症)和写作(失写症)方面都有缺陷,该障碍与左侧角回的损伤有关。相应地,无失写症的失读症(也被称为纯失读症)的特征为:有阅读障碍,但写作能力完好,该障碍和左侧枕叶皮层以及胼胝体压部的损伤相关,因此人们认为该障碍是由左侧角回和视觉皮层之间的连接断开引起的。人们假定左侧角回参与视觉词形的存储记忆,这个设想后来产生出"心理词汇库"这样的概念,即脑"数据库",这个数据库在分散的皮层区域(不是只在左侧角回)存储单词的概念以及视觉词形。这些数据与体感交界范围内的区域相连,这些区域连接和综合了来自周围环境的视觉、听觉和身体信息(Gazzaniga et al., 1998; Geschwind, 1979;参见综述, Coltheart, 2004)。

基于皮层损伤和语言缺陷之间的联系,韦尼克开发了一个语言加工模型,其 175
一般原理在现代神经语言学中占主导地位。根据这个模型,语言加工过程的结构基础是左侧颞上回,通常被称为韦尼克区。在语言生成过程中,心理词汇库里的概念首先被左侧颞上回加工,然后通过弓形束转移到布罗卡区,即额下回,在这个区域形成一个详细而协调的发声"程序"。反过来,这些信息也被转移到位于初级运动皮层(primary motor cortex, PMC)的面部区域,在这里,信息被进一步加工,然后生成话语。韦尼克对于语言理解的解释则遵循相反的途径,通过将听觉输入的信息从初级听觉皮层(primary auditory cortex, PAC)转移到左侧颞上回来进行解码,在额下回整合并形成内部发音,然后转移到心理词汇库来进行意义提取(Gazzaniga et al., 1998; Price, 2000)。

同样,19世纪的阅读加工模型包含与语言加工大致相同的左外侧区域,以及视觉皮层和左侧角回周围的区域。自从布罗卡、韦尼克和德热里纳以后,一些其他种类的语言缺陷也已经确定,它们大多数都和左侧皮层区域有关。例如,左侧角回损伤,左侧梭状回的中间部分(被一些研究者称为视觉词形区,例如,Cohen et al., 2002),以及连接这些区域和视觉皮层的路径,它们都和不同种类的失语症有关(Damasio & Damasio, 1983; Geschwind, 1979)。同样,左侧缘上回和舌回都与找词困难或忘名症有关(Pinker, 1994)。

值得注意的是,这些知识是早期积累的,依靠的只是从观察到的功能障碍对脑结构功能的推断,因为皮层损伤往往是广泛的,不同患者的皮层损伤往往是不同的,因此也对认知加工产生不同的影响。20世纪80年代后期以来,随着神经影像技术和行为学方法的发展,研究者拥有了一个非常宝贵的机会,可以对健康个体和有脑损伤的个体的语言加工进行研究,因此,这使得研究者可以采取一种控制更严格且有效的方法来积累知识,特别是关于阅读加工的知识,这部分内容将在下文中介绍。

## 2. 阅读或难以阅读

简单来说,阅读开始于对词形的视觉识别,结束于充分理解。然而,在阅读的
176 最初和最末阶段之间发生的加工过程远不止这么简单。一些单词可以被快速且轻松地阅读,而另一些单词则需要花费大量的时间和精力。例如,简单、拼写一致、熟悉并且短小的单词,如cat(猫)、desk(桌子)、had(有),个体能够快速且轻松地读出来,而复杂的、不规律的或罕见的单词,如hymn(赞美诗)、cough(咳嗽)、hiatus(裂缝),特别是较长的单词,如contradistinction(对比)、interdenominational(不同教派的),个体可能需要更多的时间和精力。类似地,阅读之前从未见过的单词,或者心理词典中未被表征的不存在的单词(非单词,如baft、zode或kench)可能比读复杂的、罕见的真实单词要耗费更多的时间(Balota & Chumbley, 1984;

Foster & Chambers，1973；Frederiksen & Kroll，1976；Glushko，1979；Weekes，Coltheart，& Gordon，1997）。实际上，准确阅读冗长的、复杂的、罕见的单词和非单词通常将一些小的语言单元，如音节或单个字母集合在一起，但阅读短小的、简单的、高频的单词并不需要这么精妙的加工，即使字母位置颠倒也能顺利阅读。这种“字母位置的容忍”通常被称为“剑桥效应”（Cambridge effect，Frost，2012），这表明阅读也许能通过不同的策略完成，这些策略位于两个极端——整词识别和逐字母识别之间。

**阅读**　人们已经发展出一些理论和电脑模拟模型来解释自然阅读过程中，词形的视觉识别转变为理解的过程。在此呈现两个最著名的模型。

**双通路阅读模型**（Coltheart & Rastle，1994；Rastle & Coltheart，1998）　双通路阅读模型假定存在两个平行的机制：词汇/语义通路和亚词汇/语音通路（如图 7.1 所示）。该模型认为词汇/语义通路是一个快速且直接的通路，通过在正字法词库提取整个单词的正字法形式，然后直接在音韵词库找到整个单词的发音（在熟悉单词的情况下），或者通过对存储概念的语义知识进行调节（在不熟悉单词的情况下）。

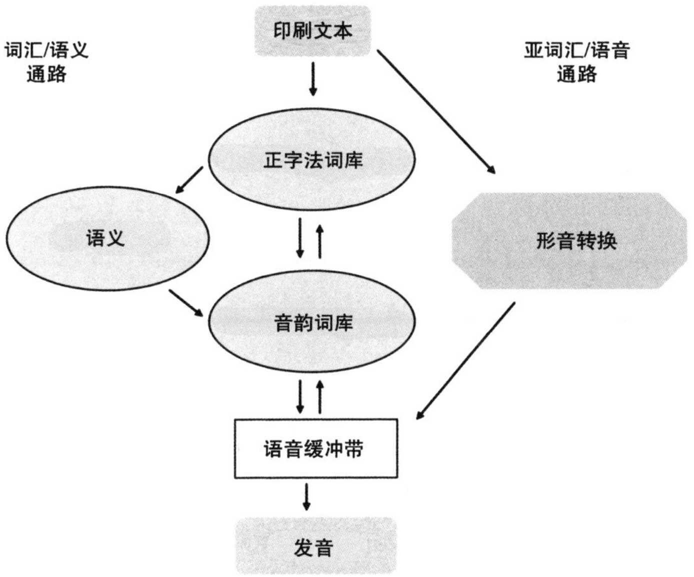


**图 7.1　双通路阅读模型示意图**

来源：Ziegler，Perry，& Coltheart，2000

相比之下，亚词汇/语音通路则涉及对字母串进行顺序分析，通过存储的字形与音位规则（如图 7.1 所示）将字形信息转化为语音，从而绕开了正字法和音韵词库。这条通路是为应付没有存储的新词而设计的。这两条通路（词汇/语义通路和亚词汇/语音通路）汇聚在语音缓冲带，在这里为发音作好语音输出的准备。

根据这个模型，自然阅读以竞争的方式同时激活两条通路，对于任何特定的字母串，优先激活的那条通路将先生成正确的发音。在读高频词时，词汇/语义通路快速又活跃，实现了快速、高效地阅读。然而，在读低频词时，语义提取所需时间的增加可能同时激活了亚词汇/语音通路，这将造成两个通路之间的竞争。在这种情况下，对任一通路的偏好都可能受拼写一致性和字长等因素的影响。

例如，读低频非一致单词，如 *yacht* 时，使用形音转换可能会导致错误的发音——它可能会读成押韵的读音 *matched*。因此，这类单词的正确发音需要一个“词库查找程序”（lexical lookup procedure，Rastle & Coltheart，2000，p. 343），同时通路之间的竞争可能导致读低频非一致单词的速度比读高频非一致单词更慢。同样，一个新单词或非单词如 *starn* 的正确发音也需要亚词汇/语音通路对其进行重新编码。否则将会出现“词汇捕获”（lexical capture，Funell & Davidson，1989）现象，将其读成单词 *start*。然而，在拼读不规则的非单词时，词汇通达是不可避免的。例如，非单词 *jough* 需要形音转换，然后是词库查找程序，这将导致将它读成和 *cough*，*tough* 或 *dough* 押韵的单词。

作为双通路阅读模型的一种替代，平行分布式联结主义阅读模型（如图 7.2 所示）假定单词和非单词都是根据读者的经验，通过单一的机制进行阅读的（Plaut & Kello，1999；Plaut，McClelland，Seidenberg & Patterson，1996；Seidenberg & McClelland，1989）。这一替代模型假定，阅读需要通过一个单词的正字法来生成合适的语音模式，这个过程是通过三种类型的单元之间合作和竞争的相互作用实现的，这三种类型的单元分别为正字法、语音和语义（如图 7.2 所示）。

在这个阅读模型中，依靠正字法、语音和语义之间加权联结的网络，对单词和非单词进行命名，该过程对隐藏单元（图中用椭圆表示）之间的统计关系很敏感，构成分散的内部表征。这些内部表征通过阅读经验中单词的视觉接触水平来调节。正字法、语音和语义都由两层组成：视觉输入（看书上的单词）和声音

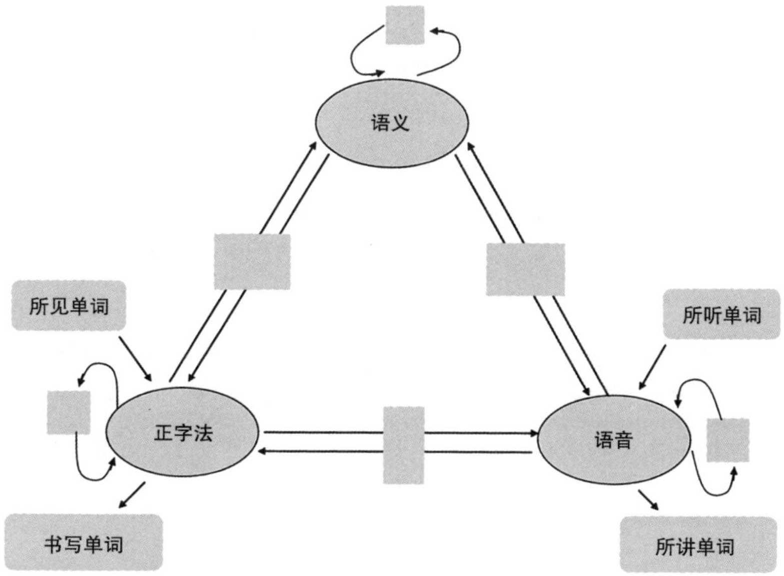


**图 7.2 平行分布式联结主义阅读模型的原理图** 178

来源：Plaut & Kello，1999
注：浅灰色的椭圆代表“隐藏单元”

输出(大声读出该单词)，它们受隐藏单元的影响。在阅读熟悉的单词时，该网络生成整个单词的正字法表征。在这个过程中，来自语义的加权输入转化为连续发音而输出，这很像双通路阅读模型的词汇/语义通路。语义输入的权重可能会随接触程度和一致性水平的变化而变化。因此，不一致的单词比一致的单词需 179
要更多的语义输入(Plaut et al.，1996)。相比之下，对于新单词或非单词，该网络激活一系列音位，并监控词素的位置。只要字母和音素保持一致，视觉监控就保持不变。然而，在不一致的新单词或非单词的情况中，该模型依靠对刺激的多重视觉定位，就像双通路阅读模型中的亚词汇/语音通路，实际上是一个又一个的字幕元素，直到产生正确的发音。这两种模型的主要区别在于：双通路阅读模型假设二元性原理(两条不同的通路)，而平行分布式联结主义阅读模型则采用自然分级的原则。

**难以阅读** 阅读缺陷的案例，例如，发展性阅读障碍和习得性阅读障碍就是展现阅读过程复杂性的例子。发展性阅读障碍指童年早期就有明显的阅读障碍，而习得性阅读障碍指因打击或其他事故引起脑损伤而表现出的阅读障碍，在打击或其他事故之前并没有阅读障碍。

早期对可能在正常阅读中起作用的不同过程的认识，主要来自对不同类型的后天损伤及其可分离性的识别（Marshall & Newcombe，1973）。例如，表层阅读障碍者可以正确阅读和拼写有规律的单词，但是在阅读和拼写无规律的单词时往往会出现规则化的错误（例如，阅读 *print* 时将之与 *hint* 押韵）。这种类型的阅读障碍可能是由意义检索（词汇检索）的调节功能受损而引起的，这通常与前外侧颞叶萎缩有关（Patterson & Hodges，1992）。相比之下，语音障碍者能够识别熟悉的单词，但不能识别单词拼写的规则，无法正确读出新单词和非单词。这些个体也许会将非单词 *motch* 读成 *match*，或将非单词 *starn* 读成 *start*，这表明这种障碍也许存在于语音再编码的过程中。这种类型的习得性阅读障碍通常和左颞顶和额叶区域的大量病变有关，这些病变是由中脑动脉梗塞引起的。同样，第三种障碍类型被称为深度阅读障碍，其特征为词汇和亚词汇均出现障碍，并且还有犯语义错误的倾向，例如将单词 lemon 读为 orange（Gazzaniga et al.，1998；Price，2000；Price & Mechelli，2005）。

与习得性阅读障碍不同，发展性阅读障碍不伴有任何神经损坏，甚至不伴有任何感官或智力障碍。然而，发展性阅读障碍可能伴有注意缺陷多动障碍、计算
180 障碍或动作协调障碍。被诊断为发展性阅读障碍的儿童可能因此表现出语言发展延迟，以及后来的拼写困难。在全球的成人和儿童中，发展性阅读障碍的发生率在 5%—17.5%之间（Shaywitz，1998）。

虽然现在阅读障碍被普遍认为是由遗传的神经障碍所致，但在阅读障碍中观察到的行为症状也许有几种不同的潜在原因，这可单独或同时影响表现。听觉加工技能（Tallal，1980）、视觉加工技能（Stein，2001）或视觉注意技能（Bosse，Tainturier，& Valdois，2007）的缺陷与阅读障碍儿童和成人的阅读表现不佳有关，研究者据此提出了大量的理论和假设。其中，在说英语的国家最流行的假设是语音缺陷假设（Snowling，2000），该假设假定语音的表征、存储和/或提取缺陷会导致个体在书面字母或字母串（字素）与其发音成分（语音）之间关联的学习和注意保持方面出现困难。关于阅读障碍的不同理论的详细回顾，请参见雷默斯（Ramus，2003）的文章。因此，发展性阅读障碍的诊断是一个复杂的过程，需要仔细考虑可能的潜在原因，以便提供最合适的干预治疗。人们通常通过教育干预来提供治疗，教育干预可以帮助有阅读障碍的读者通过补偿策略来完成日常的阅读和写作任务，但不能“治愈”或消除根本问题。

## 二、阅读的神经影像研究

皮尤等人(Pugh et al.，1996)最先通过神经影像技术，对健康被试的阅读过程进行研究。皮尤等人通过功能性磁共振成像测试了38个母语为英语的被试，力图通过四种类型的判断任务分离与阅读正字法、语音、语义加工过程相关的皮层网络，这四种类型的判断任务分别为：字母大小写判断(正字法任务)，假单词押韵判断(语音任务)，语义范畴判断(语义任务)和线段判断(基线任务)。

结果发现，正字法加工过程和双边外侧中、下枕叶皮质的强烈激活相关，语音加工过程和左外侧眶回、前额叶背外侧以及下额叶皮质的激活密切相关，虽然这些区域的激活在语义任务中也能观察到。相应地，语义加工过程和内侧枕叶皮层以及左侧上、中颞叶脑区相关。

因此，这些发现表明，正字法、语音和语义加工过程的调节在语言加工网络中存在功能分化，这使得作者们获得了与阅读相关的解剖学脑区的结构“草图”。依据这个模型，对印刷体的初级视觉加工包含了枕叶区域的纹状体和外纹状体(如图7.3所示)，紧接着通过外侧和内侧纹状体网络的调节将特征信息投射为

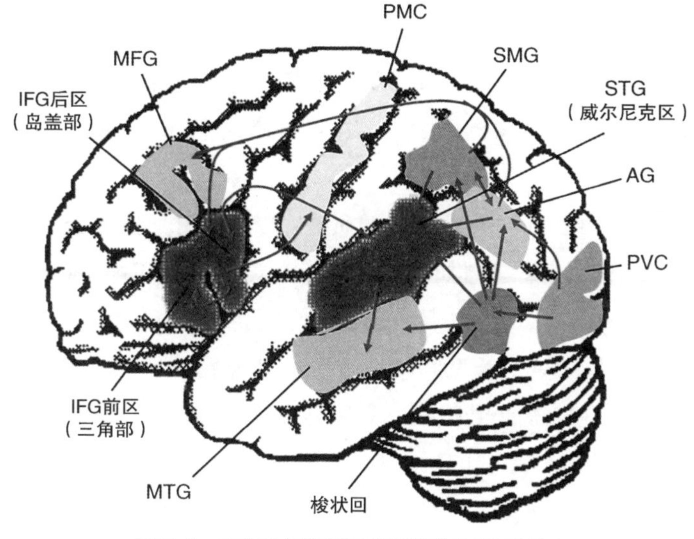


**图7.3　目前认可的涉及阅读的主要脑区图示** 181

注：图中箭头代表沿白质通路传递的信息。IFG，额下回；MFG，额中回；PMC，初级运动皮层；AG，角回；STG，颞上回；SMG，缘上回；PVC，初级视觉皮层；MTG，颞上回

正字法表征。然后，多个额下和颞叶区域作用于语音表征的整合过程。最后，通过双侧颞中回、颞上回的参与，通达词汇/语义信息并进行决策。在早期的神经影像研究中，作者们注意到一些涉及阅读过程的已知脑区，例如角回和缘上回，然而，在当时的实验条件下是无法将其可视化的。因此，研究这些区域的阅读过程并提供更详细，特别是涉及正字法、语音和语义加工过程的神经网络的描述是后来研究的任务。

菲耶等人(Fiez, Balota, Raichle, & Petersen, 1999)进行的正电子放射断层
182 造影术研究扩展了上述发现。该研究展示了在包括双侧额下回、额中回、中央沟前回、额内侧回、双侧颞上回与双边梭状回在内的许多脑区中，存在和阅读相关的显著激活模式，这一结果扩展了上述发现。菲耶等人提出，左侧颞上回的激活反映了亚词汇/语音加工过程，而中央沟前回以及辅助运动区的激活可能是由默读刺激所引发。同时，前额叶皮层下部也许是亚词汇/语音加工过程(如有意识提取、操作或搜索语音表征)的基础。

在另一项研究中，麦克德莫特等人(McDermott, Petersen, Watson, & Ojemann, 2003)使用功能性磁共振成像检测左侧前额叶皮层在词汇/语义以及亚词汇/语音加工过程中的作用。结果发现，词汇/语义加工过程和额下回前部(三角部)以及一个邻近左侧颞上沟/颞中沟的区域的激活有关。相应地，亚词汇/语音加工过程和额下回后部(岛盖部)的腹侧区域以及左侧中央沟前回和左侧顶叶皮层下部的激活有关。因此，麦克德莫特等人开始成功地在涉及视觉单词识别的皮质区域网络，将涉及词汇/语义和亚词汇/语音加工过程的脑区分离开。

自此，使用英语以外的其他语言的研究，以及使用其他神经影像方法的研究都产生了相似的结果。例如，韦德尔等人(Wydell, Vuorinen, Helenius, & Salmelin, 2003)利用脑磁图(关于脑磁图的介绍，参见第二章)来检测在阅读芬兰语的过程中，印刷单词的长度和词汇效应的神经相关性。脑磁图能提供比血液动力学成像技术(如功能性磁共振成像)明显更好的时间分辨率，但其提供的空间信息准确性相对更低。作者比较了被试默读短单词、长单词以及长非单词时的激活模式及其加工时序。短单词和长非单词的激活模式分别反映出词汇/语义加工过程和亚词汇/语音加工过程。结果表明，阅读将导致枕骨中线内的早期激活(刺激开始200毫秒以内)，与阅读长字母串(包括长单词和长非单词)相

关的激活模式显著增强。在 200 毫秒后,激活模式向脑前部区域扩展,伴随着主要(而不是唯一的)左侧颞上回的显著长时激活。作者们检测到,这些白质束对长单词有反应。与之相反,左侧顶叶皮层、角回附近区域以及右侧额叶中部在阅读短单词时几乎不激活。有趣的是,在激活初期能显著观察到字母串长度(短或
长)的影响,而真单词或非单词的影响仅在后来的源集群中才显现出来。作者们 183
观察到这些效应的激活时长随刺激类型而发生系统性增加,即短单词的激活时长最短,短非单词的激活时长稍长,长单词的激活时长较长,长非单词的激活时长最长。因此,作者认为,在左侧颞上回区域观察到的词长和词性的综合效应可能反映了阅读过程中的两种加工方式。

比克等人(Bick, Goelman, & Frost, 2008)使用了四种不同类型的语言任务,用功能性磁共振成像研究希伯来语阅读的神经联结。在语义任务中,被试判断两个单词在语义上是否相关;在正字法任务中,被试判断两个单词在正字法上是否存在相似性;在语音任务中,被试判断两个单词在语音上是否押韵;在形态学任务中,被试在指导下判断两个单词是不是从相同的词根衍生出来的。结果显示,语言任务所诱导的神经回路激活和之前在阅读任务中的发现相同,这些神经回路为左边单侧的中、下额叶皮层,以及包括梭状回、下顶叶皮层和中、上颞叶皮层在内的枕颞叶皮层。重要的是,如前所述,相对于其他任务,在中、下额叶皮层中,语义任务激活的区域更靠前和靠下。另外,语义任务的加工过程和颞上回的激活相关,这更强有力地表明,颞上回与语义和语音加工过程都相关。正字法任务也能导致颞上回与梭状回、枕上回和顶下小叶的边缘区域的激活。语音任务导致额下回后部和中央沟前回的优先激活,而形态学任务导致额中回的优先激活。

综上所述,上述研究报告的数据表明,在语言加工之前,对所阅读材料的早期视觉分析在双侧枕叶皮层发生,然后左侧枕叶区域的正字法加工过程逐渐参与进来。词汇/语义加工过程可能主要受左侧额下回和额中回的前部(三角部)的调节,而左侧中央沟前回和额下回横面的周边脑区,如额下沟和额下回的腮盖部可能主要对亚词汇/语音加工过程有促进作用。在正字法和语音信息之间起
调节作用的区域是左侧相关区域,如左侧顶下小叶,包括角回和缘上回,以及左 184
侧颞中回和颞上回周围的区域。

图 7.3 整合以上神经影像研究数据,以合理的图示形式,展现了成人阅读涉及的脑区。

### 1. 阅读障碍者和熟练阅读者的脑激活有何差异?

到目前为止,我们已经知道,在成人脑中,正常阅读的过程受左侧额顶网络调节,包括额下回、角回和缘上回,以及颞下皮层的一个区域,人们通常将其称为视觉词形区。异常阅读受哪些脑区的调节呢?直到21世纪初期,研究仅限于成人。一些研究检测了由脑损伤引起的习得性阅读障碍的病例(如前所述);另一些研究关注了有发展性阅读障碍的年轻人,这部分研究由于方法和取样的差异,出现了一些矛盾的发现(具体见综述 Price & McCrory, 2005)。这些早期研究得到的一个共识是:阅读障碍被试和控制组被试阅读网络的激活模式存在差异。具体来说,作者观察到包括布罗卡区在内的左侧额下皮层激活减少,与语音输出和发音清晰的过程相关;缘上回激活减少,与语音加工的过程相关;角回激活减少,与视觉信息到语音信息的转换相关;颞下皮层或视觉词形区激活减少,与可视字母串的抽象识别编码以及熟悉单词的快速识别相关,这一过程会随阅读经历而发展(Brunswick et al., 1999; Paulesu et al., 2001)。这些发现引发了这样一种观点,即语音加工所需的额顶区的功能障碍可能会导致快速识别单词所需要的枕颞叶区域的发展不良,从而阻碍阅读的准确性和流畅性。从本质上说,已有观点表明,阅读障碍的核心缺陷是语音缺陷(参见 Snowling, 2000)。

一些研究表明,视觉注意广度是阅读障碍不良结果的原因,阅读障碍与语音缺陷无关(Bosse et al., 2007; Dubois et al., 2010; Valdois et al., 2003)。这些研究表明,与视觉注意相关的左侧顶上区域功能障碍可能是阅读障碍的一个潜
185 在原因。举个例子,佩兰等人(Peyrin, Lallier, & Valdois, 2008)进行了一项全球性的研究,研究使用5个短暂呈现的辅音序列(如 RSHDM),比较一组熟练阅读被试和一组阅读障碍被试的激活模式。结果表明,阅读障碍被试的视觉注意广度异常。视觉注意广度正常的被试能在一次视觉任务中感知所有5个辅音,而那些视觉注意广度小的阅读障碍被试只能感知2—3个辅音(Valdois et al., 2003)。研究者观察到,熟练阅读被试在左侧枕中回、角回和左侧顶上小叶区域存在选择性激活,而视觉注意广度异常的阅读障碍被试在这些区域不存在激活。随后,研究者使用了更严格的视觉注意广度任务,要求被试判断两个视觉呈现的元素(字母和几何形状)是否属于同一类别(Peyrin et al., 2012; Valdois, Peyrin, & Baciu, 2009)。这些证实了之前的研究结果。

大部分以成人为被试的研究表明，阅读障碍被试和控制组被试阅读过程所涉及的神经系统只存在细微差异。这似乎表明，阅读障碍被试阅读过程涉及的大部分神经系统和正常被试是相同的，但是激活区域的范围和强度是不同的。这就提出了在发展的早期阶段情况是否相同的问题。这种在阅读障碍成人中观察到的激活模式是终身阅读能力差的结果，还是儿童期异常的神经加工的特征？

## 2. 教育神经科学和阅读障碍

**探查阅读障碍儿童脑的内部** 施威茨等人（Shaywitz et al.，2002）用功能性磁共振成像比较了 70 个阅读障碍儿童和 74 个正常发展儿童的脑激活模式，被试年龄在 7—18 岁之间。作者使用 5 个难度逐渐增加的任务，分别涉及视觉加工、语音加工和语义加工。首先，是一个仅需视觉加工的线条定位任务（例如，\\V 和\\V 一样吗？）；其次，是一个更难一些的视觉任务，对字母大小写的判断（例如，bbBb 和 bbBb 一样吗？）；再次，是一个简单一些的语音任务，对字母押韵情况的判断（例如，T 和 V 押韵吗？）；最后，是一个非单词押韵任务（例如，lete 和 jete 押韵吗？）。之后，再进行一个语义分类任务（例如，corn 和 rice 属于同一个语义范畴吗？）。在这些任务中，阅读障碍儿童的表现比正常发展儿童的表现明显更差，并且前者左侧后部与阅读相关的脑区激活减弱。将阅读表现和不同任务的激活模式联系起来，会发现阅读表现与押韵判断和语义判读任务中左侧颞
中皮层下部的激活增强呈正相关。另外，仅在语义任务中，阅读表现才与双侧颞 186
顶区域（角回和缘上回）的激活呈正相关。阅读表现与右侧枕颞叶区域的激活呈负相关。这些正相关与前人在成人研究中的发现一致，即阅读障碍被试在左侧颞中皮层下部的激活降低（例如，Brunswick et al.，1999；Paulesu et al.，2001）。

除此之外，研究者还将激活模式和年龄联系起来。在非单词押韵任务中，研究者发现，与年幼的阅读障碍儿童相比，年龄较大的阅读障碍儿童往往激活双侧额下皮层，这与先前在成人身上观察到的数据一致（Shaywitz et al.，1998）。这一发现表明，有了阅读经验，阅读障碍儿童后部脑区的缺陷得到了补偿。另外，在语义分类任务中，年龄较大的阅读障碍儿童激活右侧额下回，而正常发展儿童激活左侧额下回。因此，这一观察表明，年龄较大的阅读障碍儿童通过使用“辅助系统”补偿了语义处理所需要的左侧额下回区域的缺陷（Shaywitz et al.，2002）。

该研究是首个对阅读障碍儿童的脑区进行定位的研究，并提供了有阅读经验的阅读障碍者脑中可能发生变化的深入见解。自此，其他研究依靠技术进步和神经影像技术的进步，证实和扩展了这些发现。例如，梵德马克等人（van der Mark et al.，2009）研究了阅读障碍儿童枕颞叶区域（包括被称为视觉词形区的区域）的激活模式。这项研究的目的在于评估这些区域激活程度的降低是否与只有几年阅读经验的儿童的阅读障碍症状有关。研究者假定，与之前在成人研究中观察到的一样，这些区域和阅读特有的两种处理方式，即识别字母粗略特征（与错误单词对照）和加工熟悉单词更快、更有效（与新单词或非单词对照）有关。研究者以 18 个阅读障碍儿童和 24 个正常发展儿童为被试，他们的年龄在 10—13 岁之间，在他们完成一项语音词汇判断任务时，对他们进行扫描，语音词汇判断任务需要被试同时进行语音处理和正字法处理。在这个任务中，研究者给被试呈现 4 种类型的视觉刺激：（1）真单词；（2）同音假单词；（3）非单词；（4）错
187 误词形，要求被试判断这些视觉刺激看起来是否像真单词。在扫描仪之外，研究者还给被试一个正字法判断任务，以进一步测量被试的行为表现。在后一个任务中，给儿童呈现语音任务中的相同单词、同音假单词以及非单词，或者这些单词的错误拼写版本，要求他们判断这些单词是否拼写正确。这决定了儿童在扫描仪中区分刺激的熟悉形式和不熟悉形式的能力。

阅读障碍儿童在判断视觉刺激看起来是否像真单词时，显著慢于正常发展儿童，同时在判断同音假单词和非单词时，正确率显著低于正常发展儿童，但是在判断真单词和错误词形时，正确率和正常发展儿童相当。在正字法判断任务中，阅读障碍儿童在识别同音假单词的熟悉形式时，正确率显著低于正常发展儿童，但是在识别真单词和熟悉的非单词时，其正确率和正常发展儿童相当。

研究者在阅读障碍儿童和正常发展儿童之间，也观察到视觉词形区域激活模式的差异。首先，在寻找书面印刷体的特异性效应时，研究者发现，与该区域前部相比，该区域对真字母串有更强激活，对错误词形的更强激活则与该区域后部相关。研究者将此称为“前后梯度”，他们在正常发展儿童身上观察到这种梯度，但在阅读障碍儿童身上却没观察到。其次，正常发展儿童出现正字法熟悉效应，即与熟悉单词相比，不熟悉单词的激活程度更高，而阅读障碍儿童则没有表现出这种效应。因此，这项研究表明，即使是在阅读习得的相对早期阶段，和正常发展儿童相比，阅读障碍儿童仍在单词粗略识别和单词熟悉度方面存在视觉

词形区域受损现象。

瓦尔多斯小组扫描了12个患视觉注意广度障碍的阅读障碍儿童和12个正常发展儿童，他们的平均年龄为10岁（Peyrin et al.，2011）。这些儿童需要完成一项以前研究者在成人研究中使用的视觉识别任务，该任务要求被试判断两个视觉刺激是否属于同一类别。一个刺激出现在屏幕中心，另一个刺激出现在中心刺激左侧或右侧三度偏心率的位置。每对刺激都是一对字母（例如，E E）或一个几何图形和一个字母（如 ΔE）。刺激在两种情景呈现：一种是简单情景，即视觉刺激单独呈现；另一种是需要更多注意的复杂情景，在该情景中，边缘刺激的两侧有两个字母“X”（如 E XEX）。相比于简单情景，在识别两侧有字母的复杂情景边缘呈现的刺激是否和中心呈现的刺激相同时，正常发展儿童的反应时间更长。与之相一致的是，在该情景中也观察到左侧顶上小叶有更强的激活。这 188
一发现和成人数据一致，表明这一任务占用的脑区与视觉注意有特别的相关，同时复杂情景比简单情景更需要注意。阅读障碍儿童在复杂情景中的准确性和正常发展儿童相当，但反应明显更慢。激活模式表明，和正常发展儿童相比，阅读障碍儿童左侧顶上小叶在此过程中激活程度明显降低。同时，阅读障碍儿童内侧额叶和枕叶区域激活程度提高，而这些区域与视知觉加工和一般注意相关，而该现象在正常发展儿童中没有发现。

这一观察表明，由于缺少正常的顶叶激活，阅读障碍儿童使用了补偿的神经资源，这些神经资源有助于他们准确执行任务，但仍然比正常发展儿童慢。研究者因此认为，左侧顶上小叶也许在早期的阅读习得中具有重要作用，字母识别诱发对注意系统的强烈需求。由于左侧顶叶系统的功能缺损导致字母串识别有困难的儿童，可能在建立字母串的牢固心理表征时遗漏关键的步骤，字母串的心理表征将巩固为视觉词形，而这进一步导致不流畅的单词识别和随之而来的阅读障碍。

**干预研究**　研究阅读障碍的目标之一就是明确该障碍的具体类型，从而能够选择专门的教育干预类型。下面，我们将总结一些研究，这些研究已经检测了不同类型的教育干预对儿童脑神经活动和联结模式的影响。

施威茨等人（Shaywitz et al.，2004）评估了教育矫正对阅读流畅性的影响，并研究这是否和枕颞叶区域激活模式的变化有关。施威茨等人对37个年龄在6—9岁之间的阅读障碍儿童进行了他们称之为“基于证据”的语音调节阅读干预,旨在帮助阅读障碍儿童发展语音知识,理解正字法和语音之间的关系。施威茨等人给这些儿童提供了为期 8 个月的每日 50 分钟的个人辅导(实验干预组)。将该组儿童和 12 个接受学校提供的(而不是如随机对照试验或“基于证据”的干预那样,在实验室提供的)各种干预的同龄的阅读障碍儿童相比较(社区干预组)。施威茨等人还设置了一个控制组,由 28 个被认为是优秀阅读者(标准阅读测试得分前 39%)的儿童组成。

189 所有儿童都在干预前和干预后,接受功能性磁共振成像扫描。实验干预组的儿童在干预完成一年后也接受扫描。在扫描仪中,给儿童呈现一个交叉知觉模式的字母识别任务,其中包括一个强制选择的决定,即先前呈现的口头字母名称(听觉模式)是否和屏幕呈现的单词(视觉模式)匹配。这个任务有两个实验情景:(1) 简单情景,包含不相似的字母(如 B 和 K);(2) 复杂情景,包含可能高度混淆的字母(如 B 和 T)。

和控制组儿童相比,两个阅读障碍组的儿童在开始干预前阅读能力明显更差。在干预后,实验干预组的儿童阅读能力显著提高,而社区干预组的儿童则没有。同时,不同组与字母识别任务相关的激活模式在干预前、后也存在显著差异。实验干预组左侧半球区域,包括额下回和颞叶中下回激活增强,这些区域之前被认为是语音处理的基础。有趣的是,控制组的激活模式与实验干预组相似,但社区干预组却不同,社区干预组左尾状细胞核激活增强。必须指出的是,在字母识别任务中,被试的反应时间和准确性不存在组间差异,作者没有解决这一问题。另外,作者没有解释为什么与其他两组相比,社区干预组左尾状细胞核激活增强。尽管存在这些局限,这项研究的结果仍然提供了证据,表明“基于证据”的干预能够显著提高阅读成绩,这似乎与形成与熟练阅读者类似的新的神经联结有关。换句话说,研究结果表明,在适当的指导下,阅读障碍儿童的脑能够采用那些和更有技巧的阅读者相似的加工过程,从而减少了对认知要求更高的补偿策略的需要。

在前面的视觉注意广度中,瓦尔多斯小组已经开始探讨矫正训练的效果,这些矫正训练基于左侧顶上皮层激活模式增强视觉注意广度。在有 10 个阅读障碍儿童的预实验中,佩兰等人(Peyrin et al., 2006)经过 6 周的视觉探索和对干扰物中的目标进行视觉搜索的强化培训,儿童在双侧分类任务中表现出左侧顶上皮层的激活,这种现象在干预之前并没有出现。这些变化与在扫描仪外的双侧分类任务和其他视觉注意广度任务上的成绩提高有关。

理查兹和贝尔宁格(Richards & Berninger，2008)研究了语音干预对阅读障 190
碍儿童阅读网络不同区域，即额下回、额中回枕叶皮层和小脑的功能性联结的效应。传统的功能性磁共振成像可以明确和特定认知任务相关的所有区域，与此不同，功能性联结磁共振成像可以检测不同脑区之间的协作和这些脑区时间上的一致性。在这个研究中，在儿童第一次的联结研究中，研究者给 18 个阅读障碍儿童语言意识、解码和拼写方面的指导，以此作为矫正项目的一部分来提高他们的阅读能力。这些阅读障碍儿童在干预前和干预后都接受扫描。在扫描仪中，给阅读障碍儿童一个语音映射任务，并将该任务所引发的激活模式与 21 个非阅读障碍儿童在同一任务中的激活模式进行了比较。

在干预之前，相比于非阅读障碍儿童，阅读障碍儿童在左侧额下回和额中回、双侧辅助运动区域和中央沟前回，以及右侧额中回之间表现出更强的功能性联结。在干预之后，阅读障碍儿童和非阅读障碍儿童之间的这些差异就不再存在了。因此，作者建议，在干预之前，阅读障碍儿童用一种基于记忆的策略来完成语音任务，这可以通过左侧和右侧额叶区域的联结加以证实。在干预之后，这种左侧和右侧额下回的过度联结减少，这些联结之前涉及有效的语音加工，同时导致左边单侧额顶区的联结增强，这些联结和在熟练阅读者中观察到的模式更相似。值得注意的是，作者在该项研究中发现，阅读障碍儿童和非阅读障碍儿童之间枕颞叶网络的联结不存在差异。这可能是由于任务所涉及的本质所致。

**联结不同脑区**　梵德马克等人(van der Mark et al.，2011)使用之前研究(n der Mark et al.，2009)的数据来评定左侧枕颞叶系统(和视觉词汇加工有关)和其余更多的前部阅读网络之间的功能性联结。控制组儿童表现出左侧梭状回周围区域和位于左侧额叶的经典语言加工区域以及顶叶皮层之间的典型联结模式。与此相反，阅读障碍儿童左侧梭状回周围区域和更前部区域之间的联结被破坏：一方面，左侧额下区域和顶下区域之间的联结减少；另一方面，左侧颞中
回和颞上回间的联结增加。这些中断的联结模式和语音加工过程相关联，这能 191
够解释为什么阅读障碍儿童在接受真单词时准确性与控制组相当，尽管速度较慢，但在拒绝同音假单词和非单词时准确性显著降低。与前文提到的干预研究类似，该研究似乎表明，阅读障碍儿童专门加工视觉信息的脑区与和语音、语义加工有关的脑区之间的功能性联结减少了。也许可以假定，这种联结的减少阻

碍了有效阅读所必需的技能的发展。

其他一些研究者采用成像方法研究不同阅读皮层区域之间白质通路联结的成像。例如,比利等人(Beaulieu et al., 2005)使用弥散张量成像(DTI,该方法的描述见第二章)来检测 32 个儿童阅读网络中白质密度和阅读表现之间的关系。这项研究没有对阅读障碍者和熟练的阅读者进行比较,而是以 8—12 岁阅读能力不同的普通阅读者为研究对象,其中,16 个儿童是平均水平的阅读者,12 个儿童是高于平均水平的阅读者,只有 4 个儿童是较弱的阅读者。结果表明,阅读能力和左侧颞顶神经纤维束上白质联结的指标有相关($r = 0.54$)。这些神经纤维束联结颞叶和顶叶区域,这些区域以前被证明与语音加工有关,并在阅读障碍被试中不够活跃。换句话说,高于平均水平的阅读者表现出更强的联结,而平均水平的阅读者和较弱的阅读者表现出较弱的联结。多伊奇等人(Deutsch et al., 2005)也报告了类似的研究结果,他们比较了 7 个阅读障碍儿童和 7 个年龄在 7—13 岁的熟练阅读儿童。

我们强调的这些研究都表明,阅读障碍者表现出不同于控制组的激活模式,年长的阅读障碍者倾向于通过采用其他的和更广泛的脑区来补偿他们的困难。我们还强调,通过适当的干预,阅读障碍者的脑功能性联结可以被"重塑",并通过近似于更熟练的阅读者所使用的加工系统来提高阅读效率。与教育神经科学有关的问题是,可以在阅读障碍者之间观察到个体差异。一些阅读障碍者似乎更能够采用补偿策略,通过努力似乎可以达到和那些熟练阅读者同样的能力水平,甚至可能更好,而其他阅读障碍者在成年后仍然伴随着持续的阅读困难,这可能会阻碍他们的生活。

## 192 三、个体差异:预测阅读结果

施威茨等人(Shaywitz et al., 2003)研究补偿性阅读障碍者和长期阅读障碍者是否有差异,差异是怎样的,以及哪些因素可能导致这些差异性结果。在这项研究中,施威茨等人对三组 18—22 岁年轻人进行了测试。将 19 个补偿性阅读障碍者和 24 个长期阅读障碍者与 27 个控制组被试进行比较。补偿性阅读障碍者是那些在小学曾被认为存在阅读困难,但初中就不再如此的被试,而长期阅读障碍者的阅读困难从小学持续到初中。

给所有被试提供非单词、线条定位和语义分类匹配任务(Shaywitz et al.,2002)。行为结果显示,在非单词匹配任务中,长期阅读障碍者准确性明显低于补偿性阅读障碍者,而后者在非单词匹配任务和语义分类匹配任务中准确性低于控制组被试。施威茨等人在这三组被试中观察到不同的激活模式,但这些都与任务相关。特别是,在非单词匹配任务中,两组阅读障碍者的颞后回的激活程度都降低,右侧额下回的激活程度增强。在这项任务中,阅读障碍者表现出右侧额上区域、右侧颞中区域、左侧前扣带回激活增强。作者将这一发现解释为,补偿性阅读障碍者依赖补偿性神经系统完成任务,这使他们有更好的表现,反应时间和准确性证明了这一点。在语义匹配任务中,与控制组相似,补偿性阅读障碍者左侧枕颞叶区域激活减少,而长期阅读障碍者右边单侧前额叶区域优先激活并伴随左侧枕颞叶激活。然而,施威茨等人指出,事实上,与控制组相比,阅读障碍者在这个区域的激活程度更高,尽管他们的表现较差。这一意外的发现表明,长期阅读障碍者是以与控制组不同的方式参与到阅读中来的。作者提出,熟练阅读者的枕颞叶系统通过基于语音的单词分析而发展,通过该区域和左侧额下区域的连接来实现。相比之下,长期阅读障碍者该区域的激活与右侧前额叶——与工作记忆和记忆检索相关的区域的激活增加有关。因此,这些发现表明,补偿性阅读障碍者和长期阅读障碍者之间的差异在于视觉系统和更高级认知系统之间的联结,补偿性阅读障碍者右边单侧区域过度激活,这使阅读更有 193
效,而长期阅读障碍者这些联结通常存在于那些和阅读无关的区域之间。

这项研究在区分不同类型的阅读障碍者不同类型的激活能力方面具有开创性。这一知识引起了大量的神经影像研究,旨在确定年幼儿童的激活模式,这可能有助于预测哪些儿童能轻松学会阅读,哪些儿童不能,从而针对那些成年后可能有持续阅读困难的儿童,制订补偿策略。例如,皮赫科等人(Pihko et al.,1999)以及莫尔费塞,莫尔费塞和莫丘莱(Molfese, Molfese, & Modgline, 2001)采用事件相关电位,比较有阅读障碍家族史的婴儿和那些没有阅读障碍家族史的婴儿的激活模式。在这两项研究中,唤起的对语音和音位的反应与几年后的语言和阅读能力呈正相关。在一项持续五年的纵向研究中,莫勒等人(Maurer et al.,2009)观察到,幼儿园期间语音感知诱发了双边激活的儿童(平均年龄 6.6 岁)在二年级(平均年龄 8.3 岁)被归为阅读困难者一类。相比之下,主要是左半球激活的儿童在二年级被归为普通阅读者一类。也就是说,与双边激活相比,在幼儿园期间观察到左半球激活与学校标准阅读测试中更好的表现相关。

赫夫特等人(Hoeft et al., 2010)使用功能性磁共振成像和弥散张量成像对45个青少年被试(平均年龄14岁),25个阅读障碍被试和20个控制组被试进行了一项预测性纵向研究。在研究开始时(时间点1),在儿童完成一项单词押韵判断任务时进行扫描。结果发现,儿童的激活模式和他们的阅读和语言表现(在扫描仪外评估)相关。2.5年后(时间点2),重新评估阅读能力,并将其与时间点1所观察到的阅读障碍被试和控制组被试的阅读能力相比较。另外,在时间点1观察到的儿童的脑激活模式和联结作为预测性测量工具,用来预测时间点2的阅读能力提高程度。也就是说,作者研究了那些在时间点1和时间点2之间,在阅读能力上有所提高的儿童的脑激活模式和联结,是否与那些在这两个时间点之间,在阅读能力上没有提高的儿童不同。

这项研究结果表明,那些在时间点1表现出右侧额下回更强激活,以及右侧额叶和顶颞叶区域之间更强白质完整性的阅读障碍儿童,在时间点2阅读能力提高最多。赫夫特等人指出,和施威茨等人(Shaywitz et al., 2003)的研究相似,正常的阅读者并没有显示出这种激活模式。因此,赫夫特等人推断,右侧额叶皮层活动性和联结的增强与一些阅读障碍者采用的补偿性机制相关,这种补偿性机制促进了阅读能力在学习过程中相对成功发展。

194 这些研究成功预测了基于皮层激活模式的阅读表现,为教育带来了神经预测。神经预测这一术语在临床场合经常使用,指的是使用神经影像来预测神经综合征的未来变化。通过观察儿童皮层激活和白质完整性模式预测儿童的阅读进步,可以使专业人士选择具体的教育干预措施,帮助那些在正常教育过程中不太可能提高阅读成绩的儿童。

## 四、不同语言中的阅读学习和阅读失败

正如本章所论,学习阅读需要在脑的视觉区域和调节语音加工的区域之间建立联系。因此,入门的阅读者主要依靠语音重新编码——加工小的字形单位(字母和音节),将它们的发音组合起来。随着阅读经验的增加,它们逐渐加工更大的语言"组块"(整词)。的确,正如我们在本章所描述的那样,上述结果已经在英语以外的其他语言中表现出来,例如,芬兰语、希伯来语、法语、德语、西班牙

语、意大利语、汉语和日语等(详细综述参见 Frost, 2005; Ziegler & Goswami, 2006)。不同语言的识字能力发展速率可能与正字法透明度水平保持一致。正字法透明度这一概念是指书面单元和发音之间存在的对应等级。意大利语和西班牙语被认为是极度透明的,因为字母和发音之间几乎是一对一的对应关系,而希伯来语,尤其是日语和汉语,被认为是极度不透明的。通过研究不同语言的识字过程,研究者发现,母语是不透明正字法语言的母语者比母语是透明正字法语言的母语者学习阅读的速度要慢。然而,也有证据表明,一旦识字能力建立起来,透明和不透明正字法的阅读者都能达到类似的流利和准确水平(参见 Hanley, Masterson, Spencer, & Evans, 2004; Seymour, Aro, & Eriksine, 2003)。

同样,阅读障碍,如发展性阅读障碍,在世界各地都很普遍。事实上,人们注意到,尽管不同国家的儿童有类似的语音缺陷,但是阅读障碍儿童表现出的不同情况,取决于所学语言的正字法透明度。在透明正字法语言中,阅读障碍会变得非常明显,伴随极度缓慢和费力的语音重新编码而出现,还存在糟糕的拼写问题。在不透明正字法语言中,除了阅读速度缓慢和拼写不佳之外,主要表现是准 195
确性较差(Ziegler & Goswami, 2005)。另外,有阅读障碍的儿童学习不透明正字法语言时,其"放弃"的临界值也许高于那些学习透明正字法语言的儿童(参见 Paulesu, 2006)。

汉利等人(Hanley et al., 2004)进行的一项有趣的研究表明,5—7 岁的威尔士语儿童在阅读真单词和非单词时,表现好于相应的英语儿童(Spencer & Hanley, 2003)。后续研究表明,在 11 岁时,两组被试都已经习得相当数量的真单词和非单词,具有了一定的阅读能力。然而,正如在之前研究中所观察到的那样,阅读障碍者之间的组间差异仍然存在,后 25%的英语阅读者,在真单词和非单词的准确性表现上,显著差于后 25%的威尔士语阅读者,后者虽然阅读速度相当慢,但表现出更高的准确性。因此,从长期来看,相对于威尔士语透明的正字法,英语不透明的正字法对阅读障碍者是有害的。

正常阅读者学习阅读不同语言和阅读障碍者学习阅读不同语言之间的差异,对可能出现阅读障碍的双语和多语儿童特别重要。教育系统中双语儿童面临的一个普遍问题是,第二语言中阅读习得能力减弱往往被归因于语言能力低下(Cline & Frederickson, 1999; Geva, 2000; Uno et al., 2009)。这一假设可能掩盖了一个容易被忽视的潜在的缺损。同时,在一些案例中,额外的语言知识实际上可能会导致错误，更可能被诊断为阅读障碍(Geva, 2000)。因此，运用神经科学方法来研究双语儿童的阅读和阅读障碍，也许有助于对有阅读障碍风险的双语儿童进行精准的神经预测。

## 五、总结

在本章中，我们强调，看似简单的阅读过程远没有那么简单，以及阅读学习是如何改变我们的脑结构的。我们回顾了以那些在识字能力方面存在困难的人为被试进行的一些研究。这些研究表明，脑回路如何被专门为潜在缺损而设计的教育干预所改变。这些研究中，一些研究表明，阅读障碍者之间存在个体差
196 异，那些设法补偿自身障碍的人表现出的激活和联结模式，在正常阅读者或长期阅读障碍者中没有观察到。将这些个体差异可视化的能力是一种潜在的有力工具，我们可以利用这一工具来帮助设计干预措施，从而帮助所有类型的努力学习的阅读者。此外，一些研究旨在建立预测方法，来预测哪些儿童在今后的生活中可能出现阅读障碍的症状。虽然神经影像技术的发展给我们打开了进入人脑的窗口，但重要的是，我们应记住任何干预措施不仅必须考虑阅读的神经基础，还应考虑阅读的情感因素。因此，教学策略的发展也必须注重鼓励和激励。

我们希望本章有助于强调激动人心的新兴领域——教育神经科学的重要性，以及强调该领域发展新方式去理解使我们成为人的中枢神经系统的独特方面的潜力。

## 参考文献

Balota, D. A., & Chumbley, J. I. (1984). Are lexical decisions a good measure of lexical access? The role of word frequency in the neglected decision stage. *Journal of Experimental Psychology: Human Perception and Performance*, *10*(3), 340 - 357.

Beaulieu, C., Plewes, C., Paulson, L. A., Roy, D., Snook, L., Concha, L., & Phillips, L. (2005). Imaging brain connectivity in children with diverse reading ability. *NeuroImage*, *25*(4), 1266 - 1271.

Bick, A., Goelman, G., & Frost, R. (2008). Neural correlates of morphological processes in Hebrew. *Journal of Cognitive Neuroscience*, *20*(3), 1－15.

Bosse, M. L., Tainturier, M. J., & Valdois, S. (2007). Developmental dyslexia: The Visual Attention Span hypothesis. *Cognition*, *104*, 198－230.

Broca, P. (1861/1965). Remarques sur le siege de la faculté suivie d'une observation d'aphémie. In R. Herrnstein & E. G. Boring (Eds.), *A sourcebook in the history of psychology* (p. 330). Cambridge, MA: Harvard University Press.

Brunswick, N., McCrory, E., Price, C. J., Frith, C. D., & Frith, U. (1999). Explicit and implicit processing of words and pseudowords by adult developmental dyslexics: A search for Wernicke's Wortschatz? *Brain*, *122*, 1901－1917.

Cline, T., & Frederickson, N. (1999). Identification and assessment of dyslexia in bi/multilingual children. *International Journal of Bilingual Education and Bilingualism*, *2*(2), 81－93.

Cohen, L., Lehericy, S., Chochon, F., Lemer, C., Rivaud, S., & Dehaene, S. (2002). Language-specific tuning of visual cortex? Functional properties of the visual word form area. *Brain*, *125*, 1054－1069.

Coltheart, M. (2004). Are there lexicons? *The Quarterly Journal of Experimental Psychology*, *57A*(7), 1153－1171.

Coltheart, M., & Rastle, K. (1994). Serial processing in reading aloud: Evidence for 197
dualroute models of reading. *Journal of Experimental Psychology: Human Perception and Performance*, *20*(6), 1197－1211.

Damasio, A. R., & Damasio, H. (1983). The anatomical basis of pure alexia. *Neurology*, *33*, 1573－1583.

Dejerine, J. J. (1892). Contribution a l'étudeanatomoclinique el clinique des diferentes variétés de cecite verbal. *Memoires De La Société De Biologie*, *4*, 61－90.

Deutsch, G. K., Dougherty, R. F., Bammer, R., Siok, W. T., Gabrieli, J. D. E., & Wandell, B. (2005). Children's reading performance is correlated with white matter structure measured by diffusion tensor imaging. *Cortex*, *41*(3), 354－363.

Dubois, M., Kyllingsbaek, S., Prado, C., Musca, S. C., Peoffer, E., Lassus, D., et al. (2010). Fractionating the multi-element processing deficit in developmental dyslexia: Evidence from two case studies. *Cortex*, *46*(6), 717－738.

Fiez, J. A., Balota, D. A., Raichle, M. E., & Petersen, S. E. (1999). Effects of lexicality, frequency, and spelling-to-sound consistency on the functional anatomy of reading. *Neuron*, *24*(1), 205－218.

Forster, K. I., & Chambers, S. M. (1973). Lexical access and naming time. *Journal of Verbal Learning and Verbal Behavior*, *12*(6), 627 - 635.

Frederiksen, J. R., & Kroll, J. F. (1976). Spelling and sound: Approaches to the internal lexicon. *Journal of Experimental Psychology: Human Perception and Performance*, *2*(3), 361 - 379.

Frost, R. (2005). Orthographic systems and skilled word recognition processes in reading. In M. J. Snowling & C. Hulme (Eds.), *The Science of Reading: A Handbook* (pp. 272 - 295). Oxford: Blackwell.

Frost, R. (2012). Towards a universal model of reading. *Behavioral and Brain Sciences*, *35*(5), 1 - 67.

Funnell, E., & Davidson, M. (1989). Lexical capture: A developmental disorder of reading and spelling. *Quarterly Journal of Experimental Psychology*, *41*(3), 471 - 487.

Gazzaniga, M. S., Ivry, R. B., & Mangun, G. R. (Eds.) (1998). *Cognitive neuroscience: The biology of the mind*. New York: Norton.

Geschwind, N. (1979/1991). Specializations of the human brain. In W. S. Wang (Ed.), *The emergence of language, development and evolution: Readings from Scientific American* (pp. 72 - 87). New York: Freeman.

Geva, E. (2000). Issues in the assessment of reading disabilities in L2 children: Beliefs and research evidence. *Dyslexia*, *6*(1), 13 - 28.

Glushko, R. J. (1979). The organization and activation of orthographic knowledge in reading aloud. *Journal of Experimental Psychology: Human Perception and Performance*, *5*(4), 674 - 691.

Hanley, R., Masterson, J., Spencer, L., & Evans, D. (2004). How long do the advantages of learning to read a transparent orthography last? An investigation of the reading skills and reading impairment of Welsh children at 10 years of age. *Quarterly Journal of Experimental Psychology*, *57A*(8), 1393 - 1410.

Hoeft, F., McCandliss, B. D., Black, J. M., Gantman, A., Zakerani, N., Hulme, C., Lyytinen, H., Whitfield-Gabrieli, S., Glover, G. H., Reiss, A. L., &
198 Gabrieli, J. D. E. (2010). Neural systems predicting long-term outcome in dyslexia. *Proceedings of the National Academy of Sciences of the United States of America*, *108*(1), 361 - 366.

Marshall, J. C., & Newcombe, F. (1973). Patterns of paralexia: A psycholinguistic approach. *Journal of Psycholinguistic Research*, *2*, 175 - 199.

Maurer, U., Bucher, K., Brem, S., Benz, R., Kranz, F., Schulz, E., van der Mark, S., Steinhausen, H. C., & Brandeis, D. (2009). Neurophysiology in preschool improves behavioral prediction of reading ability throughout primary school. *Biological*

*Psychiatry*, *66*(4), 341 - 348.

McDermott, K. B., Petersen, S. E., Watson, J. M., & Ojemann, J. G. (2003). A procedure for identifying regions preferentially activated by attention to semantic and phonological relations using functional magnetic resonance imaging. *Neuropsychologia*, *41*(3), 293 - 303.

Molfese, V. J., Molfese, D. J., & Modgline, A. A. (2001). Newborn and preschool predictors of second-grade reading scores: An investigation of categorical and continuous scores. *Journal of Learning Disabilities*, *34*, 545 - 554.

Patterson, K., & Hodges, J. R. (1992). Deterioration of word meaning: Implications for reading. *Neuropsychologia*, *30*, 1025 - 1040.

Paulesu, E. (2006). On the advantage of "shallow" orthographies: Number and grain size of the orthographic units or consistency *per se*? *Developmental Science*, *9*(5), 443 - 444.

Paulesu, E., Demonet, J. F., Fazio, F., McCrory, E., Chanoine, V., Brunswick, N., et al. (2001). Dyslexia: Cultural diversity and biological unity. *Science*, *291*(5511), 2165 - 2167.

Peyrin, C., Démonet, J. F., Baciu, M., Lamalle, L., Pichat, C., Troprès, I., Trabanino, M., Lebas, J. F., & Valdois, S. (2006, October). Cerebral reorganization after phonological and visuo-attentional training in dyslexic children: An fMRI study. In *ESN2006*, Toulouse, France.

Peyrin, C., Demonet, J. F., N'Guyen-Morel, M. A., Le Bas, J. F., & Valdois, S. (2011). Superior parietal lobule dysfunction in a homogeneous group of dyslexic children with a visual attention span disorder. *Brain and Language*, *118*, 128 - 138.

Peyrin, C., Lallier, M., & Valdois, S. (2008). Visual attention span brain mechanisms in normal and dyslexic readers. In M. Baciu (Ed.), *Neuropsychology and cognition of language: Behavioural, neuropsychological and neuroimaging studies of oral and written language* (pp. 22 - 40). Trivandrum, India: Research SignPost.

Peyrin, C., Lallier, M., Demonet, J. F., Baciu, M., Pernet, C., Le Bas, J. F., & Valdois, S. (2012). Neural dissociation of phonological and visual attention span disorders in developmental dyslexia: An fMRI evidence from two case reports and normal readers. *Brain and Language*, *120*(3), 381 - 394.

Pihko, E., Leppänen, P. H. T., Eklund, K. M., Cheour, M., Guttorm T. K., & Lyytinen, H. (1999). Cortical responses of infants with and without a genetic risk for dyslexia: I. Age effects. *NeuroReport*, *10*, 901 - 905.

Pinker, S. (1994). *The language instinct*. New York: Morrow.

Plaut, D. C., & Kello, C. T. (1999). The emergence of phonology from the interplay of speech comprehension and production: A distributed connectionist approach. In B. MacWhinney (Ed.), *The emergence of language* (pp. 381 - 415). Mahwah, NJ: Erlbaum.

199 Plaut, D. C., McClelland, J. L., Seidenberg, M. S., & Patterson, K. (1996). Understanding normal and impaired word reading: Computational principles in quasi-regular domains. *Psychological Review*, *103*, 56 - 115.

Price, C. J. (2000). The anatomy of language: Contributions from functional neuroimaging. *Journal of Anatomy*, *197*, 335 - 359.

Price, C. J., & McCrory, R. (2005). Functional brain imaging studies of skilled reading and developmental dyslexia. In M. J. Snowling & C. Hulme (Eds.), *The science of reading: A Handbook* (pp. 473 - 496). Oxford: Blackwell.

Price, C. J., & Mechelli, A. (2005). Reading and reading disturbance. *Current Opinion in Neurobiology*, *15*(2), 231 - 238.

Pugh, K. R., Shaywitz, B. A., Shaywitz, S. E., Constable, R. T., Skudlarski, P., Fulbright, R. K., Bronen, R. A., Shankweiler, D. P., Katz, L., Fletcher, J. M., & Gore, J. C. (1996). Cerebral organization of component processes in reading. *Brain*, *119*(4), 1221 - 1238.

Ramus, F. (2003). Developmental dyslexia: Specific phonological deficit or general sensorimotor dysfunction? *Current Opinion in Neurobiology*, *13*, 212 - 218.

Rastle, K., & Coltheart, M. (1998). Whammies and double whammies: The effect of length on non-words reading. *Psychonomic Bulletin and Review*, *5*, 277 - 282.

Rastle, K., & Coltheart, M. (2000). Lexical and nonlexical print-to-sound translation of disyllabic words and nonwords. *Journal of Memory and Language*, *42*, 342 - 364.

Richards, T. L., & Berninger, V. W. (2008). Abnormal fMRI connectivity in children with dyslexia during a phoneme task: Before but not after treatment. *Journal of Neurolinguistics*, *21*, 294 - 304.

Seidenberg, M. S., & McClelland, J. L. (1989). A distributed, developmental model of word recognition and naming. *Psychological Review*, *96*(4), 523 - 568.

Seymour, P. H. K., Aro, M., & Erksine, J. M. (2003). Foundation literacy acquisition in European orthographies. *British Journal of Psychology*, *94*, 143 - 174.

Shaywitz, B. A., Shaywitz, S. E., Blachman, B. A., Pugh, K. R., Fulbright, R. K., Skudlarski, P., Mencl, W. E., Constable, R. T., Holahan, J. M., Marchione, K. E., Fletcher, J. M., Lyon, G. R., & Gore, J. C. (2004). Development of left occipitotemporal systems for skilled reading in children after a phonologically-based intervention. *Biological Psychiatry*, *55*(9), 926 - 933.

Shaywitz, B. A., Shaywitz, S. E., Pugh, K. R., Mencl, W. E., Fulbright, R. K., Skudlarski, P., Constable, R. T., Marchione, K. E., Fletcher, J. M., Lyon, G. R., & Gore, J. C. (2002). Disruption of posterior brain systems for reading in children with developmental dyslexia. *Biological Psychiatry*, *52*(2), 101 - 110.

Shaywitz, S. (1998). Current concepts: Dyslexia. *The New England Journal of Medicine*, *338*, 307 - 312.

Shaywitz, S. E., Shaywitz, B. A., Fulbright, R. K., Skudlarski, P., Mencl, W. E., Constable, R. T., Pugh, K. R., Holahan, J. M., Marchione, K. E., Fletcher, J. M., Lyon, G. R., & Gore, J. C. (2003). Neural systems for compensation and persistence: Young adult outcome of childhood reading disability. *Biological Psychiatry*, *54*(1), 25 - 33.

Shaywitz, S. E., Shaywitz, B. A., Pugh, K. R., Fulbright, R. K., Constable, R. T., Mencl, W. E., Shankweiler, D. P., Liberman, A. M., Skudlarski, P., Fletcher, J. M., Katz, L., Marchoine, K. E., Lacadie, C., Gatenby, C., & Gore, J.
C. (1998). Functional disruption in the organisation of the brain for reading in dyslexia. 200
*Proceedings of the National Academy of Sciences of the United States of America*, *95*, 2636 - 2641.

Snowling, M. (2000). *Dyslexia*. Oxford: Blackwell.

Spencer, L. H., & Hanley, J. R. (2003). Effects of orthographic transparency on reading and phoneme awareness in children learning to read in Wales. *British Journal of Psychology*, *94*, 1 - 28.

Stein, J. (2001). The magnocellular theory of developmental dyslexia. *Dyslexia*, *7*(1), 12 - 36.

Tallal, P. (1980). Auditory temporal perception, phonics, and reading disabilities in children. *Brain and Language*, *9*(2), 182 - 198.

Uno, A., Wydell, T. N., Kato, M., Itoh, K., & Yoshino, F. (2009). Cognitive neuropsychological and regional cerebral blood flow study of a Japanese-English bilingual girl with specific language impairment (SLI). *Cortex*, *45*(2), 154 - 163.

Valdois, S., Bosse, M. L., Ans, B., Zorman, M., Carbonnel, S., David, D., & Pellat, J. (2003). Phonological and visual processing deficits are dissociated in developmental dyslexia: Evidence from two case studies. *Reading and Writing*, *16*, 543 - 572.

Valdois, S., Peyrin, C., & Baciu, M. (2009). The neurobiological correlates of developmental dyslexia. In S. Fuchs, H. Loevenbruck, D. Pape, & P. Perrier (Eds.), *Some aspects of speech and the brain* (pp. 141 - 162). Frankfurt am Main: Lang.

van der Mark, S., Bucher, K., Maurer, U., Schulz, E., Brem, S., Buckelmüller, J., Kronbichler, M., Loenneker, T., Klaver, P., Martin, E., & Brandeis, D. (2009) Children with dyslexia lack multiple specializations along the visual word-form (VWF) system. *NeuroImage*, *47*(4), 1940 - 1949.

van der Mark, S., Klaver, P., Bucher, K., Maurer, U., Schulz, E., Brem, S., Martin, E., & Brandeis, D. (2011). The left occipitotemporal system in reading: Disruption of focal fMRI connectivity to left inferior frontal and inferior parietal language areas in children with dyslexia. *NeuroImage*, *54*(3), 2426 - 2436.

Weekes, B., Coltheart, M., & Gordon, E. (1997). Deep dyslexia and right hemisphere reading: A regional cerebral blood flow study. *Aphasiology*, *11*, 1139 - 1158.

Wernicke, C. (1874). *Der aphasische Symptomencomplex*. Breslau: Kohn and Weigert.

Wydell, T. N., Vuorinen, T., Helenius, P., & Salmelin, R. (2003). Neural correlates of letter-string length and lexicality during reading in a regular orthography. *Journal of Cognitive Neuroscience*, *15*(7), 1052 - 1062.

Ziegler, J. C., & Goswami, U. (2005). Reading acquisition, developmental dyslexia, and skilled reading across languages: A psycholinguistic grain size theory. *Psychological Bulletin*, *131*(1), 3 - 29.

Ziegler, J. C., & Goswami, U. (2006). Becoming literate in different languages: Similar problems, different solutions. *Developmental Science*, *9*(5), 429 - 453.

Ziegler, J. C., Perry, C., & Coltheart, M. (2000). The DRC model of visual word recognition and reading aloud: An extension to German. *European Journal of Cognitive Psychology*, *12*(3), 413 - 430.

# 第八章　数学发展



布赖恩·巴特沃思(Brian Butterworth)
佐克汉克·巴尔马(Sashank Varma)

## 一、介绍

在英国、美国以及其他国家的许多官方报告中,强调了数学教学的重要性,这是非常正确的。拿破仑曾经说过,数学“与国家的繁荣密切相关”。1982 年,英国教育和科学大臣约瑟夫爵士(Sir Keith Joseph)在《科克罗夫特数学教学报告》(Cockcroft, 1982)的前言中指出:“很少有学科能像数学一样对国家的未来起重要的作用。”在英国,自科克罗夫特(W. H. Cockcroft)报告之后,史密斯(Adrian Smith)教授就 14 岁以后的数学教育发表报告(Smith, 2004),威廉爵士(Sir Peter William)就初等数学发表报告(Williams, 2008)。同样,美国国家研究委员会强调“21 世纪国际竞争的新标准需要一支能够胜任并熟悉数学的劳动力队伍”。为此,“专家委员会负责审查现有研究,旨在为学龄前儿童制订适当的数学学习目标;为实现这些学习目标提供与课程、教学和教师教育相关的循证见解”(National Research Council Committee on Early Childhood Mathematics, 2009)。2010 年,经济合作与发展组织的报告《低教育能力的高成本》指出了数学促进国内生产总值增长的标准：1960年的标准可以很好地预测2000年国内生产总值的增长；从1975年
202 到2000年教育标准的提高与国内生产总值的增长高度相关。尤其是，这份报告着眼于提高数学标准的潜在效果。因此，举例来说，如果英国将11%未能达到国际学生评估项目(PISA)最低水平(不是很高)的儿童的标准提高到最低水平，那么对国内生产总值增长的影响约为0.44%。你可能觉得这个比例不是很高，但是国内生产总值平均增长率为1.5%，因此这是一个巨大的增长，累计增长近三分之一。

数学不好会影响个人的生活。英国的一项调查发现，数学不好的学生更有可能失业、抑郁，甚至触犯法律(Parsons & Bynner, 2005)。毕马威(KPMG)会计公司估计，英国数学水平低下的成本，包括直接和间接的税收损失、失业救济金、司法费用和额外教育费用，加起来每年是24亿英镑(Gross, Hudson, & Price, 2009)。

教育神经科学能否通过改善数学教育，对改善社会和个人生活作出贡献？

现在有非常多的关于数学认知及其发展的心理学和神经科学文献。本章主要关注数字理解研究，因为在关于认知及其神经基础的文献中，这个主题受到了极大的关注，并且这个主题与教育问题最为相关。正如本书的其他章节所述，发展分为四个阶段：婴幼儿阶段(0—5岁)、小学和中学阶段(5—12岁)、高中和青少年阶段(12—18岁)以及成年阶段。

## 1. 神经回路图

在开始之前，我们提供一份与数学思维最相关的脑区回路图，介绍它们假定的认知功能。我们从两个主要方面了解它们的影响：脑损伤研究是最早也是最有影响的信息来源之一。A区损伤如何影响数学加工的不同方面？当然，比较A区损伤的影响和脑其他区域损伤的影响是至关重要的。通过对正常的脑进行经颅磁刺激，有可能诱发短暂的神经功能失常。另一个信息来源是健康脑在进行数学任务时的脑活动图。使用功能性磁共振成像进行绘图可以提供合理的定位，但没有提供太多关于认知过程的时间进程的信息，因为它虽然可以测量血流变化，但血流变化对脑细胞的活动反应缓慢。相比之下，记录头皮电位变化的脑电图有良好的时间分辨率，但空间分辨率较差(见第二章)。

203 顶叶有三个脑区对数字和数学尤为重要(Dehaene, Piazza, Pinel, & Cohen, 2003)：(1) **顶内沟**(intraparietal sulcus, IPS)与**数字符号的数量表征**有神经相关

（由于这条沟很长，因此**水平方向**中部，即顶内沟的相关性最高），左右两侧顶内沟在大多数数量任务中都会被激活；（2）回忆之前学过的数学常识会激活**左侧角回**（left angular gyrus，LAG）（参见 Delazer et al.，2005；Ischebeck et al.，2006），如果左侧角回受损，计算能力就会受到严重影响；（3）**顶上小叶后部**（posterior superior parietal lobule，PSPL）是参与数字和空间关联的一个脑区，例如，计算物体的数量。

其他脑区同样在数学认知和发展中起重要作用。例如，右侧梭状回（right fusiform gyrus，rFG）与加工视觉形式的数学符号有关（Rykhlevskaia，Uddin，Kondos，& Menon，2009）。右侧额下回（right inferior frontal gyrus，rIFG）与空间工作记忆和将数量与空间联系起来的现象有关（Rusconi，Bueti，Walsh，& Butterworth，2011）。前额回对更抽象的数学思维非常重要，一旦个体的前额回受到损伤，那么个体可以解决常规的以及以前学过的问题，但不能解决新问题（Shallice & Evans，1978）。

数学认知方面的这些不同的脑区和它们假定的作用将在图 8.1 进行描述。后面，我们将参考图 8.1 来讨论个人的研究成果。

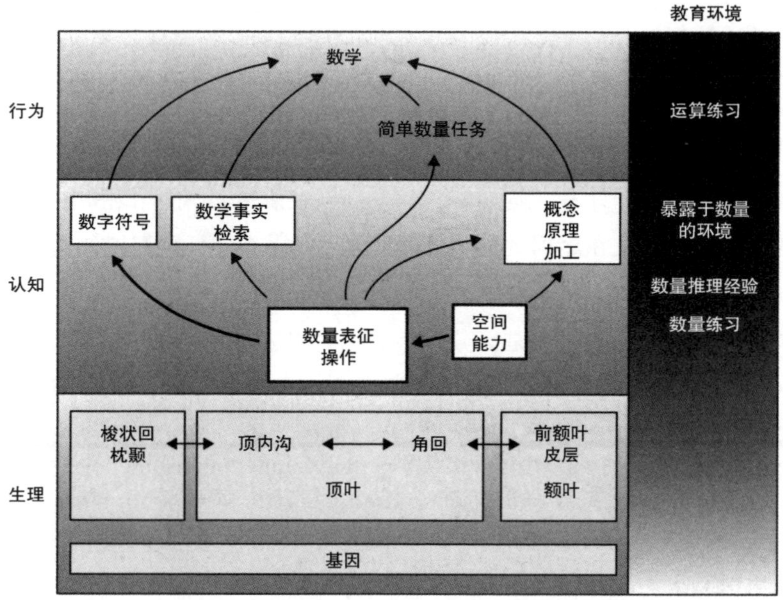


**图 8.1　生物、认知和简单的行为水平之间可能的内在联系的因果模型**　204

这里，我们唯一强调的环境因素就是教育。如果顶叶区域，尤其是顶内沟，不能正常发展，那么会损害数量关系表征的认知水平，之后还会损害其他有关的认知系统，进而导致行为异常。要将数字符号（阿拉伯数字与数词）与数量表征联系起来，就要在枕颞皮层和顶叶皮层之间建立联结。前额叶皮层有助于学习新的数学知识和程序。多水平理论指出，教育学家需要关注这种教育干预。来源：Butterworth，Varma，and Laurillard（2011），获授权后使用

## 2. 理论地图

正如前面提到的，从课程和日常生活来看，大多数神经科学研究把关注点放在数字和算术上，这两个方面是数学最重要的方面。因而，重要的是弄清楚什么是数字以及它们是以何种形式在脑中表征和加工的。

在我们现在这个数字化的社会，数字有很多不同的使用方式。这里，我们关注的是数字和抽象的数集。例如，用手指的数量来表示与白雪公主在一起的小矮人的数量，以及妖怪给我们的愿望数量。这些是基数，有时候也被称为数量，它们按大小排序。因此，5 比 4 大，集合 5 包含集合 4。当两个集合的成员可以一一对应时，这两个集合就有同样的数量，换句话说，两个集合完全相等。这意味着，在这个集合中加 1 或在这个集合中减 1，就会改变集合的数量。这就是与运算有关的数字的运用和意义。数量大小如何在脑中表征，我们如何准确地表征 5，还存在不同的看法。

数字的另一种常见用法是排序，如这本书的页数。100 页并不是比 99 页等级更高（当然，100 页的页码集合比 99 页的页码集合更大）。逻辑学家和数学家把这些称为序数或排序，有时候（并不总是）会用第一、第二、第三来表示。虽然有时候也用同样的词或符号来表示序数和数量，如页码或门牌号。有新的证据表明，序数的神经表征不同于基数的神经表征（Delazer & Butterworth，1997）。

205 数字还可以用作标签。例如，公交车号码、电话号码、条形码和电视频道，它们与数字的等级以及在序列中的顺序都没有关系。因而，我们说约翰的电话号码比吉姆的电话号码大或者跟在吉姆的电话号码后面，是毫无意义的。

学习者面临的问题之一是区分数字的这些用法，并确保数字符号（数词或数字）与它的指示物之间有正确的映射关系。这一点尤其重要，因为不管是否在学校，理解符号系统是谈话和学习数字以及运算的关键。符号操作同时也是一种有效的操作和储存算数概念的方式。正如哲学家怀特海德（A. N. Whitehead）观察到的，理解符号标记法可以减轻“所有不必要的脑力劳动……给它自由，并使它能自由地专注于更高级的问题”（Whitehead，1948）。

## 3. 两种重要的效应

当人们与数字符号打交道的时候，最重要的通常是了解他们如何表示数量。尤其是，当他们进行标准的运算任务时，是否能激发数量大小的表征？通常，用以下两种效应来证明这一点。

第一个是距离效应。这是开创性的发现，当比较两个数字（即比较哪个大或哪个小）时，大小差别越大，反应时间越短（Moyer & Landauer，1967），表明在对大小的表征进行对比。当比较两个符号数字时，观察到的距离效应一般被称作符号距离效应；当比较两个物体集合的数量关系时，观察到的距离效应一般被称作非符号距离效应（Buckley & Gillman，1974）。区分这两个任务非常重要，因为学习者可能能正常完成一个任务，但不能正常完成另一个任务。例如，如果学习者能正常完成非符号化任务（即量值直接表示在刺激中），而不是符号化任务，这意味着问题出在符号与其量值的表征上。

第二个是问题大小效应或者大小效应。数字越大，反应就越慢，正确率也就越低。这一点是可信的，兹布罗多夫和洛根（Zbrodoff & Logan，2005）的一篇非常有名的论文的题目是“每个人都知道——问题大小效应”。可令人好奇的是，解决问题所需的时间取决于数字的大小，即使是个位数的加法和乘法，因此，计算 9＋8 和 9×8 要比 6＋7 和 6×7 花的时间多，即使很多成人对此已经很熟悉。 206
现在，如果一个学习者没有出现大小效应，也可能被视为一个重要的个体差异。例如，学习者可以通过死记硬背记忆某个知识，但因为没有唤起其关于数量大小的知识而实际上并不理解。

**表 8.1　近似数量**

有人提出，运算能力建立在一个用近似的方式表征数量的内在系统的基础上。因此，不是准确地表征 5，而是近似地表征 5，通常以一种压缩的方式对应一种模拟的数量表征。这里用图 8.2 表示，横坐标是一个任意的线性坐标，纵坐标是理想化的活动，活动的峰值表示最可能的反应。在这个模型中，每个数量的表征都与相邻的其他数量的表征重叠。

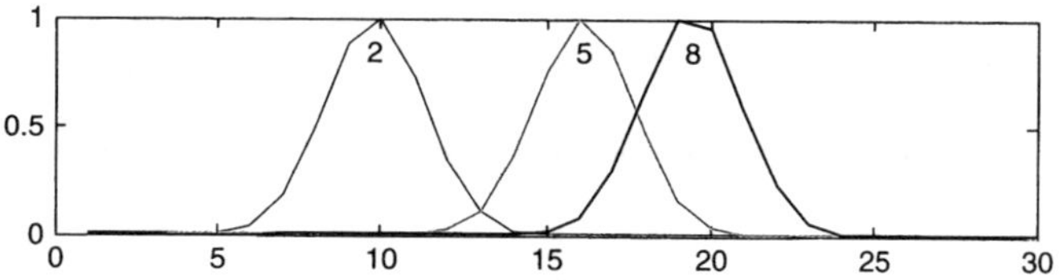


**图 8.2　数量表征模型**

多项研究已经发现，运算能力与区别大于 6 的能力存在相关性（Halberda，Mazzocco，& Feigenson，2008；Piazza et al.，2010），即使有些研究没有得到这样的结果（Iuculano，Tang，Hall，& Butterworth，2008）。注意，每个数量的表征都与相邻的其他数量的表征重叠。这意味着基本的数量和运算不能在这些表征上进行。例如，两个表征之间的等量关系就不成立，而集合之间可以通过一对一的对应关系来表示等量关系。变换会影响数量，如加 1 或减 1，不能由这些模拟表征决定。3 岁的儿童还不会数数，却可以注意到变换会影响数量（Sarnecka & Gelman，2004）。巴特沃思（Butterworth，2010）认为，这些表征不能成为运算的基础，运算需要集合的表征。

## 207 二、数学发展

所有认知发展的神经背景是脑从受孕到老年的变化方式。第二章回顾了一些与数学发展相关的证据。首先，出生时的脑与老年时的脑不同。婴儿的脑比成人的脑有更多的脑细胞（神经元）和更多的连接（突触），这意味着，它有更大的“可塑性”，即对经验更敏感，包括正式和非正式的教育。因此，早学新材料似乎比晚学更容易。然而，新生儿的脑并不是一块白板，它具有支持学习的结构和倾向，特别是进化论认为的重要的学习概念。数量就是这些概念之一。

### 1. 婴幼儿阶段(0—5岁)

研究者在婴儿身上观察到了根据刺激的数量来表征和区分刺激的遗传能力。这需要发展心理学家来构建一些不需要口头反应的任务，因为人们不能问婴儿看到了多少物体。许多研究使用去习惯化的范式，该范式基于这样的事实，即如果当前刺激不同于之前的刺激，那么婴儿会以一种有意义的方式更长时间地注视当前刺激。第一个使用去习惯化范式的研究结果表明，5月龄的婴儿就对小的数量变化（看到2个物体变为6个物体）敏感（Starkey & Cooper，1980）。随后的研究表明，甚至在生命的第一周，这种敏感就已经存在（Antell & Keating，1983）。6月龄的婴儿对8个物体与16个物体的比例（0∶2），而不是8个物体与12个物体的比例（1∶1.5）表现出去习惯化（Xu & Spelke，2000）。

伊泽德等人（Izard，Dehaene Lambertz，& Dehaene，2008）用类似的去习惯化范式确立数量变化的神经反应。该研究在给3月龄的婴儿呈现一系列连续的图像（每个图像都包括一组相同的物体）时，用事件相关电位（脑电图）记录婴儿对数量变化的神经反应。这些图像是习惯化图像。给婴儿呈现几轮图像，大多数时候都给婴儿呈现有相同数量（“标准数”）和相同物体的图像，偶尔也会呈现在数量和/或物体上不同于习惯化图像的测试图像。因此，伊泽德等人比较了由于数量或物体的改变而导致的没有预见的变化（去习惯化）所引发的视觉事件相关电位。伊泽德等人对以下3对数值对进行了比较，即2和3，4和8，4和12。

208 伊泽德等人发现，这3对数值对的对比都会引起去习惯化——诱发的事件相关电位的模式不同，数量变化的效果不同于物体变化的效果效应。因此，当婴儿的脑对此作出反应的时候，它不仅仅是一种变化，还是一种特定的数量改变效应。尤其是，数量变化会明显激活右侧顶叶，这个区域参与了成人的数量加工（参见，例如，Castelli, Glaser, & Butterworth, 2006; Piazza, Mechelli, Price, & Butterworth, 2006; Vetter, Butterworth, & Bahrami, 2011）。因此，婴儿不仅拥有可以区分数量的认知能力，他还拥有成人能力的神经机制。

坎特隆等人（Cantlon, Brannon, Carter, & Pelphrey, 2006）运用类似的习惯化范式对 4 岁儿童进行研究，进一步证明了这一点。该研究使用功能性磁共振成像对神经反应进行测量，以便给出更准确的定位。这项研究让 4 岁儿童观察一系列视觉刺激。视觉刺激的呈现是有顺序的，例如，呈现相同数量（如 16 个）的图形（如圆形），然后呈现不同的图形（如正方形）或不同的数量（如 32 个）。问题是：哪个脑区会对数量变化或图形变化作出反应，或者出现神经的去习惯化。对于数量变化，儿童的右侧顶内沟激活会增多，伊泽德等人在 3 月龄的婴儿身上已经发现这个区域。在伊泽德等人的研究中，成人的这个区域激活也会增加，但同时左侧顶内沟激活也会增加，这表明到成年阶段，这些非常简单的数量关系的表征已经和包括语言在内的左半球的脑功能联系起来了。

## 2. 小学和中学阶段(5—12 岁)

在研究小学和中学阶段的儿童比较一组物体和数字的自然数表征时，可以运用距离效应。例如，在比较一组物体的时候，6 岁、7 岁和 8 岁儿童表现出一种非符号距离效应（Ansari & Dhital, 2006）。兰德尔和科列（Landerl & Kolle, 2009）在 8 岁、9 岁和 10 岁儿童身上发现了非符号距离效应。从发展的角度来看，随着年龄的增长，儿童比较数量关系时的准确性会越来越高（Piazza et al., 2010）。

从小学阶段开始，研究者就可以研究儿童对数字的理解能力。塞库勒和米尔凯维奇（Sekuler & Mierkiewicz, 1977）让幼儿园、一年级、四年级、七年级的儿童和成人比较几组数字，结果发现，这几个年龄阶段都存在符号距离效应。这一发现已经在 6 岁、7 岁和 8 岁（Holloway & Ansari, 2009），以及 8 岁、9 岁和 10 岁儿童身上（Landerl & Kölle, 2009）得到重复验证。

安萨里和迪托（Ansari & Dhital, 2006）研究 10 岁儿童和成人数量的神经关 209
联。儿童表现出一种神经距离效应——与远距离比较相比，近距离比较时左侧顶内沟的激活更强烈。成人不仅出现左侧顶内沟的神经距离效应，而且右侧顶内沟也有同样的效应。这些结果可以作为将来研究有同样神经基础的儿童和成人数量表征的证据(Cantlon et al.，2006)。安萨里等人(Ansari et al.，2005)对10岁儿童和成人符号距离效应的神经关联进行研究。在这项研究中，成人双侧顶内沟都出现神经距离效应，许多研究重复验证了这一发现。相比之下，10岁儿童只有右侧前额叶区域(包括右额下叶)出现神经距离效应。

综上所述，这些结果表明了数字发展的连续性和非连续性。幼儿和中小学儿童表现出与成人类似的非符号距离效应，这表明在顶内沟中存在一个共同的数量表征。关于符号距离效应的结果则不同：在行为方面，成人和儿童都表现出符号距离效应，但神经关联性却不同，成人的双侧顶内沟都出现激活，而10岁儿童只有右侧前额叶区域出现激活。因而，神经科学数据揭示出数字符号加工发展的非连续性。

这对教育非常重要，因为它已经表明，距离效应，不管是非符号距离效应(Halberda et al.，2008)，还是符号距离效应(Holloway & Ansari，2009)，都与运算成绩相关。

### 3. 终身学习(成年阶段)

在成人身上经常会发现非符号距离效应(Buckley & Gillman，1974)，同时也会发现符号距离效应(Buckley & Gillman，1974；Moyer & Landauer，1967)。研究者假设这两种效应反映的是一般数量表征。关于这两种效应的神经关联研究已经证实了这一假设。通常，近距离的数字比较要比远距离的数字比较唤起双侧顶内沟更强烈的激活，不管是比较数量(Ansari & Dhital，2006；Castelli et al.，2006)，还是比较数字符号(参见，例如，Fias et al.，2003；Pinel，Dehaene，Rivière，& Le Bihan，2001)。

从小学和中学阶段到成年阶段，在理解自然数符号方面也有有趣的发展变化。在儿童身上，符号距离效应与右侧前额叶皮层有神经关联(Ansari et al.，
210 2005)，该皮层与执行功能和认知控制有关(Shallice & Evans，1978)。例如，将数字符号映射到大小参照物上是一个意志努力的过程。相比之下，成人的神经关联包括双侧顶内沟，这表明成人有一个更加整合的数字符号和大小参照物的神经表征。

在运算发展过程中，我们观察到非常相似的脑从前向后的转变。里韦拉等

人(Rivera, Reiss, Eckert, & Meno, 2005)让8—19岁的被试解决加减法问题。在行为方面,所有年龄的被试正确率都很高(大于85%),这表明所有被试都具备运算能力。在反应时方面,反应时随年龄增长而呈线性下降,年龄小的被试需要超过2 000毫秒的反应时,年龄大的被试反应时接近1 000毫秒。有趣的是,研究者考虑了在其他研究中也有发现的(例如,Koshmider & Ashcraft, 1991)这种运算加速的神经影响。一个可能是,所有年龄阶段的被试都激活了同样的皮层区域,使用了类似的处理方法,但年龄小的被试比年龄大的被试效率低。实际上,功能性磁共振成像数据揭示出一个非常不同的画面。年龄小的被试激活与执行功能有关的前额区网络,包括双侧中部额中回和左侧前扣带回皮层。他们还激活额叶和颞叶中部与陈述性记忆的回溯控制有关的脑区,包括左侧额下回和内侧颞叶/海马中部。换言之,年龄小的被试在解决数学问题时激活皮层上与努力和策略加工有关的区域。随着儿童的发展,策略网络激活减少,而后部和领域特定区域有关的区域激活增多。这包括与视觉符号加工有关的左侧额回,与回忆口头编码信息有关的与角回相邻的左侧缘上回,以及与大小加工有关的顶内沟。因而,随着发展,儿童从策略加工向混合的符号加工、自动化(言语的)记忆提取以及大小加工转变。这种质的转变在行为数据中是很难观察到的,因此神经科学数据为数学发展提供了独特的见解。

## 三、对数字和运算的具身理解

在某种意义上,数字和运算的意义到底是什么?在数学逻辑和数学哲学中,传统的理解是:数学就是用数学符号和公式来表示物体,即使是具体物体,这种理解也是非常抽象的。渐渐地,出现了对数学的另一种认识,那就是数学符号和公式通过身体的知觉和运动系统获得意义(Lakoff & Núñez, 2000)。这种观点 211
与强调数学教育应该重视操作相一致,例如,通过古氏积木来理解数学(Montessori, 1966)。正是因为这个原因,很多课程在介绍新的数学概念的符号形式之前,会先让儿童用操作的方式来建构对新的数学概念的非正式的理解。

尽管我们强调数量的抽象性质——数量是一个集合的属性——人们通常以更加具体的方式来思考数量。不同文化用身体的不同部位来表示数量或数数。英国人用手指表示数量和数数,因为手指便于操作。用手指数数只能数到10,

有时候，我们可能希望手指越多越好，这样才能用手指表示更多的数量。然而，实际情况比这复杂得多。首先，即使是表示 0—10 的数字，不同文化的表示方式也会有差异。例如，在北欧，用食指表示 1，而在南欧，则用大拇指表示 1，在日本则用弯曲的小拇指表示 1。在欧洲，有一种传统的用手指表示 0—10 000 的方法，这种方法似乎已经无人知晓了。不识字的人也有特殊的表示数字的方法，用手指加上身体的其他部位就可以表示大于 10 的数字。巴布亚新几内亚的尤普诺人可以用脚趾、眼睛、耳朵、鼻子、鼻孔、乳头、肚脐、睾丸和阴茎数到 33（参见 Butterworth，1999）。

我们也用一种空间的方式思考数字。这在某种程度上是因为我们每天看到的数字是以空间排列的形式传递给我们的：在水平的钟面上等。在学校，数字 1 到 10 几乎总是从左到右写的。在教学中，数轴都是小数在左，大数在右。这一点最早是由德阿纳等人（Dehaene，Bossini，& Giraux，1993）证实的。他们让被试判断 1—9 这些数字中的奇数和偶数，左键表示奇数，右键表示偶数（当然，反之亦然）。他们发现，左手按小数和右手按大数时，被试的反应更快。他们将这称之为“空间-数字反应编码联合”（spatial-numerical association of response codes），简称 SNARC 效应。SNARC 效应得到了很多次重复验证。实际上，SNARC 效应的神经基础在顶叶皮层与数字加工相同的脑区，这一脑区同时也参与空间认知，这表明数字和空间之间存在内在的心理联系（Hubbard，Piazza，Pinel，& Dehaene，2005；Rusconi，Turatto，& Umiltà，2007）。然而，有证据指
212 出，数字和空间之间内在的心理联系取决于经验和任务。例如，在德阿纳最初的研究中，一群从右往左书写的伊朗人就出现了相反的关系——左手对大数有反应优势，右手对小数有反应优势。同样，任务之前要求被试观察一个钟，大数在左边，得到的结果也与 SNARC 效应相反（Bächtold，Baumüller，& Brugger，1998）。SNARC 效应似乎取决于需要单侧运动反应如左手和右手的任务。

神经心理学家早就知道数学思维与视觉运动加工两者之间有紧密的联系，也知道这一联系的神经基础。格斯特曼综合征（Gerstmann syndrome）综合了四种损伤：两种涉及符号系统（计算困难和书写困难），两种涉及视觉运动系统（左—右定向障碍和手指失认症）。格斯特曼综合征与左侧角回损伤有关。乔瑟夫认为，格斯特曼综合征的关键就是“身体图式”的损伤，以致出现左—右定向障碍，尤其是手指失认症。鲁斯科尼等人（Rusconi，Walsh，& Butterworth，2005）

指出，运用经颅磁刺激左侧角回会干扰数字任务和手指直觉任务的表现。然而，手指和计算的神经表征之间的功能关系已经受到质疑。因为两者都涉及左侧角回，因此该区域受损会影响手指的神经表征，尤其是用来表示数字的手的形状的神经表征，也可能影响功能独立但结构相邻的计算系统（Rusconi，Pinel，Dehaene，& Kleinschmidt，2010）。

然而，有新的证据表明，视觉空间和运动技能与数学成绩存在关联。法约尔、巴鲁特和马兰特（Fayol，Barroumet，& Marinthe，1998）发现，个体运动能力差异可以预测个体数学成绩差异。运用纵向研究设计从儿童5岁开始测量他们手指失认症的情况（与测量神经病患者的方法一样）。其中包含一个任务，需要部分儿童闭眼，然后实验者摸儿童一个手指两次或摸儿童两个手指。那些睁眼的儿童需要指出哪个手指被摸过。在5岁和6岁的时候，研究者测量儿童的一般智力发展和数学成绩（数字和运算概念）。手指直觉水平是数学成绩的一个重要预测指标，即使是把一般智力发展和年龄的影响排除在外。

另一项研究完善了这一结果。诺埃尔（Noël，2005）测试了5岁儿童的手指直觉和左—右定向障碍。15个月后，诺埃尔再次评估了儿童的数字能力和阅读能力。她发现，手指直觉和左—右定向水平可以很好地预测一年后的数字技能，
但不能很好地预测阅读技能，这证明了它们对数学的特异性。但是，因为左—右 213
定向测试结果也是一个预测指标，所以诺埃尔怀疑这些测试反映了顶叶皮层的发展，而不是手指的功能作用。

诺埃尔在一个训练研究中进一步探讨了这一点。如果手指表征有助于数字概念和运算的发展，那么手指训练任务就可以提高儿童获得数学技能的能力。巴法洛伊和诺埃尔（Bafalluy & Noël，2008）训练一年级的小学生，这些小学生手指表征的手指直觉较差，这个训练不仅改善了他们的手指直觉能力，使他们的手指直觉能力比一般人好，而且还提高了他们的运算成绩。“这些结果表明，改善年幼儿童的手指直觉，可能为他们的数学学习提供有效的支持”（Bafalluy & Noël，2008）。

身体活动在运算发展中起其他的作用。尤其是，在幼儿早期阶段，幼儿在学习加法时会大量使用手指。例如，吉尔里等人（Geary，Hoard，Byrd-Craven，& Desoto，2004）发现，美国幼儿计算加法时，当和小于10时，29%的加法是用手指算的，当和大于10时，76%的加法是用手指计算的。在一年级和二年级时，学生

在计算加法时，仍有35%的加法是用手指计算的。相比之下，中国同龄儿童完全不用手指（Geary, Bow-Thomas, Liu, & Siegler, 1996）。吉尔里等人解释说："在数数的时候，手指似乎是工作记忆的辅助工具，它允许孩子在计算过程中在身体上（而不是心理上）跟踪加数。"

一项针对学龄前儿童的研究表明，数数的时候用手指着物体可以帮助数数，而且有助于把已经数的物体和没有数的物体区分开来（Alibali & DiRusso, 1999）。

## 四、数学成绩的个体差异

为什么有的人比其他人数学好？个体差异问题是数学教育的关键。当然，有很多原因会影响学科的成绩，如一般智力能力、工作记忆能力、社会经济地位、教育经验、缺课、行为困难和自尊等。在这里，我们关注的是专门影响数学成绩的个体差异方面。

例如，距离效应的定义是：比较近距离的数字（如8和9相比）时反应更慢，比较远距离的数字（如1和9相比）时反应更快。距离效应已经被重复验证了数百次。然而，并不是每个人都会表现出距离效应，毕竟，平均数通常是由相当不平均的人组成的。大多数人表现出距离效应——但有些人没有表现出距离效
214 应，甚至有少数人表现出**相反的**距离效应，也就是，与比较远距离数字相比，比较近距离的数字反应更快！诸如此类的个体差异并非统计噪声。甚至正常发展的个体在距离效应上也存在质的差异，在数学概念的神经表征方面也存在潜在的差异。这就提出了一个问题，即数学认知的个体差异是否与数学成就的个体差异有关。这个问题已经在整个发展范围的一些重要研究中得到关注。

### 1. 小学和中学阶段（5—12岁）

霍洛韦和安萨里（Holloway & Ansari, 2009）运用横断设计调查数字表征的个体差异是否与数学成绩的个体差异有关。他们测量了6岁、7岁和8岁儿童的符号和非符号距离效应，以及他们的数学成绩。儿童符号距离效应的大小可以预测儿童的数学流畅性（如在一定时间内解决个位数的运算问题），即使控制了年龄、原始处理速度和其他一般变量的情况后仍然如此。对比之下，非符号距

离效应的大小不能预测数学的流畅性。这些发现表明，数字符号和数量表征之间的对应程度，而非数量表征之间的对应程度，与数学成绩有关。

德梅特等人（De smedt，Verschaffel，& Ghesquiere，2009）采用纵向设计来强化这些横断研究的发现。他们在一年级时测量学生的符号距离效应，等学生二年级后，再测量他们的数学成绩。结果发现，一年级时学生的符号距离效应大小可以预测二年级时的数学成绩，即使控制了流体智力、加工速度和年龄的情况后仍然如此。这项研究的纵向特性有力证明了数字符号和数量表征之间的联系对数学成绩至关重要。

### 2. 高中和青少年阶段（12—18 岁）

我们发现只有一项以中学生为被试的关于数学认知个体差异是否与数学成绩个体差异有关的研究。霍伯尔达等人（Halberda et al.，2008）让 14 岁儿童执行非符号对比任务。他们发现，非符号距离效应的个体差异可以追溯到幼儿园
至小学三年级数学成绩的个体差异。这一联系可能不是由成熟因素造成的：控 215
制了三年级学生的一般智力、工作记忆、视觉空间能力和其他一般能力后，这种关联依然显著。这一发现，即一个人的数量表征可能对数学成绩至关重要，与霍洛韦和安萨里（Holloway & Ansari，2009）的发现不一致，这意味着需要进一步研究。

### 3. 终身学习（成年阶段）

格拉布纳等人（Grabner et al.，2007）调查了成人个体差异（主要是数学能力差异）的神经关联。研究包括两组被试：一组是低数学能力组，一组是高数学能力组，两组被试在年龄和一般智力方面相匹配。乘法流畅性通过让被试解决个位数问题来测量，乘法计算能力通过解决多位数问题来测量。在群体层面上，高数学能力组的被试比低数学能力组的被试左侧角回激活更明显。严格来说，在个体层面上，这种区别也是存在的：数学能力与左侧角回激活呈正相关，即使不考虑总体加工速度的影响也是如此。回想一下前文所述，左侧角回与数学事实的检索有关，因而，这项研究表明了数学能力个体差异的一个原因，即个体在解决算数问题的时候，是运用相对较快、较省力的记忆检索方式，还是运用相对较慢、较费力的策略加工方式。

## 五、计算障碍

从发展角度看，广义的计算障碍是：智力正常而且能接触到正常的教育资源，但数学成绩差。计算障碍的患病率约为3%—6%（Reigosa-Crespo et al.，2011；Shalev，2007），也就是说差不多一个班级就有一个这样的儿童。

与其他神经发展障碍相比，计算障碍不仅在研究方面没有得到重视（Bishop，2010），而且也没有得到大众的理解，尽管它像阅读障碍一样会对生活产生破坏性的影响（Parsons & Bynner，2005）。研究表明，计算障碍是一种先天性疾病，通常是遗传的，而且可能会一直持续到成年。在智力和工作记忆正常或超常的情况，仍有可能出现计算障碍（Landerl，Bevan，& Butterworth，2004）。
216 关于计算障碍的综述，参见巴特沃思等人（Butterworth et al.，2011）的文章。因而，计算障碍似乎是数学学习时才会出现的障碍，或者说，计算障碍是算术学习的障碍。

### 1. 计算障碍作为加工数量的核心缺陷

我们已经讨论过，计算障碍是因为在表征和加工数量方面存在核心缺陷（Butterworth，2005，2010；Butterworth et al.，2011）。有计算障碍的人缺少集合数量的直觉。这会削弱他们对数字符号的理解，并最终影响他们用数字符号定义的数学运算的理解。结果就是有数学障碍的人小学时数学成绩较低。这个缺陷有深远的影响，因为数字和运算是从代数到微积分等高等数学的基础。

从实践和理论的角度来看，区分数学不好的学生和计算障碍的学生很重要。如上所述，数学不好有很多原因，包括缺乏接受适当教育的机会。因而，计算障碍不仅意味着与同龄人相比数学水平更差，而且意味着有核心缺陷。因此，要评估计算障碍，需要进行非常简单的数量加工的测试，这个测试对获得适当教育的依赖最小。例如，巴特沃思（Butterworth，2010）和巴特沃思等人（Butterworth et al.，2011）已经提出列举小集合和比较小的数字的测试方法。

这种区分很重要，因为关于计算障碍的不同的研究采取的标准不同，这就导致矛盾的结果。一些研究采取了过于宽泛的标准，导致计算障碍组可能既包括真正有计算障碍的人，又包括那些只是数学不好的人。例如，鲁塞尔和诺埃尔

(Rousselle & Noël, 2007)把计算障碍定义为那些在标准数学测验中成绩低于第15个百分位数的儿童。

## 2. 中小学阶段的计算障碍

核心缺陷假说与上述研究结果一致,即青春期非符号距离效应的大小可以追溯预测小学数学成绩的个体差异(Halberda et al., 2008; Piazza et al., 2010)。几项研究表明,计算障碍者在简单的数量关系——像说出一组物体的数量或比较两组物体的数量——方面是有缺陷的(参见综述,Butterworth, 2010)。

计算障碍也可能是一种映射缺陷,即将数字符号映射到完整的数值数量表征方面有缺陷。映射缺陷假说与上面提到的发现一致,即小学数学成绩可以通过符号距离效应的大小来预测(Holloway & Ansari, 2009; De Smedt et al., 2009)。因而,非符号距离效应和符号距离效应的预测价值对区分数量和缺陷的映射种类非常重要。我们首先回顾了支持映射缺陷假说的早期研究文献。但是,后面的研究采纳了更好的入选标准,在行为和脑水平发现了较差的区分数量表征的证据,也就是数量假说。 217

鲁塞尔和诺埃尔(Rousselle & Noël, 2007)把一组正常发展的二年级学生和一组有计算障碍的学生进行对比。控制了年龄和整体加工速度之后,研究者发现,与正常发展的学生相比,有计算障碍的学生的符号对比速度更慢。相比之下,这两组学生在非符号对比方面能力相当。这项研究支持映射缺陷假说。然而,因为计算障碍组使用的是相当宽松的纳入标准——数学成绩低于平均值1.5个标准差,因此,计算障碍组的被试可能是正态曲线低端的正常发展儿童,而不是真正有计算障碍的儿童。一般来说,使用宽松纳入标准的研究常常会发现相互矛盾的结果。以处于正态曲线低端5%的计算障碍儿童为例,一项以8—10岁儿童为被试的研究发现,计算障碍组在符号和非符号对比方面比对照组慢(Landerl & Kölle, 2009)。

我们可以利用神经科学的数据来更准确地识别计算障碍的核心缺陷。库齐安等人(Kucian et al., 2006)首次通过功能性磁共振成像对计算障碍群体进行神经病理学研究。研究者让一组有计算障碍的11岁儿童和一组作为控制组的同龄儿童进行非符号对比任务和近似数加法任务,这两项任务都可能触及离散量表征。在近似数加法任务中观察到最大的组间差异,计算障碍组两侧的额顶网络(包括双侧中部额下回、额下回和顶内沟)出现很少的激活。一项近似推理任务的神经差异研究发现支持这样一个假设,即数字表征本身是有缺陷的,而不仅仅是从符号到表征的映射有缺陷。这项研究的另一个发现是,正常发展儿童的数学网络与那些计算障碍儿童的数学网络没有质的差异——两者都激活了同样的额叶和顶叶皮层网络。相反,两者在网络激活的程度上存在量的差异。尤其是,计算障碍组中较低的顶内沟激活意味着对数字的表征减弱。

普赖斯等人(Price et al., 2007)研究发现,12 岁计算障碍儿童和年龄匹配的控制组儿童在非符号对比任务中存在差异(计算障碍被广泛定义为数学成绩低
218 于平均值至少 1.5 个标准差)。在行为方面,两组大致相当。然而,功能性磁共振成像数据显示出一个重要的皮层差异:控制组在右侧顶内沟出现典型的神经距离效应,而计算障碍组则没有。这些结果表明,计算障碍儿童的数量表征减弱,这与数量关系的观点一致。他们还指出,神经科学的方法揭示了行为层面上看不到的差异。

同时,计算障碍也存在脑结构上的差异,左右侧顶内沟是负责数量加工的脑
219 区(如图 8.3 所示)。艾萨克斯、埃德蒙兹、卢卡斯和加甸(Isaacs, Edmonds, Lucas, & Gadian, 2001)首次进行了这样的研究,他们发现左侧顶内沟一小块区域的灰质密度降低。普罗策等人(Rotzer et al., 2008)随后发现,年轻被试右侧顶内沟灰质密度降低,这反映了上述发展轨迹,简单数字加工,尤其是非符号化数字加工,从右半球轨迹占主导转向双侧轨迹。

### 3. 终身学习

发展性计算障碍会一直持续到成年阶段,尽管还不清楚早期计算障碍学习者持续到成年阶段的占比有多大。沙莱夫、马诺尔和格罗斯-楚尔(Shalev, Manor, & Gross-Tsur, 2005)的一项研究发现,有 40%的 11 岁计算障碍的儿童,到 17 岁时还有计算障碍,而且处于标准数学任务成绩的后 25%。但是,沙莱夫等人运用低于年龄常模 2 岁的标准,没有专门测量核心缺陷。当然,并不难发现有严重数学障碍和核心缺陷的成人的例子,例如巴特沃思(Butterworth, 1999)描述的“查尔斯”(Charles)。很少有发表的关于成人发展性计算障碍的脑功能的研究。一个使用两位数加法问题的脑电图的研究发现,年龄较大的被试主要使用两个脑半球,而年龄较小的被试则主要使用左半球,这表明年龄较小的被试在解决问

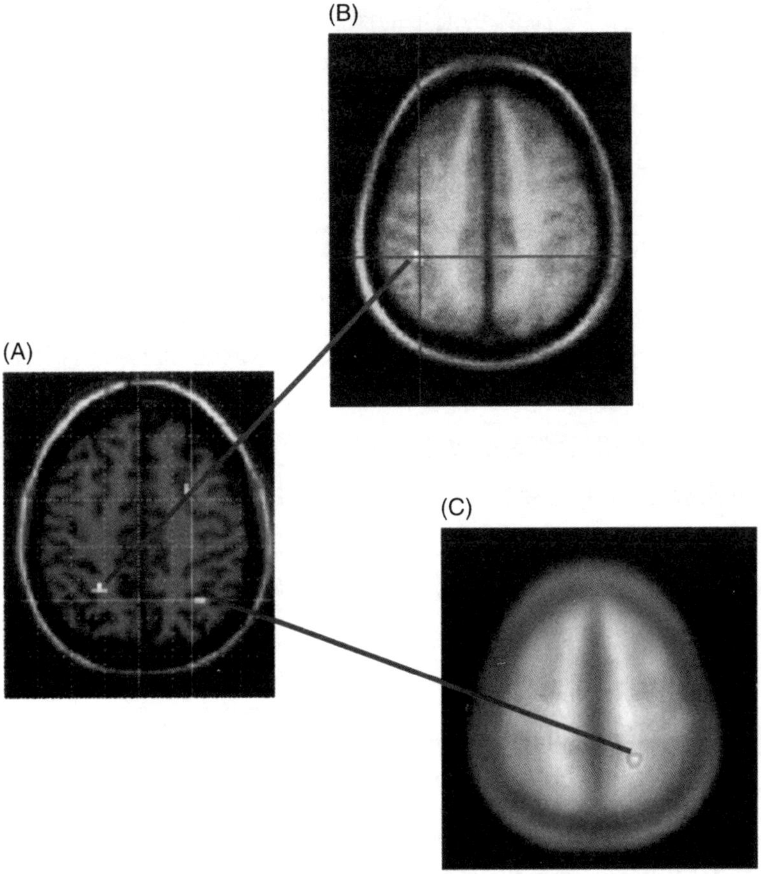


**图 8.3　计算障碍者的脑在进行数量关系加工中灰质密度降低**

(A) 负责数量关系加工的脑区(Castelli et al., 2006,许可使用);(B) 计算障碍成人的左侧顶叶的数量加工区灰质密度降低(Isaacs et al., 2001,许可使用);(C) 计算障碍儿童的右侧顶叶数量关系加工区域的灰质密度降低(Rotzer et al., 2008,许可使用)

题方面更具战略灵活性(El Yagoubi, Lemaire, & Besson, 2005)。然而,迫切需要对正常衰老对人脑数学系统的影响进行全面研究,同时还需要研究与衰老相关的临床条件(如轻度认知障碍和痴呆)的影响。

## 六、培养数学脑

连接神经科学和教育的障碍是神经科学的方法不能轻易用到课堂上。然而,神经科学家开始分离学校里的数学思维和学习的元素,并在精心控制的实验室环境中进行研究。研究结果为通常的课堂教学提供新的教学方法，并为计算障碍的有效干预指明了方向。的确，到目前为止，神经科学还没有像认知心理学和发展心理学那样对教育产生影响，不管是好的影响，还是坏的影响。桑代克（Thorndike，1922）的《算术心理学》（*The Psychology of Arithmetic*）一书关注简单数字的联结。在20世纪30年代，布劳内尔（Brownell，1928，1935，1938）在一些重要的文章和著作中，将心理学思想用于有意义的数学教学实践中。

220 在20世纪五六十年代，皮亚杰关于认知发展本质的建构主义理论影响巨大。建构主义强调，当新的刺激不能用现有的模式（同化）来理解时，儿童会建构新的模式（顺应）。蒙台梭利（M. Montessori）将古氏积木用在学校里，加泰尼奥（C. Gattegno）也在用，这都是受皮亚杰的影响。许多数学教育研究者继续倡导将建构主义教学用在直接教学上（Bransford，Franks，Vye & Sherwood，1989；Duffy & Jonassen，1992；von Glasersfeld，1989）。然而，直接教学假设，知识可以直接从教师传递给学生，而建构主义教学认为，如果知识是有意义的，那么学生必须建构他们自己的知识。重点在于特定类型的活动，例如，玩游戏和其他实践学习。

约翰逊（M. H. Johnson）、卡尔米洛夫-史密斯（A. Karmiloff-Smith）、马雷沙尔（Mareschal）及其同事根据皮亚杰的观点提出了一种研究路线，他们称之为"神经建构主义"（参见综述 Westermann，Thomas，& Karmiloff-Smith，2010）。在这一点上，脑的神经专门化并不是直接遗传而来的——脑并不是从特定的认知功能开始模块化的——脑的组织是通过与环境的相互作用而形成的，（神经）专门化在很大程度上是经验的共同结构和神经对特定类型信息之接受性的某些内在趋势共同作用的结果。这里，我们把关注点放在神经科学为教育提供指引的两个方面：第一，教学方法；第二，个体差异，包括矫正计算障碍的新方法。

### 1. 教学方法

**实践和迁移** 直接教学是一系列传统课堂教学的统称，包括讲座、背诵、复习、课堂作业、家庭作业、测验和考试（参见，例如，Rosenshine，1995）。在一项早期的重要研究中，德拉泽等人（Delazer et al.，2005）研究了直接教学的一个方面——练习对神经的影响。成人练习解决18个复杂的乘法问题，每个问题包括一个个位数运算和一个两位数运算。通常，在学校里是不会背这些数学常识的。接下来，被试会在扫描器中对这些复杂乘法问题进行判断，一半问题是练习过的，另一半问题是没有练习过的。与没有练习过的问题相比，被试在判断练习过的问题时，更快也更准确。更重要的是，这两类问题激活不同的皮层网络。没有练习过的问题激活的皮层网络包括双侧顶内沟（与数量加工有关）和双侧额下回 221
（与执行功能和言语工作记忆有关）。这基本上与格拉布纳等人（Grabner et al.，2009）发现的额顶区网络结构相同——当被试报告他努力用策略加工解决简单算数问题时，额顶区将被激活。相比之下，练习过的问题激活的网络结构包括左侧角回（与解决简单算数问题时的记忆提取有关）。这些发现表明，实践——直接教学的一个方面——从基于策略的加工转变为基于记忆（特别是检索口头/符号编码的数学事实）的加工。

伊斯切贝克等人（Ischebeck et al.，2006）研究了乘法和减法是否存在不同的练习效果。让成人在扫描器外练习复杂乘法和减法问题，然后在扫描器中判断练习过的和没有练习过的问题。不管是乘法问题还是减法问题，与没有练习过的问题相比，被试在判断练习过的问题时，更快也更准确，这重复并扩展了德拉泽等人（Delazer et al.，2005）的研究。在神经水平上，乘法得到的结果也重复了德拉泽等人的研究，练习效应从额顶网络（包括顶内沟）转变到左侧角回，同样表明从基于策略的加工到基于记忆加工的转变。减法得到的结果则不同：练习过的和没有练习过的问题都通过与基于策略的加工相关的额顶网络来解决。这表明，练习的神经结果取决于正在练习的数学概念。

总结一下这两项研究结果，对于复杂乘法来说，练习后行为表现的改善是从策略加工向记忆加工转变的结果。这类似于里韦拉等人（Rivera et al.，2005）记录的简单的加减法随发展而出现的行为模式和脑皮层的改变，其中左侧顶下叶逐渐专门用于加工加法。相比之下，在复杂的减法问题中，随着练习，行为表现会越来越好，标志着与策略加工有关的额顶网络的效能越来越高（Ischebeck et al.，2006）。这些发现非常重要，表明如果教学目标是使减法自动化，那么数学教育者就不能把教学方法局限在直接教学法上。

### 2. 个体差异

神经科学可以帮助我们识别有认知优势和认知缺陷的学习者，这样就可以指导我们设计出适合学习者的学习背景。这就意味着要保证学习背景适合学习 222
者当前的需要及最近发展区（Vygotsky，1978）。这包括明确学习者需要获得的内容以及适合学习者的学习速度。

**计算障碍** 这种方法可能是"专门为有计算障碍的学习者设计学习背景"的最好的例子。我们知道,神经科学已经明确了核心缺陷,即干预的目标——处理数字的缺陷。然而,神经科学并没有具体说明如何帮助有计算障碍的学习者。

教师需要根据教育学原则和特殊教育需求(special educational needs, SEN)来设计合适的教学方法。从教育学角度来看,活动需要对具体物体进行操作,这样的任务才能使数字概念有意义,即通过提供任务目标、学习者的行为和对行为的信息反馈之间的内在关系,使数字概念具有意义。任务中的信息反馈为学习者提供了内在动机,这对学习者来说比教师提供的外在动机和奖励更有价值(Bruner, 1961; Deci, Koestner, & Ryan, 2001)。

经验丰富的特殊教育教师会用古氏积木、数字轨道和扑克牌,让学习者体会数字的意义。通过玩这些游戏,学习者从他们的操作中可以发现,哪根杆子与8杆匹配形成10杆,或者在轨道里放多少珠子才能从给定数字到期望数字等(Butterworth & Yeo, 2004)。这些任务提供了发现学习的机会和构建解决方案的方法,使学习者能够将他们的解决方案与正确的解决方案进行比较,并在必要时调整自己的解决方案。这些都是理解学习的强大机制(Papert, 1980; Piaget, 1952)。

理想情况下,经验丰富的教师会根据学习者当前的理解水平来调整活动,找到促使学生的理解往最近发展区发展的方法。但是,这可能需要一对一的教学。然而,一对一的教学并不总是可能的,而且有可能是非常昂贵的。

现在,可以使用包含上述教育学原则的游戏软件,让学习者完成与学习者当前水平相适应的任务。数字比赛(Number Race)和图形游戏数学(Graphogame-Maths)就是基于神经科学的自适应游戏,旨在训练基本的数量加工,而且已经证实其有效性(Räsänen et al., 2009)。但是,这两种游戏都不需要学习者操作。操作对于发现任务目标、学习者的行为和对行为的信息反馈之间的内在关系至关重要。

223 自适应游戏软件采用了一种模拟特殊教育教师操作任务的方法,该方法能够构建解决方案,提供信息反馈,并在学习者出现错误时提供一种与学习者的方法相匹配的正确方法(进一步讨论,见 Butterworth, Varma, & Laurillard, 2011)。

这些游戏软件并没有接受过大规模的评估,但自适应游戏软件的一个重要优势是：学习者在单位时间内可以做比教师更多的练习。因而，12 岁的有特殊教育需求的学习者使用数字联结游戏，每分钟可以做 4—11 次练习，而在一个有 3 名指导教师的特殊教育需求班级中，在 10 分钟的观察期，有特殊教育需求的学习者每分钟只完成 1.4 次的练习。在另一个 11 岁的特殊教育需求组中，在 13 分钟内（一个完整的训练过程，每个问题都回答正确的话，需要 5 分钟操作游戏 88 次，这个软件是根据学习者的反应来调整时间的），学习者可以操作游戏 173 次（Butterworth & Laurillard, 2010）。

巴特沃思等人（Butterworth et al., 2011）总结道："现在还不清楚是否早期、目标适当的干预可以将计算障碍者转变成一个正常的计算者。计算障碍可能像阅读障碍一样，早期干预能够改善练习效果，而不是使认知过程像正常的发展过程一样。"

在阅读障碍研究中，适当的语音训练使阅读障碍者的神经活动像那些正常的阅读者一样（Eden et al., 2004）。这一点很重要，因为它将行为以外的干预措施的效果纳入基本机制，计算障碍也是这样吗？到目前为止，只发表了一项关于这种神经活动方式干预效果的研究。苏黎世的阿斯特尔（Aster）的团队进行了这项研究，他们用专门设计的电脑游戏训练 9 岁的正常的学习者和年龄相仿的计算障碍者（低于平均值 1.5 个标准差）（Kucian et al., 2011）。游戏要求是，根据飞船上的数字，或飞船上的算式，让飞船在 0 到 100 之间的数字线上着陆（如图 8.4A 所示）。每天训练 15 分钟，每周训练 5 天，持续 5 周。在行为水平上评估训练的效果后发现，该训练不管是对计算障碍者，还是对正常的学习者均有效，对计算障碍者效果更明显，尽管还是比控制组差（如图 8.4B 所示）。在一项功能性磁共振成像任务中测量激活度，该任务需要儿童判断 3 个数字是按升序排列，还是按降序排列，控制任务是判断"2"这个数字是否出现。在这种情况下，计算障碍者的顶叶激活少，而额叶激活多。库齐安等人（Kucian et al., 2011, p. 792）得出结论："这些结果进一步支持了与计算障碍有关的顶叶数字表征缺陷，导致额叶的支持性功能更多参与数字任务工作记忆和注意控制。"训练效果是显著的，两组的额叶激活都减少，表明训练迁移到功能性磁共振成像的任务中，依靠顶叶区域变得自动化，依靠额叶区不需要太多策略。这一效应在计算障碍者中尤为显著。因而，训练的效果将计算障碍转移到更正常的行为和神经活动模式，与在阅读障碍训练研究中观察到的变化一致。

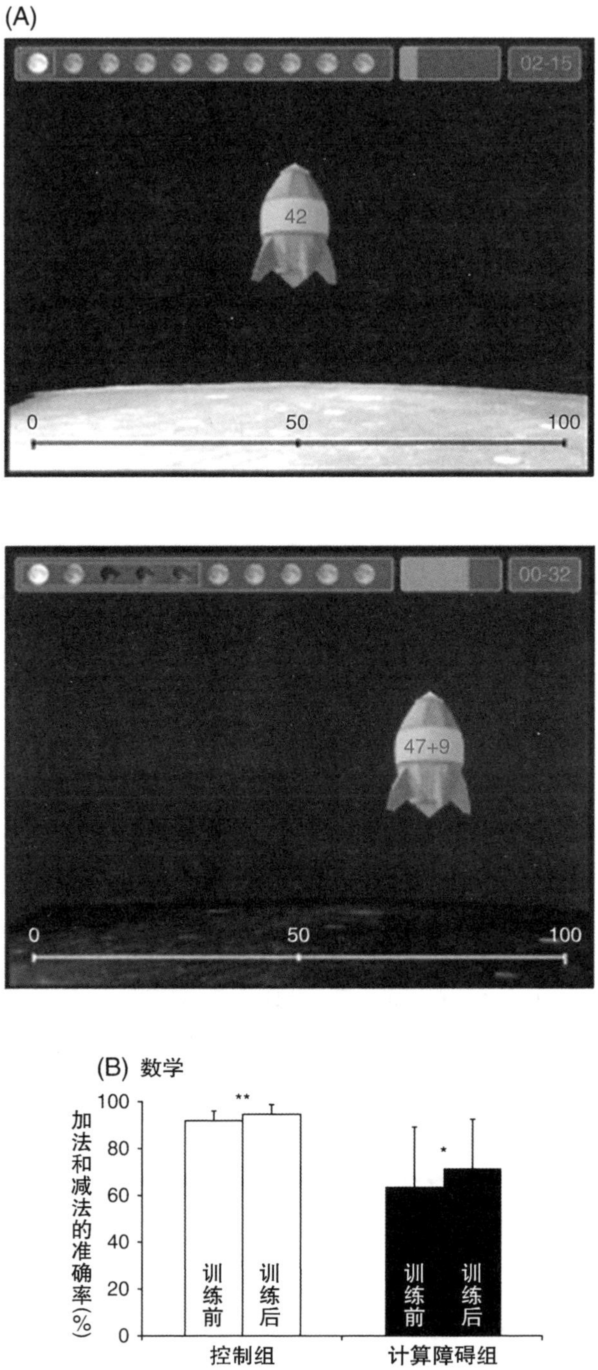
(A)
02-15
42
0
50
100
00-32
47+9
0
50
100
(B) 数学
加法和减法的准确率(%)
100
80
60
40
20
0
**
*
训练前
训练后
训练前
训练后
控制组
计算障碍组

224

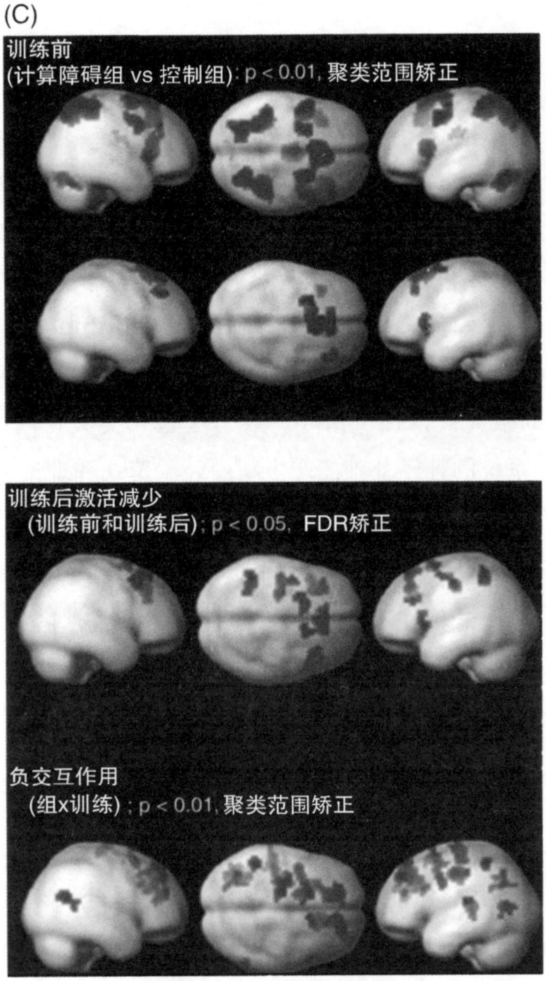


**图 8.4　训练在算数成绩和神经活动模式上的效果** 225

运用计算机游戏训练 9 岁的计算障碍者和正常学习者进行简单的算数任务，每天进行 15 分钟，每周 5 天，共进行 5 周。(A)“计算营救”游戏需要学习者将飞船降落在下面的数轴上。上面图的任务是将飞船降落在 42 上，下面图的任务是将飞船降落在 56 上，解决方法是 47 + 9。(B) 两个组的训练都非常有效，而且对计算障碍者更为有效(黑柱)。然而，训练后他们的表现还是达不到正常学习者的水平。(C) 上面的图：训练前，在不同数字任务中脑激活的组间差异，计算障碍组与控制组的任务相比，表现出更多的额叶激活；下面的图：两组的训练都减少了额叶的激活，但在计算障碍组中会更多(负交互作用)。经 Kucian et al.(2011)许可使用

## 226 七、未来的方向

尽管神经科学关于数学思维的研究还处于起步阶段，但它们已经启发了与教育有重大关联的话题，包括数学发展、数学概念的空间基础、数学成绩个体差异的性质、不同教学方法的神经相关性、计算障碍的核心缺陷，以及有效的矫正方法的设计和评估。数学思维已经成为教育和神经科学之间的重要桥梁，它只会越来越重要。科学地解释数学的神经基础对于循证教育是必要的：它有助于理解为什么有些教育干预（而不是其他的教育干预）对有些儿童（而不是其他儿童）有效，并为新的教育设计提供指导。数学也是人类文化的核心符号系统之一，研究这一符号系统的神经基础能产生新的经验范式和理论解释，从而更全面地丰富我们对脑的理解。

迄今为止的研究大多集中在自然数和自然数的算术运算上。相对而言，人们对数学中更抽象和高级的概念（如负数、位值和代数）的心理学和神经科学基础还知之甚少。我们在这里简单回顾一下对这一领域的最初探索。我们还展望了有关神经刺激对数学学习益处的研究。

### 1. 负数

研究已经指出成人是如何对负数进行心理表征的。在比较负数的时候，成人表现出与比较自然数一样的符号距离效应，如：比较 -1 和 -4 要比比较 -1 和 -9 快。有些研究者将这种现象解释为“负数是以等级的形式进行心理表征的”（Varma & Schwartz，2011）。有些研究者则认为，负数不是以等级的形式进行心理表征的，而是通过符号规则以自然数的形式进行映射（Tzelgov，Ganor-Stern，& Maymon-Schreiber，2009）。在这种观点看来，在比较负数时（如 -1 和 -4 哪个大?），人们首先不考虑负数的符号，而是把这个判断反过来（如 1 和 4 哪个大?），最后求助于自然数的数量表征。

负数和自然数的混合比较就可以解决这一争论。泽尔戈夫等人（Tzelgov et al.，2009）发现，混合比较不存在距离效应，近距离的比较（如 -1 和 2）和远距
227 离的比较（如 -1 和 7）一样快。他们将这个解释为人们使用了符号规则，如“正数比负数大”。但是，更多研究已经发现混合比较的距离效应（Gullick，Wolford，&

Temple, 2011; Krajcsi & Igács, 2010; Varma & Schwartz, 2011)。奇怪的是,这些效应呈相反的趋势,近距离的比较比远距离的比较快,这表明负数的数量表征在空间上发生了变化。

神经科学数据可以告诉我们,在比较负数时,是将负数理解成数量,还是运用了规则。早期研究发现,在比较负数和自然数时,两侧的顶内沟出现了神经距离效应,这与数量表征的结果一致(Blair et al., 2010; Gullick et al., 2011)。但是,这些研究同样也发现,在与控制规则加工有关的前额区域也出现了神经距离效应。这就需要进一步的研究来破解负数理解的神经关联了。

一些研究者已经开始研究整数理解的认知发展(Varma & Schwartz, 2011)。另一些研究者则在提出教育神经科学的问题:不同类型的教学——关注符号规则,如"正粒子取消负粒子"——会带来不同的表征,以及不同的神经联系。同样,我们期望这些领域能成为富有成效的研究领域。

### 2. 位值

位值记数法是一种生成系统,用一小组符号来命名数字。我们的十进制系统使用数字0—9,再加上一些额外的符号("."" - "),用相对较少的数字来命名非常大和非常小的数字。位值记数法之所以重要,是因为它的结构支持"长"运算的标准运算法则,例如使用"退位"和"进位"。因此,掌握位值记数法是早期基础教育的一个重要目标。

早期关于位值记数法的研究主要集中在成人和儿童如何理解多位数的自然数,如判断79和17哪个大。最初的研究表明,对于大数,人们不会直接参考数量表征。相反,他们参考的是复合表征,从左到右依次比较每个位置上的数值,直到作出判断(Hinrichs, Berie, & Mosell, 1982; Hinrichs, Yurko, & Hu, 1981)。尽管一些研究已经对这一发现提出挑战(Dehaene, Dupoux, & Mehler, 1990),但研究结果基本上还是维持不变。一个特殊的诊断研究发现了**不相容效应**(incompatibility effect):当比较两位数时,当十位数的判断与个位数的判断相 228
冲突时,反应就慢。例如,人们比较81和19的速度就要慢于比较79和17的速度(Nuerk, Weger, & Willmes, 2001)。对不相容效应的发展性研究表明,儿童在二年级的时就已经具备了成人复合表征多位数的能力(Landerl & Kölle, 2009; Nuerk, Kaufmann, Zoppoth, & Willmes, 2004)。

神经科学家正在确定成人位值的神经联系。在成人比较两位数时，对左侧角回进行经颅磁刺激会破坏数字比较（Göbel，Walsh，& Rushworth，2001）。回想一下，这个区域与符号或口头编码的算术事实的检索有关，与数量加工无关。这一发现表明，多位数的复合表征会通过符号规则进行加工。一项关于不相容效应神经基础的研究给出了进一步的证据，该研究发现，与相容相比，不相容比较在毗邻左侧角回的左侧缘上回的激活更强烈（Liu，Wang，Corbly，Zhang，& Joseph，2006）。但是，这一研究同样也发现数字在其他区域的神经不相容效应，包括与数字加工的视觉形式有关的双侧枕颞皮层，与控制符号和注意加工有关的前额区，以及与数量加工有关的顶内沟。因而，多位数的神经表征还是一个有待解决的问题。

对成人和儿童如何理解位值的新的科学理解，有望为教育的进步提供信息。例如，一项研究发现，与那些正常发育的小学适龄儿童相比，计算障碍儿童的不相容效应更大，这表明，大数的复合表征减弱与数学成绩差有关（Landerl & Kölle，2009）。未来将围绕这一诱人的结果展开研究。

### 3. 代数

安德森（Anderson，2007）进行了一系列的代数问题解决的功能性磁共振成像研究。这些研究由一个理论模型驱动，该模型将从长期记忆中获取信息的功能分配给左侧额下回，并将维持和转换心理表征的功能分配给左侧后顶叶皮层（顶内沟和角回后面的区域）。这些区域对于解决代数等式（如 $x/3+2=8$）问题至关重要，这不仅需要检索相关的数学事实（如 $8-2=6$），还需要用这个事实把当前的等式变成一个新的、简单的等式（如 $x/3+2=8 \rightarrow x/3=6$）。正如这个模
229 型所预测的那样，在解决代数等式问题时，必须提取的数学事实的数量越多，额下回的激活就越强烈，变换的数量越多，顶内沟和角回后面的区域激活就越强烈（Danker & Anderson，2007；Stocco & Anderson，2007）。

基于这一基本的发现，索恩等人（Sohn et al.，2004）研究了与解决代数等式问题和应用题有关的神经加工过程。他们发现，在解决代数等式问题时，两侧的顶内沟和角回后面的区域激活增多了，这与序列变换一致。相反，他们发现，在解决应用题的时候，额下回激活更明显，这与该区域在言语工作记忆和“表达性”语言中的作用一致。

秦等人(Qin et al., 2004)针对教育相关性采取了下一步的行动,以 12—15 岁的儿童为样本,研究了练习效应。在 5 天的课程里,儿童练习解决多步代数等式问题。当然,经过练习,儿童的成绩有所改善。更有趣的是,经过练习(特别是随着问题所需步骤的增加),左侧额下回和左侧后顶叶皮层的激活均减少。这一模式与早期在成人的研究中观察到的模式不同,后者仅在左侧额下回显示了练习效应(Qin et al., 2003)。综上所述,这些研究表明,练习对儿童和成人有不同的影响。

关于分数(Schmithorst & Brown, 2004)、微积分(Krueger et al., 2008),以及其他高等数学主题的神经科学研究开始出现,尽管还有很多工作要做。教育神经科学正在采取初步措施,将数学理解的神经测量纳入计算机辅助中,这通常仅取决于行为测量,如正确问题的数量(Anderson, Betts, Ferris, & Fincham, 2010, 2012)。我们期望在理解抽象数学思维的神经基础和将这些见解应用到未来数学教育这两个方面取得快速进展。

### 4. 神经刺激

一项研究观察了经颅直流电刺激(transcranial direct current stimulation, TDCS)对学习新符号的效果(Cohen Kadosh et al., 2010)。在经颅直流电刺激过程中,随着时间的推移,不断施加弱电流,以增强(阳性刺激)或减弱(阴性刺激)神经元群的兴奋,对电极下受刺激区域的影响最大。右侧顶叶的阳性刺激提高了对新符号的学习能力,这些符号被设计成与数字相等,这种提高一直持续到 6 个月后的重新测试。这项研究表明,对神经过程进行更直接的干预可以帮助个体学习,尤其是帮助那些有计算障碍的个体。

## 参考文献 230

Alibali, M. W., & DiRusso, A. A. (1999). The function of gesture in learning to count: More than keeping track. *Cognitive Development*, *14*, 37 - 56.

Anderson, J. R. (2007). *How can the human mind occur in the physical universe?*

Oxford: Oxford University Press.

Anderson, J. R., Betts, S. A., Ferris, J. L., & Fincham, J. M. (2010). Neural imaging to track mental states while using an intelligent tutoring system. *Proceedings of the National Academy of Sciences of the United States of America*, *107*, 7018 - 7023.

Anderson, J. R., Betts, S. A., Ferris, J. L., & Fincham, J. M. (2012). Tracking children's mental states while solving algebra equations. *Human Brain Mapping*, *33*, 2650 - 2665.

Ansari, D., & Dhital, B. (2006). Age-related changes in the activation of the intraparietal sulcus during nonsymbolic magnitude processing: An event-related functional magnetic resonance imaging study. *Journal of Cognitive Neuroscience*, *18*, 1820 - 1828.

Ansari, D., Garcia, N., Lucas, E., Hamon, K., & Dhital, B. (2005). Neural correlates of symbolic number processing in children and adults. *NeuroReport*, *16*, 1769 - 1773.

Antell, S. E., & Keating, D. P. (1983). Perception of numerical invariance in neonates. *Child Development*, *54*, 695 - 701.

Bächtold, D., Baumüller, M., & Brugger, P. (1998). Stimulus-response compatibility in representational space. *Neuropsychologia*, *36*, 731 - 735.

Bafalluy, M. G., & Noël, M.-P. (2008). Does finger training increase young children's numerical performance? *Cortex*, *44*, 368 - 375. DOI: 10.1016/j.cortex.2007.08.020

Bishop, D. V. M. (2010). Which neurodevelopmental disorders get researched and why? *PLoS ONE*, *5*(11), e15112. DOI: 10.1371/journal.pone.0015112

Blair, K. P., Rosenberg-Lee, M., Tsang, J., Schwartz, D. L., & Menon, V. (2010, June). *Representations and rules in negative number processing*. Poster presented at the 16th Annual Meeting of the Organization for Human Brain Mapping, Barcelona, Spain.

Bransford, J. D., Franks, J. J., Vye, N. J., & Sherwood, R. D. (1989). New approaches to instruction: Because wisdom can't be told. In S. Vosniadou & A. Ortony (Eds.), *Similarity and analogical reasoning* (pp. 470 - 497). Cambridge: Cambridge University Press.

Brownell, W. A. (1928). *The development of children's number ideas in the primary grades*. Chicago, IL: University of Chicago.

Brownell, W. A. (1935). Psychological considerations in the learning and the teaching of arithmetic. *The teaching of arithmetic: The tenth yearbook of the National Council of Teachers of Mathematics*. New York: Teachers College, Columbia University.

Brownell, W. A. (1938). Readiness and the arithmetic curriculum. *The Elementary*

*School Journal*, *38*(5), 344 – 354.

Bruner, J. S. (1961). The act of discovery. *Harvard Educational Review*, *31*, 21 – 32.

Buckley, P. B., & Gillman, C. B. (1974). Comparisons of digits and dot patterns. *Journal of Experimental Psychology*, *103*, 1131 – 1136.

Butterworth, B. (1999). *The mathematical brain*. London: Macmillan. 231

Butterworth, B. (2005). Developmental dyscalculia. In J. I. D. Campbell (Ed.), *Handbook of mathematical cognition* (pp. 455 – 467). Hove, UK: Psychology.

Butterworth, B. (2010). Foundational numerical capacities and the origins of dyscalculia. *Trends in Cognitive Sciences*, *14*, 534 – 541. DOI: 10.1016/j.tics.2010.09.007

Butterworth, B., & Laurillard, D. (2010). Low numeracy and dyscalculia: Identification and intervention. *ZDM Mathematics Education*, *42*, 527 – 539. DOI: 10.1007/sl1858 – 010 – 0267 – 4

Butterworth, B., Varma, S., & Laurillard, D. (2011). Dyscalculia: From brain to education. *Science*, *332*, 1049 – 1053. DOI: 10.1126/science.1201536

Butterworth, B., & Yeo, D. (2004). *Dyscalculia guidance*. London: nferNelson.

Cantlon, J. F., Brannon, E. M., Carter, E. J., & Pelphrey, K. A. (2006). Functional imaging of numerical processing in adults and 4-year-old children. *Public Library of Science Biology*, *4*(5), e125. DOI: 10.1371/journal.pbio.0040125

Castelli, F., Glaser, D. E., & Butterworth, B. (2006). Discrete and analogue quantity processing in the parietal lobe: A functional MRI study. *Proceedings of the National Academy of Sciences of the United States of America*, *103*(12), 4693 – 4698.

Cockcroft, W. H. (1982). *Mathematics counts: Report of the Committee of Inquiry into the Teaching of Mathematics in Schools under the chairmanship of Dr W H Cockcroft*. London: HMSO.

Cohen Kadosh, R., Soskic, S., Iuculano, T., Kanai, R., & Walsh, V. (2010). Modulating neuronal activity produces specific and long-lasting changes in numerical competence. *Current Biology*, *20*, 2016 – 2020. DOI: 10.1016/j.cub.2010.10.007

Danker, J. F., & Anderson, J. R. (2007). The roles of prefrontal and posterior parietal cortex in algebra problem-solving: A case of using cognitive modeling to inform neuroimaging data. *NeuroImage*, *35*, 1365 – 1377.

De Smedt, B., Verschaffel, L., & Ghesquière, P. (2009). The predictive value of numerical magnitude comparison for individual differences in mathematics achievement. *Journal of Experimental Child Psychology*, *103*(4), 469 – 479.

Deci, E. L., Koestner, R., & Ryan, R. M. (2001). Extrinsic rewards and intrinsic motivation in education: Reconsidered once again. *Review of Educational Research*, *71*(1), 1–27. DOI: 10.3102/00346543071001001

Dehaene, S., Bossini, S., & Giraux, P. (1993). The mental representation of parity and numerical magnitude. *Journal of Experimental Psychology: General*, *122*, 371–396.

Dehaene, S., Dupoux, E., & Mehler, J. (1990). Is numerical comparison digital? Analogical and symbolic effects in two-digit number comparison. *Journal of Experimental Psychology: Human Perception and Performance*, *16*, 626–641.

Dehaene, S., Piazza, M., Pinel, P., & Cohen, L. (2003). Three parietal circuits for number processing. *Cognitive Neuropsychology*, *20*, 487–506.

Delazer, M., & Butterworth, B. (1997). A dissociation of number meanings. *Cognitive Neuropsychology*, *14*, 613–636.

Delazer, M., Ischebeck, A., Domahs, F., Zamarian, L., Koppelstaetter, F., Siedentopf, C. M., Kaufmann, L., & Benke, T. (2005). Learning by strategies and learning by drill: Evidence from an fMRI study. *NeuroImage*, *25*, 838–849.

232 Duffy, T. M., & Jonassen, D. (Eds.) (1992). *Constructivism and the technology of instruction: A conversation*. Englewood Cliffs, NJ: Erlbaum.

Eden, G., Jones, K., Cappell, K., Gareau, L., Wood, F., Zeffiro, T., Dietz, N., Agnew, J., & Flowers, D. (2004). Neural changes following remediation in adult developmental dyslexia. *Neuron*, *44*, 411–422.

El Yagoubi, R., Lemaire, P., & Besson, M. (2005). Effects of aging on arithmetic problemsolving: An event-related brain potential study. *Journal of Cognitive Neuroscience*, *17*(1), 37–50. DOI: 10.1162/0898929052880084

Fayol, M., Barrouillet, P., & Marinthe, C. (1998). Predicting arithmetical achievement from neuro-psychological performance: A longitudinal study. *Cognition*, *68*, 63–70.

Fias, W., Lammertyn, J., Reynvoet, B., Dupont, P., & Orban, G. A. (2003). Parietal representation of symbolic and nonsymbolic magnitude. *Journal of Cognitive Neuroscience*, *15*, 47–56.

Geary, D. C., Bow-Thomas, C. C., Liu, F., & Siegler, R. S. (1996). Development of arithmetical competencies in Chinese and American children: Influence of age, language, and schooling. *Child Development*, *67*(5), 2022–2044.

Geary, D. C., Hoard, M. K., Byrd-Craven, J., & DeSoto, M. C. (2004). Strategy choices in simple and complex addition: Contributions of working memory and counting knowledge for children with mathematical disability. *Journal of Experimental Child Psychology*, *88*(2), 121–151. DOI: 10.1016/j.jecp.2004.03.002

Göbel, S., Walsh, V., & Rushworth, F. S. (2001). The mental number line and the human angular gyrus. *NeuroImage*, *14*, 1278 - 1289.

Grabner, R. H., Ansari, D., Koschutnig, K., Reishofer, G., Ebner, F., & Neuper, C. (2009). To retrieve or to calculate? Left angular gyrus mediates the retrieval of arithmetic facts during problem solving. *Neuropsychologia*, *47*(2), 604 - 608.

Grabner, R. H., Ansari, D., Reishofer, G., Stern, E., Ebner, F., & Neuper, C. (2007). Individual differences in mathematical competence predict parietal brain activation during calculation. *NeuroImage*, *38*, 346 - 356.

Gross, J., Hudson, C., & Price, D. (2009). *The long term costs of numeracy difficulties*. London: Every Child a Chance Trust, KPMG.

Gullick, M. M., Wolford, G., & Temple, E. (2011, April). *Understanding less than nothing: An fMRI study of negative number comparisons*. Poster session presented at the annual meeting of the Cognitive Neuroscience Society, San Francisco, CA.

Halberda, J., Mazzocco, M. M. M., & Feigenson, L. (2008). Individual differences in nonverbal number acuity correlate with maths achievement. *Nature*, *455*, 665 - 668. DOI: 10.1038/nature07246

Hinrichs, J. V., Berie, J. L., & Mosell, M. K. (1982). Place information in multidigit number comparison. *Memory and Cognition*, *10*, 487 - 495.

Hinrichs, J. V., Yurko, D. S., & Hu, J. M. (1981). Two-digit number comparison: Use of place information. *Journal of Experimental Psychology: Human Perception and Performance*, 7, 890 - 901.

Holloway, I. D., & Ansari, D. (2009). Mapping numerical magnitudes onto symbols: The numerical distance effect and individual differences in children's mathematics achievement. *Journal of Experimental Child Psychology*, *103*(1), 17 - 29.

Hubbard, E. M., Piazza, M., Pinel, P., & Dehaene, S. (2005). Interactions 233
between number and space in parietal cortex. *Nature Reviews Neuroscience*, *6*(6), 435 - 448.

Isaacs, E. B., Edmonds, C. J., Lucas, A., & Gadian, D. G. (2001). Calculation difficulties in children of very low birthweight: A neural correlate. *Brain*, *124*, 1701 - 1707.

Ischebeck, A., Zamarian, L., Siedentopf, C., Koppelstatter, F., Benke, T., Felber, S., & Delazer, M. (2006). How specifically do we learn? Imaging the learning of multiplication and subtraction. *NeuroImage*, *30*(4), 1365 - 1375.

Iuculano, T., Tang, J., Hall, C. W. B., & Butterworth, B. (2008). Core information processing deficits in developmental dyscalculia and low numeracy.

*Developmental Science*, *11*(5), 669 - 680.

Izard, V., Dehaene-Lambertz, G., & Dehaene, S. (2008). Distinct cerebral pathways for object identity and number in human infants. *PLoS Biology*, *6*, e11. DOI: 10.1371/journal.pbio.0060011

Koshmider, J. W., & Ashcraft, M. H. (1991). The development of children's mental multiplication skills. *Journal of Experimental Child Psychology*, *51*, 53 - 89.

Krajcsi, A., & Igács, J. (2010). Processing negative numbers by transforming negatives to positive range and by sign shortcut. *European Journal of Cognitive Psychology*, *22*, 1021 - 1038.

Krueger, F., Spampinato, M. V., Pardini, M., Pajevic, S., Wood, J. N., Weiss, G. H., Landgraf, S., & Grafman, J. (2008). Integral calculus problem solving: An fMRI investigation. *Neuroreport*, *19*, 1095 - 1099.

Kucian, K., Grond, U., Rotzer, S., Henzi, B., Schönmann, C., Plangger, F., Gälli, M., Martin, E., & von Aster, M. (2011). Mental number line training in children with developmental dyscalculia. *NeuroImage*, *57*(3), 782 - 795.

Kucian, K., Loenneker, T., Dietrich, T., Dosch, M., Martin, E., & von Aster, M. (2006). Impaired neural networks for approximate calculation in dyscalculic children: A functional MRI study. *Behavioral and Brain Functions*, *2*(31), 1 - 17.

Lakoff, G., & Núñez, R. E. (2000). *Where mathematics comes from: How the embodied mind brings mathematics into being*. New York: Basic.

Landerl, K., Bevan, A., & Butterworth, B. (2004). Developmental dyscalculia and basic numerical capacities: A study of 8 - 9 year old students. *Cognition*, *93*, 99 - 125.

Landerl, K., & Kölle, C. (2009). Typical and atypical development of basic numerical skills in elementary school. *Journal of Experimental Child Psychology*, *103*(4), 546 - 565.

Liu, X., Wang, H., Corbly, C. R., Zhang, J., & Joseph, J. E. (2006). The involvement of the inferior parietal cortex in the numerical Stroop effect and the distance effect in a two-digit number comparison task. *Journal of Cognitive Neuroscience*, *18*, 1518 - 1530.

Montessori, M. (1966). *The discovery of the child* (*M. Johnstone*, *Trans.*). Madras: Kalakshetra.

Moyer, R. S., & Landauer, T. K. (1967). Time required for judgments of numerical inequality. *Nature*, *215*, 1519 - 1520.

National Research Council Committee on Early Childhood Mathematics. (2009). C. T. Cross, T. A. Woods, & H. Schweingruber (Eds.), *Mathematics learning in early childhood: Paths toward excellence and equity*. Washington, DC: National Academies Press.

Noël, M.-P. (2005). Finger gnosia: A predictor of numerical abilities in children? *Child Neuropsychology*, *11*, 413 - 430. 234

Nuerk, H.-C., Kaufmann, L., Zoppoth, S., & Willmes, K. (2004). On the development of the mental number line: More, less, or never holistic with increasing age? *Developmental Psychology*, *40*, 1199 - 1211.

Nuerk, H.-C., Weger, U., & Willmes, K. (2001). Decade breaks in the mental number line? Putting the tens and units back in different bins. *Cognition*, *82*, B25 - B33.

Organization for Economic Cooperation and Development (OECD) (2010). *The high cost of low educational performance: The long-run impact of improving PISA outcomes*. Paris: OECD.

Papert, S. (1980). *Mindstorms: Children, computers, and powerful ideas*. Brighton, UK: Harvester.

Parsons, S., & Bynner, J. (2005). *Does numeracy matter more?* London: National Research and Development Centre for Adult Literacy and Numeracy, Institute of Education.

Piaget, J. (1952). *The child's conception of number*. London: Routledge & Kegan Paul.

Piazza, M., Facoetti, A., Trussardi, A. N., Berteletti, I., Conte, S., Lucangeli, D., Dehaene, S., & Zorzi, M. (2010). Developmental trajectory of number acuity reveals a severe impairment in developmental dyscalculia. *Cognition*, *116*(1), 33 - 41.

Piazza, M., Mechelli, A., Price, C. J., & Butterworth, B. (2006). Exact and approximate judgements of visual and auditory numerosity: An fMRI study. *Brain Research*, *1106*, 177 - 188.

Pinel, P., Dehaene, S., Rivière, D., & Le Bihan, D. (2001). Modulation of parietal activation by semantic distance in a number comparison task. *NeuroImage*, *14*, 1013 - 1026.

Price, G. R., Holloway, I., Räsänen, P., Vesterinen, M., & Ansari, D. (2007). Impaired parietal magnitude processing in developmental dyscalculia. *Current Biology*, *17*, 1042 - 1043.

Qin, Y., Sohn, M.-H., Anderson, J. R., Stenger, V. A., Fissell, K., Goode, A., & Carter, C. S. (2003). Predicting the practice effects on the blood oxygenation level-dependent (BOLD) function of fMRI in a symbolic manipulation task. *Proceedings of the National Academy of Sciences of the United States of America*, *100*, 4951 - 4956.

Qin, Y., Carter, C. S., Silk, E., Stenger, V. A., Fissell, K., Goode, A., & Anderson, J. R. (2004). The change of the brain activation patterns as children learn algebra equation solving. *Proceedings of National Academy of Sciences of the United States of America*, *101*, 5686 - 5691.

Räsänen, P., Salminen, J., Wilson, A. J., Aunioa, P., & Dehaene, S. (2009). Computer-assisted intervention for children with low numeracy skills. *Cognitive Development*, *24*, 450 - 472.

Reigosa-Crespo, V., Valdés-Sosa, M., Butterworth, B., Estévez, N., Rodríguez, M., Santos, E., Torres, P., Suárez, R., & Lage, A. (2011). Basic numerical capacities and prevalence of developmental dyscalculia: The Havana Survey. *Developmental Psychology* *48*(1), 123 - 125. DOI: 10.1037/a0025356

Rivera, S. M., Reiss, S. M., Eckert, M. A., & Menon, V. (2005). Developmental changes in mental arithmetic: Evidence for increased functional specialization in the left inferior parietal cortex. *Cerebral Cortex*, *15*, 1779 - 1790.

235 Rosenshine, B. (1995). Advances in research on instruction. *The Journal of Educational Research*, *88*, 262 - 268.

Rotzer, S., Kucian, K., Martin, E., von Aster, M., Klaver, P., & Loenneker, T. (2008). Optimized voxel-based morphometry in children with developmental dyscalculia. *NeuroImage*, *39*(1), 417 - 422.

Rousselle, L., & Noël, M.-P. (2007). Basic numerical skills in children with mathematics learning disabilities: A comparison of symbolic vs non-symbolic number magnitude processing. *Cognition*, *102*(3), 361 - 395.

Rusconi, E., Bueti, D., Walsh, V., & Butterworth, B. (2011). Contribution of frontal cortex to the spatial representation of number. *Cortex*, *47*(1), 2 - 13.

Rusconi, E., Pinel, P., Dehaene, S., & Kleinschmidt, A. (2010). The enigma of Gerstmann's syndrome revisited: A telling tale of the vicissitudes of neuropsychology. *Brain*, *133*(2), 320 - 332. DOI: 10.1093/brain/awp281

Rusconi, E., Turatto, M., & Umiltà, C. (2007). Two orienting mechanisms in posterior parietal lobule: An rTMS study of the Simon and SNARC effects. *Cognitive Neuropsychology*, *24*(4), 373 - 392.

Rusconi, E., Walsh, V., & Butterworth, B. (2005). Dexterity with numbers: rTMS over left angular gyrus disrupts finger gnosis and number processing. *Neuropsychologia*, *43*(11), 1609 - 1624.

Rykhlevskaia, E., Uddin, L. Q., Kondos, L., & Menon, V. (2009). Neuroanatomical correlates of developmental dyscalculia: Combined evidence from morphometry and tractography. *Frontiers in Human Neuroscience*, *3*(51), 1 - 13. DOI: 10.3389/neuro.09.051.2009

Sarnecka, B. W., & Gelman, S. A. (2004). Six does not just mean a lot: Preschoolers see number words as specific. *Cognition*, *92*(3), 329 - 352.

Schmithorst, V. J., & Brown, R. D. (2004). Empirical validation of the triple-code model of numerical processing for complex math operations using functional MRI and group Independent Component Analysis of the mental addition and subtraction of fractions. *NeuroImage*, *22*, 1414 - 1420.

Sekuler, R., & Mierkiewicz, D. (1977). Children's judgements of numerical inequality. *Child Development*, *48*, 630 - 633.

Shalev, R. S. (2007). Prevalence of developmental dyscalculia. In D. B. Berch & M. M. M. Mazzocco (Eds.), *Why is math so hard for some children? The nature and origins of mathematical learning difficulties and disabilities* (pp. 49 - 60). Baltimore, MD: Brookes.

Shalev, R. S., Manor, O., & Gross-Tsur, V. (2005). Developmental dyscalculia: A prospective six year follow up. *Developmental Medicine and Child Psychology*, *47*(2), 121 - 125.

Shallice, T., & Evans, M. E. (1978). The involvement of the frontal lobes in cognitive estimation. *Cortex*, *14*, 294 - 303.

Smith, A. (2004). *Making mathematics count: The report of Professor Adrian Smith's inquiry into post-14 mathematics education*. London: Department for Education and Skills.

Sohn, M.-H., Goode, A., Koedinger, K. R., Stenger, V. A., Fissell, K., Carter, C. S., & Anderson, J. R. (2004). Behavioral equivalence, but not neural equivalence: Neural evidence in mathematical problem solving. *Nature Neuroscience*, 7, 1193 - 1994.

Starkey, P., & Cooper, R. G., Jr. (1980). Perception of numbers by human 236
infants. *Science*, *210*, 1033 - 1035.

Stocco, A., & Anderson, J. R. (2008). Endogenous control and task representation: An fMRI study in algebraic problem solving. *Journal of Cognitive Neuroscience*, *20*, 1300 - 1314.

Thorndike, E. L. (1922). *The psychology of arithmetic*. New York: Macmillan.

Tsang, J., Blair, K. P., Bofferding, L., Rosenberg-Lee, M., & Schwartz, D. (2011, April). *Educational neuroscience: An example in the context of the integers*. Paper presented at the 2011 Annual Meeting of the American Educational Research Association, New Orleans, LA.

Tzelgov, J., Ganor-Stern, D., & Maymon-Schreiber, K. (2009). The representation of negative numbers: Exploring the effects of mode of processing and notation. *The Quarterly Journal of Experimental Psychology*, *62*, 605 - 624.

Varma, S., & Schwartz, D. L. (2011). The mental representation of integers: A symbolic to perceptual-magnitude shift. *Cognition*, *121*, 363 - 385.

Vetter, P., Butterworth, B., & Bahrami, B. (2011). A candidate for the attentional bottleneck: Set-size specific modulation of the right TPJ during attentive enumeration. *Journal of Cognitive Neuroscience*, *23*(3), 728 - 736. DOI: doi: 10.1162/jocn.2010.21472

Von Glasersfeld, E. (1989). Cognition, construction of knowledge, and teaching. *Synthese*, *80*, 121 - 140.

Vygotsky, L. (1978). *Mind in society*. Cambridge, MA: Harvard University Press.

Westermann, G., Thomas, M. S. C., & Karmiloff-Smith, A. (2010). Neuroconstructivism. In *The Wiley-Blackwell handbook of childhood cognitive development* (pp. 723 - 748). Oxford: Wiley-Blackwell.

Whitehead, A. N. (1948). *An introduction to mathematics*. London: Oxford University Press. (Original work published 1911)

Williams, P. (2008). *Independent review of mathematics teaching in early years settings and primary schools (final report)*. London: Department for Children, Schools and Families.

Xu, F., & Spelke, E. (2000). Large number discrimination in 6-month-old infants. *Cognition*, *74*, B1 - B11.

Zbrodoff, N. J., & Logan, G. D. (2005). What everyone finds: The problem size effect. In J. I. D. Campbell (Ed.), *Handbook of mathematical cognition* (pp. 331 - 345). New York: Psychology.

# 第九章　科学推理的发展和应用



若纳唐·富格桑(Jonathan Fugelsang)
丹尼斯·马雷沙尔(Denis Mareschal)

## 一、什么是科学推理?

根据定义,科学推理是一个广义的概念,包括人们试图对世界作出系统的、基于经验的发现时所涉及的心理活动。正如齐默尔曼(Zimmerman, 2000)所强调的,科学推理过程的目标就是扩展我们关于世界的知识,这种扩展使我们有机会获得所探究领域更详尽、更丰富的概念性知识。在科学推理过程中,人们利用多个跨领域的一般认知过程促进发现过程。已有研究表明,这些领域一般的认知过程,如因果推理、演绎推理、类比推理、假设检验和问题解决,与人类在日常非科学情境中使用的认知工具是相同的(参见Dunbar & Fugelsang, 2005)。在本章中,我们将讨论如何运用领域一般的认知过程与领域特殊的知识来支持科学发现过程。我们把这篇综述的大部分集中在因果推理、演绎推理和类比推理在科学思维中的应用上,因为它们在过去几十年得到了大量的实证研究的关注。此外,在本章中,我们把大部分内容集中在神经影像证据

238 上，因为它提供了一种评估不同年龄段的成人和儿童脑功能是否活跃的手段，而且重要的是，它建立了在生理和行为之间随年龄增长而变化的联系。在过去的十年里，一些实验室已经开始探索推理的神经基础，主要集中在成人的演绎推理、因果推理、关系推理或类比推理上。在回顾其中的一些工作时，我们将在儿童研究和成人研究之间建立联系，以了解这些能力是如何随时间而发展和变化的。

在单独讨论领域一般的认知过程之前，我们首先简单描述领域一般的认知过程如何与概念表征（即领域特殊的知识）协作以支持科学思维的。此外，我们还将讨论如何从历史的角度检验这两种推理过程。但是，由于对此类调查的历史方法的深入讨论远远超出本章的范围，因此，这一概述必须简短。感兴趣的读者还可参阅齐默尔曼（Zimmerman，2000，2005，2007）撰写的文献综述，其主旨将会在下面的概要中得以体现。

## 二、研究领域一般和领域特殊的科学推理的历史方法

如上所述，科学推理过程利用了领域一般的认知过程，以及所研究领域的领域特殊的知识。以熟练的成人为例，科学调查过程包括广泛的程序和概念活动，包括但不限于提出假设、设计实验、作出预测，以及收集数据（或进行观察）（Klahr，Zimmerman，& Jirout，2011；Zimmerman，2005）。此外，一旦收集好所有的数据，便需要对数据进行仔细核查（通常进行统计分析），然后根据现有的理论对这些数据进行评估和协调。如果出现了相互矛盾的数据（例如，数据与理论不一致），那么后一阶段通常会变得十分复杂。因此，推理者可能需要修订和更新现有的理论或模式以适应新的数据（Dunbar & Fugelsang，2005；Fugelsang，Stein，Green，& Dunbar，2004；Koslowski，1996），或者开发出一套全新的理论。这些过程有赖于领域一般的认知过程（如上文提到的那些）与领域特殊的知识之间的协同作用。由于领域一般的活动和领域特殊的活动之间的协调是一个高度复杂的过程，因此研究儿童和成人这些过程的研究者，传统上都试图将他们的研
239 究项目集中在科学推理过程的概念的（即领域特殊的）或程序的（即领域一般的）方面。然而，正如我们将在下面看到的，这并不总是可能的。

关于概念的（例如，领域特殊的）方法，研究者遵循的研究传统重点关注**概念**

的本质。这些概念是个体所拥有的，关于不同内容领域各种现象的知识(Zimmerman, 2000)。根据这种研究方法，研究的目标通常是描述和发现隐藏在概念发展或概念转变背后的认知机制，从而在特殊的研究领域发挥新的学习功能(这种新的学习需要彻底转换思维方式)(Carey, 1985,2000)。在这里，研究者感兴趣的是，在不同的科学内容领域，如生物学(Carey, 1985)、气候学(Dunbar, Fugelsang, & Stein, 2007)和物理学(McCloskey, 1983)，儿童和成人的理解水平、他们知识表征的性质，以及他们的概念理解(或知识表征)是如何形成和改变的。通常，研究重点集中在新概念知识改变(或改写)之前幼稚观点的程度指标，或者学习者先前持有的朴素概念和新的世界观在脑中是否可以共存(Dunbar et al., 2007; Shtulman & Valcarcel, 2012)。这些认知操作与科学推理密切相关，因为极少见到个体在缺乏先前的概念知识、经验或概念表征的情况下，进行推理并作出决策的情况。我们也会在随后的章节中发现，领域特殊的知识对推理过程(和后来的脑运用)有实质性的影响。

对于程序的方法，研究者重点关注对领域一般的技能的发展和应用的理解。领域一般的技能被认为可以以一种比较类似的方式，应用在多个不同的学科内容领域(Zimmerman, 2005)。上述经验研究秉承了皮亚杰的研究传统(参见 Inhelder & Piaget, 1958)，要求儿童参与科学推理(例如，提出和测试假设)，同时完成那些相对来说没有受到领域特殊的知识影响的任务，而领域特殊的知识是会影响行为表现的(例如，天平平衡任务，Siegler, 1976)。这种方法的主要目标是消除(或至少减少)特定内容领域的概念性知识的潜在影响，以便观察领域一般的推理策略是如何以一种相对自由的知识方式得以应用(Zimmerman, 2005)。然而，应该指出的是，即使是那些没有受到领域特殊性知识影响的任务，儿童和成人也常常拥有一些涉及操作的朴素观念，而这些朴素观念特别容易适应变化(参见 Pine & Messer, 2000)。事实上，其他研究者已经注意到，本质上，根 240
据这种研究传统，许多实验任务在概念上是极其丰富的，这还需要进一步的证明(Zimmerman, 2005,2007)。然而，把这些早期的经验方法放在一起，为以后研究领域一般的和领域特殊的推理的整合过程奠定了基础。

在本章接下来的内容中，我们将聚焦于最新科学研究领域中隐藏在思维过程中的科学推理技能。如上所述，这些被认为是领域一般的技能，应被视为与任何研究领域特有的领域“概念”知识存在相互作用。我们首先讨论因果推理，然后讨论演绎推理，最后讨论类比推理。聚焦这些领域的主要原因是，它们是构成科学推理基础的三个关键推理领域(Dunbar & Fugelsang，2005)。此外，这三个领域也是应用认知神经科学阐明神经系统和成人(包括儿童)行为构成机制的主要推理领域。在探讨领域一般的推理技能时，我们会讨论、测试与问题内容有关的领域特殊的知识如何对推理过程的行为和神经生理学产生影响。

## 三、因果推理

许多科学研究的中心目标就是发现关键变量之间的因果关系。事实上，发现因果关系的第一步往往是确定关系背后的机制，并最终能够通过实验的方式控制结果。例如，许多科学理论的发展都包括广泛的因果模式的建构过程，这种广泛的因果模式常常需要对相关变量之间的因果关系建模，并将因果关系独立出来(Dunbar & Fugelsang，2005)。我们可以举出很多因果推理在科学理论发展中扮演主要角色的例子。例如，科学家花了几十年时间考察地球上人类活动、温室气体与温室效应之间是否存在因果关系(如图 9.1 所示)，以及吸烟是否致癌。

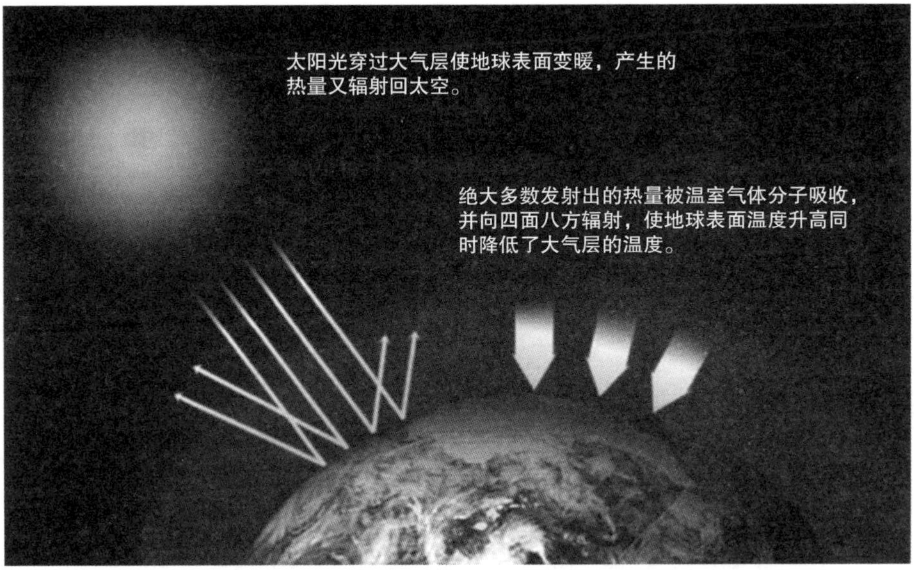


241 **图 9.1 当代科学的一个因果推理范例，有助于研究地球上人类活动与温室效应之间的复杂因果关系的可能性**

温室效应被认为是导致全球变暖的主要原因。由美国航空航天局(NASA)全球气候变化网站提供。

为了发展一套有效的因果模式，科学家开发了技术，使他们能够最大限度地区分理论兴趣的因果候选变量和环境中存在的外来变量。

在本节中，我们将讨论控制人们评价因果关系的认知操作类型。我们将先讨论两个层次的因果推理证据，一个涉及基于知觉的过程，一个涉及基于推理的过程。然后，我们将主要关注因果推理中的推理过程，特别是儿童和成人在概率环境中进行因果推理所使用的信息(即数据、证据等)类型。最后，我们将评述一些科学实验，这些科学实验研究了人们如何处理与概念理解(例如，他们的预期)不一致的因果证据。

无数研究考察了人们是怎么通过运用各种因果线索，决定特殊变量之间因果相关的程度的(例如，共变信息、因果机制知识、时间和空间连续性)。关于成人推理中多重因果线索的广泛回顾，参见 Young，1995；关于儿童的研究，参见 Shultz，1982；关于贝叶斯的因果学习观，参见 Pearl，2009)。当我们谈到因果推理时，区分不同的因果观念十分重要。例如，人们在分析物理碰撞事件时，认知系统中的因果观念“直接”把因果关系归属到发生事件(参见，例如，Michotte，1963)，其因果推论会借助对“原因—结果”理解的认知水平(例如，学习按开关开灯)。事实上，有大量证据表明，不同的神经系统构成了这两种因果能力的基础，
因果观念和因果推论相对独立进行，并依赖于不同的神经结构。这两个过程独 242
立进行的最显著的例子之一是罗泽(Matthew Roser)主持的系列研究(Roser，Fugelsang，Dunbar，Corballis，& Gazzaniga，2005)，其中有两个患者(J. W. 和 V. P. )接受了胼胝体切开术：一种切断胼胝体的手术，从而限制了两个脑半球之间的交流(参见 Fugelsang & Dunbar，2009，了解更多深入讨论该实验多种因果表征的背景信息)。研究者给两个患者呈现因果碰撞实验(例如，一个球击中或没有击中另一个球，导致另一个球运动)，采用的是标准的米霍特范式(Michotte paradigm)[如图 9.2(a)所示；Michotte，1963]，假设一个任务运用因果推理(根据 blicket 检测器任务改编，Gopnik，Sobel，Schulz，& Glymour，2001)。这一任务包括两个“开关”(绿色或红色)之间的四个动态刺激的相互作用，以及一个根
据开关状态的改变而改变颜色的“灯盒”(如图 9.2b 所示)。被试的任务很简单， 243
只要判断哪个开关导致了“灯盒”变色即可。请注意，在这种情况下，动态刺激之间没有任何物理相互作用(即没有接触)。因此，被试需要根据观察到的关系模式推断其因果关系，而不能依靠直接的感知来判断。这种因果关系是建立在

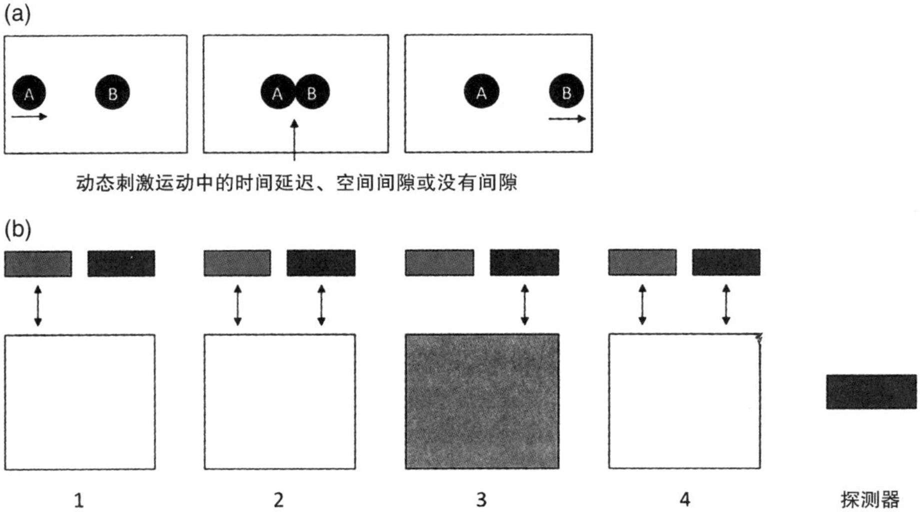


**图 9.2 罗泽等人(Roser et al., 2005)使用的刺激示例**

(a) 在因果识别任务中使用的因果碰撞动画图解说明。三个图描绘的是球 A 撞向球 B 的运动，以及随后球 B 的运动。注意第二个球 B 的运动之前有一个时间延迟、空间间隙或没有间隙。(b) 动画因果推理任务的图解说明。依次呈现四个动态刺激的相互作用和一个反应探测，这代表一个试次。箭头表示一个或两个有色开关扳动后在每一次呈现时的运动情况。(参见 Roser, M., Fugelsang, J., Dunbar, K., Corballis, P., & Gazzaniga, M, 2005)。分离过程支持脑中的因果知觉的识别和因果推理。来源：Neuropsychology, *19*, p.593(a), p.597(b). 经 APA 许可使用

观察者没有直接识别"灯盒"系统工作线路的前提下观察到的一种关系模式。最关键的是，刺激被单独呈现给被切开的脑的每一个半球，用一个眼球跟踪器和一个镜子反射系统来稳定被试视网膜上的动态显示。

在米霍特的因果识别任务中，J. W. 和 V. P. 的右脑半球的表现与胼胝体未受损伤的控制组被试的表现相似，而左脑半球的表现处于随机水平。相反，在因果推论任务中，J. W. 和 V. P. 的左脑半球的表现与控制组被试的表现相似，而右脑半球的表现处于随机水平。相比较而言，在两种因果任务(因果识别任务与因果推论任务)之间，行为表现出现了明显的双重分离。根据统计关联提供的数据发现，支持因果识别任务的脑半球，同样也支持因果推理能力；在物理接触作用的基础上，切开胼胝体的两个脑半球有对因果关系直接"识别"的能力，因而可以实现解剖和功能的分离。在此必须指出的是，前面提到的两种因果任务，很有可能随着时间的推移变得越来越相互依赖。举个例子，根据碰撞实验的已有研究经验，可以根据相互作用发展碰撞理论。反过来，碰撞理论又可能自上而下地影响对这些碰撞事件的判断态度。尽管如此，该研究提供了令人信服的证据，证明

人类具有独立识别和推论因果关系的能力。到底采用哪种加工过程，取决于被判断的刺激的本质。

哪些认知过程可能与这种分离作用相关？或许人脑中最被认可的和最有经验支持的半球不对称是语言和视觉空间加工之间的不对称。大量关于局灶性脑病变病人认知功能保留的研究，以及脑功能成像研究（使用正电子放射断层造影术和功能性磁共振成像）显示，左半球在语言加工上有明显的优势（Milner, 1962），而右半球在视觉—空间信息的加工上有优势（Corballis, 2003; Corballis, Funnell, & Gazzaniga, 2002）。请注意，这种分离对大多数（并非所有）右撇子个体，以及极少数左撇子个体是正确的。在这里，有人争论（例如，Roser et al., 2005; Fugelsang, Roser, Corballis, Gazzaniga, & Dunbar, 2005; Fugelsang & Dunbar, 2009）因果识别可能依靠的神经结构，与脑中参与加工视觉空间信息过程的结构相似，而因果推理依靠的神经结构，可能与那些参与语言加工的结构相 244
似。这些发现对理解人类从感性认识到理性认识过渡的心理转变过程，以及高效率的思维，具有重大的意义。因而，可以假设，前文提到的那种人类具有的因果推理能力可能源于脑中加工语言过程的相同神经结构。这里也要指出，涉及因果推理任务的加工可能与参与因果关系的联想学习是迥然不同的（并依靠不同的神经结构）（参见，例如，Corlett et al., 2004; Fletcher et al., 2001; Turner et al., 2004），这可能依赖于在没有任何有意识推理过程的情况下对联想强度的隐性意识。

很少有研究关注更复杂的因果推理（而不是因果知觉）的脑关联，这反映了个体往往在更有生态效度的环境中进行的因果科学推理的种类。当我们在现在的语境中谈复杂的因果推理时，我们通常指的是那些与评价新的观察结果（即经验数据）相关的推理过程，这些推理过程主要用于检验现有理论。为了对这种复杂的因果推理的脑关联性进行实证研究，富格桑和邓巴（Fugelsang & Dunbar, 2005）研究了个体对协变数据推理的程度，协变数据可能符合因果模式，也可能不符合，因果模式可能包含一个合理的作用机制，也可能包含一个不合理的作用机制。正是由于这样一个假设：人们在真实世界中做出科学发现时，使用的线索类型与两条线索能够完美匹配（参见 Fugelsang & Dunbar, 2009，在因果关系研究的更广泛背景下对该研究的进一步讨论），因此研究者把重点放在了两条线索（例如，协变信息和因果机制）上。因此，收集证据的目的是检验各种各样关于世界的假设。这些具体的假设常常涉及机械信息，详细介绍了某些变量如何引起其他变量的变化。此外，收集的数据常常在反复试验观察中出现。重要的是，收集的数据（即观察的因果关系）可能与被检验的理论符合，也可能不符合。

为了在受控的实验环境中检验因果推理过程，富格桑和邓巴（Fugelsang & Dunbar, 2005）给被试呈现了一个推理任务：要求他们用协变数据进行推理，这些数据要么与因果理论一致，要么不一致。因果理论可以是可信的，也可以是不可信的。研究者给被试提供包含因果机制信息的药物封面故事，说明特定药物是如何影响一组虚构患者的情绪的（药物列表，参见 Fugelsang & Dunbar, 2005），研究者对这一理论的合理性进行操纵。在合理条件下，药物封面故事模仿已知的抗抑郁药故事（其中包含一种直接的可能影响情绪的机制）；在不合理条件下，
245 药物封面故事模仿已知的抗生素故事（其中不包含一个直接的可能影响情绪的机制）。被试阅读了药物的封面故事后，协变数据以逐次试验的形式呈现出来，被试会看到与每一种因果理论相关的多重因果观点。重要的是，这些试验累积起来的证据（即协变数据）与封面故事提供的理论一致或不一致。换言之，在某些条件下，该理论会帮助被试确信因果关系的存在，数据和理论一致（强协变）或不一致（弱协变）。在其他条件下，该理论会让被试相信不存在因果关系。由此可见，强协变数据将与所提出的理论一致，但不符合人们可能期望观察到的结果，因为该理论使人们相信不应该存在任何关系。然而，根据一个难以置信的理论，弱协变数据将与所提出的理论不一致，但与人们可能期望观察到的结果是一致的。

首先，关于行为数据，被试的因果反应表明了理论可信度和数据协变强度之间的相互作用，因此，基于协变的数据更倾向于可信的理论而非不可信的理论。这一发现与先前的行为研究（Fugelsang & Thompson, 2000，2003；Fugelsang et al., 2004）的结论表明，人们在进行因果关系的推理时，对协变数据的解释偏差受其心理预期（如信念）的影响。简言之，在测试与已有信念相关的数据时总是存在偏差的。换言之，这些研究结果隐含了一些事实：人们在测试与替代理论相关的数据时会遇到困难，其中替代理论是指儿童和成人已经被证实存在问题的理论（参见 Howe, Tolmie, & Sofroniou, 1999）。有人可能会说，这些行为发现可能反映了一种合理的日常推理策略，因为这可以保护个体在面对各种异常观测时，不改变自己的世界观（例如，类型 1 错误）。然而，总的来说，这显然不是一

个科学思考的策略，因为科学家可能倾向于过早地忽视异常观测。事实上，从定义上讲，科学史中的范式转变往往涉及一个看似合理的理论的根本性变化(参见 Kuhn, 1962)。此外，值得注意的是，研究者已经发现，前期信念对基于协变数据评估的影响程度取决于该数据的可信度(Perales, Catena, Maldonado, & Cándido, 2007)。

关键是，脑成像数据提供了关于这种行为偏见背后可能存在的神经机制的信息。因此，理论合理性与协变数据的一致性(即协变数据与特定的因果理论预 246
期的结果相一致还是相冲突)影响不同神经网络的使用程度。具体地说，当协变数据与特定的因果理论(即对合理的理论有强的协变数据，对不合理的理论有弱的协变数据)所期望看到的一致时，尾状核和海马旁回区被选择性激活；相反，当协变数据与特定的因果理论出现冲突时，前扣带皮质和楔前叶被选择性激活。富格桑和邓巴(Fugelsang & Dunbar, 2005, 2009)假设，这些行为—脑的关联很可
能反映了数据偏好的学习机制，该类机制与特定理论背景中人们期望观察到的 247
行为保持一致(参见 Kelley et al., 1998; McDermott et al., 1999)，以及数据冲突监控/错误检测机制与特定理论背景中人们期望观察到的行为不一致(参见 Botvinick, Braver, Barch, Carter, & Cohen, 2001; van Veen & Carter, 2002; Yeung, Botvinick, & Cohen, 2004)。

当研究者分别分析数据一致性(即数据是否与理论匹配)对合理理论和不合理理论的影响时(如图 9.3 所示)，一个更深入有趣的研究结果是：在被试评价与合理理论不一致(如有冲突)的数据时，可以观察到左背外侧前额叶皮层(dorsal lateral prefrontal cortex, DLPFC)的新增激活与前扣带皮质和楔前叶的激活保持一致。当然，关于上述激活模式还有许多可能的解释。这些解释部分取决于假设如何处理存在冲突的数据(即理论与数据不一致的程度)。例如，这种冲突处理是否会导致对数据的主动(有意识)抑制与人们的期望不一致；或者说它更像是一种被动(潜在无意识)的过程？在这个过程中，只是把注意力转移到一致的数据上？富格桑和邓巴(Fugelsang & Dunbar, 2005)更倾向于以下解释：在这种情况下，左背外侧前额叶皮层与前扣带皮质的联合运用，可能是由于处理冲突数据产生的主动抑制。这些研究结果(和解释)与戈埃尔和多兰(Goel & Dolan, 2003)，斯托尔斯托夫、瓦塔尼安和戈埃尔(Stollstorff, Vartanian, & Goel, 2012)在演绎推理任务中的发现(和解释)一致。具体地说，五位研究者发现，随

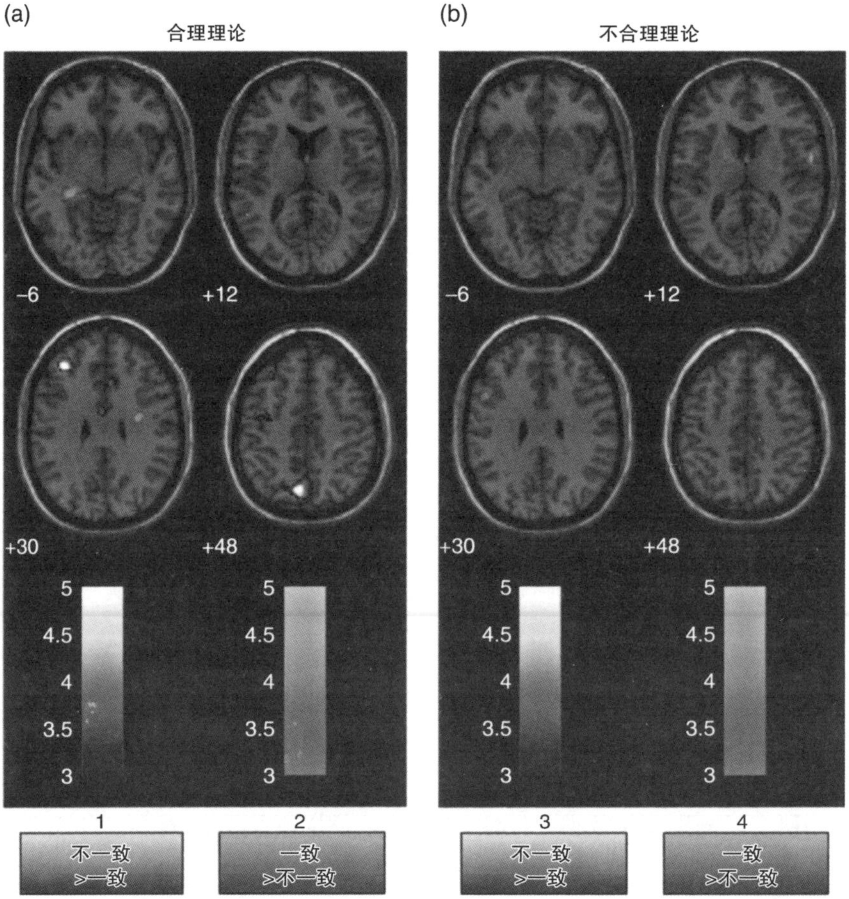


**图 9.3 被试处理数据与合理理论(a)和不合理理论(b)一致/不一致发生的平均脑激活模式示意图**

注意：在数据与提供的理论不一致的条件下，激活状态见数字 1、3 对应的示意图；在数据与提供的理论保持一致的条件下，激活状态见数字 2、4 对应的示意图。来源：Fugelsang，J. A.，& Dunbar，K. N. (2005). Brain-based mechanisms underlying complex causal thinking. Neuropsychologia，43，p. 1208. 经爱思唯尔(Elsevier)公司许可使用。

着左侧背外侧前额叶皮层内部的刺激增加，在结论的合理度与问题的逻辑结构出现冲突的条件下，需要对行为反应进行抑制。我们会在演绎推理的部分更详尽地讨论上述研究成果。

有研究者在其他领域研究了复杂的因果推理，例如，帕里斯等人(Parris et al.，2009)通过将对意外事件的神经反应和对那些违反了既定的“确定性”因果信念事件的反应区分开来，扩展了富格桑和邓巴(Fugelsang & Dunbar，2005)的研究工作。这与富格桑和邓巴关注随机性因果事件相反。为了做到这一点，帕里斯等人以经验性的方式研究了魔术的感知，以便调查长期存在的违反因果关系的行为。例如，被试观看几个类似消失行为和空中悬浮的魔术。请注意，这种类型的事件在许多方面与因果感知（例如，使用标准的米霍特范式）相似，因为这种类型的事件涉及可观察的物理刺激的相互作用。因此，一个意想不到的发现可能会以与观察碰撞事件时的时间或空间间隙相似的时空断裂的方式颠覆了你的世界观。当魔术感知（包括违反已知确定性的因果关系）或帽子戏法与人们 248
期望观察到的具有因果关系的情境比照时，研究者发现前者在左背外侧前额叶皮层与前扣带皮质区域的激活比后者更大。作者进一步控制条件，以确定这些激活对因果事件的选择性程度，或者说与其他意外事件的共同程度。最关键的是，左背外侧前额叶皮层在观看魔术时比观看意外事件时更有选择性，更活跃。然而，当观察到令人惊讶的因果控制事件时，左背外侧前额叶皮层的同一区域并没有更活跃。后一发现十分重要，因为它为左背外侧前额叶皮层在高级思维层面（例如，因果关系）发挥关键作用的假设提供了支持，这种高级思维通常违反预期的看法。这些数据进一步深化了富格桑和邓巴（Fugelsang & Dunbar, 2005）的研究，显示违反预期的因果关系（在本质上是随机的或确定性的）的信息激活了脑中已知的与冲突处理相关的区域（van Veen & Carter, 2002）。其冲突处理的主动或被动程度有待探讨，是未来研究的重要路径。

总之，富格桑和邓巴（Fugelsang & Dunbar, 2005）与帕里斯等人（Parris et al., 2009）的研究工作为因果科学思维技能的发展提供了见解。如上所述，许多科学思维包括测试和建立所关注变量之间的因果关系。根据文献综述，在建立具有因果关系的概念性知识时，人类的脑似乎特别容易调适、检测和处理那些含有冲突和挑战的信息。正如帕里斯等人所指出的，在复杂的因果思维背景下，脑中的前扣带皮质和左背外侧前额叶皮层在怀疑的形成中扮演重要角色。因此，该类神经结构的发展和成熟可以导致从最初的感知驱动的推理过程向更多由非感知驱动的推理过程转变，支持我们质疑和从与现有知识冲突的观测中学习的能力。然而，如上所述，尽管发现了这种冲突，但在用因果关系进行推理时，个人往往仍有主观偏见。

上述关于冲突推理能力发展的观点，也是胡德（Houdé, 2000，2007）的观点的核心，他提出了儿童时期的关键认知发展因素是提高抑制预先有效的基于感知的反应能力，并允许缓慢的反思过程发挥作用。与此观点相同的是，胡德等人（Houdé et al., 2000，2001）发现，对抑制性任务而不是逻辑推理任务进行训练，可以减少青少年逻辑推理错误的频率。这种行为的改变也与激活从后部皮质区域(参与早期感知处理)到前部皮质区域(参与执行控制)的转变有关。有人认为,一旦推理机制达到一定的组织水平,那么它们便能对判断施加一种控制性的影响。这种观点在卡莱斯和赖纳(Kallai & Reiner, 2010)关于成人脑电图的研究
249 中也得到支持。他们在麦克洛斯基(McCloskey, 1983)朴素物理学工作的基础上采用轨道任务,让被试观察物体在直管和圆管中退出的动画,以正常的抛物线运动或者以圆周运动完成。与麦克洛斯基的研究结果一致,他们发现,对展示的运动轨迹的判断是否正确(通过按键作出判断)显示出管道类型的影响(直管的判断更准确)。从同一试次收集的事件相关电位数据显示,两种管道类型的圆周运动在400毫秒时出现负激活的峰值(与语义冲突有关)。这意味着,在圆管的情况下,被试对运动轨迹的判断有一个准确的内隐期望。然而,在直管(而非圆管)的情况下,被试错误接受圆形轨迹时,在600毫秒时出现正激活峰值(与语法错误有关)。这表明,决策主要依据的是轨迹是否符合以规则为基础的期望,而不是感性经验。更重要的是,推理有时使我们误入歧途,因为推理常常遮蔽了准确的感知输入。这些研究成果揭示了我们检测预期与感官体验之间冲突的能力。换言之,至少在某些时候,高级推理过程会阻碍表现,事实上,感知体验是准确的,而个体所考虑的反应是不准确的(Howe, 1998; Howe, Tavares, & Devine, 2012)。这一点很重要,因为在本科之前和本科阶段学生都普遍存在误解。

## 四、演绎推理

除因果推理外,演绎推理也是科学思维的基础,而且演绎推理被认为是引导理性思维的标志性过程之一(Evans, 2008)。演绎推理涉及推理过程,以评估结论在多大程度上符合所声明的信息(即前提)的逻辑。在科学研究领域,演绎推理是有用的,因为很多科学思维都是从已知(即先前建立的)信息中推理出来的(Dunbar & Fugelsang, 2005)。换言之,科学家与外行都认为,我们世界中的事件是按照稳定的和可预期的规则运作而发生的,他们从这些已知的和既定的规则出发,利用演绎推理提供的工具,根据新的观察得出新的结论。

演绎推理是科学思维的一个重要组成部分,它构成了科学家通过推理得出新的发现的研究基础。邓巴和富格桑(Dunbar & Fugelsang, 2005)提供了当代科

学思维中演绎推理的一个例子，包括在我们的太阳系和其他太阳系发现新行星 250
的问题。对此，一些科学家推测，在我们的太阳系(不包括冥王星)中，在海王星轨道之外还存在一个新的行星(可以将其称之为“行星 X”)。这是因为海王星和天王星存在明显的轨道扰动(注意，海王星是在天王星轨道扰动的情况下以类似的方式发现的)。假定只有拥有强大引力的非常大的物体才会引起明显的轨道扰动(排除冥王星为可能的候选天体)，并进一步考虑天王星和海王星在其运行轨道上确实有明显的扰动，从这些前提可以得出这样的逻辑结论：一个大型行星体正在影响天王星和海王星的轨道模式。这个演绎推理的过程也可用于发现其他太阳系的新行星(如图 9.4 所示)。

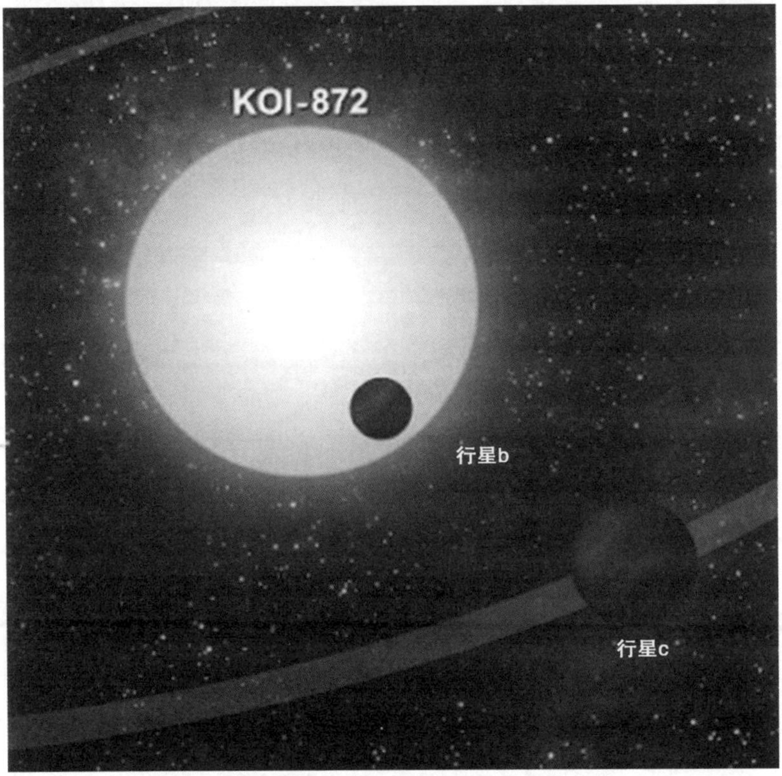


**图 9.4　一个著名的(现在仍然广泛使用的)演绎推理的例子是：用引力摄动理论预测太阳系中一些新行星的存在**

一个例子就是发现一颗新行星“行星 C”，围绕遥远的恒星 KOI－872 运行。在发现“行星 B”的轨道摄动影响基础上，只有较大物体具有的强大引力才能产生类似轨道摄动的前提条件，据此可以合乎逻辑地得出结论：一定存在一颗新行星“行星 C”。来源：Courtesy Southweat Research Institute.

251 这里，我们将讨论儿童和成人如何使用演绎推理作出科学发现。而且，我们将讨论人们在进行演绎推理时所犯的错误。我们会关注探讨前提条件和结论中的信息内容（即领域特殊的概念知识）对演绎推理过程（即领域一般的推理过程）的影响程度的研究。

近几十年的研究成果表明，在使用标准的演绎推理任务进行推理时，成人远达不到最佳的理性行为的标准。例如，研究者发现，10%左右的成人被试能够正确解决抽象版的华生选择任务（Wason, 1968）。但是，当用具体形式（如饮酒年龄问题，如图 9.5 所示）取代抽象形式时，75%左右的成人被试能够正确解决（Griggs & Cox, 1982）。已有几种理论可以解释这一改善现象，在此不予赘述。我们的目的是：说明演绎推理是如何受推理内容的影响的。换言之，问题的内容在多大程度上影响了成人的逻辑推理。这又是领域一般的推理过程（在本例
252 中是演绎推理）如何受领域特殊知识影响的一个例子。这与前文讨论因果推理时，被试的信念和预期改变了他们对协变证据的评估相似。与内容效应相关的是信念偏差效应。在这里，如果一个结论是可信的，那么人们更可能判断它也是

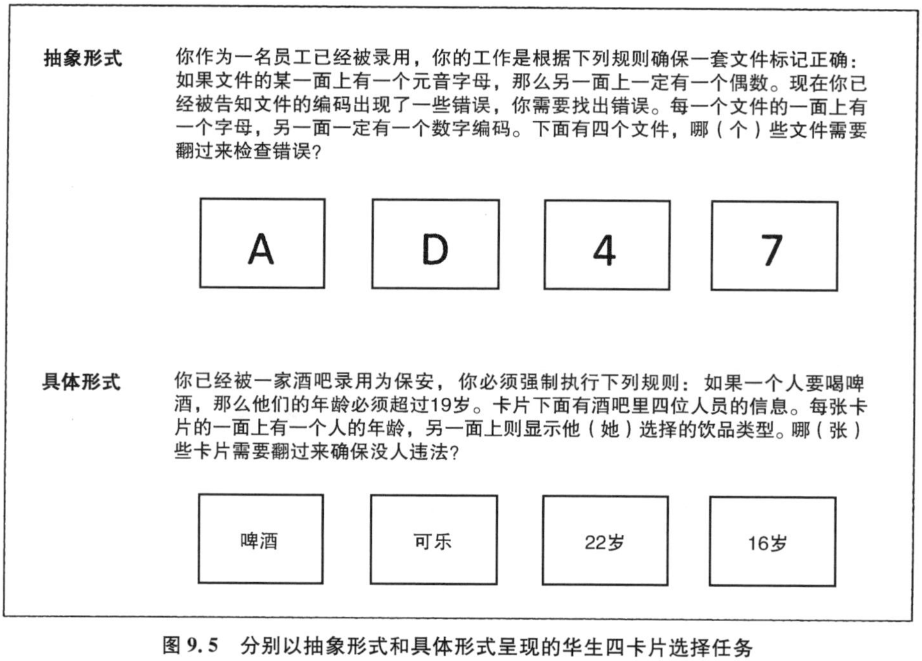


**图 9.5　分别以抽象形式和具体形式呈现的华生四卡片选择任务**

逻辑正确的回答是：有元音字母的卡片（或具体形式中"啤酒"的卡片）和非偶数数字的卡片（或具体形式中"16 岁"的卡片）

有效的，而不管该结论是否从前提条件推理出来（Evans, Barston, & Pollard, 1983）。就像因果推理一样，一个人的知识可以使他不接受逻辑正确但令人难以置信的结论。当然，这通常会导致错误的推理，即有效的论点过早地被视为无效。

戈埃尔和多兰（Goel & Dolan, 2003）在研究中广泛使用功能性磁共振成像技术，揭开人脑运用可信的和难以置信的内容进行演绎推理的神经机制。在一系列研究中，研究者发现，当被试的信念与有效结论（即结论不可信，但有效）发生冲突，被试进行有效逻辑推理时，脑外侧前额叶皮层内部区域被选择性激活（Stollstorff et al., 2012）。此外，研究者还发现，脑外侧前额叶皮层的激活，随内容可信度与结论逻辑结构冲突数量的增加而呈参数增加（如图 9.6 所示）。这是一项重大的发现，因为它证明这个区域对冲突处理过程敏感。这些研究成果支持以下假设，即大脑外侧前额叶皮层内部区域激活认知控制来成功调节并解决演绎推理中的信念—逻辑冲突问题。这与其他研究者得出一般结论，即脑外侧前额叶皮层区域参与需要抑制控制的冲突—解决任务（Aron, Robbins, & 253
Poldrack, 2004; Carter & van Veen, 2007）。除此之外，这些研究结果与上述关于因果推理（另一个领域一般的认知过程）的研究结果一致，即当推理者用个人拥有的领域特殊的知识进行科学推理时，如果能有效抑制这些知识，那么就可以成功推理。具体来说，这些研究工作与越来越多的归纳推理（例如，Goel & Dolan, 2000,2004; Seger et al., 2000）和演绎推理（例如，Goel, Gold, Kapur, &

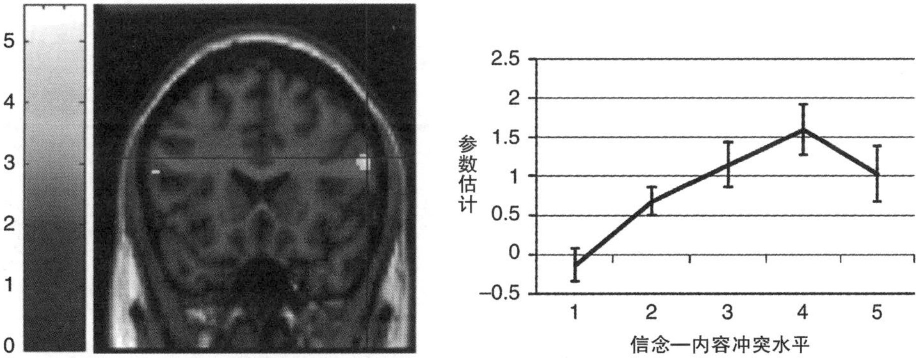


**图 9.6　外侧前额叶皮层作为信念与逻辑冲突功能的参数调制**

来源：Stollstorff, M., Vartanian, O., & Goel, V. (2012). Levels of conflict in reasoning modulate right lateral prefrontal cortex. *Brain Research*, *1428*, p. 29. 经爱思唯尔（Elsevier）公司许可使用

Houle，1998；Osherson et al.，1998；Parsons & Osherson，2001）交叉的领域的研究文献相吻合，两者都强调右侧背外侧前额叶在高级推理任务中的主导作用，该高级推理任务需要整合之前的知识与目前推理任务的逻辑要求（Baird & Fugelsang，2004）。

这些研究发现与儿童在熟悉领域提高推理能力的发展性研究结果相呼应。例如，通常而言，如果儿童在熟悉领域完成经典的皮亚杰任务，那么他们很容易成功（Donaldson，1978）。如果在熟悉领域，那么可以发现，儿童从 3 岁起就已经表现出类比推理能力（这将在下一节讨论）（Goswami & Brown，1990）。事实上，失学儿童和未受教育的成人也容易在熟悉领域成功进行逻辑推理，但是只有在知识推理而非形式逻辑规则推理时才能成功。当他们去上学后，他们就能克服这些“经验的偏见”，并能进行抽象和反事实的推理（Harris，2000；Dias，Roazzi，& Harris，2005）。当然，根据上述文献，显然，即使接受了教育，也并不总是能拥有运用逻辑规则进行抽象推理的能力。

关于前额叶和顶叶皮层中多个脑区的确切作用，以及它们在演绎推理阶段参与进程的研究也有了新的进展。具体来说，在使用事件相关的功能性磁共振成像技术时，罗德里格斯-莫雷诺和赫希（Rodriguez-Moreno & Hirsch，2009）发现，被试在解决一个三段论推理问题时，额叶和顶叶皮层在演绎推理过程的不同时间段的参与情况不同。因此，依次展示前提、结论和反应阶段，研究者能够分离在演绎推理的三个阶段（即前提编码阶段、前提整合阶段和结论验证阶段）使用的不同脑区。研究者发现，额叶—顶叶—尾状核的脑网络的证据，该网络跨越了演绎推理的前提整合阶段和结论验证阶段。研究者还能分离出前提整合阶段主要参与的脑区，这些脑区被认为是前提整合和生成结论的区域，包括左侧额上
254 回、左侧额中回、左侧上顶叶和下顶叶皮层。在结论验证阶段，内侧和左侧额下皮层、双边下顶叶和双侧尾状核区域最活跃。这些额下区域的激活表明，与内容演绎推理相关的积极冲突解决机制，可能直到结论验证阶段才起作用。

与所有关于更高水平认知的研究一样，当根据观察到的脑激活模式，推断不同的认知过程操作时，一定要严谨（Poldrack，2006，关于“可逆问题”的讨论；Shallice & Cooper，2011，关于高级认知中成像数据解释难度的进一步讨论）。此外，这些推理的脑网络在多大程度上需要现有的语言功能区（Hickok & Poeppel，2004），工作记忆/执行加工网络或视觉—空间网络（Cabeza & Nyberg，2000，关

于叠加网络的综述)的帮助，是需考虑的一个重要问题。的确，除了关注领域特殊知识(例如，内容)对演绎推理的影响，多数关于演绎推理的认知和神经科学研究集中在视觉—空间理论和语言推理理论之间的裁定上面(Goel, 2003, 2007)。一般来说，神经影像研究为语言模式和视觉—空间模式参与逻辑推理的观点提供支持。正如戈埃尔(Goel, 2007)指出的："证据表明，在完成特定任务或对环境线索作出反应时，使用的是动态配置的分级系统"，而不是单一的推理系统。因此，语言模式和视觉—空间模式的参与程度受多个因素影响，包括但不局限于推理的逻辑关系类型(如分类与条件)和问题的内容(如具体与抽象)。

前面论及的研究结果也与认知神经科学的发现一致，即执行控制可以分为"评价"和"执行"两个部分：一个与前扣带皮质有关；另一个与左背外侧前额叶皮层有关(Carter & van Veen, 2007)。一般来说，如前所述，前扣带皮质和左背外侧前额叶皮层各自的作用如下：前扣带皮质被认为主要用于监控认知任务中冲突的出现，而左背外侧前额叶皮层则对解决冲突敏感。这一结论体现了将冲突监控归因于经典推理发展理论(例如，皮亚杰的反思抽象，Karmiloff-Smith, 1992)和左背外侧前额叶皮层发育相对迟缓的重要性(Zelazo, Carlson & Kesek, 2008)。上述事实可以解释解决科学学习和发现过程中先前信念与新证据不一
致的能力发展的相对长期的过程。然而，应该指出的是，在其他推理和决策情 255
境，这些脑区也起了很大的作用。事实上，大量神经科学研究表明，左背外侧前额叶皮层在许多日常推理任务中起控制作用(Shallice & Burgess, 1991; Stuss & Alexander, 2000; Baird & Fugelsang, 2004)。

## 五、类比推理

类比推理是科学家和外行进行科学思维的一个主要的认知工具。类比推理是科学的显著特征(Holyoak & Thagard, 1995)。在已出版的学术和科普读物中，可以找到大量这样的例子。利维(Levy, 2011)的新书《教堂中的蜜蜂：99个科学类比》就是一个例子。实际上，一些研究者(例如，Dunbar & Blanchette, 2001; Gentner & Jeziorski, 1993; Nersessian, 1999; Thagard & Croft, 1999)通过分析真实的科学发现中的类比推理的使用情况，发现类比推理在科学发现过程

中发挥了根本性的作用。换言之，科学家使用来源于相对熟悉领域（“源信息”或更早的情境）的信息，并将这些信息应用到另一个领域（“目标领域”或当下问题）(Dunbar & Fugelsang, 2005)。最著名的例子或许就是最早由拉瑟福德(Ernest Rutherford)提出并解释的原子结构和太阳系的科学类比（如图 9.7 所示）。

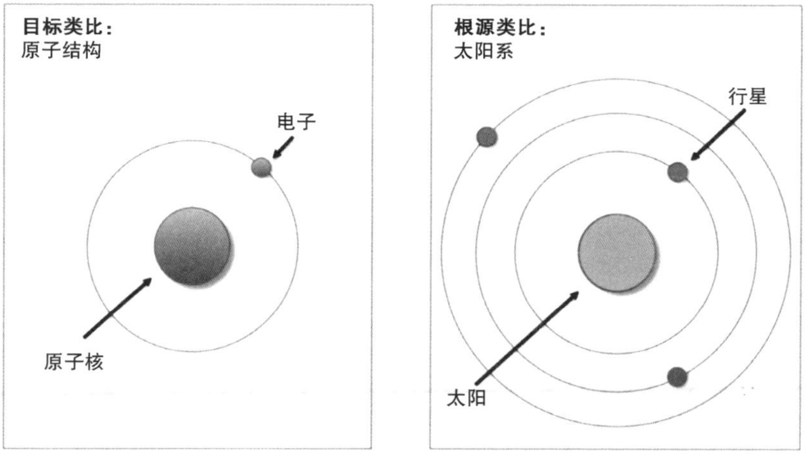


**图 9.7　“原子如同太阳系”的类比，是由拉瑟福德(Ernest Rutherford)提出的，它是科学类比的最著名的一个例子**

拉瑟福德通过把原子描绘成太阳系，解释原子的结构，他认为，电子在原子核外的运动类似于行星在太阳轨道上的运动。制图：丹尼尔・布雷迪(Daniel Brady)

256　拉瑟福德把原子描绘成太阳系，电子在原子核外的轨道上的运动，类似于行星在太阳轨道上的运动(Gentner, 1983)。还有一些重大的科学发现(Green, Kraemer, Fugelsang, Gray, & Dunbar, 2012)也使用了类比，例如，哈维(William Harvey)把循环系统比作水泵，克罗克(James Crocker)把哈勃望远镜的位置控制机制比作一个可伸缩的淋浴头。心理学的许多科学发现也包含了类比的例子。例如，许多研究者讨论“瓶颈”(Broadbent, 1958)、“过滤器”(Treisman, 1964)和“聚光灯”(Posner, 1980)注意理论，信息处理的计算机隐喻(Neisser, 1967; Atkinson & Shiffrin, 1968)。一个人在两个完全不同的领域进行类比的能力，与流体智力(Ferrer, O'Hare, & Bunge, 2009)和创造力(Sternberg, 1977; Green, Cohen, Kim, & Gray, 2012)相关，这一点都不奇怪。

邓巴(Kevin Dunbar)的工作极大地说明了类比推理在科学中的确切作用。邓巴对科学家在实验室的科学发现过程中，利用类比推理的真实情况，进行了几次调查研究。为了进行这项研究，他亲自到世界各地著名的实验室，录音、记录、转录并分析实验室的会议内容。邓巴还对科学家（包括项目负责人、博士后和研究生）进行了深度访谈，以获得科学推理过程的第一手资料。邓巴得到了几个主要的发现，其中最有影响的发现是，他观察到，科学家在一个一小时的实验室会议中，一般会使用 3—15 个类比（Dunbar & Blanchette, 2001; Dunbar, 1995, 2001, 2002）。他还发现，科学家在实验室会议上会同时使用表面类比（聚焦于各个领域之间表面的相似性）和结构类比（聚焦差异较大领域之间的深度相似性）。不过，科学家使用这两种类比的多少，取决于科学家的目标。具体来说，邓巴和他的同事发现，如果科学家的目标是修正实验中的某个方法问题，那么科学家主要使用与感兴趣的领域的表面特征接近的表面类比。然而，如果科学家的目标是提出新的假设，那么科学家则使用与复杂的高级结构有关的结构类比。这个发现的重要之处在于：它凸显了表面类比和结构类比在科学思维中扮演的关键角色，及其灵活性与目标驱动的本质（我们将在下文对此进行深入讨论）。接下来，我们将进一步探讨指导不同领域之间类比成功转换的具体操作。此外，我们
会评述一些对科学家在不同领域进行类比的程度有影响的变量进行的研究，也 257
包括揭示成功类比转换的神经机制的研究。

有趣的是，关于类比推理的研究发现，认知实验室的被试在推理时并不常使用类比（Gentner et al., 1997; Holyoak & Thagard, 1995）。例如，吉克和霍利约克（Gick & Holyoak, 1980, 1983）的经典研究发现，只有约 30%的大学生被试会自发地注意到源问题（普遍问题）和目标问题（肿瘤问题）之间的相似性。但是，如果明确告知被试源问题会对解决肿瘤问题有帮助，那么被试解决问题的比例会明显增大。在其他的研究中也发现了这种难以自发注意到类比的情况。例如，里德、厄恩斯特和班纳吉（Reed, Ernst, & Banerji, 1974）的研究发现，只有在向被试明确解释两个问题之间的类比的情况下，先前的类比问题才可以促进被试的推理表现。

在理解成人和儿童的类比推理或关系推理的神经基础方面已经取得了长足的进步。与因果推理一样，研究者在区分对关系相似性的直接感知（例如，感觉关系“相同”或“不同”）和与类比推理相关的更高级的加工过程时，一定要严谨。事实上，两者可能对应不同的神经系统。为此，邦奇、温德尔肯、巴德尔和瓦格纳（Bunge, Wendelken, Badre, & Wagner, 2005）评估了前额叶皮层不同亚区对语言类比推理任务不同部分的贡献。为了做到这一点，他们给被试呈现了一对语

义相关的词(例如,花束和鲜花),接着给被试呈现指示线索,让被试:(1) 判断第二个词对是否与第一个词对相似;(2) 判断第二个词对是否在语义上与第一个词对相关。此外,研究者控制第一个词对的联结强度,以进一步淡化从语义相关进行类比推理的影响。研究者发现,语言类比推理受多个前额叶皮层调节系统的制约。具体来看,研究发现,外侧额极皮层对类比等效判断所需的多源语义信息的整合非常敏感。但是,左下侧前额叶皮层受第一个词对联结强度的调节。这些研究结果与延伸到额极皮层的左侧前额叶皮层对大量需要在非语言视觉类比任务中整合元素十分敏感的发现是一致的(Kroger et al., 2002)。当被试参与瑞文图形推理测试(Raven's progressive matrices)时,在被试的双侧额极区也发现了类似"关系—复杂性"效应(Christoff et al., 2001)。

258 格林等人(Green et al., 2010; Green et al., 2012b)进行了一系列研究,扩展了前期研究的成果。他们研究两个词对之间的类比距离调节额极皮层活动的反应程度。具体地说,研究者对待判断的两个词对的"亲密程度"进行系统操纵,这样两个词对表面类似,但关系表征之间有深层的相似性,被称为跨域类比(例如,kitten/猫咪: cat/猫: : spark/火花: fire/火),而另一种表面类似的类比(例如,猫咪/kitten: 猫/cat: : 小狗/puppy: 狗/dog),被称为域内类比。格林等人(Green et al., 2010)发现,类比之间的语义距离和额叶皮质活动之间存在参数关系,也就是说,额极皮质的活动强度随类比之间语义距离的增大而增强(如图9.8所示)。这种模式在该任务的验证版本(Green et al., 2010)和生成版本(Green et al., 2012b)中都得到证实。综上所述,研究发现,先前证据表明额极皮层在类比映射中起着核心作用(Bunge et al., 2005; Green et al., 2006),脑中该区域对于推理过程中的关系距离刺激十分敏感。但是,应当注意的是,额极皮层对类比推理或更普遍的假设产生的关系整合成分的具体反应程度,仍然存在争论(参见 Shallice & Cooper, 2011)。

259 已有一些实验室开始探讨儿童关系推理中功能性神经系统的出现。例如,克龙等人(Crone et al., 2009)发现,与成人一样,8—12 岁儿童在进行类似于瑞文图形推理测验的关系匹配任务时,外侧前额叶皮层和顶叶皮层参与了这一过程。但是,研究者展示了不同时间段以及整体的活动模式。尤其是,儿童的喙外侧额叶皮层(一个仅仅属于外侧额极皮层的区域)在关系整合需要单一关系时也会参与,而当需要在两种关系之间整合时,该区域不起任何作用。克龙等人

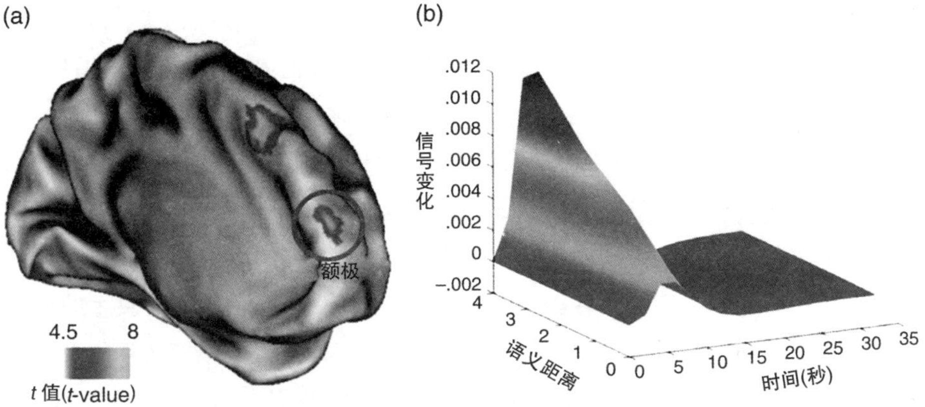


**图 9.8 推理中对语义距离的神经反应**

(a) 脑活动(额极皮层)显示左脑半球的膨胀皮质图;(b) 额极区域信号变化的百分比与类比之间的语义距离增加有关

来源:Green, A., Kraemer, D., Fugelsang, J., Gray, J., & Dunbar, K. (2010). Connecting long distance: Semantic distance in analogical reasoning modulates frontopolar cortex activity. *Cerebral Cortex*. *20*, p. 72. 经牛津大学出版社许可使用

(Crone et al., 2009)认为,这一关键发现表明,作为一种发展的功能,这种能力的改善可能取决于前外侧额叶皮层参与情况的变化。实际上,在视觉—空间关系推理任务中,研究者将年龄(8—19 岁)作为协变量对相似数据进行更详细地分析,发现随着年龄的变化,从儿童时期的“额叶—扣带回—纹状体”模式(与费力执行加工相关的区域)到青春期后期的“枕顶叶—额叶”模式(与高效快速的视觉—空间处理相关的区域)之间,出现较大范围的渐进变化(Eslinger et al., 2009)。

最后,赖特等人(Wright et al., 2008)测量了 6—13 岁儿童在完成 A∶B∶∶C∶D 视觉比例类比时的神经反应。研究发现,当类比任务需要整合语义关系时,儿童与成人一样,优先运用喙外侧额叶皮层。但是,以成人作为控制组,研究者发现,儿童作为一个群体,在一项试验中过晚地使用喙外侧额叶皮层,从而影响他们的行为反应,这表明喙外侧额叶皮层功能的关键发展一直持续到青春期,甚至可能超过青春期。

## 六、总结

在本章中,我们讨论了一些有助于科学推理的主要的领域一般的认知过程。

如上所述，我们关注因果推理、演绎推理和类比推理，主要出于以下三方面原因：第一，这三个领域都被证明是科学家和非科学家发现世界时经常使用的；第二，在过去十年里，在理解领域一般的加工过程背后的神经机制方面，已经取得了很大的进展；第三，综合成人（主要是大学生群体）和儿童的研究结果，可以使我们能够深入了解这些能力是如何发展的。在这一过程中，大量与脑开发和科学推理能力相关的核心主题不断涌现。其中，脑成像数据可以提供有效的信息，尤其
260 当这些数据与领域特殊的内容影响领域一般的推理过程（以及继而发生的推理过程中的脑使用）相关联时。在本章中，我们强调了内容影响推理过程的多种方式。例如，内容可以促进成人和儿童的推理。对此，我们在一系列任务中发现，整合真实世界的知识（涉及前外侧额叶皮层的背外侧区域的活动）有助于在多个领域进行推理。此外，当领域特殊知识与现有证据有冲突时，该领域特殊知识还可能挑战或阻碍推理的行为表现。在此，我们看到了冲突处理在多个推理领域中的关键作用，以及在回应冲突时，前扣带皮层和前额叶皮层的多个区域在推理行为的探测和随后修改冲突中的相互作用。一个合理的假设是：个体中止信念的能力高度依赖于这些推理过程的展开。最后，在类比推理时，前额叶皮层的最远区域（特别是额极）为整合不同来源信息的能力提供支持。综上所述，一副关于有效科学推理取决于前额叶皮层多个区域的清晰画面出现了。据此，不难理解，由于左背外侧前额叶皮层的发育过程相对缓慢，导致上述能力发展缓慢（Zelazo et al.，2008）。

## 七、未来发展方向

上文报告的大多数神经影像结果是在成年早期（通常是大学生）或青少年被试中获得的。这是因为使用磁共振成像扫描仪测试年幼儿童存在技术困难。虽然这些数据结果的信息量很大，但是其中透露出的信息只表明，这些结果仅仅与儿童的科学推理有关，因为多数变化在青春期之前就已经发生了，尤其在 4—8 岁这个年龄阶段（Zimmerman，2007）。因此，把这类研究向下扩展到更年轻的人是至关重要，这使我们可以更好地了解对年幼儿童最有效的推理模式（例如，知觉和语言表达），以及促进年幼儿童进行科学推理的最有效的训练方法（例如，抑制训练）。这些发现也有助于我们确定什么时候和哪些技能能够进行培训，例

如什么时候在课堂进行培训，以及哪些技能还不能在课堂进行科学教育。

成人研究表明，当被试提出与其领域知识相一致，而不是与其领域知识不一致的假设时，他们会采用不同的推理过程。如果这一研究结果对儿童有效，那么 261
这表明，在向儿童传授领域一般的推理技术前，应先教授儿童领域知识。因此，在探讨一个新的主题时，早期的重点应该是提供有关主题的早期经验知识，并据此建立后来的明确推论。

概念转变在科学推理中也发挥着重要作用。目前还不清楚概念转变在个体身上何时发生，怎么发生。神经影像，特别是脑电图方法，使研究者有希望对语义和概念组织进行个性化评估（对此的进一步讨论，参见 Gliga & Mareschal, 2008）。尽管目前没有开展大规模实践，但低成本便携式脑电图系统（参见，例如，Davies, Segalowitz, & Gavin, 2010）有望成为未来学校中的测试工具。

总之，科学推理是一项复杂的多维活动。神经科学方法为领域一般的和领域特殊的加工过程提供了新的窗口，并有可能根据学生的个人需求定制教育实践。

## 参考文献


Aron, A. R., Robbins, T. W., & Poldrack, R. A. (2004). Inhibition and the right inferior frontal cortex. *Trends in Cognitive Science*, *8*, 170 - 177.

Atkinson, R. C., & Shiffrin, R. M. (1968). Human memory: A proposed system, and its control processes. In K. W. Spence & J. T. Spence (Eds.), *The psychology of learning and motivation: Advances in research and theory* (Vol. 2, pp. 89 - 195). New York: Academic.

Baird, A. A., & Fugelsang, J. A. (2004). The emergence of consequential thought: Evidence from neuroscience. *Philosophical Transactions of the Royal Society B*, *359*, 1797 - 1804.

Botvinick, M., Braver, T., Barch, D., Carter, C., & Cohen, J. (2001). Conflict monitoring and cognitive control. *Psychological Review*, *108*, 625 - 652.

Broadbent, D. (1958). *Perception and communication*. London: Pergamon.

Bunge, S. A., Wendelken, C., Badre, D., & Wagner, A. D. (2005). Analogical reasoning and prefrontal cortex: Evidence for separable retrieval and integration mechanisms. *Cerebral Cortex*, *15*, 230 - 249.

Cabeza, R., & Nyberg, L. (2000). Imaging cognition II: An empirical review of 275 PET and fMRI studies. *Journal of Cognitive Neuroscience*, *12*, 1 - 47.

Carey, S. (1985). *Conceptual change in childhood*. Cambridge, MA: MIT Press.

Carey, S. (2000). Science education as conceptual change. *Journal of Applied Developmental Psychology*, *21*, 13 - 19.

Carter, C. S., & van Veen, V. (2007). Anterior cingulate cortex and conflict detection: An update of theory and data. *Cognitive Affective and Behavioral Neuroscience*, 7, 367 - 379.

262 Christoff, K., Prabhakaran, V., Dorfman, J., Zhao, Z., Kroger, J. K., Holyoak, K. J., & Gabrieli, J. D. E. (2001). Rostrolateral prefrontal cortex involvement in relational integration during reasoning. *NeuroImage*, *14*, 1136 - 1149.

Corballis, P. M. (2003). Visuospatial processing and the right-hemisphere interpreter. *Brain and Cognition*, *53*, 171 - 176.

Corballis, P. M., Funnell, M. G., & Gazzaniga, M. S. (2002). Hemispheric asymmetries for simple visual judgments in the split brain. *Neuropsychologia*, *40*, 401 - 410.

Corlett, P. R., Aitken, M. R., Dickinson, A., Shanks, D. R., Honey, G. D., Honey, R. A., Robbins, T. W., Bullmore, E. T., & Fletcher, P. C. (2004). Prediction error during retrospective revaluation of causal associations in humans: fMRI evidence in favor of an associative model of learning. *Neuron*, *44*, 877 - 888.

Crone, E. A., Wendelken, C., van Leijenhorst, L., Honomichl, R. D., Christoff, K., & Bunge, S. A. (2009). Neurocognitive development of relational reasoning. *Developmental Science*, *12*, 55 - 66.

Davies, P. L., Segalowitz, S. J., & Gavin, W. J. (2010). Development of response-monitoring ERPs in 7-to 25-year-olds. *Developmental Neuropsychology*, *25*, 355 - 376.

Dias, M., Roazzi, A., & Harris, P. L. (2005). Reasoning from unfamiliar premises: A study with unschooled adults. *Psychological Sciences*, *16*, 550 - 554.

Donaldson, M. (1978). *Children's minds*. London: Fontana.

Dunbar, K. (1995). How scientists really reason: Scientific reasoning in real-world laboratories. In R. J. Sternberg & J. Davidson (Eds.), *Mechanisms of insight* (pp. 365 - 395). Cambridge MA: MIT Press.

Dunbar, K. (2001). The analogical paradox: Why analogy is so easy in naturalistic settings, yet so difficult in the psychology laboratory. In D. Gentner, K. J. Holyoak, & B. Kokinov (Eds.), *Analogy: Perspectives from cognitive science* (pp. 313 – 334). Cambridge, MA: MIT Press.

Dunbar, K. (2002). Science as category: Implications of *InVivo* science for theories of cognitive development, scientific discovery, and the nature of science. In P. Caruthers, S. Stich, & M. Siegel (Eds.), *Cognitive models of science* (pp. 154 – 170). New York: Cambridge University Press.

Dunbar, K., & Blanchette, I. (2001). The in vivo/in vitro approach to cognition: The case of analogy. *Trends in Cognitive Science*, *5*, 335 – 339.

Dunbar, K., & Fugelsang, J. (2005). Scientific thinking and reasoning. In K. Holyoak & R. Morrison (Eds.), *Cambridge handbook of thinking and reasoning* (pp. 705 – 725). Cambridge: Cambridge University Press.

Dunbar, K., Fugelsang, J., & Stein, C. (2007). Do naive theories ever go away? Using brain and behavior to understand changes in concepts. In M. Lovett & P. Shah (Eds.), *Thinking with data* (pp. 193 – 206). New York: Erlbaum.

Eslinger, P. J., Blair, C., Wang, J., Lipovsky, B., Realmuto, J., Baker, D., Thorne, S., Gamson, D., Zimmerman, E., Rohrer, L., & Yang, Q. X. (2009). Developmental shifts in fMRI activations during visuospatial relational reasoning. *Brain and Cognition*, *69*, 1 – 10.

Evans, J. St. B. T. (2008). Dual-processing accounts of reasoning, judgment, and social cognition. *Annual Review of Psychology*, *59*, 255 – 278.

Evans, J. St. B. T., Barston, J. L., & Pollard, P. (1983). On the conflict between 263
logic and belief in syllogistic reasoning. *Memory and Cognition*, *11*, 295 – 306.

Ferrer, E., O'Hare, E. D., & Bunge, S. A. (2009). Fluid reasoning and the developing brain. *Frontiers in Neuroscience*, *3*, 46 – 51.

Fletcher, P. C., Anderson, J. M., Shanks, D. R., Honey, R., Carpenter, T. A., Donovan, T., Papadakis, N., & Bullmore, E. T. (2001). Responses of human frontal cortex to surprising events are predicted by formal associative learning theory. *Nature Neuroscience*, *4*, 1043 – 1048.

Fugelsang, J. A., & Dunbar, K. N. (2005). Brain-based mechanisms underlying complex causal thinking, *Neuropsychologia*, *43*, 1204 – 1213.

Fugelsang, J., & Dunbar, K. (2009). Brain based mechanisms underlying causal reasoning. In E. Kraft, B. Guylas, & E. Poppel (Eds.), *Neural correlates of thinking* (pp. 269 – 279). Berlin: Springer.

Fugelsang, J., Roser, M., Corballis, P., Gazzaniga, M., & Dunbar, K. (2005).

Brain mechanisms underlying perceptual causality. *Cognitive Brain Research*, *24*, 41 - 47.

Fugelsang, J., Stein, C., Green, A., & Dunbar, K. (2004). Theory and data interactions of the scientific mind: Evidence from the molecular and the cognitive laboratory. *Canadian Journal of Experimental Psychology*, *58*, 132 - 141.

Fugelsang. J., & Thompson, V. (2000). Strategy selection in causal reasoning: When beliefs and covariation collide. *Canadian Journal of Experimental Psychology*, *54*, 13 - 32.

Fugelsang, J., & Thompson, V. (2003). A dual-process model of belief and evidence interactions in causal reasoning. *Memory and Cognition*, *31*, 800 - 815.

Gentner, D. (1983). Structure-mapping: A theoretical framework for analogy. *Cognitive Science*, 7, 155 - 170.

Gentner, D., Brem, S., Ferguson, R. W., Markman, A. B., Levidow, B. B., Wolff, P., & Forbus, K. D. (1997). Analogical reasoning and conceptual change: A case study of Johannes Kepler. *The Journal of the Learning Sciences*, *6*, 3 - 40.

Gentner, D., & Jeziorski, M. (1993). The shift from metaphor to analogy in western science. In A. Ortony (Ed.), *Metaphor and thought* (2nd ed., pp. 447 - 480). Cambridge: Cambridge University Press.

Gick, M. L., & Holyoak, K. J. (1980). Analogical problem solving. *Cognitive Psychology*, *12*, 306 - 355.

Gick, M. L., & Holyoak, K. J. (1983). Schema induction and analogical transfer. *Cognitive Psychology*, *15*, 1 - 38.

Gliga, T., & Mareschal, D. (2008). What can neuroimaging tell us about the early development of visual categories? *Cogniflie*, *Creier*, *Comportament* [*Cognition*, *Brain*, *Behavior*], *10*, 757 - 772.

Goel, V. (2003). Evidence for dual neural pathways for syllogistic reasoning. *Neuropsychologia*, *32*, 301 - 309.

Goel, V. (2007). Anatomy of deductive reasoning. *Trends in Cognitive Sciences*, *11*, 435 - 441.

Goel, V., & Dolan, R. J. (2000). Anatomical segregation of component processes in an inductive inference task. *Journal of Cognitive Neuroscience*, *12*, 110 - 119.

Goel, V., & Dolan, R. J. (2003). Explaining modulation of reasoning by belief. *Cognition*, *87*, B11 - B22.

264 Goel, V., & Dolan, R. J. (2004). Differential involvement of left prefrontal cortex in inductive and deductive reasoning. *Cognition*, *93*, 109 - 121.

Goel, V., Gold, B., Kapur, S., & Houle, S. (1998). Neuroanatomical correlates of human reasoning. *Journal of Cognitive Neuroscience*, *10*, 293 - 302.

Gopnik, A., Sobel, D. M., Schulz, L. E., & Glymour, C. (2001). Causal learning mechanisms in very young children: Two-, three-, and four-year-olds infer causal relations from patterns of variation and covariation. *Developmental Psychology*, *37*, 620 - 629.

Goswami, U., & Brown, A. (1990). Melting chocolate and melting snowmen: Analogical reasoning and causal relations. *Cognition*, *35*, 69 - 95.

Green, A., Cohen, M., Kim, J., & Gray, J. R. (2012a). An explicit cue improves creative analogical reasoning. *Intelligence*, *40*, 598 - 603.

Green, A., Fugelsang, J., Kraemer, D., Shamosh, N., & Dunbar, K. (2006). The dynamic role of prefrontal cortex in reasoning and abstract thought. *Brain Research*, *1096*, 125 - 137.

Green, A., Kraemer, D., Fugelsang, J., Gray, J., & Dunbar, K. (2010). Connecting long distance: Semantic distance in analogical reasoning modulates frontopolar cortex activity. *Cerebral Cortex*, *20*, 70 - 76.

Green, A., Kraemer, D., Fugelsang, J., Gray, J., & Dunbar, K. (2012b). Neurocorrelates of creativity in analogical reasoning. *Journal of Experimental Psychology: Learning, Memory, & Cognition*, *38*, 264 - 272.

Griggs, R. A., & Cox, J. R. (1982). The elusive thematics material effect in Wason's selection task. *British Journal of Psychology*, *73*, 407 - 420.

Harris, P. L. (2000). Thinking about the unknown. *Trends in Cognitive Sciences*, *5*, 494 - 498.

Hickok, G., & Poeppel, D. (2004). Dorsal and ventral streams: A framework for understanding aspects of the functional anatomy of language. *Cognition*, *92*, 67 - 99.

Holyoak, K. J., & Thagard, P. (1995). *Mental leaps*. Cambridge, MA: MIT Press.

Houdé, O. (2000). Inhibition and cognitive development: Object, number, categorization and reasoning. *Cognitive Development*, *15*, 63 - 73.

Houdé, O. (2007). First insight on "neuropedagogy of reasoning". *Thinking and Reasoning*, *13*, 81 - 89.

Houdé, O., Zago, L., Crivello, F., Moutier, S., Pinaue, A., Mazoyer, B., & Tzouri-Mazoyer, N. (2001). Access to deductive logic depends on a right ventromedial prefrontal area devoted to emotion and feeling: Evidence from a training paradigm. *NeuroImage*, *14*, 1486 - 1492.

Houdé, O., Zago, L., Mellet, E., Moutier, S., Pinaue, A., Mazoyer, B., & Tzouri-Mazoyer, N. (2000). Shifting from perceptual brain to logical brain: The neural impact of cognitive inhibition training. *Journal of Cognitive Neuroscience*, *12*, 721 - 728.

Howe, C. (1998). *Conceptual structure in childhood and adolescence*. London: Routledge.

Howe, C., Tavares, J. T., & Devine, A. (2012). Everyday conceptions of object fall: Explicit and tacit understanding during middle childhood. *Journal of Experimental Child Psychology*, *111*, 351 - 366.

Howe, C. J., Tolmie, A., & Sofroniou, N. (1999). Experimental appraisal of personal beliefs in science: Constraints on performance in the 9 to 14 age group. *British Journal of Educational Psychology*, *69*, 243 - 274.

265 Inhelder, B., & Piaget, J. (1958). *The growth of logical thinking from childhood to adolescence*. New York: Basic.

Kallai, A. Y., & Reiner, M. (2010, June). *The source of misconceptions in physics: When event related potential components N400 and P600 disagree*. Poster presented at the 2010 Meeting of the Special Interest Group (SIG) 22 "Neuroscience and Education" of the European Association for Research on Learning and Instruction (EARLI), Zurich.

Karmiloff-Smith, A. (1992). *Beyond modularity: A developmental perspective on cognitive science*. Cambridge, MA: MIT Press.

Kelley, W. M., Miezin, F. M., McDermott, K. B., Buckner, R. L., Raichle, M. E., Cohen, N. J., Ollinger, J. O., Akbudak, E., Conturo, T. E., Snyder, A. Z., & Petersen, S. E. (1998). Hemispheric specialization in human dorsal frontal cortex and medial temporal lobe for verbal and nonverbal memory encoding. *Neuron*, *20*, 927 - 936.

Klahr, D., Zimmerman, C., & Jirout, J. (2011). Educational interventions to advance children's scientific thinking. *Science*, *333*, 971 - 975.

Koslowski, B. (1996). *Theory and evidence: The development of scientific reasoning*. Cambridge: MA: MIT Press.

Kroger, J. K., Sabb, F. W., Fales, C. L., Bookheimer, S. Y., Cohen, M. S., & Holyoak, K. J. (2002). Recruitment of anterior dorsolateral prefrontal cortex in human reasoning: A parametric study of relational complexity. *Cerebral Cortex*, *12*, 477 - 485.

Kuhn, T. (1962). *The structure of scientific revolutions*. Chicago, IL: University of Chicago Press.

Levy, J. (2011). *A bee in a cathedral: And 99 other scientific analogies*. New York: Firefly.

McCloskey, M. (1983). Naive theories of motion. In D. Gentner & A. L. Stevens (Eds.), *Mental models* (pp. 299 - 324). Hillsdale, NJ: Erlbaum.

McDermott, K. B., Ojemann, J. G., Petersen, S. E., Ollinger, J. M., Snyder,

A. Z., Akbudak, E., Conturo, T. E., & Raichle, M. E. (1999). Direct comparison of episodic encoding and retrieval of words: An event-related fMRI study. *Memory*, 7, 661 - 678.

Michotte, A. (1963). *The perception of causality*. New York: Basic.

Milner, B. (1962). Laterality effects in audition. In V. B. Mountcastle (Ed.), *Interhemispheric relations and cerebral dominance* (pp. 177 - 198). Baltimore, MD: Johns Hopkins Press.

Neisser, U. (1967). *Cognitive psychology*. New York: Appleton-Century-Crofts.

Nersessian, N. (1999). Models, mental models, and representations: Model-based reasoning in conceptual change. In L. Magnani, N. Nersessian, & P. Thagard (Eds.), *Model-based reasoning in scientific discovery* (pp. 5 - 22). New York: Plenum.

Osherson, D., Perani, D., Cappa, S., Schnur, T., Grassi, F., & Fazio, F. (1998). Distinct brain loci in deductive versus probabilistic reasoning. *Neuropsychologia*, *36*, 369 - 376.

Parris, B. A., Kuhn, G., Mizon, G. A., Benattayallah, A., & Hodgson, T. L. (2009). Imaging the impossible: An fMRI study of impossible causal relationships in magic tricks. *NeuroImage*, *45*, 1033 - 1039.

Parsons, L. M., & Osherson, D. N. (2001). New evidence for distinct right and left brain systems for deductive versus probabilistic reasoning. *Cerebral Cortex*, *11*, 954 - 965.

Pearl, J. (2009). *Causality: models, reasoning, and inference* (2nd ed.). New York: Cambridge University Press.

Perales, J. C., Catena, A., Maldonado, A., & Cándido, A. (2007). The role of 266
mechanism and covariation information in causal belief updating. *Cognition*, *105*, 704 - 714.

Pine, K. J., & Messer, D. J. (2000). The effect of explaining another's actions on children's implicit theories of balance. *Cognition and Instruction*, *18*, 35 - 51.

Poldrack, R. A. (2006). Can cognitive processes be inferred from neuroimaging data? *Trends in Cognitive Sciences*, *10*, 59 - 63.

Posner, M. I. (1980). Orienting of attention. *Quarterly Journal of Experimental Psychology*, *32*, 3 - 25.

Reed, S. K., Ernst, G. W., & Banerji, R. (1974). The role of analogy in transfer between similar problem states. *Cognitive Psychology*, *6*, 437 - 450.

Rodriguez-Moreno, D., & Hirsch, J. (2009). The dynamics of deductive reasoning. *Neuropsychologia*, *47*, 949 - 961.

Roser, M., Fugelsang, J., Dunbar, K., Corballis, P., & Gazzaniga, M. (2005).

Dissociating processes supporting causal perception and causal inference in the brain. *Neuropsychology*, *19*, 591 - 602.

Seger, C., Poldrack, R., Prabhakaran, V., Zhao, M., Glover, G., & Gabrieli, J. (2000). Hemispheric asymmetries and individual differences in visual concept learning as measured by functional MRI. *Neuropsychologia*, *38*, 1316 - 1324.

Shallice, T., & Burgess, P. W. (1991). Deficits in strategy application following frontal lobe damage in man. *Brain*, *114*, 727 - 741.

Shallice, T., & Cooper, R. P. (2011). *The organisation of mind*. Oxford: Oxford University Press.

Shtulman, A., & Valcarcel, J. (2012). Scientific knowledge suppresses but does not supplant earlier intuitions. *Cognition*, *124*, 210 - 215.

Shultz, T. R. (1982). Rules of causal attribution. *Monographs of the Society of Research in Child Development*, *47*(whole No. 194).

Siegler, R. S. (1976). Three aspects of cognitive development. *Cognitive Psychology*, *8*, 481 - 520.

Sternberg, R. (1977). *Intelligence, information processing, and analogical reasoning*. Hillsdale, NJ: Erlbaum.

Stollstorff, M., Vartanian, O., & Goel, V. (2012). Levels of conflict in reasoning modulate right lateral prefrontal cortex. *Brain Research*, *1428*, 24 - 32.

Stuss, D. T., & Alexander, M. P. (2000). Executive functions and the frontal lobes: A conceptual view. *Psychological Research*, *63*, 289 - 298.

Thagard, P., & Croft, D. (1999). Scientific discovery and technological innovation: Ulcers, dinosaur extinction, and the programming language Java. In L. Magnani, N. Nersessian, & P. Thagard (Eds.), *Model-based reasoning in scientific discovery* (pp. 125 - 137). New York: Plenum.

Treisman, A. (1964). Selective attention in man. *British Medical Bulletin*, *20*, 12 - 16.

Turner, D. C., Aitken. M. R., Shanks, D. R., Sahakian, B. J., Robbins, T. W., Schwarzbauer C., & Fletcher, P. C. (2004). The role of the lateral frontal cortex in causal associative learning: Exploring preventative and super-learning. *Cerebral Cortex*, *14*, 872 - 880.

van Veen, V., & Carter, C. S. (2002). The anterior cingulate as a conflict monitor: fMRI and ERP studies. *Physiology and Behavior*, 77, 477 - 482.

267 Wason, P. (1968). Reasoning about a rule. *Quarterly Journal of Experimental Psychology*, *20*, 273 - 281.

Wright, S. B., Matlen, B. J., Baym, C. L., Ferrer, E., & Bunge, S. A. (2008). Neural correlates of fluid reasoning in children and adults. *Frontiers in Human Neuroscience*, *1*, 1 - 8.

Yeung, N., Botvinick, M. M., & Cohen, J. D. (2004). The neural basis of error-detection: Conflict monitoring and the error-related negativity. *Psychological Review*, *111*, 931 - 959.

Young, M. E. (1995). On the origin of personal causal theories. *Psychonomic Bulletin and Review*, *2*, 83 - 104.

Zelazo, P. D., Carlson, S. M., & Kesek, A. (2008). The development of executive function in childhood. In C. A. Nelson & M. Luciana (Eds.), *Handbook of developmental cognitive neuroscience* (2nd ed., pp. 553 - 574). Cambridge, MA: MIT Press.

Zimmerman, C. (2000). The development of scientific reasoning skills. *Developmental Review*, *20*, 99 - 149.

Zimmerman, C. (2005). *The development of scientific reasoning: What psychologists contribute to an understanding of elementary science learning*. Paper commissioned by the National Academies of Science (National Research Council's Board of Science Education, Consensus Study on Learning Science, Kindergarten through Eighth Grade).

Zimmerman, C. (2007). The development of scientific thinking skills in elementary and middle school. *Developmental Review*, *27*, 172 - 223.

## 推荐阅读

Shallice, T., & Cooper, R. M. (2011). Chapter 12: Thinking. In T. Shallice & R. Cooper (Eds.), *The organisation of mind* (pp. 463 - 504). Oxford: Oxford University Press.

Zimmerman, C. (2007). The development of scientific reasoning skills in elementary and middle school. *Developmental Review*, *27*, 172 - 223.

# 268 第十章　社会性发展

萨拉-杰恩·布莱克莫尔(Sarah-Jayne Blakemore)
卡特林·科恩·卡多什(Kathrin Cohen Kadosh)
凯瑟琳·L.塞巴斯蒂安(Catherine L. Sebastian)
托拜厄斯·格罗斯曼(Tobias Grossmann)
马克·H.约翰逊(Mark H. Johnson)

## 一、引言

人类是非常善于社交的物种。我们不断从对方的精神状态和情感状态出发,解读对方的行为、手势和面部表情,来试图解读他人的心理状态和感受,以及他们接下来要做什么(Blakemore, Winston, & Frith, 2004)。社会性和情感功能是教育的重要组成部分。生命头两年的社会性认知的研究迅速发展,我们首先对此进行回顾。关于儿童中期和青春期社交技能的神经发育,我们知之甚少。尽管如此,本章的后半部分将着重介绍在这一人生阶段社会性理解的发展,以及改进对教育的理解可能作出的贡献。

## 二、社会脑的早期发育

婴儿期(0—2 岁)是出生后最早发育的阶段,这一阶段发生了巨大变化——"无助的"新生儿似乎与活跃、好奇的 2 岁大的孩子完全不同。在这一阶段,婴儿生活在一个被他人围绕的世界,理解他人以及他人的行为是婴儿在认识世界时面临的最基本任务之一。接下来,我们将展示早期社会性信息处理的四个领域 269
的发现:(1) 面孔加工;(2) 注视加工;(3) 共同注意;(4) 生物运动和理解人类行为。讨论的结果主要基于脑电图或事件相关电位的方法,这些方法是研究这个年龄段的儿童最常采用的方法。这些脑电图或事件相关电位的方法,提供了关于人脑和认知加工时间的精确信息。近年来,又多了一项功能性近红外线光谱的方法(详见第二章),这种方法使我们能够更好地定位婴儿的皮质激活(参见综述,Lloyd-Fox, Blasi, & Elwell, 2010)。

### 1. 面孔加工

面孔可以提供大量的社会性信息,包括身份、情绪状态,以及对同类的关注(通过眼睛注视的方向可以判断)。对新生儿的行为研究表明,新生儿在出生后数小时内,优先注意面孔模式(Morton & Johnson, 1991; Johnson, 2005),这为新生儿脑的输入过程偏差机制提供了证据。新生儿对面孔的偏好被认为主要受皮层下脑结构的指导。有人提出,面孔识别中更复杂的能力来源于视觉皮层区域的成熟(参见讨论,Johnson, 2005)。新生儿第一次认出母亲的面孔是基于面孔的外部轮廓、发际线,以及眼睛、鼻子和嘴巴这些面部结构(Bushnell, Sai, & Mullin, 1989)。但是 6 周以后,新生儿仅靠面孔结构的信息,就可以认出母亲(de Schonen & Mathivet, 1990)。

对婴儿脑中参与面孔加工的脑区的研究,主要受技术的限制(de Haan & Thomas, 2002; Grossmann, 2008)。一个例外是佐里奥-马佐耶等人(Tzourio-Mazoyer et al., 2002)的研究,他们利用婴儿在重症监护病房看病的机会,作为临床随访的一部分,用正电子放射断层造影术对婴儿进行测量。在这个小规模研究中,一组 6 个 2 月龄的婴儿观看面孔或一组用作控制刺激的彩色二极管时,对其进行成像扫描。结果显示,面孔激活的 2 月龄的婴儿的脑网络与成人面孔加工的核心系统区域相似(Gauthier et al., 2000; Haxby, Hoffman, & Gobbini,
270 2000; Kanwisher, 2000)。有趣的是,2 月龄的婴儿的皮层区在神经解剖学上是不成熟的(Huttenlocher, 2002; Huttenlocher & Dabholkar, 1997),并且只有低水平的静止代谢活动可以被功能激活(Chugani & Phelps, 1986; Chugani, Phelps, & Mazziotta, 1987)。此外,观看面孔还激活了婴儿的双侧枕下皮层和右侧顶下皮层。前者被认为与早期对面孔特征的知觉分析有关,而后者负责成人的空间定向注意(Haxby et al., 2000)。与成人的结果相比,2 月龄的婴儿的面孔加工也同样在额下回和颞上回的区域进行,这两个区域被认为是成人语言网络的一部分。一种可能的解释是,面孔和未来语言网络的共同激活对社会互动有促进作用,通过注意说话人的脸和嘴巴来学习语言(Tzourio-Mazoyer et al., 2002)。

然而,大多数婴儿面孔知觉的研究依赖于更便利的脑电图测量方法。现在,我们简要讨论运用事件相关电位研究婴儿面孔加工的实验证据(有关事件相关电位的更详细的内容,参见 de Haan, Johnson, & Halit, 2003)。在成人中,人的面孔激活了 N170 反应(一种负向的波形,在刺激出现后的 170 毫秒左右出现),倒立的面孔比正立的面孔对颞后区的激活更显著,振幅更大,潜伏时间也更长(Bentin et al., 1996; de Haan, Pascalis, & Johnson, 2002)。N170 不受倒立的猴子面孔的影响(de Haan et al., 2002),也不受正立的物体和翻转的物体的影响(Bentin et al., 1996)。人的面孔的选择性倒置效应已经被作为产生 N170 的与人的面孔相关的加工证据。

基于波形形态学及某些响应特性,有研究者认为,婴儿的 N290 是成人 N170 的前身,因为它表现出类似的刺激敏感性和头皮分布模式。在这些研究中,研究者在婴儿和成人观看正立和倒立的人的面孔和猴子的面孔时测量他们的事件相关电位(de Haan et al., 2002; Halit, de Haan, & Johnson, 2003)。与成人的 N170 相似,婴儿的 N290 是后电极上观察到的负向偏转,其峰值潜伏期从 3 月龄时的 350 毫秒下降到 12 月龄时的 290 毫秒(Halit et al., 2003)。这与许多突出的事件相关电位成分的潜伏期在儿童期随年龄的增长而减少是一致的。这些研究结果指出,12 月龄的婴儿 N290 的振幅与成人 N170 的振幅一样,在看到倒立的人的面孔时激活会增加,但看到倒立的猴子的面孔时不会增加。然而,在较早的时候(3 月龄和 6 月龄),N290 的振幅并不受刺激倒立的影响。

婴儿期结束后,反映面孔加工的 N170/N290 还在继续(综述,参见 Taylor, 271
Batty, & Itier, 2004)。虽然面孔倒立会延迟成人 N170 的潜伏期,但在婴儿阶段,没有观察到 N290 的潜伏期有这样的效应(de Haan et al., 2002; Halit et al., 2003)。有证据表明,这种潜伏期效应要一直到 8—11 岁才会明显(Taylor et al., 2004)。此外,当成人的 N170 对猴子的面孔的反应振幅较大时,婴儿的 N290 表现出相反的模式。直到 13—14 岁,才发现 N170 的振幅变化与成人完全一样(Taylor et al., 2004)。

总之,从正电子放射断层造影术和脑电图/事件相关电位研究中获得的证据表明,大多数涉及成人面孔加工的脑区和脑机制,在出生后几个月就可以被激活。然而,这并不意味着这些皮层区域在这个阶段是专门处理人的面孔的,也不意味着它们的功能与成年时相同,因为这些区域的进一步发育将持续到儿童时期(Johnson, 2011)。

### 2. 注视加工

面部一个非常重要的社会信号编码就是注视。识别和监控注视的方向,对于人类有效的社会学习和交流至关重要(Csibra & Gergely, 2009)。注视提供了他人注意和表达的目标的信息,也传达了沟通意图和未来行为的信息。目光接触是人与人建立交流联系的最有力的方式之一(Kampe, Frith, & Frith, 2003)。从出生起,人类就对他人的注视比较敏感,这反映在他们对眼睛睁开的脸而不是眼睛闭着的脸的偏好上(Batki et al., 2000)。而且,与转移注视的面孔相比,新生儿对直接注视和相互注视的面孔的注视时间更长(Farroni, Csibra, Simion, & Johnson, 2002)。目光注视也能有效提示新生儿注意空间位置,这暗示了一种基本的注视跟随形式(Farroni et al., 2004)。由此产生的问题是,在婴儿脑中,行为表现出对直接注视的偏好以及跟随注视的能力是如何实现的。

到 4 个月时,与转移注视的面孔相比,婴儿的脑就已经表现出对直接注视的面孔的加工增强,这体现在 N290 的振幅增加这个指标上(Farroni et al., 2002)。甚至当头转移但仍保留直接的相互注视时,也得到这一结果(Farroni, Johnson, &
Csibra, 2004)。 272

然而,只有当眼睛正对着时,直接注视的面孔的神经加工才会增强。此外,4 月龄的婴儿观察两种动态场景:一个是相互注视的人脸;另一个是转移注视的人脸(Grossmann et al., 2008)。通过近红外光谱技术测量血流动力学反应,可以得到脑激活的空间定位。结果显示,加工相互注视的人脸激活了婴儿右侧颞上回皮层和前额叶皮层中与成人加工这些过程一致的脑区(Kampe et al., 2003; Pelphrey, Viola, & McCarthy, 2004)(如图 10.1 所示)。上文回顾的事件相关电位和近红外光谱技术的结果支持这样一种观点,即从早期脑发育开始,相互注视就在人脑中进行加工。

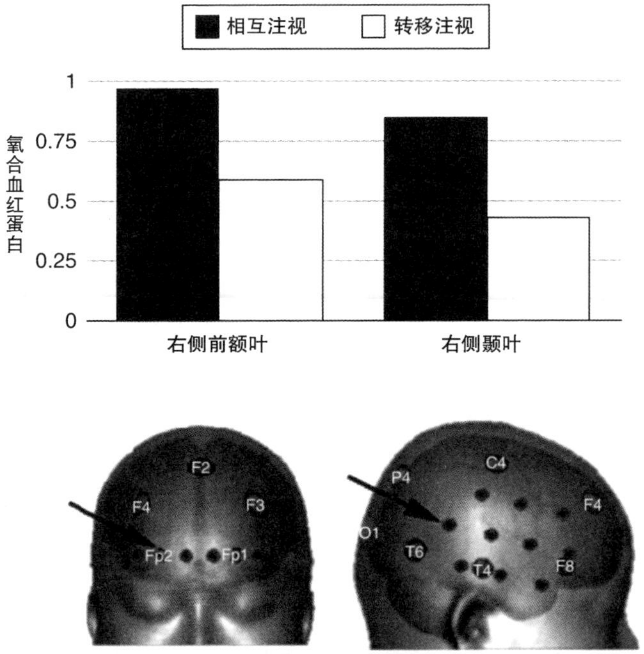


**图 10.1　用近红外光谱技术测量 4 月龄的婴儿在相互注视和转移注视中,右侧前额叶和右侧颞叶皮层区域内(底部图中的箭头标记)血流动力学反应(氧合血红蛋白)**

改编自:Grossmann et al. (2008)

目光注视的另一种交流功能是对特定位置、事件和物体的直接注意。在一项事件相关电位研究中,9 月龄的婴儿和成人都观察一张人脸,这张人脸或者是把目光转向物体(与物体一致),或者是把目光从物体上移开(与物体不一致)
273 (Senju, Johnson, & Csibra, 2006)。这种模式是在早期功能性磁共振成像研究(Pelphrey, Singerman, Allison, & McCarthy, 2003)中使用的模式基础上建立的,旨在揭示"参照"注视感知的神经基础。在成人和婴儿身上都观察到,与把目光转向物体相比，把目光从物体移开诱发的事件相关电位在300毫秒左右出现枕颞电极的负性增强。这表明，婴儿使用与成人类似的神经机制来编码注视的参照信息。但是，只有婴儿的额叶中部表现出不一样，在把目光转向物体的条件下振幅更大。因此，与更专业的成人脑相比，在婴儿脑中，注视的参照信息可能更广泛地编码在皮质回路中。下面我们将重新回到参照注视这一有趣的发现，讨论与之联系非常密切的社会认知现象——共同注意的神经基础。

### 3. 共同注意

两个人共同关注同一个物体或事件的过程被称为共同注意。共同注意被认为是婴儿期发展起来的最基本的社会认知技能之一。不仅自己注意一个外部的物体或事件，而且联合他人注意的能力，需要婴儿监控：(1) 他人注意与自己的关系；(2) 他人注意相同的物体或事件。行为学研究表明，两个人和同一对象之间的三元表征在9个月左右出现。它们被认为是支持共同注意和协作目标的独特的人类表征（Tomasello et al.，2005）。已经证实，内侧前额叶皮层的背侧部分被确定为支持成人脑共同注意的关键区域（Frith & Frith，2006；Saxe，2006；Schilbach et al.，2010；Williams et al.，2005）。

斯特里亚诺、里德和赫尔（Striano，Reid，& Hoehl，2006）让成人与婴儿在两种情况下进行互动，研究9月龄的婴儿共同注意的事件相关电位。在共同注意背景下，成人先看婴儿，再看电脑屏幕上显示的一个新物体；在非共同注意背景下，成人只看婴儿的胸部，再看电脑屏幕上显示的一个新物体。与非共同注意背景下的物体相比，共同注意背景下的物体会引起一个更大的负成分（negative component，Nc），峰值约为500毫秒，最大振幅出现在额叶和中央通道。负成分被认为产生于前额叶皮层，可以表明视觉刺激的注意分配（Reynolds & Richards，2005）。

因此，斯特里亚诺、里德和赫尔（Striano，Reid，& Hoehl，2006）认为，婴儿可以从共同注意的互动中受益，因此应该将更多的注意资源投入到共同注意背景中呈现的对象上。这种事件相关电位模式也被用于检查更小的婴儿的共同注意（参见 Parise，Reid，Stets，& Striano，2008）。这项研究发现，5月龄时，在共同注意条件下，婴儿更多地注意提示的对象。

尽管这些观点来自事件相关电位方法，但仍不清楚哪些脑区参与三重互动。

另一项研究运用近红外光谱技术来定位婴儿在三重互动中的脑反应(Grossmann & Johnson, 2010)。在这项研究中,与两重(非三重)控制条件相比,即与或者是无目光接触,或者是将目光从物体上移开的控制条件相比,当参与联合的三重互动时,5 月龄的婴儿左侧前额叶皮层的反应增强(如图 10.2 所示)。这些发现与之前功能性磁共振成像的研究一致,成人的左侧前额叶皮层区域与共同注意有关(Schilbach et al., 2010)。因此,5 月龄的婴儿在与成人进行三重社会互动时似乎会触发类似的前额叶区域。

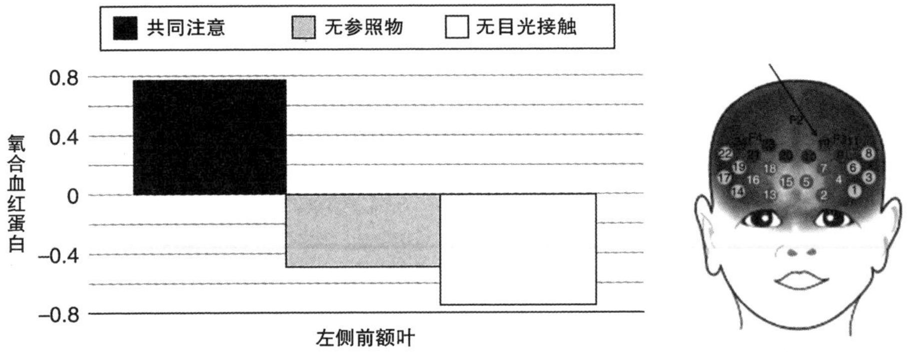


274 **图 10.2 用近红外光谱技术测量 5 月龄的婴儿在共同注意、无参照物和无目光接触情况下左侧前额叶皮层区(右部图中的箭头标记)的血流动力学反应(氧合血红蛋白)**

改编自:Grossmann and Johnson(2010)

临床研究(Caplan et al., 1993)的证据进一步确认了左侧前额叶皮层在共同注意中起关键作用的观点,该研究使用正电子放射断层造影术测量婴儿的皮层代谢。在这项研究中,手术前较高的额叶皮层区(尤其是左侧额叶区)的葡萄糖代谢率,是手术后评估开始共同注意投标倾向的积极预测因素。为了进一步评估额叶皮层的作用,研究者研究了正常发育婴儿的静息态脑电图一致性及其与
275 共同注意技能的关系(Mundy, Card, & Fox, 2000)。脑电图一致性是测量空间分离的脑电图发生器之间相位同步性的方法,这是神经网络联合方面的一个指标(Thatcher, Krause, & Hrybyk, 1986)。研究发现,左侧额叶皮层的脑电图一致性与婴儿在 14 个月和 18 个月时开始共同注意的倾向有关。此外,一项后续研究表明,14 月龄的婴儿的共同注意和脑电图一致性均与 24 月龄时的语言发展有关(Mundy, Fox, & Card, 2003)。

总之,事件相关电位和近红外光谱技术数据表明,早在 5 个月的时候,婴儿

就对三重互动敏感。这种对共同注意的早期敏感性依靠左侧额叶区。早期出现的共同注意技能同样也得到行为数据的支持，到 3 个月的时候，婴儿就已经能够区分双重和三重互动（Striano & Stahl，2005）。尽管这是共同注意的早期证据，但记住共同注意在第一个十年是连续发展的，而且共同注意中早期障碍的指标对许多发展障碍都是至关重要的。

### 4. 动作观察

人类行为是一组极其复杂的视觉刺激，提供关于其他人类行为的动态的和连续的信息。将正在进行的行为分析成有意义的单元的能力，对于理解他人的行为至关重要。有证据表明，在成人和婴儿中，对动作序列的分析部分基于对动作目标的理解（Baldwin，Baird，Saylor，& Clark，2001；Blakemore & Decety，2001）。例如，当给 8 月龄的婴儿呈现完整和不完整的目标导向的行为时，他们观察不完整行为的时间要比观察完整行为的时间长（Reid，Csibra，Belsky，& Johnson，2007）。婴儿可能察觉到预期动作和实际感知动作之间的差别，这导致在达到目标之前终止动作的情况下，婴儿观察的时间增加。这种察觉可能是基于前瞻性映射过程，该过程涉及基于自身运动表征对可能的运动轨迹和未来的行动的连续预测（参见 Falck-Ytter，Gredebäck，& von Hofsten，2006）。

研究者也提出这样的问题，即婴儿是否通过镜像神经元系统来理解他人的行为（Rizzolatti & Craighero，2004），该系统将观察到的行为映射到婴儿自己对该行为的运动表征上。根据镜像神经元系统的观点，婴儿在能够自己完成动作之前，不能预测他人的动作目标。一项行为研究（Falck-Ytter et al.，2006）发现，12 月龄的婴儿在观察动作（将物体放入盒子中）时表现出积极的（预期的）目标 276
导向眼动，而 6 月龄的婴儿则没有。由于已知婴儿在 7—9 个月时才掌握这种运动任务（Bruner，1973），因此这一发现被视为为理解行为的镜像神经元系统提供了证据。此外，研究（Falck-Ytter et al.，2006）发现，主动眼动只出现在人类有意产生的动作中，在物体自我推进时并不会出现。研究者认为，这是因为人类有机体需要激活镜像神经元系统。这些发现很有趣，因为有证据表明，8 月龄的婴儿的良好运动技能与他们在生物学上区分做得到的和做不到的手臂运动的敏感性有关（Reid，Belsky，& Johnson，2005）。尽管这些有趣的行为发现很有价值，但它们的缺点是，它们只能为神经机制解释提供间接证据。

一个被证明对成人行为知觉研究有用的候选神经信号是可以用脑电图测量的 mu 波(9—11 赫兹振荡脉冲)。这种波的活动似乎与运动皮层有关,在运动或有运动意图,或是观察他人执行动作时,这种波的活动随之减弱(Oberman et al., 2005)。因此,研究认为,在感觉运动皮层上记录的 mu 波范围内的脑电图,反映了镜像神经元的活动,并与通过运动模拟使成年观察者能够理解一个动作有关。

索思盖特等人(Southgate, et al., 2009)研究了在诱使 9 月龄的婴儿抓取物体时,感知运动皮层上 mu 波的活动。他们还检查了当婴儿观察其他人的抓取动作时,mu 波的活动是否发生了变化。研究结果表明,9 月龄的婴儿在做出抓取物体的动作和观察他人的抓取动作时 mu 活动降低,这个结果与成人一样。这项研究另一个有趣的发现是,运动激活(mu 抑制)是在观察实际动作前测量的。婴儿必须学会预测这种动作的发生,因为尽管接受了多次试验,但在头三个试次中,婴儿并没有明显的 mu 抑制。动作观察期间的预测性运动激活证明,镜像神经元系统在动作预测中起重要作用(Csibra, 2007)。

在一项后续研究中,9 月龄的婴儿观看了一个动作(一只手在遮光板后面做抓握状),如果他们能预测一个隐藏的结果,那么这只能被解释为目标导向的(Southgate, Johnson, El Karoui, & Csibra, 2010)。与之前的研究一样,运动活动是通过感知运动皮层上的 mu 活动来衡量的。研究者将目标预测条件下的运动
277 活动与三种控制条件下的运动活动作对比,这三种控制条件包括:(1) 翻手,够不到,用遮光板挡住;(2) 在遮光板前的桌子上呈现抓握动作;(3) 翻手,够不到,放在遮光板前的桌子上。只有当婴儿观察到遮光板后面的抓握动作时,mu 活动才会受到抑制,在控制条件下没有观察到 mu 抑制。这一发现为 9 月龄的婴儿预测动作目标的能力提供了进一步的证据,加强了对运动系统在行动理解中起关键作用的定位。此外,研究还表明,9 月龄的婴儿的运动活动已经受自上而下的加工过程(如目标预测)的影响,而不是简单地被观察到的任何一种行为所驱动。

在两项研究中(Southgate et al., 2009,2010),在行动观察条件下,研究者向婴儿呈现的抓握动作都属于他们的动作范畴。在另一项研究(van Elk et al., 2008)中,研究者对 14—16 月龄的婴儿运动体验的作用进行研究。根据婴儿在这个年龄行走的有限的运动经验,研究者预测,与观察走路相比,婴儿在观察爬行时有更强的 mu 抑制。而且,这种抑制效应的大小与婴儿自身的爬行经验密

切相关，有较长爬行经验的婴儿表现出更强的 mu 抑制。这些发现提供了一些初步证据：证明婴儿在动作观察期间的运动活动取决于该动作的运动经验。

到目前为止，所有关于行动理解的研究，都是基于感知运动皮层上的脑电图头皮记录。然而，在这些任务中，这些头皮记录的数据并不能明确定位运动皮层的激活。因而，岛田和平城（Shimada & Hiraki, 2006）用近红外光谱技术研究运动皮层是否在动作执行和动作观察中被激活。他们发现，在动作执行和动作观察过程中，6—7 月龄的婴儿和成人的运动皮层都被激活了。有趣的是，在动作观察过程中，这两个年龄段的被试的运动皮层只有在动作以现场的形式呈现时才会被激活，如果动作以视频形式呈现则不会被激活（参见 Shimada & Hiraki, 2006）。然而，以现场的形式呈现和以视频的形式呈现这两种情况下，在脑电图中都发现了 mu 抑制效应（Southgate et al., 2009, 2010）。因而，为了澄清这一现象，同时使用脑电图和近红外光谱技术记录婴儿的情况似乎就显得尤为重要了。不管怎样，岛田和平城（Shimada & Hiraki, 2006）的发现都为动作执行和动作观察在动作系统中的复杂联系提供了进一步的证据。

总之，已回顾的研究结果表明，至少要到 9 个月的时候，构成运动认知基础
的脑加工过程才出现。同时，也有一些初步证据表明，运动技能的经验会影响动 278
作观察期间的运动皮层的激活。这表明，随着发展，新的运动技能和动作模式整合到儿童发展中的动作系统中，儿童可能就获得了对他人动作的理解。

关于社会脑的早期发展的综述揭示，新生儿是带着偏好来到这个世界的，这些偏好有助于他们将不断新增的加工资源导向自己，形成自己的社会世界。新生儿对面孔、目光接触和生物运动有强烈的偏好。这些偏好，可能是基于皮层下的加工过程，为脑皮质过程的发展和专业化铺平了道路，帮助婴儿与社会有机体互动和学习。

也许文献中最令人惊讶的发现是，成人社会脑网络涉及的一些脑区，早在生命的第一年就已经对社会互动和认知敏感了。尤其是在 2 个月的时候，面孔会激活右侧梭状回；4 个月的时候，目光接触会激活后部右侧颞上回皮层和前额叶皮层；5 个月的时候，观察生物运动会导致后部右侧颞顶皮层的功能性激活，这个时候联合性三重互动在左侧前额叶皮层区加工；6—7 个月的时候，动作执行和动作观察会导致运动系统特定的脑激活。但是，从这些早期的激活模式来看，要达到成人高度专业化和特定的反应模式，还有很长的路要走。

## 二、儿童和青少年的社会脑的发展

前文我们回顾了婴儿早期出现的社会脑网络的证据。接下来，我们将重点关注儿童和青少年社会脑的发展。大多数研究者把青春期定义为“从荷尔蒙和生理变化开始”。青春期的结束很难界定，而且存在着显著的文化差异。但是，西方国家对青春期的结束有一种有效的共识。青春期的特点是：在身份、自我意识和与他人的关系方面发生心理变化。与儿童相比，青少年更乐于交际，形成更复杂和层次分明的同伴关系，对同伴的接受和拒绝更敏感(Steinberg & Morris，2001)。尽管这些社会变化背后的因素是多方面的，但一个可能的原因是社会脑的发展。接下来，我们将描述关于青春期面孔加工、心理理论和社会拒绝的发展研究。

279 ### 1. 面孔加工

前文回顾的早期面孔偏好的研究发现，面孔加工能力的行为和神经基础在生命的头 20 年持续发展。这一持续发展是因为随着年龄发展从面孔提取到的信息越来越复杂这一事实(例如，在青春期，新的面孔特征，如吸引力、社会地位或可信度都变得越来越重要；Scherf，Behrmann，& Dahl，2012)，还是因为长时间基本的面孔加工策略的训练和潜在的脑发育(见下文)仍有待确定。因此，有人认为，这表明，青少年面孔加工对于我们理解从儿童到成人面孔加工的认知和神经的新兴基础有重要的帮助(Scherf et al.，2012)。

早期的一项研究(Carey，Diamond，& Wood，1980)显示，在生命的头 10 年，面孔识别能力不断提高，12 岁时出现短暂的下降。蒙德洛赫等人(Mondloch，Geldart，Maurer，& Le Grand，2003)进行的一项后续研究，以身份(面部表情和头的方向不同)、面部表情、注视方向和听到的声音为基础，让 6 岁、8 岁、10 岁的儿童和成人对面孔进行对比。结果表明，与成人相比，6 岁儿童在每项任务上的错误都更多，8 岁儿童在 5 项任务中的 3 项——匹配注视方向和另外两项身份任务上——错误更多。当头的方向发生变化时，在身份识别任务中，10 岁儿童的错误比成人多。这表明，基本的面孔加工能力，在这里指背景变化情况下识别身份的能力，在个体生命的头 10 年一直在发展。最后，评价蒙德洛赫等人的研究中所采用的青少年样本在任务中的表现如何，会是一件有趣的事情。

另外一项研究(Thomas, De Bellis, Graham, & LaBar, 2007)调查了儿童(7—13岁)、青少年(14—18岁)和成人情绪表达加工的发展轨迹,结果发现儿童情绪表达加工的发展是连续的,而且不同的情绪表达有不同的发展轨迹。更具体地说,与儿童和青少年相比,成人对表情的辨别更准确。然而,尽管三个年龄组对恐惧识别的正确率呈线性增加,但愤怒呈二次趋势,在青春期和成年期之间有明显改善。这表明,青春期的特征是:面部表情识别持续改善,但不同表情的发展轨迹可能不同。

随着儿科神经影像方法的出现(见第二章),研究发育中脑认知功能的新视 280
角已经开启(Blakemore, Dahl, Frith, & Pine, 2011)。关于面孔加工能力,发展性神经影像研究表明:通过面孔网络区域内的长期皮质特异化,行为水平的长期发展可以在脑层面反映出来(Cohen Kadosh & Johnson, 2007)。在一项功能性磁共振成像研究中,儿童(7—11岁)、青少年(12—16岁)和成人被动观看面孔图像、物体、地点或抽象模式的图片(Golarai et al., 2007)。结果显示,右侧梭状回皮层的激活增加与年龄相关,成人组的激活显著高于儿童组,青少年组则居中。此外,梭状回面孔区扩大到周围的皮层,这些皮层与面孔特征识别记忆的行为改善有关。在另一项研究中,舍夫等人(Scherf, Behrmann, Humphreys, & Luna, 2007)给儿童(5—8岁)、青少年(11—14岁)和成人观看关于面孔、地点和物体的短片。他们观察到,儿童和青少年的梭状回面孔区的面孔选择随年龄的增加而增加,同时,颞上沟皮层的面孔选择激活也随年龄的增加而增加。

两项发展性功能性磁共振成像研究(Cantlon, Pinel, Dehaene, & Pelphrey, 2011; Pelphrey, Lopez, & Morris, 2009)没有发现儿童和成人面孔加工的发育差异,与上述研究形成了鲜明对比。佩尔弗里、洛佩斯和莫里斯(Pelphrey, Lopez, & Morris, 2009)比较了儿童(7—11岁)和成人对面孔、花、物体和身体在核心面孔区域的神经反应。他们发现,从儿童中期到成年期,对比特定面孔和花的反应,梭状回面孔区在面孔选择方面并没有出现发展性变化,这表明从儿童中期开始,儿童的面孔加工就已经跟成人类似了。但是,还不太清楚的是,对比面孔和其他刺激类别(如物体和身体)的神经反应,是否能得到同样的结果,问题是在成熟脑的临近脑区尤其会有与这两个类别偏好有关的加工。

坎特隆等人(Cantlon, Pinel, Dehaene, & Pelphrey, 2011)的研究观察到,与鞋子、字母、数字或杂乱的图像等其他类别相比,在呈现面孔时,4岁以下的儿童的梭状回面孔区反应强烈。关于皮层特异化问题的一个非常有趣的发现是,对没有偏好的刺激类别(如鞋子)的反应随年龄的增长而降低。这使作者提出,皮层特异化可能反映了特定脑区的类别选择性的“修剪”。这一发现与当前关于皮层特异化的理论框架相吻合,例如,人脑发育的“相互特异化”方式(Johnson,
281 2011),预示着出生后的脑功能发育过程很少依靠特定核心脑区的慢慢成熟,而与这些脑区的特异化和精细化有关,是环境经验和脑发育两者共同作用的结果(Johnson, Grossmann, & Cohen Kadosh, 2009)。而且,研究也指出,这一特异化过程反映了一个不断重组的过程,在这个过程中,皮层区域之间的系统联系不断加强,核心区域也越来越特异化(Cohen Kadosh, 2011)。

最后,一项发展性功能性磁共振成像研究(Friston, Harrison, & Penny, 2003)使用动态因果模型分析,检查三个面孔加工任务中皮质面孔处理区域之间的任务依赖性交互,Cohen Kadosh, Cohen Kadosh, Dick, & Johnson, 2011)。动态因果模型不仅可以用来评估功能连接模式(不同脑区之间的激活相关性),还可以用来确定实验输入是如何影响这些连接模式的(有效连接)(Friston et al., 2003)。这使得人们可以通过不同的认知过程检验自上而下模式的影响。例如,动态因果模型分两步来评估实验变量:第一步,检验对网络中特定解剖节点的直接影响,这种影响可以与直接的刺激—驱动的感觉输入进行比较;第二步,输入基本上是独立于刺激以外的并调节节点之间的耦合:与任务指令以及被试对每个任务使用不同的认知策略时引起的不同注意状态相比较。为了更好地理解自上而下认知任务策略对脑激活的影响,发展性神经影像的研究尤为重要,因为它们可以评估认知能力的发展性变化是如何通过不同的脑激活反映出来的(Cohen Kadosh, 2011)。在科恩·卡多什等人(Cohen Kadosh et al., 2011)的研究中,这种动态因果模型分析可以调查年龄的组间差异[儿童(7—8 岁),青春期前(10—11 岁)和成人],以及不同任务需求(根据身份、情绪和注视进行配对)对脑区之间有效连接的影响(如图 10.3 所示)。他们发现,在所有年龄组中都有同样的基础皮层网络,包括梭状回面孔区、颞上回和枕下回。但是,在这三个任务中,自上而下认知策略调节网络连接的程度随年龄的增长而增加,只有成人在特定的网络路径表现出特定任务的增强。这一发现可以理解为暴露和训练的累积效应,使得用于面孔加工的皮层网络随着年龄的增长而变得越来越精细。

总之,有证据表明,观察到的面孔加工能力的发展轨迹反映了脑水平的长期发展(Cohen Kadosh & Johnson, 2007)。一些研究表明,在青春期,行为和神经

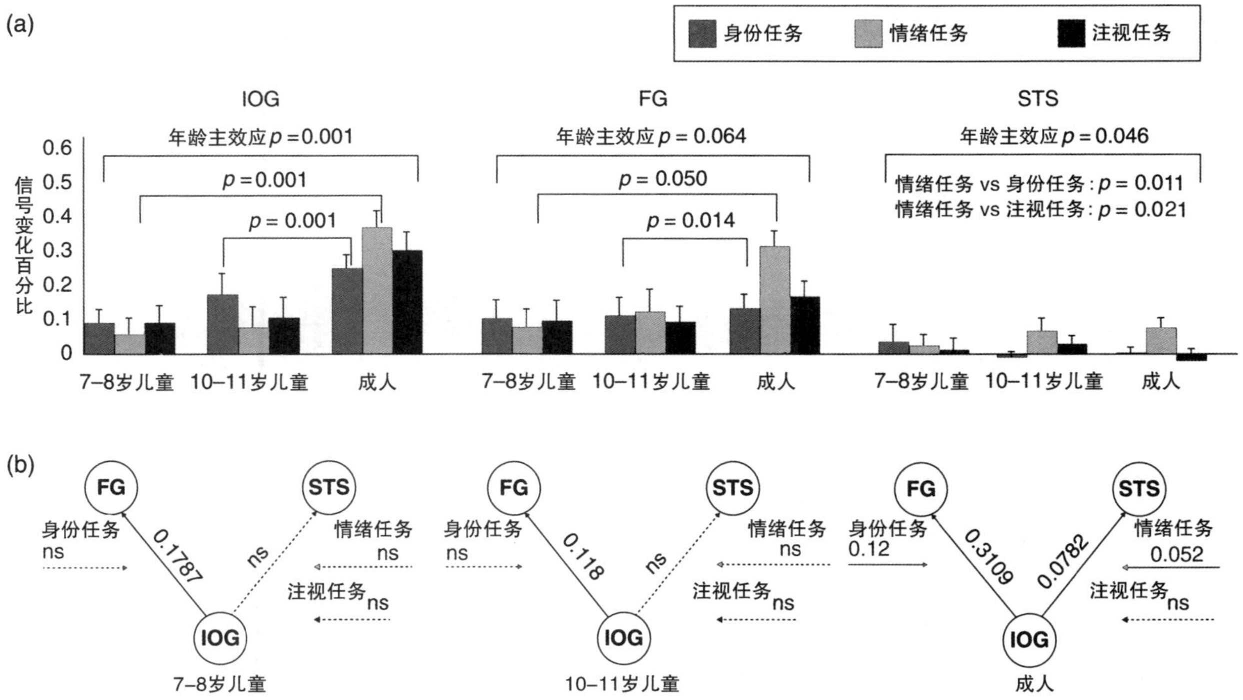


**图 10.3　7—11 岁儿童和成人核心面孔网络皮层反应模式的发育变化**

尽管三个年龄组的整体网络结构已经明确，但两个儿童组的功能性反应持续增加，同时网络中有效联结的模式也发生了变化。最显著的是，两个儿童组在网络联结方面没有表现出任何与任务有关的变化，这一发现归因于较低的处理水平。(a) 将三个核心面孔网络区的脑激活信号变化百分比作为年龄和任务的指标；(b) 对三个年龄组的核心面孔网络发展变化动态因果模型进行分析。倾斜实线箭头表示两个网络结构之间有效联系的显著变化；倾斜虚线箭头表示不显著的效果。水平实线箭头表示感兴趣的两个区域之间的固有联系。水平虚线箭头是每个任务在不同区域联系上的调节效应。缩写：IOG(inferior occipital gyrus)枕下回；FG(fusigorm gyrus)梭状回；STS(superior temporal sulcus)颞上回。改编自 Cohen Kadosh et al.(2011)

面孔加工是否会继续发展(Carey et al., 1980; Scherf et al., 2012),或者在这一发展时期观察到的较低的面孔加工能力是否反映了社会信息处理的普遍转变仍有待确定(Scherf et al., 2012)。

283

## 2. 心理理论的发展

理解他人心理状态的能力被称为心理理论或心智化。理解他人的心理状态在社会互动中起至关重要的作用,因为它使我们可以了解他人需要什么,以及他人接下来要做什么,并相应地调整我们自己的行为。关于婴儿和儿童社会认知发展的丰富文献指出,社会认知在生命最初5年逐步变化。尽管心理理论的某些方面在婴儿期就存在(Baillargeon, Scott, & Hea, 2010),但直到4岁左右,儿童才能明确认识到他人可以持有一种不同于自己的,可能是错误的信念(Barresi & Moore, 1996)。

令人惊讶的是,关于儿童期以后社会认知发展的实证研究很少。直到最近才有研究关注儿童早期以后社会脑的发展,这些来自社会心理学的支持性证据表明,青春期代表着一段重要的社会性发展时期。大量功能性磁共振成像研究已经调查了青春期功能脑的发展与心理理论的关系。这些研究运用了大量的心智化任务——包括将心理状态自发归因于动态图形,反思某人执行某些行为的意图,思考自己或虚构故事人物的偏好和倾向,判断他人的真诚或讽刺的沟通意图(参见 Blakemore, 2008)。尽管所用的心智化任务多种多样,但这些心理状态的归因研究始终显示,青少年和成人在心智化任务中,内侧前额叶皮层背部的激活减少(如图10.4所示)。这些研究比较了青少年和成人在执行涉及思考精神状态的任务时的脑活动(研究细节见图10.4)。在这些研究中,与控制组相比,青少年组内侧前额叶皮层的激活比成人组强。此外,在所有年龄的心智化任务中,有证据表明,内侧前额叶皮层和整个年龄段的心智化网络的其他部分存在功能连接的差异(Burnett & Blakemore, 2009)。

综上所述,世界各地不同的研究团体对社会认知进行了大量的发展性神经影像研究,并在内侧前额叶皮层活动的变化方向上具有显著的一致性。目前还不清楚为什么内侧前额叶皮层活动在心智化任务中,在青春期和成年期之间减少,但研究者提出了两种非互斥的解释(详见 Blakemore, 2008):第一种可能性是,心智化的认知策略在青春期和成年期之间发生了变化;第二种可能性是,随

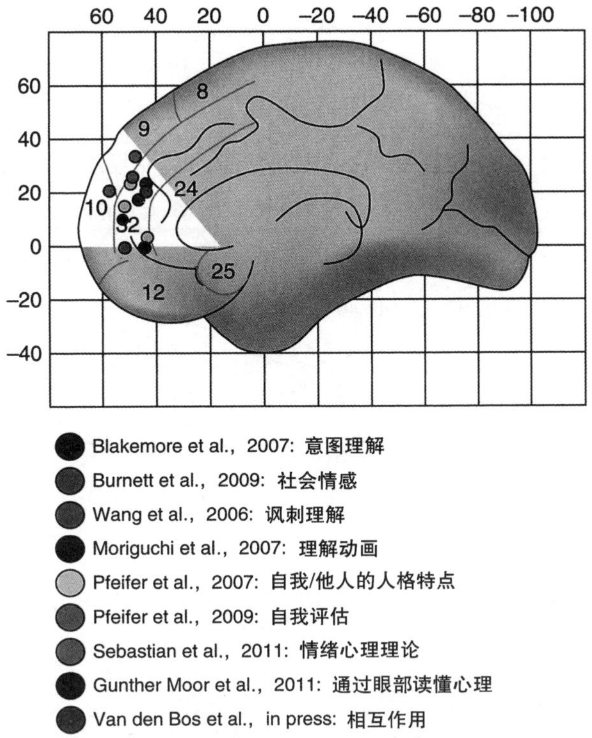


**图 10.4 在心智化研究中内侧前额叶皮层背部的一部分被激活：蒙特利尔神经研究所(Montreal Neurological Institute, MNI)** 284

$y$ 坐标在 30—60 之间，$z$ 坐标在 0—40 之间。点表示在童年晚期和成年期之间在 7 项心智化任务中激活减少的三维体素。心智化任务包括理解反讽，这需要将评论的字面意思和意图区分开来，思考自己的意图，思考性格特征是描述自己还是另一个熟悉的人，观察动画中的人物可能的意图和情感，并思考内疚和困扰之类的社会性情绪

着年龄的增长，在此期间神经解剖变化导致功能的变化。激活的减少通常被理解为灰质体积减小，这可能与突触修剪有关。然而，目前还没有其他方法可以直接测试突触的数量、突触的活动和功能性磁共振成像测量的神经活动之间的关系(参见讨论，Blakemore，2008)。如果青春期社会认知的神经基础发生了变化，那么对社会认知行为的影响是什么？

## 3. 青春期中期在线心智化的应用仍在发展 285

大多数社会认知的发展性研究都集中在儿童早期，这可能是因为儿童在 4 岁左右就已经能非常好地解决相当复杂的心智化任务。此外，这也可能是因为

缺少合适的范例：一般来说，为了创建一个不会导致 5 岁及 5 岁以上儿童出现天花板效应的心智化任务，必须增加任务的语言和执行需求。这使得任何与年龄有关的行为改善都很难单纯归因于心智化能力的提高。但是，在青春期和成年早期与心理理论有关的脑区域的结构和功能的长期发展都可能会影响对心理状态的理解。而且，来自社会心理学研究的证据显示，在青春期，社会能力和社会行为会发生实质性变化，这被假设是基于更复杂的对他人的思考方式和与他人相关的方式，包括理解他人的心理状态（Steinberg，2005）。

我们改编了一项任务，该任务要求被试在一个交流游戏中作出决策时在线使用心理理论信息，即使是成人，在这项任务上也会犯大量错误（Keysar，Lin，& Barr，2003）。在我们的计算机化版本的任务中，被试可以看到一个摆放物体的架子，这些物体在“指导者”的指示下移动，指导者可以看到部分（不是所有）的物体（Dumontheil，Apperly，& Blakemore，2010；如图 10.5 所示）。对关键指令的

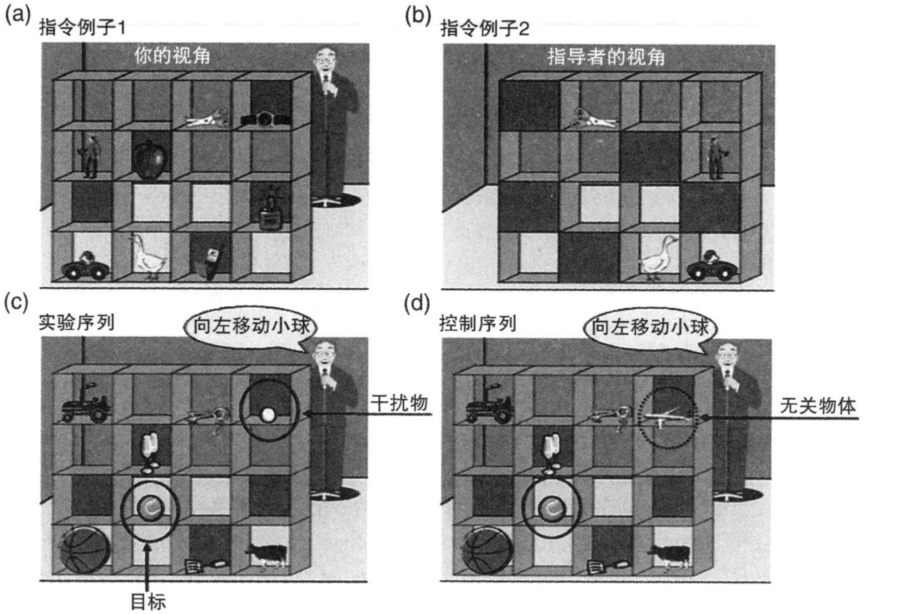


286 **图 10.5** (a)和(b)用来解释指导者条件的图像：遮光板后面是由四个物体组成的特定刺激，指导者看不到(如苹果)，给被试呈现一个他们能看到的图像(a)和相应的指导者能看到的图像(b)。(c)和(d)是指导者条件下实验序列(c)和控制序列(d)的例子。被试听到指导者的口头指令“向左移动小球”。在实验序列(c)中，如果被试忽略了指导者的视角，他将会选择移动干扰物(高尔夫球)，这是货架上最小的球，指导者是看不到的，相反，大一点儿的球(网球)被试和指导者都能看到(目标)。在控制序列中(d)中，一个无关物体(飞机)重新放在干扰物那里

正确理解需要被试利用指导者的视角，只移动指导者可以看到的物体（指导者条件）。我们选取7—27岁的被试，结果发现，虽然指导者条件和控制条件下被试从儿童期中期到青春期中期都遵循相同的轨迹（准确性提高了），但青春期中期的被试比成人犯更多错误。这些结果表明，即使在这一相对较晚的阶段，从他人角度出发采取适当行为的能力仍在发展中。

### 4. 社会性评价：接纳和拒绝

社会心理学的研究表明，相对于成人和幼儿，青少年，尤其是青春期女生，对被同伴排除在社交之外更为敏感（Kloep，1999；O'Brien & Bierman，1988）。当风险行为是团体的规范时，这可能会使同伴对风险行为产生影响。一项行为研究（Sebastian，Viding，Williams，& Blakemore，2010b）使用一种名为赛博球（Cyberball）的电脑传球游戏，通过实验来研究社会拒绝（Williams，Cheung，& Choi，2000）。在赛博球游戏中，研究者告诉被试他们正在与另外两个玩家在互联网上玩一个传球的游戏，游戏以卡通的形式呈现。实际上，玩家是预先编程的计算机算法，总是将球传给（社会接纳）或不传给（社会拒绝）被试。在这项研究中，青春期女生（青春期早期11—13岁，青春期中期14—16岁）在遭到社会拒绝后，自我报告的积极情绪明显低于成年女性（22—47岁）。此外，相对于成人而言，青春期早期（11—13岁）的被试在经历社交拒绝后，焦虑水平不成比例地显著增加，而青春期中期（14—15岁）的被试的焦虑水平则持续较高。因而，在实验背景下，青春期女生对社会拒绝的敏感性更高。

神经影像研究已经开始探索这一效应的神经基础。一项研究在一组青少年 287
（12—13岁）中使用了结合功能性磁共振成像的赛博球范式（Masten et al.，2009）。结果显示，脑活动模式与之前以成人为被试的研究类似：在社会拒绝和社会接纳过程中，自我感知的痛苦和内脏疼痛与和负面影响相关的脑区（如脑岛）的活动呈正相关，自我感知的痛苦与情绪管理相关的脑区（包括腹外侧前额叶皮层）活动呈负相关（Eisenberger，Lieberman，& Williams，2003）。

一项研究（Sebastian et al.，2011）用改良版的赛博球任务对青春期女生（14—16岁）和成年女性（23—28岁）进行直接比较，结果发现：与社会接纳条件相比，在社会拒绝条件下，成年女性更多激活腹外侧前额叶皮层，而青春期女性则表现出完全相反的情况。因为右侧腹外侧前额叶皮层一直与社会拒绝过程中的痛苦调节有关(Eisenberger et al., 2003),青春期女生这一区域参与减少,可能是因为她们在面对拒绝刺激时,情感反应增加了,这在青少年的行为研究中可以看到。一项探究拒绝相关信息自动处理的神经反应的功能性磁共振成像研究得到了类似的结果(Sebastian et al., 2010a)。该研究比较了青春期女生(14—16岁)和成人(23—28岁)在一项以拒绝为主题的情绪性斯特鲁普任务(Stroop task)中的表现。研究者要求被试指出书写拒绝词、接受词和中性词的墨水的颜色。在成人中,与接受词或中性词相比,拒绝词更能激活右侧腹外侧前额叶皮层,而在青少年中未发现这一反应模式。这些研究与前额叶调节机制在青少年中期到成年阶段仍在发展的理论相一致(参见 Nelson, Leibenluft, McClure, & Pine, 2005),这可能是观察到的青少年对拒绝反应敏感的一个潜在因素。

同龄人拒绝是同龄人评价的一种极端形式。这是一项功能性磁共振成像研究的主题,该研究运用互联网聊天室的范式,以 9—17 岁的男性和女性为被试(Guyer, McClure-Tone, Shiffrin, Pine, & Nelson, 2009)。结果表明,只有女性在预期同龄人评价期间,在参与情感处理的脑区(伏隔核、下丘脑、海马和脑岛)出现与年龄有关的激活增强,但在前扣带回皮层和其他社会脑区则没有差异。在社会性评价的神经反应方面存在性别差异的发现,与青春期女生在日常生活中,对消极社会性评价的反应比青春期男生更大的社会性焦虑的报告一致(La
288 Greca & Lopez, 1998)。然而,青春期女生比青春期男生对社会拒绝更敏感,这个现象尚未经过实验的验证。例如,盖耶等人(Guyer et al., 2009)在任务中并没有发现行为方面的性别差异。

一项功能性磁共振成像研究调查不同年龄组的同龄人评价和拒绝的情况,包括青春期前期(8—10 岁)、青春期(12—14 岁,16—17 岁)和成年期(19—25 岁)被试(Gunther Moor et al., 2010)。在这项研究中,主试先请被试提供他们的正面照,然后告知被试,将请一个由同龄人组成的小组对这些照片进行评价。然后,在功能性磁共振成像扫描过程中,被试观看一系列同龄人的照片,并让他们相信这些同龄人就是刚才对他们的照片进行评价的那组同龄人,每张照片被试都要回答"是或否"的问题,例如,"你认为这个人喜欢你吗?"紧接着是假设的"是或否"的反馈,表明照片上的那个人是否喜欢被试。结果显示,当被试预测同龄人喜欢自己时,腹侧前额叶皮层、前扣带皮质和纹状体的激活随年龄增加而增加;当被试预测的是社会拒绝时,与感情调节有关的区域,如眶额叶皮层和外侧前额叶皮层的激活随年龄增加而增加。这项研究一个有趣的发现是：腹侧前额叶皮层的激活随年龄增加而增加，而心智化研究表明，位于前额叶皮层喙部的激活随年龄增加而减少。这一差异可能是与前额叶皮层的功能性细分有关，前额叶皮层是一个面积较大的不完全的功能性脑区（Gilbert, Henson, & Simons, 2010）。

### 5. 对教育的影响

英国皇家学会的一份政策报告指出：教育和神经科学之间的共同点"预示着未来科学可以改变教育实践，就像一个世纪前通过科学改变医疗实践一样"（Royal Society, 2011）。以上综述的证据表明，婴儿是带着偏好来到这个世界的，这使他们可以迅速发展技能，帮助他们与他人互动并向他人学习。从个体发育的早期，人脑就开始处理社会性信息，从而为从他人的知识和指导中获益铺平道路。这对教育有非常重要的影响，因为它表明，基本的社会能力在个体发育的早期就已经为促进教学和指导，并从教学和指导中受益打下基础。事实上，有人提出，人类的社会交流是为了促进可迁移的知识的传播。这一交流系统被称为自然教学法，自然教学法能够让个体快速有效地进行文化知识的社会学习
（Csibra & Gergely, 2009）。现在，越来越多的证据表明，人类婴儿具备从自然教 289
学法中受益的能力。这种对婴儿作为一个有能力和有准备的社会学习者的新理解可能会影响我们在入学前进行的早期教育实践。尤其是，未来的研究将使我们进一步明确，哪种条件有助于婴儿更有效地向他人学习，从而帮助我们改善婴儿的学习环境。

以上证据表明：关键社会认知过程，包括面孔加工、心智化、同伴影响和对社会性评价的情绪反应（接纳和拒绝）的神经相关在整个青春期持续发展。这些数据可能与学校尤其是中学阶段的教学工作有特别的关系。

人们逐渐认识到，学校在学生的社会性和情感发展过程中起着至关重要的作用。在英国，"社会性和情感方面的学习计划"（Social and Emotional Aspects of Learning program, 2007）已经在70%的中学实施（Humphrey, Lendrum, & Wigelsworth, 2010）。然而，研究发现，"社会性和情感方面的学习计划"促进学生社会性情感技能和心理健康方面的有效性存在相当大的可变性，很少有方案支持循证干预。关于这一点，认知神经科学通过对社会和情感发展的关键认知

和神经过程的描述，提供了一个证据基础，可以为相关问题的教育政策提供信息（Viding, McCrory, Blakemore, & Frederickson, 2011）。例如，对于青少年来说，处理社会关系是一个重大挑战。关系型或社会型形式的欺凌在学校班级中很常见。例如，一项研究（Wang, Iannotti, & Nansel, 2009）发现，27.4%的青春期女生（平均年龄 14.3 岁）在学校被同龄人排斥或忽视。被欺凌（包括关系攻击）与学业成绩下降和心理幸福感有关（Boulton, Trueman, & Murray, 2008; Hawker & Boulton, 2000）。因此，更好地了解青少年对社会排斥等现象的反应（如上述研究所提到的），将有助于我们更好地理解导致学业成功或失败的因素（Blakemore, 2010）。教育神经科学的下一个主要挑战是：怎样能让认知神经科学的证据影响基于学校的干预措施。这可能需要培养教育和神经科学之间的"中间人"，他们可以在这两个不同的领域之间架起桥梁（Viding et al., 2011）。

如果把儿童早期视为一个重要的教学机会或"敏感期"，那么青春期也应该如此。敏感期可以被认为是人脑特别容易受某些环境刺激的发育期，是处理和吸收——学习新信息的有效期。某些技能在青春期可能特别适合学习，而其他
290 技能在青春期学习可能为时已晚或为时尚早。了解学习和记忆的脑机制，以及遗传、环境、情感和年龄对学习的影响，可以改变教育策略，使我们能够为不同年龄和有不同需求的人设计优化学习的程序。现在，神经科学可以提供关于人脑如何学习新信息以及如何在生命中处理这些信息的理解（Blakemore & Frith, 2005）。理解社会功能和社会性发展的脑基础，对培养课堂内外的社会能力至关重要。社会能力在塑造学习和学业成绩中发挥作用（反之亦然），理解社会行为的神经基础有助于理解学业成功和失败的起源和发展过程。脑结构的变化持续到青春期（及以后）这一发现与之前的观点相违背，并引发了一系列关于认知（包括社会认知）变化的研究。研究表明，青春期是社会认知和自我意识脑区发育的关键时期。这可能是由于一些因素，包括社会环境和青春期荷尔蒙的变化，以及脑结构和功能性发育与社会认知的改善之间的相互作用。

青春期是学习新技能和成为"成人"的阶段。然而，青春期也是一个脆弱的阶段，因为青少年开始面对成人的挑战，尽管他们的生理、社会和认知都还在发展中（Steinberg, 2005）。青少年仍应在学校接受教育的观点是相对较新的。然而，关于脑发育的研究表明，青春期的教育非常关键，在这个相对可塑的时期，脑需要被塑造。神经科学的发现，也许会改变青少年教育的目的，将那些在青春期

经历最多变化的脑部分所控制的能力包括进来。这些能力包括认知控制、多重任务处理和规划，也包括自我意识和社会认知技能，例如，从面孔提取社会信息，在同伴互动过程中调节情绪反应，看清和理解他人的思想。

## 致 谢

萨拉-杰恩·布莱克莫尔得到英国皇家学会大学研究基金会的资助。托拜厄斯·格罗斯曼得到马克思普朗克学会(Max Planck Society)和威康信托基金会(Wellcome Trust)(082659/Z/07/Z)的资助。马克·H.约翰逊得到医学研究委员会(PG0701484)的资助。

## 参考文献 291

Baillargeon, R., Scott, R. M., & Hea, Z. (2010). False-belief understanding in infants. *Trends in Cognitive Sciences*, *14*(3), 110 - 118.

Baldwin, D. A., Baird, J. A., Saylor, M. M., & Clark, M. A. (2001). Infants parse dynamic action. *Child Development*, *72*, 708 - 717.

Barresi, J., & Moore, C. (1996). Intentional relations and social understanding. *Behavioral and Brain Sciences*, *19*, 107 - 154.

Batki, A., Baron-Cohen, S., Wheelwright, S., Connellan, J., & Ahluwalia, J. (2000). Is there an innate gaze module? Evidence from human neonates. *Infant Behaviour and Development*, *23*, 223 - 229.

Bentin, S., Allison, T., Puce, A., Perez, A., & McCarthy, A. (1996). Electrophysiological studies of face perception in humans. *Journal of Cognitive Neuroscience*, *8*, 551 - 565.

Blakemore, S. J. (2008). The social brain in adolescence. *Nature Reviews Neuroscience*, *9*(4), 267 - 277.

Blakemore, S. J. (2010). The developing social brain: Implications for education. *Neuron*, *65*(6), 744 - 747.

Blakemore, S. -J., Dahl, R. D., Frith, U., & Pine, D. S. (2011). Editorial. *Developmental Cognitive Neuroscience*, *1*(1), 3 - 6.

Blakemore, S. J., & Decety, J. (2001). From the perception of action to the understanding of intention. *Nature Reviews Neuroscience*, *2*, 561 - 567.

Blakemore, S. J., & Frith, U. (2005). *The learning brain: Lessons for education*. Oxford: Blackwell.

Blakemore, S-J., Winston, J., & Frith, U. (2004). Social cognitive neuroscience: Where are we heading? *Trends in Cognitive Sciences*, *8*(5), 216 - 222.

Boulton, M. J., Trueman, M., & Murray, L. (2008). Associations between peer victimization, fear of future victimization and disrupted concentration on class work among junior school pupils. *British Journal of Educational Psychology*, *78*, 473 - 489.

Bruner, J. S. (1973). Organization of early skilled action. *Child Development*, *44*, 1 - 11.

Burnett, S., & Blakemore, S. J. (2009). Functional connectivity during a social emotion task in adolescents and in adults. *European Journal of Neuroscience*, *29*(6), 1294 - 1301.

Bushnell, I. W. R., Sai, F., & Mullin, J. T. (1989). Neonatal recognition of the mothers face. *British Journal of Development Psychology*, 7, 3 - 15.

Cantlon, J. F., Pinel, P, Dehaene, S., & Pelphrey, K. A. (2011). Cortical representations of symbols, objects, and faces are pruned back during early childhood. *Cerebral Cortex*, *21*(1), 191 - 199.

Caplan, R., Chugani, H. T., Messa, C., Guthrie, D., Sigman, M., de Traversay, J., & Mundy, P. (1993). Hemispherectomy for intractable seizures: Presurgical cerebral glucose metabolism and post-surgical non-verbal communication. *Developmental Medicine and Child Neurology*, *35*, 582 - 592.

Carey, S., Diamond, R., & Wood, B. (1980). Development of face recognition: A matu-rational component. *Developmental Psychology*, *16*(4), 257 - 269.

Chugani, H. T., & Phelps, M. E. (1986). Maturational changes in cerebral function in infants determined by 18FDG positron emission tomography. *Science*, *231*, 840 - 843.

292 Chugani, H. T., Phelps, M. E., & Mazziotta, J. C. (1987). Positron emission tomography study of human brain functional development. *Annals of Neurology*, *22*, 487 - 497.

Cohen Kadosh, K. (2011). What can emerging cortical face networks tell us about mature brain organisation? *Developmental Cognitive Neuroscience*, *1*(3), 246 - 255.

Cohen Kadosh, K., Cohen Kadosh, R., Dick, F., & Johnson, M. H. (2011). Developmental changes in effective connectivity in the emerging core face network. *Cerebral Cortex*, *21*, 1389 - 1394.

Cohen Kadosh, K., & Johnson, M. H. (2007). Developing a cortex specialized for face perception. *Trends in Cognitive Sciences*, *11*(9), 267 - 269.

Csibra, G. (2007). Action mirroring and action interpretation: An alternative account. In P. Haggard, Y. Rosetti, & M. Kawato (Eds.), *Sensorimotor foundations of higher cognition. Attention and performance XXII* (pp. 435 - 459). Oxford: Oxford University Press.

Csibra, G., & Gergely, G. (2009). Natural pedagogy. *Trends in Cognitive Sciences*, *13*, 148 - 153.

de Haan, M., Johnson, M. H., & Halit, H. (2003). Development of face-sensitive event-related potentials during infancy: A review. *International Journal of Psychophysiology*, *51*, 45 - 58.

de Haan, M., Pascalis, O., & Johnson, M. H. (2002). Specialization of neural mechanisms underlying face recognition in human infants. *Journal of Cognitive Neuroscience*, *14*, 199 - 209.

de Haan, M., & Thomas, K. M. (2002). Applications of ERP and fMRI techniques to developmental science. *Developmental Science*, *5*, 335 - 343.

de Schonen, S., & Mathivet, E. (1990). Hemispheric asymmetry in a face discrimination task in infants. *Child Development*, *61*, 1192 - 1205.

Dumontheil, I., Apperly, I. A., & Blakemore, S. -J. (2010). Online usage of theory of mind continues to develop in late adolescence. *Developmental Science*, *13*(2), 331 - 338.

Eisenberger, N. I., Lieberman, M. D., & Williams, K. D. (2003). Does rejection hurt? An fMRI study of social exclusion. *Science*, *302*, 290 - 292.

Falck-Ytter, T., Gredebäck, G., & von Hofsten, C. (2006). Infants predict other people's action goals. *Nature Neuroscience*, *9*, 878 - 879.

Farroni, T., Csibra, G., Simion, F., & Johnson, M. H. (2002). Eye contact detection in humans from birth. *Proceedings of the National Academy of Sciences of the United States of America*, *99*(14), 9602 - 9605.

Farroni, T., Johnson, M. H., & Csibra, G. (2004a). Mechanisms of eye gaze perception during infancy. *Journal of Cognitive Neuroscience*, *16*, 1320 - 1326.

Farroni, T., Pividori D., Simion F., Massaccesi, S., & Johnson, M. H. (2004b). Eye gaze cueing of attention in newborns. *Infancy*, *5*, 39 - 60.

Friston, K. J., Harrison, L., & Penny, W. (2003). Dynamic causal modelling. *NeuroImage*, *19*(4), 1273 - 1302.

Frith, C. D., & Frith, U. (2006). The neural basis of mentalizing. *Neuron*, *50*(4),

531 - 534.

Gauthier, I., Tarr, M. J., Moylan, J., Skudlarski, P., Gore, J. C., & Anderson, A. W. (2000). The fusiform "face area" is part of a network that processes faces at the individual level. *Journal of Cognitive Neuroscience*, *12*(3), 495 - 504.

Gilbert, S. J., Henson, R. N., & Simons, J. S. (2010). The scale of functional specialization within human prefrontal cortex. *Journal of Neuroscience*, *30*(4), 1233 - 1237.

293 Golarai, G., Gharemani, D. G., Whitfield-Gabrieli, S., Reiss, A., Eberhardt, J. L., Gabrieli, J. D., & Grill-Spector, K. (2007). Differential development of high-level visual cortex correlates with category-specific recognition memory. *Nature Neuroscience*, *10*(4), 512 - 522.

Grossmann, T. (2008). Shedding light on infant brain function: The use of near-infrared spectroscopy (NIRS) in the study of face perception. *Acta Paediatrica*, *97*, 1156 - 1158.

Grossmann, T., & Johnson, M. H. (2010). Selective prefrontal cortex responses to joint attention. *Biology Letters*, *6*, 540 - 543.

Grossmann, T., Johnson, M. H., Lloyd-Fox, S., Blasi, A., Deligianni, F., Elwell, C., & Csibra, G. (2008). Early cortical specialization for face-to-face communication in human infants. *Proceedings of the Royal Society B*, *275*, 2803 - 2811.

Gunther Moor, B., van Leijenhorst, L., Rombouts, S. A., Crone, E. A., & Van der Molen, M. W. (2010). Do you like me? Neural correlates of social evaluation and developmental trajectories. *Social Neuroscience*, *5*(5/6), 461 - 482.

Guyer, A. E., McClure-Tone, E. B., Shiffrin, N. D., Pine, D. S., & Nelson, E. E. (2009). Probing the neural correlates of anticipated peer evaluation in adolescence. *Child Development*, *80*(4), 1000 - 1015.

Halit, H., de Haan, M., & Johnson, M. H. (2003). Cortical specialisation for face processing: Face-sensitive event-related potential components in 3-and 12-month-old infants. *NeuroImage*, *19*, 1180 - 1193.

Hawker, D. S., & Boulton, M. J. (2000). Twenty years' research on peer victimization and psychosocial maladjustment: A meta-analytic review of cross-sectional studies. *Journal of Child Psychology and Psychiatry*, *41*, 441 - 455.

Haxby, J. V., Hoffman, E. A., & Gobbini, M. I. (2000). The distributed human neural system for face perception. *Trends in Cognitive Sciences*, *4*, 223 - 233.

Humphrey, N., Lendrum, A., & Wigelsworth, M. (2010). *Social and emotional aspects of learning (SEAL) programme in secondary schools: National evaluation* (Research Rep. No. DFE - RR049). London: Department for Education, UK Government. Retrieved July

4, 2013, from http://dera.ioe.ac.uk/11567/1/DFE-RR049.pdf

Huttenlocher, P. R. (2002). *Neural plasticity*. Cambridge: Harvard University Press.

Huttenlocher, P. R., & Dabholkar, A. S. (1997). Regional differences in synaptogenesis in human cerebral cortex. *Journal of Comparative Neurology*, *387*, 167-178.

Johnson, M. H. (2005). Subcortical face processing. *Nature Reviews Neuroscience*, *6*, 766-774.

Johnson, M. H. (2011). Interactive specialization: A domain-general framework for human functional brain development? *Developmental Cognitive Neuroscience*, *1*(1), 7-21.

Johnson, M. H., Grossmann, T., & Cohen Kadosh, K. (2009). Mapping functional brain development: Building a social brain through interactive specialization. *Developmental Psychology*, *45*, 151-159.

Kampe, K., Frith, C. D., & Frith, U. (2003). "Hey John": Signals conveying communicative intention toward self activate brain regions associated with "mentalizing," regardless of modality. *Journal of Neuroscience*, *12*, 5258-5263.

Kanwisher, N. (2000). Domain specificity in face processing. *Nature Neuroscience*, *3*, 759-763.

Keysar, B., Lin, S., & Barr, D. J. (2003). Limits on theory of mind use in adults. 294
*Cognition*, *89*(1), 25-41.

Kloep, M. (1999). Love is all you need? Focusing on adolescents' life concerns from an ecological point of view. *Journal of Adolescence*, *22*, 49-63.

La Greca, A. M., & Lopez, N. (1998). Social anxiety among adolescents: Linkages with peer relations and friendships. *Journal of Abnormal Child Psychology*, *26*(2), 83-94.

Lloyd-Fox, S., Blasi, A., & Elwell, C. E. (2010). Illuminating the developing brain: The past, present and future of functional near infrared spectroscopy. *Neuroscience and Biobehavioural Reviews*, *34*, 269-284.

Masten, C. L., Eisenberger, N. I., Borofsky, L. A., Pfeifer, J. H., McNealy, K., Mazziotta, J. C., & Dapretto, M. (2009). Neural correlates of social exclusion during adolescence: Understanding the distress of peer rejection. *Social Cognitive and Affective Neuroscience*, *4*, 143-157.

Mondloch, C. J., Geldart, S., Maurer, D., & Le Grand, R. (2003). Developmental changes in face processing skills. *Journal of Experimental Child Psychology*, *86*, 67-84.

Moriguchi, Y., Ohnishi, T., Mori, T., Matsuda, H., & Komaki, G. (2007). Changes of brain activity in the neural substrates for theory of mind during childhood and adolescence. *Psychiatry and Clinical Neurosciences*, *61*(4), 355-363.

Morton, J., & Johnson, M. H. (1991). CONSPEC and CONLERN: A two-process theory of infant face recognition. *Psychological Review*, *98*, 164 - 181.

Mundy, P., Card, J., & Fox, N. (2000). Fourteen month cortical activity and different infant joint attention skills. *Developmental Psychobiology*, *36*, 325 - 338.

Mundy, P., Fox, N., & Card, J. (2003). EEG coherence, joint attention and language development in the second year. *Developmental Science*, *6*, 48 - 54.

Nelson, E. E., Leibenluft, E., McClure, E. B., & Pine, D. S. (2005). The social re-orientation of adolescence: A neuroscience perspective on the process and its relation to psychopathology. *Psychological Medicine*, *35*, 163 - 174.

Oberman, L. M., Hubbard, E. M., McCleery, J. P., Altschuler, E. L., Ramachandran, V. S., & Pineda, J. A. (2005). EEG evidence for mirror neuron dysfunction in autism spectrum disorders. *Brain Research*, *24*, 190 - 198.

O'Brien, S. F., & Bierman, K. L. (1988). Conceptions and perceived influence of peer groups: Interviews with preadolescents and adolescents. *Child Development*, *59*, 1360 - 1365.

Parise, E., Reid, V. M., Stets, M., & Striano, T. (2008). Direct eye contact influences the neural processing of objects in 5-month-old infants. *Social Neuroscience*, *3*, 141 - 150.

Pelphrey, K. A., Lopez, J., & Morris, J. P. (2009). Developmental continuity and change in responses to social and nonsocial categories in human extrastriate visual cortex. *Frontiers in Human Neuroscience*, *3*, 25.

Pelphrey, K. A., Singerman, J. D., Allison, T., & McCarthy, G. (2003). Brain activation evoked by perception of gaze shifts: The influence of context. *Neuropsychologia*, *41*, 156 - 170.

Pelphrey, K. A., Viola, R. J., & McCarthy, G. (2004). When strangers pass: Processing of mutual and averted gaze in the superior temporal sulcus. *Psychological Science*, *15*, 598 - 603.

295 Reid, V. M., Belsky, J., & Johnson, M. H. (2005). Infant perception of human action: Toward a developmental cognitive neuroscience of individual differences. *Cognition, Brain and Behaviour*, *9*, 35 - 52.

Reid, V. M., Csibra, G., Belsky, J., & Johnson, M. H. (2007). Neural correlates of the perception of goal-directed action in infants. *Acta Psychologica*, *124*, 129 - 138.

Reynolds, G. D., & Richards, J. E. (2005). Familiarization, attention, and recognition memory in infancy: An ERP and cortical source analysis study. *Developmental Psychology*, *41*, 598 - 615.

Rizzolatti, G., & Craighero, L. (2004). The mirror-neuron system. *Annual Review of Neuroscience*, *27*, 169 – 192.

Royal Society, UK. (2011). *Brain Waves 2: Neuroscience: Implications for education and lifelong learning*. Retrieved July 2, 2013, from http://royalsociety.org/policy/projects/brain-waves/education-lifelong-learning/

Saxe, R. (2006). Uniquely human social cognition. *Current Opinion in Neurobiology*, *16*(2), 235 – 239.

Scherf, K. S., Behrmann, M., Humphreys, K., & Luna, B. (2007). Visual category-selectivity for faces, places and objects emerges along different developmental trajectories. *Developmental Science*, *10*(4), F15 – F31.

Scherf, K. S., Behrmann, M., & Dahl, R. (2012). Facing changes & changing faces in adolescence: Investigating the neural basis of key developmental shifts in social-information processing. *Developmental Cognitive Neuroscience*, *2*(2), 199 – 219.

Schilbach, L., Wilms, M., Eickhoff, S. B., Romanzetti, S., Tepest, R., Bente, G., Shah, N. J., Fink, G. R., & Vogeley, K. (2010). Minds made for sharing: Initiating joint attention recruits reward-related neurocircuitry. *Journal of Cognitive Neuroscience*, *22*, 2702 – 2715.

Sebastian, C. L., Roiser, J. P., Tan, G. C., Viding, E., Wood, N. W., & Blakemore, S. J. (2010a). Effects of age and MAOA genotype on the neural processing of social rejection. *Genes, Brain and Behavior*, *9*, 628 – 637.

Sebastian, C. L., Tan, G. C. Y., Roiser, J. P., Viding, E., Dumontheil, I., & Blakemore, S.-J. (2011). Developmental influences on the neural bases of responses to social rejection: Implications of social neuroscience for education. *NeuroImage*, *57*(3), 686 – 694.

Sebastian, C., Viding, E., Williams, K. D., & Blakemore, S. J. (2010b). Social brain development and the affective consequences of ostracism in adolescence. *Brain and Cognition*, *72*, 134 – 145.

Senju, A., Johnson, M. H., & Csibra, G. (2006). The development and neural basis of referential gaze perception. *Social Neuroscience*, *1*, 220 – 234.

Shimada, S., & Hiraki, K. (2006). Infant's brain responses to live and televised action. *NeuroImage*, *32*, 930 – 939.

Southgate, V., Johnson, M. H., El Karoui, I., & Csibra, G. (2010). Motor system activation reveals infants' online prediction of others' goals. *Psychological Science*, *21*, 355 – 359.

Southgate, V., Johnson, M. H., Osborne, T., & Csibra, G. (2009). Predictive motor activation during action observation in human infants. *Biology Letters*, *5*, 769 - 772.

Steinberg, L. (2005). Cognitive and affective development in adolescence. *Trends in Cognitive Sciences*, *9*, 69 - 74.

296 Steinberg, L., & Morris, A. S. (2001). Adolescent development. *Annual Review of Psychology*, *52*, 83 - 110.

Striano, T., Reid, V. M., & Hoehl, S. (2006). Neural mechanisms of joint attention in infancy. *European Journal of Neuroscience*, *23*, 2819 - 2823.

Striano, T., & Stahl, D. (2005). Sensitivity to triadic attention in early infancy. *Developmental Science*, *4*, 333 - 343.

Taylor, M. J., Batty, M., & Itier, R. J. (2004). The faces of development: A review of early face processing over childhood. *Journal of Cognitive Neuroscience*, *16*, 1426 - 1442.

Thatcher, R. W., Krause, P. J., & Hrybyk, M. (1986). Cortico-cortical associations and EEG coherence: A two-compartmental model. *Electroencephalography and Clinical Neurophysiology*, *64*, 123 - 143.

Thomas, L. A., De Bellis, M. D., Graham, R., & LaBar, K. S. (2007). Development of emotional facial recognition in late childhood and adolescence. *Developmental Science*, *10*(5), 547 - 558.

Tomasello, M., Carpenter, M., Call, J., Behne, T., & Moll, H. (2005). Understanding and sharing intentions: The origins of cultural cognition. *Behavioural and Brain Sciences*, *28*, 675 - 691.

Tzourio-Mazoyer, N., de Schonen, S., Crivello, F., Reutter, B., Aujard, Y., & Mazoyer, B. (2002). Neural correlates of woman face processing by 2-month-old infants. *NeuroImage*, *15*, 454 - 461.

van Elk, M., van Schie, H. T., Hunnius, S., Vesper, C., & Bekkering, H. (2008). You'll never crawl alone: Neurophysiological evidence for experience-dependent motor resonance in infancy. *NeuroImage*, *43*, 808 - 814.

Viding, E., McCrory, E. J., Blakemore, S. J., & Frederickson, N. (2011). Behavioural problems and bullying at school: Can cognitive neuroscience shed new light on an old problem? *Trends in Cognitive Sciences*, *15*(7), 289 - 291.

Wang, J., Iannotti, R. J., & Nansel, T. R. (2009). School bullying among adolescents in the United States: Physical, verbal, relational, and cyber. *Journal of Adolescent Health*, *45*, 368 - 375.

Williams, J. H. G., Waiter, G. D., Perro, O., Perrett, D. I., & Whiten, A. (2005). An fMRI study of joint attention experience. *NeuroImage*, *25*, 133 - 140.

Williams, K. D., Cheung, C. K., & Choi, W. (2000). Cyberostracism: Effects of being ignored over the Internet. *Journal of Personality and Social Psychology*, *79*, 748 - 762.

## 推荐阅读

Blakemore, S. J. (2008). The social brain in adolescence. *Nature Reviews Neuroscience*, *9*, 267 - 277.

Johnson, M. H., Grossmann, T., & Cohen Kadosh, K. (2009). Mapping functional brain development: Building a social brain through interactive specialization. *Developmental Psychology*, *45*, 151 - 159.

Lieberman, M. D. (2013). *Social: Why our brains are wired to connect*. New York: Crown.

297

# 第十一章　情绪发展

艾丽斯·琼斯(Alice Jones)

所有的学习都有情感的基础。

——柏拉图

## 一、导论

教育的一个核心目的是发展和实现儿童的潜能。因此,许多教育研究都集中在确定那些可能使儿童面临不利结果的风险因素,或者可能保护和促进儿童的发展和学业成功的因素上。虽然对多数儿童而言,学校是一个学习、发展的安全的地方,但学校也会给儿童带来许多挑战,包括学业、同伴群体和教师方面的挑战。研究一致表明,情绪发展是使儿童具备应对许多挑战所需技能的关键,它在为儿童学习和发挥潜能提供良好基础方面发挥着至关重要的作用。本章将研究情绪发展的神经生物学解释,以及常态和非典型情绪功能可能对儿童的学校生活产生的影响。本章内容将涵盖性格、情绪管理、情感理解和同理心、动机、心理幸福感和精神健康,并将它们置于学前期、小学时期、中学时期和终身学习的适宜的情境进行考察。

一段时间以来，人们一直在争论和论证情绪和学习之间联系的重要性(Emde et al.，1992；Izard et al.，2001)。了解自己和别人的情绪，以及管理情绪的能力，对儿童的课堂体验以及他们以充分和适当的方式学习课程的能力产生重要影响。 298

脑成像文献也十分支持情绪和认知之间在神经层面上的动态关系。例如，戴维森(Davidson，2003)宣称，假定情绪独立于认知是"认知神经科学的七大致命罪状"之一。同样的观点也适用于教育神经科学。复杂的认知—情绪行为，其中许多与学习有关，研究者认为它们有自己的脑网络的基础，但不认为它们有特殊的情感或认知的性质。佩索(Pessoa，2008)对人脑中情绪和认知的回顾表明，通常被描述为参与"情感加工"的脑区，也经常参与"认知加工"，反之亦然。例如，虽然杏仁核是边缘系统的一部分，但长期以来脑的原始部分被认为是情绪处理的中心，也在注意分配中起作用，注意分配传统上被认为是认知任务。也有大量证据表明，杏仁核调节情绪项目加工的优势(Anderson & Phelps，2001)，注意至少部分是通过杏仁核的信息来引导的。佩索认为，那些与其他脑区有高度传出和传入连接的脑区，在调节信息流动与整合中起到重要作用，因此对认知—情绪交互起着核心作用。而且重要的是，不能忽视认知与情绪之间的动态关系。人类的许多行为表明，认知可以影响情绪，正如情绪也可以影响认知一样。在人脑层面，关于前额叶皮层的背外侧、前扣带回和眶额区域(通常与工作记忆、注意和对奖赏敏感相关的区域)和皮质下边缘结构(通常与情绪处理相关，包括杏仁核)之间连接的解剖学证据表明，前额叶执行过程和边缘系统的情绪—动机过程之间存在功能联系。脑成像研究有助于呈现认知和情绪加工的动态特性，本章将进一步说明情绪在终身学习中的重要性。

## 二、学前期 299

托儿所和幼儿园是儿童的重要过渡期。立-考夫曼和皮安塔(Rimm-Kaufman & Pianta，2000)在其生态和动态过渡模型中指出，托儿所和幼儿园的环境与学校和家庭的环境有质的差异。在托儿所和幼儿园，儿童必须学会适应一个新的环境，这种环境要求他们完成许多目标，如识字、数数和社会化技能。此外，由于托儿所和幼儿园越来越强调儿童的自主性，因此减少了成人直接监督的程度，所以上述目标必须在比儿童通常条件更少的监督下完成（Bronson, Tivnan, & Seppanen, 1995）。学习新知识和人际交往技能的需求，与鼓励幼儿独立交织在一起，向幼儿提出了许多挑战。因此，这些新的要求和新的学习环境可能会引发各种各样的情绪，如兴奋、焦虑和恐惧。情绪管理指的是我们影响现有情绪的过程，也就是在我们情绪产生的时候，我们如何去体验和表达这种情绪（Gross, 1998）。儿童有效管理情绪的能力可能有助于他们适应学前教育，从而有助于他们的学业课程。

### 1. 性格

对于教育学家来说，考虑到儿童天生遗传的特征可能会影响儿童情绪管理能力与参与学习的能力，这一点是很重要的。其中，性格被认为是儿童在刺激反应与自我管理活动方面的结构性差异，这里"结构性"指的是个体受基因和生活经验影响的相对稳定的结构性成分（Rothbart & Derryberry, 1981）。艾森克（Eysenck, 1991）提出和发展的性格模型与本章的主题有关，即把情绪置于皮质觉醒的情境中。艾森克认为，不同个体觉醒基线水平有所不同，因此不同个体的最佳刺激水平也有所不同（具有较高觉醒基线水平的个体需要较少的刺激就能达到最佳功能点）。这一性格模型与人格研究有关，例如，与性格内向的同伴相比，性格外向的儿童觉醒基线水平相对较低，因此喜欢寻求更新奇的刺激的经验。虽然这一性格模型已被证明是一个有用的理论起点，并在心理生理学、神经
300 影像学、行为遗传学和认知行为学习等领域产生了大量的研究，但最近的研究已经挑战了它的一些核心概念。

心理生理学和神经影像学的研究证据表明，觉醒和情绪的过程并不像艾森克和其他早期理论家提出的那样简单。情绪不一定是源于觉醒。相反，研究一直证明，觉醒、认知和行为都会受情绪刺激的影响。例如，消极情绪与更多的行为过错和"心不在焉"有关（Smallwood, Fitzgerald, Miles, & Phillips, 2009），而积极情绪与更大的创造力有关（Baas, De Dreu, & Nijstad, 2008）。此外，据报道，被诱导出负情绪的被试在看悲伤的图片时一些脑区的反应性增强（Wang, LaBar, & McCarthy, 2006）。这些脑区包括：杏仁核、前扣带回、腹内侧和眶额叶皮质，以及脑岛。研究发现，悲伤刺激对杏仁核的激活程度和反应时呈负相关（即更大的杏仁核激活与较长的反应时相关），但这仅仅发生在悲伤情绪状态下。

这些发现表明,特定的脑区参与了情绪输入与当前情绪状态的整合,这可能有助于我们更好地了解情绪低落或抑郁个体认知分心的性质。

性格被认为是个性的前身。性格一直被证明是具有高度遗传性的,这表明性格有很强的生物学基础(Plomin et al., 1993; Plomin & Rowe, 1977; Robinson, Kagan, Reznick, & Corley, 2004)。虽然在不同的研究中,对遗传力的估计往往不同,但通常认为,性格的遗传力在 0.2—0.6 之间,这表明个体的遗传差异大约能解释 20%—60%的性格差异(Saudino, 2005)。同时,研究还关注与幼儿性格差异相关的脑区,以及不同性格类型对脑发育的影响。一项研究将 4 月龄的幼儿的性格类型与成人的皮质厚度联系起来(Schwartz et al., 2010)。这项研究表明,成人眶额叶和腹内侧前额叶皮层厚度的区域差异,可以由 4 月龄时观察到的性格差异来预测。具体来说,"低反应性"的特点使左侧眶额叶皮层的皮质厚度更大,该脑区被认为与压抑不愉快情感并从积极的方向重新评价消极情绪有关(Goldin, McRae, Ramel, & Gross, 2008)。

施瓦茨等人(Schwartz et al., 2010)将这一发现与被诊断为抑郁症的个体联系起来,并在与性格相关的神经纤维束基本重叠的左侧眶额叶皮层区域发现异 301
常的奖励处理和脑激活改变(Tremblay et al., 2005)。这可能是因为较厚的左侧眶额叶皮层提供了大量的传出和传入通路,促使低反应性的幼儿发展成易于适应变化的、不易害怕的、情绪相对稳定的青春期儿童(Schwartz et al., 2010)。相反,该区域皮层较薄可能意味着那些个体在生命后期患抑郁症的风险较大。与此相反,那些具有"高反应性"特征的婴儿的脑右腹内侧前额叶皮层皮质更厚。施瓦茨等人认为,这些脑区的厚度表明,调节高反应性婴儿可观察特征的结构之间存在着强大的联系。例如,该灰色区域与脑中枢的防御和撤退机制相关(参见 Bandler, Keay, Floyd, & Price, 2000),这包括一种被称为背部拱起(arching of the back)的反应,这几乎只在有"高反应性"幼儿中才能观察到。从前额叶腹内侧皮层区域直接投射到下丘脑也可激活髓质和交感神经链(Ongür, An, & Price, 1998),导致受抑制儿童在面对不熟悉情境时血压升高,心率加快(Schwartz et al., 2010)。

了解一些早期性格影响后期脑发育的知识,以及这种脑发育可能带来的脆弱性和保护性因素,是幼儿工作者非常感兴趣且对他们来说也是十分重要的内容。实际上,特别重要的是,我们要意识到性格类型的生物学基础可能会塑造孩子在托儿所的偏好和行为。

### 2. 情绪管理

可以说,管理个体情绪和行为的能力是学习的基础。教师认为,儿童行为管理是保育准备中最重要的要素。对于幼儿来说,交往需求、好奇心、听从指令和注意他人感受的能力被认为是最重要的能力——远远超过了知道如何握铅笔或知道怎样从 1 数到 20 的能力(Lewit & Baker, 1995)。但是,有迹象表明,许多孩子进入托儿所和幼儿园时,他们的自我管理能力差异很大。尽管情绪管理在幼儿期持续发展(Bariola, Gullone, & Hughes, 2011),但这种自我管理能力的差异一直是一些教育学家关注这一问题的原因。立-考夫曼、皮安塔和科克斯
302 (Rimm-Kaufman, Pianta, & Cox, 2000)报告称,近一半接受调查的幼儿园教师表示,至少一半的孩子缺乏能够让他们在课堂上高效学习的能力与经验。此外,情绪管理也一直与学业成绩相联系。在一个学龄前儿童的样本中,父母对学龄前儿童情绪管理的报告与学龄前儿童标准化成绩测试得分之间存在正相关(Howse et al., 2003)。而且,这种关系受儿童在课堂上的行为规范(即他们在课堂上不做出破坏性行为的能力)的调节。

情绪管理能力对儿童早期学业成绩的影响,也受师生关系质量的调节。师生关系质量逐渐被认为是儿童早期学校适应的重要影响因素(Birch & Ladd, 1997; Pianta, Steinberg, & Rollins, 1995; Pianta & Stuhlman, 2004)。情绪管理所需的觉醒调节能力,通过促进有机体参与和不参与环境,影响儿童的社会关系(Porges, 2003)。觉醒调节能力可以被认为是发展恰当的社交技能的一个核心成分,因为儿童必须知道何时与他人交往(如与他人交谈或玩耍),何时与他人疏离(如忽略他们)。对于能够调节情绪的孩子来说,在社交过程中,交流、行为参与和行为疏离之间的这种不断变化可能更为直接。毫不奇怪,那些能够合理管理情绪的儿童表现出更强的社交能力,更好的社交技能,并且更受同龄人欢迎(Dunn & Brown, 1994; Eisenberg et al., 1995; Fabes et al., 1999; Graziano, Keane, & Calkins, 2007)。反之,那些不能适当管理情绪的儿童,更有可能表现出较差的社交能力,更多的外显行为问题,例如,对立行为、多动症和攻击行为(Dunn & Brown, 1994; Rydell, Berlin, & Bohlin, 2003)。鉴于这些发现,似乎可以合理预期儿童的情绪调节能力可能会影响师生关系的质量(Eisenhower,

Baker，& Blacher，2007)。

发展神经科学研究已经表明，婴儿早期是一个辅助自我调节(包括情绪、记忆和注意)的脑区快速成长和改变的时期。很明显，随着婴儿的发展，他们的情绪调节策略变得更加复杂：从目光厌恶、自我安慰和大动作运动，逐渐发展到能够通过认知重评、情感表达和将自己的注意力从负面刺激中分离出来来管理自己的情绪(Kopp，1989；McCabe，Cunnington，& Brooks-Gunn，2004；Cole，Dennis，Smith-Simon，& Cohen，2009；Gullone，Hughes，King，& Tonge， 303
2010)。随着前皮层脑网络包括前额叶皮层和前扣带皮层的发展，更加复杂的情绪管理策略得到发展。有研究认为，前扣带回尤其重要，因为它提供了一个关于身体知觉、注意力和情感信息的整合点。该区域还被假定参与了“有意控制”使用的快速增长(Posner & Rothbart，1998，2000)，这种情况发生在4岁左右。这种调节能力的快速增长归因于儿童通过准确选择合适策略激活前扣带回来调整行为的发展能力(Lewis & Sieben，2004)。2岁时，前扣带回与额叶区域和顶叶外侧区的连接增加，但是在童年期，这种连接会继续增加，同时发育中的儿童可用的情绪调节策略也越来越复杂(Fair et al.，2009；Gao et al.，2009)。这种对脑发育的理解可以让我们更好地理解儿童不断增强的自我调节能力，也可以让我们考虑孩子在管理自己的情绪和行为方面有特殊困难时，脑中会发生什么。

## 三、小学时期

### 1. 社会、情绪和行为障碍

对小学时期的儿童进行的神经影像研究，使我们能够更好地了解儿童情绪处理的神经基础。这个时期的儿童可能在课堂上表现出社交、情绪和行为障碍(social，emotional，and/or behavioral difficulties，SEBD)。儿童的社交、情绪和行为障碍包含了一组不同类型的儿童，这些儿童可能有学习障碍、自闭症谱系障碍、行为问题、特别困难的家庭环境或生活经历和沟通困难。与这些学生一起工作的教师还面临许多其他困难，而所有患社交、情绪和行为障碍的儿童面临的一个主要困难是：他们很难在正常的课堂环境中，学习通用的课程。

### 2. 自闭症谱系障碍

不仅确诊为自闭症谱系障碍的儿童的数量剧增，而且在正常的课堂环境接
304 受教育的自闭症儿童的数量也有所增加(Humphrey & Lewis, 2008)。因此，了解自闭症谱系障碍儿童行为的一些可能的神经基础，可能对教师制订个性化学习计划有帮助，也可能会获得那些经常在小组中与这些学生进行一对一学习的同学的支持。一项研究方法是，检查自闭症谱系障碍儿童的镜像神经元系统。自闭症谱系障碍的镜像神经元假说认为：镜像神经元系统的早期功能障碍可能导致一连串对自闭症谱系障碍特征的损害，导致在模仿、心理理论和社会交流方面存在缺陷(Dapretto et al., 2006)。然而，这一领域存在巨大的争议。虽然一些研究报告了额下回活动减少或缺失(额下回被认为是镜像神经元系统的中枢)(Dapretto et al., 2006)，但其他研究报告，在观察他人行为期间，脑活动没有差异(Yang-Teng et al., 2010；关于这个方面更全面的综述，参见 Southgate & Hamilton, 2008)。当然，教育学家们经常困惑于大量相互冲突的研究，然而，尽管在镜像神经元假说已经成为许多媒介争相报道的主题，但认为它是自闭症的中心理论还为时过早。

### 3. 行为问题

行为问题是儿童接受心理健康服务最常见的原因之一。在“学校行为补充”计划中，26%的儿童被诊断为品行障碍(conduct disorder, CD)，14%的儿童收到需要接受特殊教育的通知。脑成像研究正致力于寻求更好地解释儿童行为问题的神经学基础。

与此相关的是，弗恩-波拉克(Pollak & Tolley-Schell, 2003)团队的工作旨在了解那些在早年经历过严厉纪律和身体虐待的儿童的发展后果。这些儿童常患有社交、情绪和行为障碍的风险。这些儿童似乎以不同于同龄人的方式处理情绪，更关注“愤怒表情”刺激，当愤怒表情与他们无关时，他们不能及时撤离。一项事件相关电位研究的结果表明，在需要将注意从先前愤怒的脸的位置转移开来的试验中，被虐待过的儿童表现出 P3b 的选择性增加。P3b 事件相关电位与注意和随后的记忆处理密切相关(Polich, 2007)。弗恩-波拉克和托
305 利-谢尔(Pollak & Tolley-Schell, 2003)观察到的 P3b 增加，被认为反映了需要从

先前提示的位置转移所需资源的增加。研究发现，经历过早期父母不利养育的儿童更容易迁怒于别人，而不容易把自己从愤怒的环境中解脱出来，这一发现可能对那些直接从事教育工作的教育者有用，因为这些儿童常常在没有威胁的环境以愤怒的方式对环境作出回应。教育者在与这些儿童一起工作时，可以训练他们对社会信号的理解，减少他们在课堂和操场上情绪爆发的可能。

其他患有慢性和严重品行障碍的儿童也被列为神经影像研究的对象。几项关于儿童脑结构磁共振成像研究报道了品行障碍儿童和正常发展儿童之间的脑灰质体积差异。品行障碍是儿童和青少年接受心理健康服务最常见的原因之一，其特点是重复和持续侵犯他人的权利（例如，通过攻击、故意破坏或盗窃）（APA，2013）。研究发现，与控制组相比，品行障碍组儿童右颞叶灰质体积显著减小。不幸的是，由于扫描收集的空间分辨率差，对小结构（如杏仁核）的进一步分析无法进行（Kruesi，Casanova，Mannheim，& Johnson-Bilder，2004）。有几个研究小组报告，与控制组儿童相比，品行障碍儿童的杏仁核中的灰质体积减小。斯特泽、斯塔德勒、保斯特卡和克兰施米特（Sterzer，Stadler，Poustka，& Kleinschmidt 2007）的研究报告表明，与控制组儿童比较，品行障碍儿童左侧杏仁核和双侧前岛叶皮层的灰质体积减小。灰质由密集的神经元细胞组成，这些细胞将信息传递到整个脑。灰质的发育轨迹大致呈倒 U 型，在童年时期激增之后，在青春期急剧下降（Giedd et al.，1999）。一项深入研究报告发现，与控制组相比，品行障碍男孩双侧颞叶的整个灰质体积和部分灰质体积出现了显著的减小，左侧杏仁核、左侧海马和左侧眶额叶皮层出现了类似的变化（Huebner et al.，2008）。与正常发展组相比，在早期和青春期发病的品行障碍组被试也出现了灰质体积减小，而且右侧脑岛灰质体积与品行障碍的严重程度有关（Fairchild et al.，2011）。斯特泽研究小组也报告了双侧脑岛灰质体积与同理心得分之间的联系。

通过了解儿童神经处理方式的知识，可以更好地理解表现出较高的冷漠 306
（callous-unemotional，CU）特质的儿童。这些冷漠特质是一种特别严重的品行障碍的特征，包括缺乏内疚和同情心等特征，这些特质也被认为是成人精神病的主要临床特征（Frick，O'Brien，Wootton，& McBurnett，1994）。双生子研究的数据表明，冷漠特质儿童的行为问题受遗传的影响很大（Viding，Blair，Moffitt，

& Plomin, 2005; Viding et al., 2008)。具有冷漠特质的儿童很有可能在教室里造成最严重的、长期的干扰,从而影响其他人的学习。而且,儿童的这些特征在其恃强凌弱的行为中起了作用(Muñoz, Qualter, & Padgett, 2011; Viding, Simmonds, Petrides, & Frederickson, 2009)。《美国精神障碍诊断统计手册(第五版)》关于品行障碍的描述中,已将冷漠特质认定为属于"有限亲社会情绪"的构成部分(APA, 2013; Kahn et al., 2012)。因此,从教育的角度考虑这种特质对行为的影响就显得非常及时。

前期行为和神经影像研究表明,无论是成年精神病患者还是有品行障碍和冷漠特质的儿童,都不善于处理与紧张相关的情绪的视觉和听觉表现(例如,恐惧和悲伤; Blair, Budhani, Colledge, & Scott, 2005; Blair, Colledge, Murray, & Mitchell, 2001; Muñoz, 2009)。这两组人在厌恶学习范式中都遇到困难(Budhani, Richell, & Blair, 2006)。这一情形在杏仁核损伤的患者中也有报道(Feinstein, Adolphs, Damasio, & Tranel, 2011; Gupta, Koscik, Bechara, & Tranel, 2011; Scott et al., 1997)。这些关联导致了一种假设,即冷漠特质可能与杏仁核对痛苦刺激的反应减弱有关。为了支持这一观点,对品行障碍儿童和高水平冷漠特质的儿童进行的功能神经影像研究表明,与正常发展儿童和被诊断为注意缺陷多动障碍的儿童相比,杏仁核对可怕的面部刺激的反应降低
307 (Jones et al., 2009; Marsh et al., 2008;如图 11.1 所示)。然而,与冷漠特质儿童和控制组儿童有结构差异的文献相比,德布里托等人没有报告冷漠特质儿童杏仁核结构的差异(De Brito et al., 2009)。但是,德布里托等人确实报道了一个有趣的增长现象:与正常发展的男孩相比,冷漠特质男孩的灰质体积更大。已经有

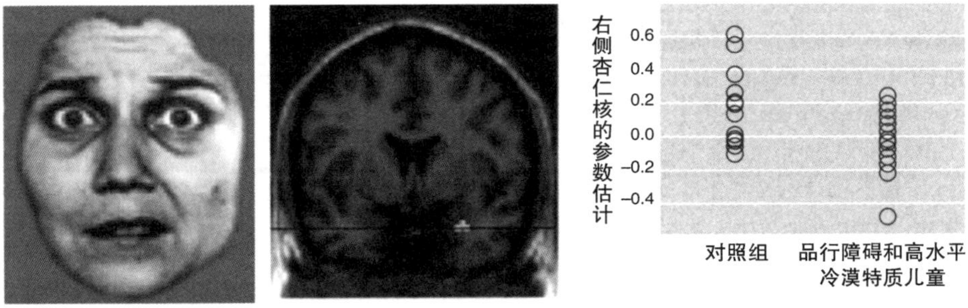


**图 11.1 品行障碍和高水平冷漠特质儿童杏仁核对恐惧面部表情的反应降低**

来源: Jones et al., 2009; *American Journal of Psychiatry*

研究报告，内侧眶额叶和前扣带回皮层的灰质体积增大，双侧颞叶的灰质体积和浓度也增大。通常在整个青春期，可以观察到灰质体积减小，因此有研究者提出，灰质体积较大可能会导致较差的认知能力，同时可能表明在这些脑区出现了皮质成熟的延迟，而之前的研究发现，这些区域与决策、道德和同理心的发展相关。

继杏仁核对痛苦情绪反应的作用研究之后，一些研究报告表明，高冷漠特质儿童缺乏眼睛朝向和眼神交流。这是首次使用眼睛跟踪方法得出的报告，向正常发展的男孩（平均年龄 12 岁）呈现基本情绪的脸（Dadds, El Masry, Wimalaweera, & Guastella, 2008）。根据上述文献，较差的恐惧识别与冷漠特质相关。冷漠特质也与注视脸部眼睛区域的次数和持续时间呈负相关，而且所有情绪对眼睛的第一朝向都更少。对嘴部的注视指数没有差异。冷漠特质高的男孩，观察眼部区域，特别是首次注视眼睛的次数与准确识别恐惧呈正相关。该研究表明，典型冷漠特质患者以及精神病患者的恐惧识别的缺陷，可能与眼睛区域的定位缺陷相关。

在另一项研究中，研究者观察了早期品行障碍的儿童（年龄为 4—8 岁）和他们的母亲，以及正常发展的控制组儿童和他们的母亲，合作进行一些活动之后的互动情况（Dadds et al., 2012）。在互动中，研究者要求母亲注视自己的孩子，进行眼神交流，并告诉他们，她们对他们在活动中的表现感到非常满意，她们爱他们。在母亲表达爱和眼神接触方面没有组间差异，低水平的眼神接触与母亲强制养育或对孩子的感觉无关。但是，与正常发育的控制组儿童相比，有品行障碍的儿童对母亲的情感表达水平较低。而且，具有较高冷漠特质水平的儿童比没有这些特质的儿童情感表达水平更低，其指向母亲的眼神接触水平表现更低。
在一个父母冷漠特质水平较高的儿童样本中也有类似的发现（Dadds et al., 308
2011）。在这里，男孩眼神接触的水平也与单独测量的恐惧识别和一般同理心相关联。这些研究进一步证实了这一理论，即冷漠特质儿童的情绪和社交障碍，可能是由于他们定向他人眼神方面有缺陷，在沟通中眼神接触也减少。

上述与眼神接触相关的缺陷也在杏仁核损伤的个体中进行了比较。据报道，一名这样的患者首次注视面孔眼部区域时，次数不足（与前文研究的高冷漠特质群体类似）。这些研究结果表明，眼睛的突出性通常以一种依赖杏仁核的方式吸引我们的目光，这些知识可能为训练提供了范围，不仅适用于高冷漠特质的儿童，也适用于与杏仁核功能性障碍相关的其他障碍，包括自闭症（Kennedy &

Adolphs，2010)。

综上所述，可以认为，早期冷漠特质的脑相关性，可能与对他人痛苦反应较少的脆弱性有关。这种(非常)低反应性和眼睛非定向的倾向对同理心等道德情感的发展产生影响(Shirtcliff et al.，2009)。达兹等人(Dadds et al.，2011)认为，关注他人情绪的倾向对同理心的发展至关重要，大部分与痛苦感受相关的信息均通过眼睛传达。研究表明，有品行障碍和冷漠特质的儿童在情感同理心方面存在缺陷，但在理解他人的情绪方面未必如此(Jones，Happé，Gilbert，Burnett，& Viding，2010)。从广义上讲，似乎有冷漠特质的个体能够理解他人的想法和感受，但他们不大容易被他人以适当的同理心方式打动。大多数关于社会化和道德情感发展的研究，从传统上都指出父母角色的重要性。然而，针对这一少数儿童群体的研究发现，父母和教育者可能需要从不同的角度思考如何培养这些儿童的情绪技能。已经有一些关注冷漠特质性状干预工作的研究报道。例如，霍斯和达兹(Hawes & Dadds，2007)报道了一个家长培训项目，该项目表明，冷漠特质与对超时情绪反应的减少相关，但有些孩子表现出“不稳定的”冷漠特质，在他们的父母参加了该项目后，他们的行为和冷漠特质得到一定程度的改善。哈斯等人(Haas et al.，2011)报道了一项专为有品行障碍患儿设计的暑期强化治疗项目，该项目表明，冷漠特质与较差的社交和解决问题能力发展存在
309 关联。怀特、弗里克、拉温和鲍尔(White，Frick，Lawing，& Bauer，2013)报告说，参加实用家庭治疗项目的高冷漠特质的青少年，在治疗前适应较差，但在治疗过程中，适应能力有较明显的改善。一项基于学校干预的研究得到了类似的结果，该干预方案重视全校冷漠特质儿童的社会情感空间，冷漠特质水平高和非冷漠特质的学生的行为都有所改善(Frederickson et al.，2013)。虽然，目前看来，这些干预性研究规模适中，而且需要重复，但是可以合理地预期，未来几年针对性干预工作会大量增加。

## 四、中学时期和青春期

### 1. 动机

青春期是青少年身心急剧冲突的时期，学业成绩会因此下滑。德韦茨卡

(Carol Dweck)关于学生动机研究的创新工作已经取得一些进展，有了一些可能的干预策略，并借助神经科学方法对这些干预策略进行了测试。德韦茨卡工作的核心理论之一是关注个体自身的智力理论。这一分析框架不仅可以解释个体智力观如何影响整体行为表现，而且也可以解释个体智力观如何影响未来失败行为的反弹。前期的行为研究表明，相信智力是一个固定量(实体论者)的学生，在认识到失败的风险时学业表现特别容易下降。相反，那些把智力视为可习得变量(增量论者)的学生，能够成为表现更加出色的有效的学习者(Dweck & Leggett, 1988)。想想那个从不需要真正努力学习就能取得好成绩的学生，该生通过普通中等教育证书考试，但在等级考试学习开始时，他对自己相对较差的成绩感到失望。持实体论者的学生会认为，他不够聪明，无法应付较高水平的等级考试，因此他注定学不好。他给自己设置较低的目标，他的父母开始担心他经常在大学逃课。增量论者会把最初较差的分数视为一种提醒。他认为他能否成功上大学取决于他对学习的投入和努力程度。

这些结果可能源于持有固定或可习得的智力观所带来的不同目标(Dweck & Leggett, 1988; Mangels et al., 2006)。被视为实体论者的个体喜欢与他们的同伴竞争，然后取胜，让同伴特别容易受到负面反馈的影响，以此证明自己的智商(“绩效目标”)。这样导致的后果是，这些个体在预期有高错误风险的地方更容 310
易选择放弃学习机会(Chiu, Hong, & Dweck, 1997)。与此相反，增量论者更喜欢通过努力提升能力，更喜欢接受能够提供真正挑战的任务(“学习目标”)。对于后者，他们一直认为智力总是有一直增长的潜能，当他们在学业上遇到困难时，他们更愿意通过补救活动来积极挽回。

为了更好地解释不同学习类型背后的机制，德韦茨卡和他的同事试图解决这样一个问题：在艰难的学习环境中，动机如何影响注意力和加工过程。德韦茨卡认为，实体论者和增量论者对负面反馈的反应方式不同，实体论者相对于其他人更关心把事情做好，他们认为负面反馈是对他们想要证明自己能力的目标的威胁。这些个体也把注意力集中到对个人能力和表现的自我批判思维上，这可能干预他们关注学习相关信息的能力(从而增加错误重复发生的可能性)。然而，增量论者对编码正确答案更感兴趣，其目的在于提高将来正确回答这个问题的能力。

巴特菲尔德和曼格尔斯(Butterfield & Mangels, 2003)假设对能力和相关目标的自我信念将会影响注意力的方向和处理方式，而且处理方式受学生的信念类型影响。他们使用事件相关电位方法来检验信念对智力的影响。这项研究的目的是调查学生对负面行为反馈的反应（例如，学生对错误的反应），以及学生随后如何参与到能够帮助学习新信息和纠正错误的反馈中。研究者要求学生回答一般性的知识问题，以及他们对自己回答准确性的信心程度。研究者在以下两种反馈时记录学生的事件相关电位：第一种是学生提供反应准确性的信息时；第二种是学生提供正确答案时。该研究表明，在更大的 P3 反应的情况下，学生对其准确性的看法（即他们的回答是正确的）并不符合实际情况（即他们的回答不正确）。这一发现与之前的研究相一致，之前的研究表明，在对新奇或意想不到的刺激作出反应时，被试也会出现类似波形（Courchesne, Hillyard, & Galambos, 1975）。这种前额叶 P3 电位被假设为指示正在进行的过程的中断和注意对意外事件的重新定向，受到包括前扣带回和外侧前额叶区域构成的前注意系统的推动（Bledowski et al., 2004; Crottaz-Herbette & Menon, 2006）。

311 曼格尔斯等人（Mangels et al., 2006）使用了类似范式检验实体论者和增量论者对负面反馈的神经反应的差异性。他们发现，实体论者的特征是前额叶的 P3 增强，这与证明自己相对于他人的能力呈正相关。相反，若接受负面反馈，实体论者也较少表现出与纠正信息的持续记忆相关的激活（左颞叶的消极性）。曼格尔斯等人认为这一发现证明了减少对材料编码所付出的努力，它可能会导致在接下来的意外重测中纠错减少。这些结果表明，信念可以通过自上至下的注意力偏向，以及目标一致信息的概念加工来影响学习成功。令人鼓舞的是，基于这一理论的干预表明，可以获取新的智力增量模型（Blackwell, Trzesniewski, & Dweck, 2007），但迄今为止还没有研究检验这可能对脑功能的影响。

### 2. 心理幸福感和精神健康问题

毫无疑问，青春期是行为、身体和脑发生巨变的时期。一些青少年在这一时期摸索着前进，只遇到一些小困难；另一些青少年的青春期意味着困难开始了，并且困难可能持续相当长一段时间。认为精神障碍在 18 岁时“出现”显然并不是明智的，因此我们可以从青春期找线索，了解个体在成年期正式被诊断为精神障碍之前，他的精神健康和心理健康是怎样的。事实上，许多精神疾病发病的高峰都在青春期（Kessler et al., 2005）。认为许多精神问题发生在青春期是由于青少年脑成熟和心理社会因素(可能包括与同伴和家庭的关系、危险行为或药物使用)的异常或夸大所致,这是合理的。情感障碍(如焦虑和抑郁)和药物滥用是青少年中比较常见的两类精神障碍,它们会对青少年在学校取得学业成功的能力产生显著影响。

冒险和寻求新奇被认为是青春期一个相对常态的特征。许多青少年开始尝试毒品和酒精。较早开始吸毒往往与较严重的成瘾问题和较差的心理健康结果相关,并可能在以后的生活中成为使用多种物质的"入口"(Kandel, Yamaguchi, & Chen, 1992; Vida et al., 2009)。在青春期滥用药物的神经联系
呈现一种复杂的图像。似乎有一些脑区在滥用药物之前体积较小,例如,家庭中 312
有酗酒史的青少年,其杏仁核体积较小(Brown & Tapert, 2004),而其他脑区明显受到药物滥用的不利影响(Medina et al., 2007; Nagel, Schweinsburg, Phan, & Tapert, 2005)。据报道,海马体积减小与酗酒的发作年龄和持续时间相关,这一研究结论进一步支持了关于青春期酗酒问题可能损害脑神经的观点(De Bellis et al., 2000; Nagel et al., 2005)。这种脑体积减小的一个可能机制是:研究发现,酒精对N-甲基-D-天门冬氨酸(N-methyl-D-aspartate, NMDA)受体具有抑制作用,从而抑制兴奋性谷氨酸传递(Smith, 2003)。NMDA受体在学习和记忆中的作用,被归因于它在脑可塑性中所起的作用。这种受体在突触的增强和减弱中发挥了重要作用。通过加强类似活动模式的周边联系,NMDA受体实施的原则是"一起激活的细胞,连接在一起"(Shatz, 1992)。在戒酒之后,海马也被证明呈现出一种增强的以NMDA作为介质的神经毒性(Davidson, Shanley, & Wilce, 1995)。动物研究结果也表明,该效应在未成熟的脑区更加严重(Swartzwelder, Wilson, & Tayyeb, 1995)。

青少年脑的特征在于对奖励高度敏感的边缘系统的成熟与前额叶皮层的持续发展以及认知控制的发展。这两个系统之间的发展差异可能是在青少年中经常观察到的冒险行为的基础。拉瑟福德、梅斯和波滕扎(Rutherford, Mayes, & Potenza, 2010)合理解释了早期干预可能会更好地识别哪些青少年更有可能从事危险行为,因此也可能更容易受到诸如酒精和药物使用等负面行为的影响。

儿童和青少年精神障碍的神经影像研究是一个快速发展的领域。然而,值得注意的是,虽然神经影像开始建立脑结构/生理和行为之间的联系,但是正常

的行为变化与精神病理学之间的联系尚未确立。波斯、克沙文和吉德(Paus, Keshavan, & Giedd, 2008)指出,在青少年中,"情绪低落"的神经回路可能与抑郁症或双相情感障碍的神经回路不同。基于发展心理学的发现,神经影像有助于开发认知、情感和社会化进程的神经解剖模型(Ernst & Mueller, 2008)。青少年脑结构和功能的差异表明正常发展何时和如何出现问题,以及怎样来适当给予
313 有针对性的干预。在临床实践中,这一信息可用于考虑适当的认知和化学干预策略,但是对于教育者而言,想要更好地理解影响精神障碍患者的脑差异,需要深度考察某个学生所面对的问题,而这个学生可能正处于挑战性、破坏性或者缺席的状态。

## 五、终身学习

### 1. 大学生的情感体验

重要的是要明白,脑的变化在青春期依旧持续存在,而且脑的发育和成熟要远远超过通常的青春期才会完成(Aimone, Deng, & Gage, 2010; Lebel & Beaulieu, 2011; Raznahan et al., 2011)。在行为上,许多证据表明,个体青春期到成年早期的发育成熟,其典型特征为恋爱关系、冒险和世界观的发展(Arnett, 2004)。神经影像研究表明,这些行为的改变与发展也伴随着中枢神经系统和脑发育。事实上,解剖研究发现,中枢神经系统的变化,将一直持续到个体生命的第 3 个 10 年(例如,Benes, Turtle, Khan, & Farol, 1994)。采用正电子放射断层造影术的神经影像研究也发现,类似成人的糖代谢水平直到 20 岁左右才趋于稳定(Van Bogaert et al., 1998)。磁共振成像研究也证实了白质(增生, Giedd et al., 1999)和灰质(在整个青春期后期和成年早期减少,Gogtay et al., 2004)的变化。形态差异也与成年早期行为改变有关。例如,本内特和贝尔德(Bennett & Baird, 2006)认为,在脑功能磁共振成像扫描中所观察到的脑岛皮层、扣带和尾状核部分体素密度增加,与自我意识和情感觉察功能的转变存在关联。

脑岛与处理来自身体的关于身体感觉和情绪感受的信息相关,也被称为内感知,内感知被认为是自我意识的核心(Craig, 2011)。其他研究已经证明了在

测试任务中，当青春期被试看到连续出现的可怕面孔时，其前额叶活动与年龄之间存在关系（Yurgelun-Todd & Killgore，2006）。这些研究证实，青春期和成年早期的情绪处理能力与这段时间前额叶皮层的发展存在关联。但是，本内特和贝尔德（Bennett & Baird，2006）的研究为我们提供了另一种思考的方向。他们选择的样本全部是大学一年级的学生，因此，这些体素密度的增加可能是向大学过 314
渡的一种反应，表明脑结构使新生对所处环境作出反应。虽然这些结果肯定是有趣的，应该会激发人们对正常的生活转变如何影响脑结构的讨论，但在得出最终结论之前，未来对这项工作进行重复研究将是重要的。

## 2. 压力是终身学习的障碍

日常生活中充满了情绪的经验，从快乐和兴奋到小的烦恼和创伤。虽然我们当时可能不这么认为，但是所有的这些经历统称为“压力源”。这些“压力源”有多种形式，它们可以是有形的或是精神上的，并且具有生理或心理性质（Joëls et al.，2006）。对于受教育的成人来说，有许多与儿童和青春期学生相似的压力，包括工作期限、考试，以及与老师和同伴的关系；但也有许多新的压力，包括教育的压力和管理家庭和工作的压力。大学生，特别是大学一年级的学生，面临着特定风险的压力。正如关于学前入学的讨论，大学教育对许多年轻人（和老年人）来说也是一个重要的过渡时期。大学教育要求学生适应新的环境，建立新的伙伴关系，成为更加自主的学习者，并维持高水平的学业成绩，所有这些都要考虑到未来的职业生涯规划（Robotham & Julian，2006；Ross，Niebling，& Heckert，1999）。

学生可以采取多种形式对抗压力，包括情绪（例如，害怕、焦虑、失落），认知（例如，对各种情境的错误评估），行为（例如，饮酒、使用药物、易怒）和生理反应（例如，失眠、食欲不振、身体疼痛）（Misra，McKean，West，& Russo，2000）。但是，压力也有可能影响学生的学习能力，神经科学研究为学习这一领域贡献了一些重要的知识。环境压力会激活下丘脑—垂体—肾上腺或下丘脑—垂体—肾上腺轴，导致肾上腺产生糖皮质激素。在压力下，下丘脑—垂体—肾上腺轴通过刺激行为发生、心率加快、血压升高和代谢加快来调节生理功能。这些糖皮质激素在整个脑中都有受体，这些类固醇激素有调节基因表达的能力——意味着可能
对脑区的功能产生持久的影响（Lupien，McEwen，Gunnar，& Heim，2009）。最 315

初,关于压力和学习的文献似乎是相互矛盾的,一些压力对学习和记忆有促进作用,而其他压力会在这些领域造成困难(Shors, 2006)。

大多数研究表明,压力与认知能力之间呈倒 U 型关系。在这种关系中,认知能力通常会随着轻度压力而增强,直到压力变得过大,开始干扰认知能力。增强对情绪激动事件的记忆肯定是一种适应性的结果。唤醒情绪的事件可能是有益的,也有利于我们记住它们。麦高(McGaugh, 2006)提出了三种提高对情绪事件记忆的可能路径:第一种,提高初始注意力,通过情绪唤醒提高编码过程对经验的重视(Anderson, 2005);第二种,情绪体验在训练后更容易得到加强(Guy & Cahill, 1999);第三种,持续的固化过程,表明情绪唤醒可以激活参与活动记忆固化的神经生物学过程(Lechner, Squire, & Byrne, 1999)。

第三种路径在一百多年的历史中已经得到大量证据的支持,包括来自心理生理学和神经科学文献的证据的支持。麦高在大白鼠和小白鼠的实验中,对应激激素(如肾上腺素和皮质醇)在记忆中所起的作用进行了研究。研究发现,在给训练后的啮齿类动物注入应激激素后,以及在人类实验中,让被试处于皮质醇水平升高的压力环境后,被试对事件的记忆提高了(McGaugh & Roozendaal, 2002)。通常,糖皮质激素水平和行为表现之间的 U 型关系反映了环境压力和功能之间的 U 型关系。然而,糖皮质激素对记忆信息类型的差异效应已经得到证实。大多数研究表明,糖皮质激素水平升高与中性事件的长期记忆中断之间存在关联,但是也促进了对相同情绪事件的长期记忆(Lupien et al., 2004; Payne et al., 2007)。这些应激激素调节杏仁核中的激素激活,并调节其他脑区,包括海马和前额叶区域的记忆处理(Cahill & McGaugh, 1998; Lupien & Lepage, 2001; Porcelli et al., 2008)。

当一个人觉得自己没有足够的资源来应对某种情况时,负面压力的感觉便产生了。尽管学生应对压力的能力有明显的个体差异,但了解人脑如何应对压力情境可能有助于开发降低高强度压力周期的研修课程,或者寻求帮助学生更好认识和管理个人压力环境的方法。

## 316 六、结论

本章的目的是证明学习和情绪并非同时发生,而是相互影响的动态过程。

理解人脑中情绪的神经联结，以及这些区域如何随着时间的推移而发展的知识，使我们能够更准确地理解个体可能怎样应对学习环境的社会和认知需求。这些信息也有助于教育者开发针对表现出情绪和品行障碍症状的儿童和青少年的干预措施。

## 参考文献

Aimone, J. B., Deng, W., & Gage, F. H. (2010). Adult neurogenesis: Integrating theories and separating functions. *Trends in Cognitive Sciences*, *14*, 325 - 337.

American Psychiatric Association (APA) (2013). *Diagnostic and statistical manual of mental disorders*. Washington, DC: Author.

Anderson, A. K. (2005). Affective influences on the attentional dynamics supporting awareness. *Journal of Experimental Psychology: General*, *134*, 258 - 281.

Anderson, A. K., & Phelps, E. A. (2001). Lesions of the human amygdala impair enhanced perception of emotionally salient events. *Nature*, *411*, 305 - 309.

Arnett, J. J. (2004). *Emerging adulthood: The winding road from the late teens through the twenties*. New York: Oxford University Press.

Baas, M., De Dreu, C. K. W., & Nijstad, B. A. (2008). A meta-analysis of 25 years of mood-creativity research: Hedonic tone, activation or reglatory focus? *Psychological Bulletin*, *134*, 779 - 806.

Bandler, R., Keay, K. A., Floyd, N., & Price, J. (2000). Central circuits mediating patterned autonomic activity during active vs. passive emotional coping. *Brain Research Bulletin*, *53*, 95 - 104.

Bariola, E., Gullone, E., & Hughes, E. K. (2011). Child and adolescent emotion regulation: The role of parental emotion regulation and expression. *Clinical and Child and Family Psychology Review*, *14*, 198 - 212.

Benes, F. M., Turtle, M., Khan, Y., & Farol, P. (1994). Myelination of a key relay zone in the hippocampal formation occurs in the human brain occurs during childhood, adolescence and adulthood. *Archives of General Psychiatry*, *51*, 477 - 484.

Bennett, C. M., & Baird, A. A. (2006). Anatomical changes in the emerging adult brain: A voxel-based morphometry study. *Human Brain Mapping*, *27*, 766 - 777.

Birch, S., & Ladd, G. (1997). The teacher-child relationship and children's early school adjustment. *Journal of School Psychology*, *35*, 61 - 79.

Blackwell, L. S., Trzesniewski, K. H., & Dweck, C. S. (2007). Implicit theories of intelligence predict achievement across an adolescent transition: A longitudinal study and an intervention. *Child Development*, *78*, 246 - 263.

317 Blair, R. J., Budhani, S., Colledge, E., & Scott, S. (2005). Deafness to fear in boys with psychopathic tendencies. *Journal of Child Psychology and Psychiatry*, *46*, 327 - 336.

Blair, R. J., Colledge, E., Murray, L., & Mitchell, D. G. (2001). A selective impairment in the processing of sad and fearful expressions in children with psychopathic tendencies. *Journal of Abnormal Child Psychology*, *29*, 491 - 498.

Bledowski, C., Prvulovic, D., Goebel, R., Zanella, F. E., & Linden, D. E. (2004). Attentional systems in target and distractor processing: A combined ERP and fMRI study. *NeuroImage*, *22*, 530 - 540.

Bronson, M. B., Tivnan, T., & Seppanen, P. S. (1995). Relations between teacher and classroom activity variables and the classroom behaviors of prekindergarten children in Chapter 1 funded programs. *Journal of Applied Developmental Psychology*, *16*, 253 - 282.

Brown, S. A., & Tapert, S. F. (2004). Adolescence and the trajectory of alcohol use: Basic to clinical studies. *Annals of the New York Academy of Sciences*, *1021*, 234 - 244.

Budhani, S., Richell, R. A., & Blair, R. J. (2006). Impaired reversal but intact acquisition: Probabilistic response reversal deficits in adult individuals with psychopathy. *Journal of Abnormal Psychology*, *115*, 552 - 558.

Butterfield, B., & Mangels, J. A. (2003). Neural correlates of metamemory mismatch and error correction in a semantic retrieval task. *Cognitive Brain Research*, *17*, 793 - 817.

Cahill, L., & McGaugh, J. L. (1998). Mechanisms of emotional arousal and lasting declarative memory. *Trends in Neuroscience*, *21*, 294 - 299.

Chiu, C. Y., Hong, Y., & Dweck, C. S. (1997). Lay dispositionism and implicit theories of personality. *Journal of Personality and Social Psychology*, *73*, 19 - 30.

Cole, P. M., Dennis, T. A., Smith-Simon, K. E., & Cohen, L. H. (2009). Preschoolers' emotion regulation strategy understanding: Relations with emotion socialization and child self-regulation. *Social Development*, *18*, 324 - 352.

Courchesne, E., Hillyard, S. A., & Galambos, R. (1975). Stimulus novelty, task relevance, and the visual evoked potential in man. *Electroencephalography and Clinical Neurophysiology*, *39*, 131 - 143.

Craig, A. D. (2011). Significance of the insula for the evolution of human awareness of feelings from the body. *Annals of the New York Academy of Sciences*, *1225*, 72 - 82.

Crottaz-Herbette, S., & Menon, V. (2006). Where and when the anterior cingulate cortex modulates attentional response: Combined fMRI and ERP evidence. *Journal of Cognitive Neuroscience*, *18*, 766 - 780.

Dadds, M. R., Allen, J. L., Oliver, B. R., Faulkner, N., Legge, K., Moul, C., Woolgar, M., & Scott, S. (2012). Love, eye contact and the developmental origins of empathy v. psychopathy. *British Journal of Psychiatry*, *200*, 191 - 196.

Dadds, M. R., El Masry, Y., Wimalaweera, S., & Guastella, A. J. (2008). Reduced eye gaze explains "fear blindness" in childhood psychopathic traits. *Journal of the American Academy of Child and Adolesentc Psychiatry*, *47*, 455 - 463.

Dadds, M. R., Jambrak, J., Pasalich, D., Hawes, D. J., & Brennan, J. (2011). Impaired attention to the eyes of attachment figures and the developmental origins of psychopathy. *Journal of Child Psychology and Psychiatry*, *52*, 238 - 245.

Dapretto, M., Davies, M. S., Pfeifer, J. H., Scott, A. A., Sigman, M., 318
Bookheimer, S. Y., & Iacaboni, M. (2006). Understanding emotions in others: Mirror neurons in children with autism spectrum disorders. *Nature Neuroscience*, *9*, 28 - 30.

Davidson, R. J. (2003). Seven sins in the study of emotion: Correctives from affective neuroscience. *Brain and Cognition*, *52*, 129 - 132.

Davidson, M., Shanley, B., & Wilce, P. (1995). Increased NMDA-induced excitability during ethanol withdrawal: A behavioral and histologic study. *Brain Research*, *674*, 91 - 96.

De Bellis, M. D., Clark, D. B., Beers, S. R., Soloff, P. H., Boring, A. M., Hall, J., Kersh, A., & Keshavan, M. S. (2000). Hippocampal volume in adolescent-onset alcohol use disorders. *American Journal of Psychiatry*, *157*, 737 - 744.

De Brito, S. A., Mechelli, A., Wilke, M., Laurens, K. R., Jones, A. P., Barker, G. J., Hodgins, S., & Viding, E. (2009). Size matters: Increased grey matter in boys with conduct problems and callous-unemotional traits. *Brain*, *132*, 843 - 852.

Dunn, J., & Brown, J. (1994). Affect expression in the family, children's understanding of emotions, and their interactions with others. *Merrill-Palmer Quarterly*, *40*, 120 - 137.

Dweck, C. S., & Leggett, E. L. (1988). A social-cognitive approach to motivation and personality. *Psychological Review*, *95*, 256 - 273.

Eisenberg, N., Fabes, R., Murphy, B., Maszk, P., Smith, M., & Karbon, M. (1995). The role of emotionality and regulation in children's social functioning: A longitudinal study. *Child Development*, *66*, 1360 - 1384.

Eisenhower, A. S., Baker, B. L., & Blacher, J. (2007). Early student-teacher relationships of children with and without intellectual disability: Contributions of behavioral, social, and self-regulatory competence. *Journal of School Psychology*, *45*, 363 - 383.

Emde, R. N., Plomin, R., Robinson, J., Corley, R., DeFries, J., Fulker, D. W., Resnick, S., Campos, J., Kagan, J., & Zahn-Waxler, C. (1992). Temperament, emotion, and cognition at fourteen months: The MacArthur longitudinal twin study. *Child Development*, *63*, 1437 - 1455.

Ernst, M., & Mueller, S. C. (2008). The adolescent brain: Insights from functional neuroimaging research. *Developmental Neurobiology*, *68*, 729 - 743.

Eysenck, H. J. (1991). Dimensions of personality: The biosocial approach to personality. Explorations in temperament: International perspectives on theory and measurement. In J. Strelau & A. Angleitner (Eds.), *Explorations in temperament: International perspectives on theory and measurement* (*perspectives on individual differences*) (pp. 87 - 103). New York: Plenum.

Fabes, R., Eisenberg, N., Jones, S., Smith, M., Guthrie, I., Poulin, R., Shepard, S., & Friedman, J. (1999). Regulation, emotionality, and preschoolers' socially competent peer interactions. *Child Development*, *70*, 432 - 442.

Fair, D. A., Cohen, A. L., Power, J. D., Dosenbach, N. U. F., Church, J. A., Meizin, F. M., Schlaggar, B. L., & Petersen, S. E. (2009). Functional brain networks develop from a "local to distributed" organization. *PLoS Computational Biology*, *5*, e1000381.

Fairchild, G., Passamonti, L., Hurford, G., Hagan, C. C., von dem Hagen, E. A., van Goozen, S. H., Goodyer, I. M., & Calder, A. J. (2011). Brain structure abnormalities in early-onset and adolescent-onset conduct disorder. *American Journal of Psychiatry*, *168*, 624 - 633.

319 Feinstein, J. S., Adolphs, R., Damasio, A., & Tranel, D. (2011). The human amygdala and the induction and experience of fear. *Current Biology*, *21*, 34 - 38.

Frederickson, N., Jones, A. P., Warren, L., Deakes, T., & Allen, G. (2013). Can developmental cognitive neuroscience inform intervention for social, emotional and behavioural difficulties (SEBD)? *Emotional and Behavioural Difficulties*, *18*, 135 - 154.

Frick, P., O'Brien, B., Wootton, J., & McBurnett, K. (1994). Psychopathy and conduct problems in children. *Journal of Abnormal Psychology*, *103*, 700 - 707.

Gao, W., Zhu, H., Giovanello, K. S., Smith, J. K., Shen, D., Gilmore, J. H., & Lin, W. (2009). Evidence on the emergence of the brain's default network from 2-

week-old to 2-year-old healthy pediatric subjects. *Proceedings of the National Academy of Sciences*, *106*, 6790 - 6795.

Giedd, J. N., Blumenthal, J., Jeffries, N. O., Castellanos, F. X., Liu, H., Zijdenbos, A., Paus, T., Evans, A. C., & Rapoport, J. L. (1999). Brain development during childhood and adolescence: A longitudinal MRI study. *Nature Neuroscience*, *2*, 861 - 863.

Gogtay, N., Giedd, J. N., Lusk, L., Hayashi, K. M., Greenstein, D., Vaituzis, A. C., Nugent, T. F., Herman, D. H., Clasen, L. S., Toga, A. W., Rapoport, J. L., & Thompson, P. M. (2004). Dynamic mapping of human cortical development during childhood through early adulthood. *Proceedings of the National Academy of the Sciences*, *101*, 8174 - 8179.

Goldin, P. R., McRae, K., Ramel, W., & Gross, J. J. (2008). The neural bases of emotion regulation: Reappraisal and suppression of negative emotion. *Biological Psychiatry*, *63*, 577 - 586.

Graziano, P., Keane, S., & Calkins, S. (2007). Cardiac vagal regulation and early peer status. *Child Development*, *78*, 264 - 278.

Gross, J. J. (1998). Antecedent-and response-focused emotion regulation: Divergent consequences for experience, expression, and physiology. *Journal of Personality and Social Psychology*, *74*, 224 - 237.

Gullone, E., Hughes, E. K., King, N. J., & Tonge, B. (2010). The normative development of emotion regulation strategy use in children and adolescents: A 2-year follow-up study. *Journal of Child Psychology and Psychiatry*, *51*, 567 - 574.

Gupta, R., Koscik, T. R., Bechara, A., & Tranel, D. (2011). The amygdala and decisionmaking. *Neuropsychologia*, *49*, 760 - 766.

Guy, S. C., & Cahill, L. (1999). The role of overt rehearsal in enhanced conscious memory for emotional events. *Consicousness and Cognition*, *8*, 14 - 122.

Haas, S. M., Waschbusch, D. A., Pelham, W. E., King, S., Andrade, B. F., & Carrey, N. J. (2011). Treatment response in CP/ADHD children with callous-unemotional traits. *Journal of Abnormal Psychology*, *39*, 541 - 552.

Hawes, D. J., & Dadds, M. R. (2007). Stability and malleability of callous-unemotional traits during treatment for childhood conduct problems. *Journal of Clinical Child and Adolescent Psychology*, *35*, 347 - 355.

Howse, R., Calkins, S., Anastopoulos, A., Keane, S., & Shelton, T. (2003). Regulatory contributors to children's academic achievement. *Early Education and Development*, *14*, 101 - 119.

320 Huebner, T., Vloet, T. D., Marx, I., Konrad, K., Fink, G. R., Herpertz, S. C., & Herpertz-Dahlmann, B. (2008). Morphometric brain abnormalities in boys with conduct disorder. *Journal of the American Academy of Child and Adolescent Psychiatry*, *47*, 540 - 547.

Humphrey, N., & Lewis, S. (2008). What does "inclusion" mean for pupils on the autistic spectrum in mainstream secondary schools? *Journal of Research in Special Educational Needs*, *8*, 132 - 140.

Izard, C., Fine, S., Schultz, D., Mostow, A., Ackerman, B., & Youngstrom, E. (2001). Emotion knowledge as a predictor of social behavior and academic competence in children at risk. *Psychological Science*, *12*, 18 - 23.

Joëls, M., Pu, Z., Wiegert, O., Oitzl, M. S., & Krugers, H. J. (2006). Learning under stress: How does it work? *Trends in Cognitive Sciences*, *10*, 152 - 158.

Jones, A. P., Happé, F. G., Gilbert, F., Burnett, S., & Viding, E. (2010). Feeling, caring, knowing: Different types of empathy deficit in boys with psychopathic tendencies and autism spectrum disorder. *Journal of Child Psychology and Psychiatry*, *51*, 1188 - 1197.

Jones, A. P., Laurens, K. R., Herba, C., Barker, G., & Viding, E. (2009). Amygdala hypo-reactivity to fearful faces in boys with conduct problems and callous-unemotional traits. *American Journal of Psychiatry*, *166*, 95 - 102.

Kahn, R. E., Frick, P. J., Youngstrom, E., Findling, R. L., & Youngstrom, J. K. (2012). The effects of including a callous-unemotional specifier for the diagnosis of conduct disorder. *Journal of Child Psychology and Psychiatry*, *53*, 271 - 282.

Kandel, D. B., Yamaguchi, K., & Chen, K. (1992). Stages of progression in drug involvement from adolescence to adulthood: Further evidence for the gateway theory. *Journal of Studies on Alcohol*, *53*, 447 - 457.

Kennedy, D. P., & Adolphs, R. (2010). Impaired fixation to eyes following amygdala damage arises from abnormal bottom-up attention. *Neuropsychologia*, *48*, 3392 - 3398.

Kessler, R. C., Berglund, P., Demier, O., Jin, R., Merikangas, K. R., & Walters, E. E. (2005). Lifetime prevalence and age-of-onset distributions of DSM-IV disorders in the National Comorbidity Survey Replication. *Archives of General Psychiatry*, *62*, 593 - 602.

Kopp, C. B. (1989). Regulation of distress and negative emotions: A developmental view. *Developmental Psychology*, *25*, 343 - 354.

Kruesi, M. J., Casanova, M. F., Mannheim, G., & Johnson-Bilder, A. (2004).

Reduced temporal lobe volume in early onset conduct disorder. *Psychiatry Research*, *15*, 1 - 11.

Lebel, C., & Beaulieu, C. (2011). Longitudinal development of human brain wiring continues from childhood into adulthood. *Journal of Neuroscience*, *31*, 10937 - 10947.

Lechner, H. A., Squire, L. R., & Byrne, L. H. (1999). 100 years of consolidation: Remembering Müller and Pilzecker. *Learning and Memory*, *6*, 77 - 87.

Lewis, M. D., & Sieben, J. (2004). Emotion regulation in the brain: Conceptual issues and directions for developmental research. *Child Development*, *75*, 371 - 376.

Lewit, E. M., & Baker, L. S. (1995). School readiness. *Future of Children*, *5*, 128 - 139.

Lupien, S. J., Fiocco, A., Wan, N., Maheu, F., Lord, C., Schramek, T., & Tu, M. T. (2004). Stress hormones and human memory function across the lifespan. *Psychoneuroen-docrinology*, *30*, 225 - 242.

Lupien, S. J., & Lepage, M. (2001). Stress, memory, and the hippocampus: Can't live with it, can't live without it. *Behavioural Brain Research*, *127*, 137 - 158.

Lupien, S. J., McEwen, B. S., Gunnar, M. R., & Heim, C. (2009). Effects of 321
stress throughout the lifespan on the brain, behaviour and cognition. *Nature Reviews Neuroscience*, *10*, 434 - 445.

Mangels, J. A., Butterfield, B., Lamb, J., Good, C. D., & Dweck, C. S. (2006). Why do beliefs about intelligence influence learning success? A social-cognitive-neuroscience model. *Social, Cognitive, and Affective Neuroscience*, *1*, 75 - 86.

Marsh, A., Finger, E., Mitchell, D., Reid, M., Sims, C., Kosson, D., & Blair, R. J. R. (2008). Reduced amygdala response to fearful expressions in children and adolescents with callous-unemotional traits and disruptive behavior disorders. *American Journal of Psychiatry*, *165*, 712 - 720.

McCabe, L. A., Cunnington, M., & Brooks-Gunn, J. (2004). The development of self-regulation in young children: Individual characteristics and environmental contexts. In R. F. Baumeister & K. D. Vohs (Eds.), *Handbook of self-regulation: Research, theory and applications* (pp. 340 - 356). New York: Guilford.

McGaugh, J. L. (2006). Make mild moments memorable: Add a little arousal. *Trends in Cognitive Sciences*, *10*, 345 - 347.

McGaugh, J. L., & Roozendaal, B. (2002). Role of adrenal stress hormones in forming lasting memories in the brain. *Current Opinions in Neurobiology*, *12*, 205 - 210.

Medina, K. L., Schweinsburg, A. D., Cohen-Zion, M. C., Nagel, N. J., & Tapert, S. F. (2007). Effects of alcohol and combined marijuana and alcohol use during adolescence on hippocampal volume and asymmetry. *Neurotoxicology and Teratology*, *29*, 141 - 152.

Misra, R., McKean, M., West, S., & Russo, T. (2000). Academic stress of college students: Comparison of student and faculty perceptions. *College Student Journal*, *34*, 236 - 245.

Muñoz, L. C. (2009). Callous-unemotional traits are related to combined deficits in recognizing afraid faces and body poses. *Journal of the American Academy of Child and Adolescent Psychiatry*, *48*, 554 - 562.

Muñoz, L. C., Qualter, P., & Padgett, G. (2011). Empathy and bullying: Exploring the influence of callous-unemotional traits. *Child Psychiatry and Human Development*, *42*, 183 - 196.

Nagel, B. J., Schweinsburg, A. D., Phan, V., & Tapert, S. F. (2005). Reduced hippocampal volume among adolescents with alcohol use disorders without psychiatric comorbidity. *Psychiatry Research*, *139*, 181 - 190.

Ongür, D., An, X., & Price, J. L. (1998). Prefrontal cortical projections to the hypothalamus in macaque monkeys. *Journal of Comparative Neurology*, *401*, 480 - 505.

Paus, T., Keshavan, M., & Giedd, J. N. (2008). Why do many psychiatric disorders emerge during adolescence? *Nature Reviews Neuroscience*, *9*, 947 - 957.

Payne, J. D., Jackson, E. D., Hoscheidt, S., Ryan, L., Jacobs, W. J., & Nadel, L. (2007). Stress administered prior to encoding impairs neutral but enhances emotional long-term episodic memories. *Learning and Memory*, *14*, 861 - 868.

Pessoa, L. (2008). On the relationship between emotion and cognition. *Nature Reviews Neuroscience*, *9*, 148 - 158.

Pianta, R. C., Steinberg, M. S., & Rollins, K. B. (1995). The first two years of school: Teacher-child relationships and deflections in children's classroom adjustment. *Development and Psychopathology*, 7, 295 - 312.

322 Pianta, R. C., & Stuhlman, M. W. (2004). Teacher-child relationships and children's success in the first years of school. *School Psychology Review*, *33*, 444 - 458.

Plomin, R., Kagan, J., Emde, R. N., Reznick, J. S., Braungart, J. M., Robinson, J., Zahn-Waxler, C., & De Fries, J. C. (1993). Genetic change and continuity from fourteen to twenty months: The MacArthur Longitudinal Twin Study. *Child Development*, *64*, 1354 - 1376.

Plomin, R., & Rowe, D. C. (1977). A twin study of temperament in young children. *Journal of Psychology: Interdisciplinary and Applied*, *97*, 107 - 113.

Polich, J. (2007). Updating P300: An integrative theory of P3a and P3b. *Clinical*

*Neurophysiology*, *118*, 2128 - 2148.

Pollak, S. D., & Tolley-Schell, S. A. (2003). Selective attention to facial emotion in physically abused children. *Journal of Abnormal Psychology*, *112*, 323 - 338.

Porcelli, A. J., Cruz, D., Wenberg, K., Patterson, M. D., Biswal, B. B., & Rypma, B. (2008). The effects of acute stress on human prefrontal working memory systems. *Physiology and Behavior*, *95*, 282 - 289.

Porges, S. (2003). The polyvagal theory: Phylogenetic contributions to social behavior. *Physiology and Behavior*, *79*, 503 - 513.

Posner, M. I., & Rothbart, M. K. (1998). Attention, self-regulation and consciousness. *Philosophical Transactions of the Royal Society of London*, *B*, *353*, 1915 - 1927.

Posner, M. I., & Rothbart, M. K. (2000). Developing mechanisms of self-regulation. *Development and Psychopathology*, *12*, 427 - 441.

Raznahan, A., Shaw, P., Lalonde, F., Stockman, M., Wallace, G. L., Greenstein, D., Clasen, L., Gogtay, N., & Giedd, J. N. (2011). How does your cortex grow? *Journal of Neuroscience*, *31*, 7174 - 7177.

Rimm-Kaufman, S. E., & Pianta, R. C. (2000). An ecological perspective on the transition to kindergarten: A theoretical framework to guide empirical research. *Journal of Applied Developmental Psychology*, *21*, 491 - 511.

Rimm-Kaufman, S. E., Pianta, R. C., & Cox, M. J. (2000). Teachers' judgments of problems in the transition to kindergarten. *Early Childhood Research Quarterly*, *15*, 147 - 166.

Robinson, J. L., Kagan, J., Reznick, J. S., & Corley, R. (2004). The heritability of inhibited and uninhibited behavior: A twin study. *Developmental Psychology*, *28*, 1030 - 1037.

Robotham, D., & Julian, C. (2006). Stress and the higher education student: A critical review of the literature. *Journal of Further and Higher Education*, *30*, 107 - 117.

Ross, S. E., Niebling, B. C., & Heckert, T. M. (1999). Sources of stress among college students. *College Student Journal*, *33*, 312 - 317.

Rothbart, M. K., & Derryberry, D. (1981). Development of individual differences in temperament. In M. E. Lamb & A. N. Brown (Eds.), *Advances in developmental psychology* (pp. 38 - 85). Hillsdale, NJ: Erlbaum.

Rutherford, H. J. V., Mayes, L. C., & Potenza, M. N. (2010). Neurobiology of adolescent substance use disorders: Implications for prevention and treatment. *Child and Adolescent Psychiatry Clinics of North America*, *19*, 479 - 492.

Rydell, A., Berlin, L., & Bohlin, G. (2003). Emotionality, emotion regulation, and adaptation among 5-to 8-year-old children. *Emotion*, *3*, 30 - 47.

Saudino, K. J. (2005). Behavioral genetics and child temperament. *Journal of Developmental Behavior and Pediatrics*, *26*, 214 - 223.

323 Schwartz, C. E., Kunwar, P. S., Greve, D. N., Moran, L. R., Viner, J. C., Covino, J. M., Kagan, J., Stewart, S. E., Snidman, N. C., Vangel, M. G., & Wallace, S. R. (2010). Structural differences in adult orbital and ventromedial prefrontal cortex are predicted by 4-month infant temperament. *Archives in General Psychiatry*, *67*, 78 - 84.

Scott, S. K., Young, A. W., Calder, A. J., Hellawell, D. J., Aggleton, J. P., & Johnson, M. (1997). Impaired auditory recognition of fear and anger following bilateral amygdala lesions. *Nature*, *385*, 254 - 257.

Shatz, C. J. (1992). The developing brain. *Scientific American*, *267*, 61 - 67.

Shirtcliff, E. A., Vitacco, M. J., Graf, A. R., Gostisha, A. J., Merz, J. L., & Zahn-Waxier, C. (2009). Neurobiology of empathy and callousness: Implications for the development of antisocial behavior. *Behavioral Science and the Law*, *27*, 137 - 171.

Shors, T. J. (2006). Stressful experience and learning across the lifespan. *Annual Review of Psychology*, *57*, 55 - 85.

Smallwood, J., Fitzgerald, A., Miles, L. K., & Phillips, L. H. (2009). Shifting moods, wandering minds: Negative moods lead the mind to wander. *Emotion*, *9*, 271 - 276.

Smith, R. F. (2003). Animal models of periadolescent substance abuse. *Neurotoxicology and Teratology*, *25*, 291 - 301.

Southgate, V., & Hamilton, A. F. (2008). Unbroken mirrors: Challenging a theory of autism. *Trends in Cognitive Sciences*, *12*, 225 - 229.

Sterzer, P., Stadler, C., Poustka, F., & Kleinschmidt, A. (2007). A structural neural deficit in adolescents with conduct disorder and its association with lack of empathy. *NeuroImage*, *37*, 335 - 342.

Swartzwelder, H. S., Wilson, W. A., & Tayyeb, M. Y. (1995). Age-dependent inhibition of long-term potentiation by ethanol in immature vs mature hippocampus. *Alcoholism Clinical and Experimental Research*, *19*, 1480 - 1485.

Tremblay, L. K., Naranjo, C. A., Graham, S. J., Herrmann, N., Mayberg, H. S., Hevenor, S., & Busto, U. E. (2005). Functional neuroanatomical substrates of altered reward processing in major depressive disorder revealed by a dopaminergic probe. *Archives of General Psychiatry*, *62*, 1228 - 1236.

Van Bogaert, P., Wikler, D., Damhaut, P., Szliwowski, H. B., & Goldman, S. (1998). Regional changes in glucose metabolism during brain development from the age of 6 years. *NeuroImage*, *8*, 62–68.

Vida, R., Brownlie, E. B., Beitchman, J. H., Adlaf, E. M., Atkinson, L., Escobar, M., Johnson, C. J., Jiang, H., Koyama, E., & Bender, D. (2009). Emerging adult outcomes of adolescent psychiatric and substance use disorders. *Research Advances in Comorbidity of Substance Misuse and Mental Disorders*, *34*, 800–805.

Viding, E., Blair, R. J., Moffitt, T. E., & Plomin, R. (2005). Evidence for substantial genetic risk for psychopathy in 7-year-olds. *Journal of Child Psychology and Psychiatry*, *46*, 592–597.

Viding, E., Jones, A. P., Frick, P., Moffitt, T. E., & Plomin, R. (2008). Heritability of antisocial behaviour at 9: Do callous-unemotional traits matter? *Developmental Science*, *11*, 17–22.

Viding, E., Simmonds, E., Petrides, K. V., & Frederickson, N. (2009). The contribution of callous-unemotional traits and conduct problems to bullying in early adolescence. *Journal of Child Psychology and Psychiatry*, *50*, 471–481.

Wang, L., LaBar, K. S., & McCarthy, G. (2006). Mood alters amygdala activation to sad distractors during an attentional task. *Biological Psychiatry*, *60*, 1139–1146.

White, S. F., Frick, P. J., Lawing, S. K., & Bauer, D. (2013). Callous- 324
unemotional traits and response to functional family therapy in adolescent offenders. *Behavioral Sciences and the Law*, *31*, 271–285.

Yang-Teng, F., Decety, J., Chia-Yen, Y., Ji-Lin, L., & Yawei, C. (2010). Unbroken mirror neurons in autism spectrum disorders. *Journal of Child Psychology and Psychiatry*, *51*, 981–988.

Yurgelun-Todd, D. A., & Killgore, W. D. (2006). Fear-related activity in the prefrontal cortex increases with age during adolescence: A preliminary fMRI study. *Neuroscience Letters*, *406*, 194–199.

## 推荐阅读

---

Immordino-Yang, M. H., & Damasio, A. R. (2007). We feel, therefore we learn: The relevance of affective and social neuroscience to education. *Mind, Brain and Education*, *1*, 3–10.

McCrae, K., Gross, J. J., Weber, J., Robertson, E. R., Sokol-Hessner, P., & Ochsner, K. N. (2012). The development of emotion regulation: An fMRI study of cognitive reappraisal in children, adolescents and young adults. *Social, Cognitive and Affective Neuroscience*, 7, 11-22.

Pfeifer, J. H., & Blakemore S. J. (2012). Adolescent social cognitive and affective neuroscience: Past, present, and future. *Social, Cognitive and Affective Neuroscience*, 7, 1-10.

# 第十二章　注意和执行控制

325

米歇尔·德哈恩(Michelle de Haan)

执行功能包含一系列技能，它帮助我们控制并调节我们的想法和行为，从而达到目标。基本的执行功能(如抑制不当行为的能力)在生命早期出现，那些复杂的执行功能，例如推理、规划和问题解决等随后发展。对于成人，执行功能涉及的脑网络包括前额叶皮层，这是脑中发育缓慢的一部分，甚至在青春期还没有完全发育成熟。执行功能的衡量标准与阅读和数学技能等学业能力相关，根据学龄前儿童执行功能的衡量标准，可以预测这些技能的后续发展。这些研究结果表明，执行功能的衡量标准可能有助于尽早发现有学业风险的儿童。而执行功能的训练则可能是促进识数和认字能力的有效手段。本章将回顾有关执行功能发展的证据，执行功能对获得学业能力方面的作用，以及关于执行功能的神经基础的信息是如何帮助我们认识执行功能和学业能力之间的相互发展的。

## 一、界定儿童前额叶的执行功能

执行功能让我们以有目的、有目标导向的方式与世界互动。当常规行为或无意识思维不足以应付当前状况时，这些能力就会

326 被调动出来。本节将概述执行功能的结构及其在发展过程中的神经联结的不同观点,为后文更详细地讨论执行功能的基本成分、它们的神经基础,以及它们与学业成绩的关系提供背景。

### 1. 执行功能的结构

执行功能有两种定义：一种是,执行功能是一种整合和监控的功能;另一种是,执行功能包含一系列子技能。后者可以用一个例子来说明,执行功能包含一系列不同的但内部相互联系的成分(Miyake et al., 2000)。研究者运用验证性因素分析检验大量执行功能研究的数据是否符合组件模型。在青年人中,研究者确定了执行功能的三种基本组成成分：(1) **工作记忆**,即在脑中暂时维护和处理信息的能力;(2) **抑制控制**,即能够阻止不当的强势反应且忽略干扰的能力;(3) **转换**,即在不同的心理状态、规则设置和任务之间进行转换的能力。对儿童的研究普遍支持这一模型,并且研究表明,至少要从 7 岁开始,执行功能的结构才会相对比较稳定(参见 Huizinga, Dolan, & van der Molen, 2006; Rose, Feldman, & Jankowski, 2011;参见评论,Best & Miller, 2010)。对 7 岁以下的儿童的研究提供了更复杂的结果,一些研究发现执行功能的不同组成成分(Senn, Espy, & Kaufman, 2004),而另外一些研究发现单一技能的证据(Hughes, Ensor, Wilson & Graham, 2009; Wiebe et al., 2011)。后者提出了一种可能性,即执行功能一开始是一种单一的技能,随着发展而分化出不同的组成成分。

### 2. 神经基础

执行功能涉及的人脑网络,包括前额叶皮层、顶叶皮层和皮层下结构。脑皮层的后天发育,既包括突触形成和髓鞘化等进行性变化,也包括突触的消除等退行性变化。例如,人体死亡后的研究表明：人类前额叶皮层突触的密度,在 3 岁半左右达到高峰,甚至比成人要高出 50%,然后在整个青春期逐渐下降(Huttenlocher & Dabholkar, 1997)。这些研究还表明,前额叶皮层的发育过程相
327 对于皮质的其他区域来说是漫长的,这一结论得到了脑发育神经影像研究的支持。例如,白质束的弥散张量成像测量显示,许多关联束在青春期之前就已经发育成熟,但是对行为的自上而下执行控制发挥重要作用的额叶纹状体束,直到青春期之后才发育成熟(Asato, Terwilliger, Woo, & Luna, 2010)。这些类型的结果

引出了这样一种观点：前额叶皮层发育缓慢，是执行功能发育的一个限制因素。

上述关于发展过程中执行功能的认知结构的争论，与理解执行功能的脑基础有关。如果执行功能是一种单一的技能，那么一个共同的神经特征就可以主导多项任务。相反，如果执行功能包含一系列不同的成分，那么这些成分可能映射到不同的神经网络。通常来说，成人的研究会证实后面的观点，即执行功能是一个分化的系统。支持这一观点的主要证据如下：(1) 不同任务得到的执行功能的分数之间呈低相关；(2) 脑损伤后不同执行功能表现存在着双重分离；(3) 功能性磁共振成像或其他神经影像方法发现，在任务表现上，不同的执行功能成分测量不同形式的脑激活(Shallice & Burgess, 1996；参见本书第二章)。

儿童身上是否也存在这种差异？正如上面所讨论的一样，行为研究证据表明：执行功能的不同成分在 7 岁以前相互独立，但是在更小的儿童身上，结果没有这么明显。关于儿童执行功能的神经基础的研究也表明：儿童的执行功能可能不像成人那样具有差异性或局限性。例如，在一项对 100 多个 7—16 岁儿童的研究中，额叶外病变的儿童像那些额叶病变的儿童一样，也表现出执行功能的缺陷(Jacobs, Harvey, & Anderson, 2011)。这意味着脑的外侧额叶在儿童阶段比成年阶段发挥更显著的作用。因此，与成人相比，儿童脑中与执行功能有关的脑区模式更广泛，随着年龄的增长，分化也更明显。

### 3. 学业成绩

在一定程度上，学习阅读、写作和进行数学运算，都可以看作是从简单技能(如识字)到复杂技能的加工过程(如阅读单词，详细内容参见第七章和第八章)。
先前的这些技能可以被视作具体知识基础的一部分，它们建立在家庭、托儿所、 328
学校等已有的知识经验的基础上。除了这些具体知识外，还有这样一种基本的较少依赖经验和已有知识的学习能力，代表了一种更灵活的，基于生理学的终身习得新信息的能力(Gathercole, Pickering, Knight, & Stegman, 2004)。这些流体技能通常被视为依赖于前额叶皮层的某些基本的执行功能技能，包括工作记忆、抑制控制和转换。从这个角度来看，我们可以预测，脑中与执行功能有关的脑区，将与阅读和数学任务中看到的脑激活相重叠，尤其是在习得这些技能的过程中，这些技能还没有规范化和自动化。随着知识的具体化和/或这些技能的某些方面变得更加规范化和自动化，与执行功能相关的脑区参与程度会降低。

总之，执行功能包括一系列分化又相互关联的技能，这些技能涉及的脑区包含前额叶皮层。这个组织似乎是从某一最初功能多样，并在脑中广泛分布的系统发展而来的。由于执行功能在常规化和自动化过程不足的情况下尤为重要，随着时间的推移，执行功能和学业成绩之间的特定联系也可能会发生变化。因为有些技能会变得自动化，而且会获得一些新技能。下文将总结一下执行功能的三种基本成分的发展和它们的神经基础，且更为详细地探讨它们与学业进步间的关系。

## 二、执行功能的基本成分：发展、脑基础、与学业的关系

人们普遍认为，抑制控制、工作记忆和转换是儿童身上可测量的三种基本的执行功能，而且这三者有助于更复杂的执行功能，如问题解决、规划和推理的出现(Best & Miller, 2010; Diamond, 2011)。可想而知，在这些基本领域有困难的孩子入学时，可能会遇到什么困难。例如，他们可能在记忆和运算，抑制无关信息并集中注意力或计划并监控任务的各个步骤的进展方面有问题。由此导致丧失学习和实践技能的机会，进而对复杂技能(如阅读和数学)的获得产生负面影
329 响(Gathercole & Alloway, 2006)。在本节中，我们将依次讨论执行功能的三种基本成分，分别涉及发展、脑基础、与学业的关系，重点关注在识字和识数方面取得的成就。

### 1. 抑制控制

抑制控制就是阻止不适当的反应或想法的能力。许多执行功能的任务都会涉及抑制控制，但对研究者来说，最大的挑战是，很少有“纯粹”测量抑制控制而不涉及其他执行功能成分的任务。为了部分解决这一问题，抑制控制任务通常被分为两类：一类是简单抑制控制，即当记忆或转移需求最小时的抑制控制；另一类是复杂抑制控制，即当抑制控制必须和工作记忆以及转换一起使用时，才能获得更好的表现的抑制控制。

通常用来测量幼儿的复杂抑制控制测试任务有昼夜任务和多重变化卡片分类任务。在昼夜任务中，儿童必须抑制优势反应，看到月亮的图片要说“白天”，看到太阳的图片要说“夜晚”(Gerstadt, Hong, & Diamond, 2004)。在多重变化

卡片分类任务中，儿童为了习得新规则（如根据形状分类），必须抑制练习反应（如根据颜色分类）（Zelazo，2006）。在年龄稍大点儿的儿童中，更经常用的任务是反眼动任务（参见综述，Luna，Velanova，& Geier，2008，被试眼睛移动的方向必须是外部提示的反方向）以及 Go/No－Go task 或者执行/不执行任务（要求被试在所有的实验序列中都对同一个线索作同样的反应，抑制其他的反应，参见 Johnstone et al.，2007）。

**婴儿期和学龄前儿童的发育** 即使在婴儿期，婴儿也有能力在单一情况下进行抑制控制。例如，在寻找隐藏物体位置的任务中，为了找到物体正确的、新的位置，7 月龄的婴儿就能够在先前成功找到物体的位置抑制优势反应（Diamond，1985，2001）。这意味着，支持短暂抑制控制的回路很早就已具备。在 3—5 岁期间，儿童在复杂抑制任务中的表现有了显著的改善，一些研究者认为，这代表了能力的质的变化。例如，一项对 93 个 3—5 岁儿童进行的多重变化卡片分类任务的研究发现，在第一个实验序列中，大多数 3 岁儿童在规则改变后还是会坚持进行一次试验，而大多数 5 岁儿童正确遵循了新规则，但很大一部分
3—4 岁儿童的表现不稳定。这种模式很好地证明了儿童发展的轨迹是非连续 330
的，而非连续的或逐步发展的（van Bers et al.，2011）。

**学龄儿童的发展** 儿童在多重变化卡片分类任务或者昼夜任务等任务中的表现，在 5—6 岁左右趋于稳定。这使一些研究者得出结论，多数的抑制控制到这个年龄就成熟了。然而，由于这些类型的任务过于简单，可能会存在天花板效应。研究者使用更精细的测量方法（如反应时间），对儿童能力进行观察，发现他们对涉及多个试验的任务始终表现出抑制控制。这些研究为抑制控制在儿童中期和成年期的连续发展提供了证据。例如，从 8 岁到青春期，从青春期到成年期，反眼动任务的表现持续改善（Velanova，Wheeler，& Luna，2009）。同样，从 9 岁到成年期，执行/不执行任务的错误反应（错误响应 No－Go 的信号）也在减少（Casey et al.，1997；Jonkman，Lansbergen，& Stauder，2003；参见 Johnstone et al.，2007）。这些结果表明，在儿童期和青春期，抑制控制能力在数量方面有了进一步的提高。

**学龄前和学龄儿童的神经基础** 成人的抑制控制涉及的脑网络包括背外侧前额叶皮层、额叶下回、前扣带回皮层、后顶皮层、纹状体和小脑（Curtis，Cole，Rao，& D'Esposito，2005；Rubia，Smith，Brammer，& Taylor，2003）。

有证据表明，在3—5岁间，额叶下部参与了抑制控制的发展完善。一项使用近红外光谱的研究表明，成人和5岁儿童完成了多重变化卡片分类任务，并在前后转换实验序列中表现出双侧额叶下部激活。相比之下，3岁的儿童更有可能表现出持续性反应，而那些表现出持续性反应的孩子则没有表现出额叶下部的激活（Moriguchi & Hiraki，2009）。这表明，学前儿童和成人在任务中的成功表现会激活额叶下部，而3—5岁的儿童表现出的提升与该区域的发展有关。这项研究的局限在于，只能测量感兴趣的前额区而非整个脑的激活。因此，无法评估其他脑区与任务相关的随年龄变化的激活。一项对7—8岁儿童和成人进行的功能性磁共振成像研究表明，抑制控制涉及的脑区模式随年龄的变化而改变。
331 在一项类似于多重变化卡片分类任务的任务中，儿童和成人的右侧额下回、额上沟、运动前区皮层、顶叶上回和顶内沟，在规则改变后均表现出与犯错相关的激活。然而，这种影响对儿童的右侧额叶区和成人的左侧顶叶区的影响更明显（Morton，Bosma，& Ansari，2009）。这可能反映出儿童顶叶区域的效率较低，但前额叶活动的增加可以弥补这一缺陷的现象。

其他研究运用反眼动任务测量大龄儿童的抑制能力。其中一项研究调查了在儿童中期和青春期参与抑制控制的脑区是如何相互联系的。来自78个8—27岁被试的研究结果表明，成人抑制眼睛自动移动到边缘目标的能力，受自上而下的从前额区到皮层和皮层下效应区（涉及眼动神经控制的区域）控制所支持。从额叶认知控制区到下游效应区的自上而下的连接的增强，以及顶叶和额叶的短期连接减少，都支持抑制控制的发展性改善（Hwang，Velanova，& Luna，2010）。

总之，抑制错误反应的能力在婴儿期就已经出现，在学前阶段得到显著改善，在青春期发生进一步的量的变化。额叶下半部分参与抑制的增加可能是学龄前儿童认知能力改善的基础，而额叶连接的改变和更有效的顶叶处理可能是儿童中期和青少年认知能力改变的基础。

**与学业能力的关系** 几项针对学龄前儿童的研究发现，即使控制年龄、词汇和母亲的受教育程度等潜在的干扰因素，抑制控制和数学技能之间也存在联系（Espy et al.，2004；负向结果见，Monette，Bigras，& Guay，2011）。关于阅读，也有这种联系，但不是直接的联系。例如，一项针对“幼儿园阶段的执行功能是否可以预测小学阅读能力”的研究发现：控制无关变量以后，抑制控制对阅读没有直接影响,但是愤怒和攻击对阅读和书写产生间接的影响(Monette et al., 2011)。

通过研究发现,在中学阶段,那些阅读理解或数学应用题不好的初中生抑制控制能力更差,对任务的关键信息回忆能力更差,但对无关信息的回忆能力却更 332
强(DeBeni, Palladino, Pazzaglia, & Cornoldi, 1998; Passolunghi, Cornoldi, & De Liberto, 1999)。11 岁儿童的抑制控制能力能够预测数学和英语课程的成绩,这表明,相对于特定领域的技能和知识的获得,这些技能对一般科目的学习更有帮助(St. Clair-Thompson & Gathercole, 2006)。

一般来说,研究抑制控制与学业能力之间关系的结果,与以下观点一致:抑制控制和学龄前数学之间有更为具体的关系,但在大龄儿童中,抑制控制对学习有更普遍的影响。早期与数学的联系可能反映了这样一个事实:在最初的学习阶段,这种技能的自动化过程很少;在成年阶段,随着技能的获得,与计算能力有关的经典顶内沟区变得越来越活跃。

### 2. 工作记忆

工作记忆可以对信息进行短时存储和加工,工作记忆对复杂认知任务(包括阅读理解、学习、推理和数学)来说是必不可少的(Baddeley, 1992)。工作记忆任务可以分为更简单的任务和更复杂的任务,前者只能在延迟(如数字广度)期间维护信息,后者必须在心理上操纵信息(如反向数字广度)。在一种常见的工作记忆模型中,包括处理语言材料的语音回路和加工视觉空间材料的视觉空间模板,以及在内容操作方面起重要作用的中央执行系统(Baddeley, 1992)。

**学龄儿童的发育** 工作记忆能力在整个儿童期持续提高。例如,一项以4—12 岁的儿童为被试,运用剑桥大学神经心理学自动化综合测验(这个综合测验之前就已经用在成人和动物损伤群体中,其效度已经得到证实,Fray, Robbins, & Sahakian, 1996)进行的研究发现:工作记忆能力随年龄而提高,但直到 12 岁也未能达到成人的水平(Luciana & Nelson, 2002)。很多研究(Conklin, Luciana, Hooper, & Yarger, 2007; Gathercole, Pickering, Ambridge, & Wearing, 2004; Luciana & Nelson, 2002; Westerberg, Hirvikoski, Forssberg, & Klingberg, 2004)发现,从 4 岁到十四五岁,工作记忆能力随年龄呈线性增长,并逐渐趋于稳定(cole et al., 2004a),而对于那些更复杂的任务,掌握的时间有时会推迟(Conklin et al., 2007; Luciana & Nelson, 2002)。

333 **学龄儿童的神经基础** 成人的工作记忆受背外侧前额叶皮层(尤其是额上回)和顶叶皮层(顶内皮层和顶叶下回皮层)这个大脑网络的影响(参见综述,Klingberg, 2006)。同样的基础网络在 8—18 岁的儿童中是活跃的,额顶网络的更强激活与更大容量的工作记忆能力相关(Klingberg, Forssberg, & Westerberg, 2002; Olesen, Nagy, Westerberg, & Klingberg, 2003)。神经网络的激活也随年龄的增长而增加,而与成绩无关(Klingberg et al., 2002)。连接额顶区的白质束的发育似乎在这一进程中发挥了重要作用:这些白质束的成熟与工作记忆(而非阅读)表现有关,与额顶区灰质皮质激活的程度有关(Nagy, Westerberg, & Klingberg, 2004; Olesen et al., 2003)。计算模型表明,在细胞水平上,与儿童工作记忆发展有关的脑激活可以通过观察到的脑激活变化计算出来,前额叶和顶叶的突触联系愈发密切,神经信号的传递速度更慢,每个区域之间的联系更紧密(Edin et al., 2007)。

这一证据可能表明,额顶网络的成熟促进了工作记忆能力的发展。但是,训练研究对这一观点提出了挑战。传统上,成人的工作记忆能力被认为具有一种固定的、可遗传的和不可改变的特征,但后来的研究显示,工作记忆能力有更大的灵活性。例如,一项研究表明,通过 5 周的工作记忆任务训练,成人的工作记忆容量和额顶网络中与工作记忆相关的脑激活都有所增加(Olesen, Westerberg, & Klingberg, 2004)。这表明,随着儿童的不断发展,与工作记忆有关的经验以及对工作记忆需求的不断提高,可能会促进这一能力潜在的脑网络的改变。

其他证据也表明,神经基础在幼年时期可能比在成年时期更为广泛。例如,脑电图研究报道,6 月龄的婴儿看到物体消失以后或物体重新出现前,在记住物体的表征期间,右侧颞叶区会突然出现高频的脑电活动(Kaufman, Csibra, & Johnson, 2003,2005)。一项关于早产儿工作记忆发展的研究表明,早产儿的海马体积与其 2 岁时的工作记忆能力有关,但是皮层体积以及背外侧前额区的皮质体积都与之无关(Beauchamp et al., 2008)。这一结果与一项针对成人和青少年的神经影像研究结果一致,即海马在工作记忆中的作用随年龄的增长而减弱
334 (Finn et al., 2010)。诸如此类的发现预示着工作记忆的神经网络可能不同,可能更加弥散,额顶网络随着发展会变得越来越集中(Kaldy & Sigala, 2004)

**与学龄儿童学业能力的关系** 工作记忆是我们的心理工作空间,涉及许多其他的认知技能。已经有几项研究检查了工作记忆能力与阅读和数学能力发展

之间的关系。本节将用一些研究范例来强调大量文献的一般发现(进一步综述请参见,Holmes, Gathercole, & Dunning, 2010)。

**数学**　研究发现,不管儿童是否有学习缺陷,视觉空间记忆都与数学能力有关(Henry & MacLean, 2003; Jarvis & Gathercole, 2003; Kyttälä, Aunio, Lehto, & Luit, 2003)。这种联系反映了在数学中(从排列数列到操纵心理数轴)需要视觉空间工作记忆的事实。霍姆斯和亚当斯(Holmes & Adams, 2006)表明,在迷宫任务中,视觉空间工作记忆能够独立预测 8 岁儿童数学成绩的所有方面,即使控制了与年龄、语音记忆和其他执行功能测量相关的方差之后也是如此。相比之下,10 岁儿童的视觉空间工作记忆只能预测其在更复杂的数学问题上的表现。年龄稍长的儿童能够使用其他的策略,例如,针对简单问题直接使用检索的策略,但在处理更复杂的问题时,还是运用视觉空间策略。这可能说明,随着儿童年龄的增长,工作记忆和数学能力之间的关系也会发生变化,尽管其他研究报告显示,在更大的年龄跨度(6—16 岁),工作记忆和数学能力之间的联系更为一致(Dumontheil & Klingberg, 2012)。工作记忆的测量还可以预测未来数学能力的提高。例如,一项针对 6—16 岁儿童的研究发现,视觉空间工作记忆为随后 2 年数学能力的发展提供了独立的预测,即使将年龄、言语工作记忆和非言语智商考虑在内也是如此(Dumontheil & Klingberg, 2012)。

一些研究发现,言语工作记忆和数学能力有关(Monette et al., 2011),可以预测未来的数学成绩(Dumontheil & Klingberg, 2012)。但是,并不是所有的研究都发现了这种联系(Gathercole, Brown, & Pickering, 2003),有证据表明,言语工作记忆和数学能力之间的联系可能会随年龄的增长而减弱(Bull, Espy, & 335
Wiebe, 2008; Dumontheil & Klingberg, 2012)。这种联系可以解释为:需要使用语言代码来计算或保留临时解决方案。

**阅读**　大多数有关工作记忆和阅读之间关系的研究集中在言语工作记忆方面。儿童 4 岁时的言语工作记忆能力可以预测 2 年半以后的阅读理解、书写和拼写能力(Gathercole et al., 2003)。一项研究发现,学龄前儿童的言语工作记忆和阅读之间是间接的关系,并受愤怒和攻击的影响(Monette et al., 2011)。一般来说,在阅读理解中发现的联系最为一致(Cain, Oakhill, & Lemmon, 2004; Swanson, Howard, & Saez, 2006)。对于成人而言,走神是工作记忆和阅读理解关系的一个重要中介,这表明工作记忆和理解之间是一种驱动式的关系,从某种程度上来说，注意可以控制侵入性思维（McVay & Kane，2011）。

总之，工作记忆、数学和阅读能力之间存在联系，即使控制年龄或智商等相关变量后也是如此。研究发现，数学与视觉空间的一致性比与言语工作记忆的一致性更高，有关阅读理解的研究则得到了相反的结果。但是，这些研究有很多差异，这可能与所使用的不同的数学或阅读测验以及被试接受测验的年龄不同有关。

### 3. 转换

转换指的是在精神状态、规则设置或任务之间切换的能力。通常，转换任务与抑制任务的区别是：后者的规则变化是明确的，而转换任务的规则变化必须基于反馈来确定（Best & Miller，2010）。例如，在威斯康星卡片分类任务中，被试必须通过试误来发现规则，并识别规则何时发生了变化，而不是一开始就知道明确的规则。成功的转换通常也需要抑制和工作记忆能力，因为必须抑制以前活跃的心理状态或反应集，反馈也必须通过工作记忆来处理。

**学龄前儿童的发育** 在与年龄相适宜的任务上，学龄前儿童能够进行转换。例如，在威斯康星卡片分类任务的修订版——儿童—友情任务中，学龄前儿童可
336 以找出泰迪熊最喜欢的形状，然后根据反馈，确定它最喜欢的颜色（Hughes，1998）。和其他执行功能一样，转换能力在整个童年期都在不断提高（参见综述，Luciana & Nelson，1998；Best & Miller，2010）。

**学龄儿童的发育** 转换任务的准确性往往会随儿童的发育而不断提高，在青春期早期至中期变得像成人一样（Davidson，Amso，Anderson，& Diamond，2006；Huizinga et al.，2006）。有趣的是，转换任务的反应时间在成年以前都在不断增加，这表明，为了确保反应正确，青少年放慢转换速度以确保反应正确（Huizinga et al.，2006）。

**学龄儿童的神经基础** 转换任务涉及额顶区，与重复试验相比，规则转换任务导致额顶网络更强的激活，这通常被解释为反映了转换任务的主动重构过程，调整系统以作出适当的反应。

研究证据表明，随着年龄的增长，前额叶在转换任务中的参与度逐渐降低。一项运用回归分析的研究测试了脑的所有区域，结果发现，在背外侧和内侧前额叶皮层与转换有关的激活与年龄呈负相关（Rubia et al.，2006）。另一项研究发

现，额下回、背外侧前额叶皮层和辅助运动区，在与转换有关的活动中都有显著激活。但是，这些效应的显著年龄差异只限定在额上沟，儿童的转换效应要比成人明显（Morton et al.，2009）。

有证据表明，内侧和腹外侧前额叶皮层在发育过程中出现了功能特异化（Crone et al.，2006）。儿童的内侧前额叶皮层在规则表征和转换的时候都会激活，但成人只在规则转换的时候才会激活。此外，规则表征会激活成人（而非儿童和青少年）的腹外侧前额叶皮层。

**与学业能力的联系**　与抑制或工作记忆相比，转换与阅读和数学能力的联系较少。例如，布尔等人（Bull et al.，2008）没有发现学龄前儿童的转换能力与他们一年级数学进步之间存在联系，尽管在每个时间点都与数学成绩存在联系。这与其他没有发现儿童的转换能力和数学或阅读能力之间有密切关系的研究是一致的（Monette et al.，2011）。原因可能是，转换能力可能对复杂的数学或阅读能力更重要。

## 三、学业能力、执行功能和注意之间的联系是否与脑系统之间的重叠有关？ 337

执行功能的发展和学业能力之间的联系，是不是由于共同的神经关联，从而使脑发展对两个领域都有好处？顶内沟是数学能力和视觉空间工作记忆的联合区，这就意味着，脑这一区域的成熟可能是这些能力在发展过程中联系的基础。一项研究发现：在视觉空间工作记忆任务中，相比于脑其他皮层，左侧顶内沟的高度激活与2年后数学成绩不好有关（Dumontheil & Klingberg，2012）。将工作记忆和推理能力考虑在内，左侧顶内沟的激活是数学能力的一个显著预测指标。

在一项涉及842个4—17岁儿童52项研究的元分析中，霍德等人（Houde et al.，2010）在检查数学、阅读和执行功能激活的神经区域时发现了重叠和区别（如图12.1所示）。数学任务与右侧额下回、左侧额上回、左侧枕中回靠近顶叶皮质交界处的上半部分有关；阅读任务与左侧额叶、颞顶叶、枕颞区（视觉构词区）相关；执行功能与双侧背外侧、前额叶下部皮质、延伸至岛叶皮质和后区相关。儿童和青少年的年龄差异只有在执行功能方面才显著。这是由于与儿童相比，青少年右侧前岛叶参与更多。一般来说，这些发现被解释为：与阅读相关的脑网络与成人相似，随年龄的增长而逐渐稳定，而与通常在成人中观察到的现象相比，与数字能力相关的脑网络前额叶参与更多，顶叶参与较少。与执行功能相关的阅读和计算网络重叠的主要区域是额中回和额下回。不幸的是，这项研究并没有单独研究不同执行功能的组成成分，以检验任何独特的关系。

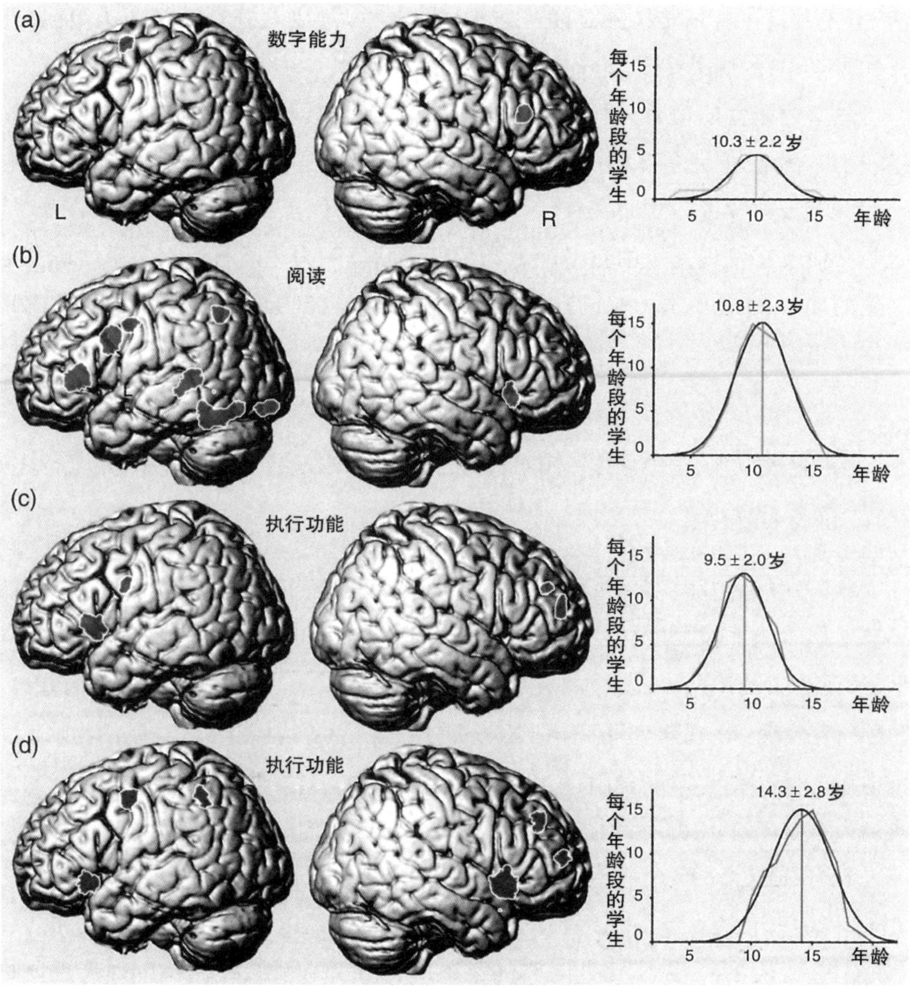


338　**图 12.1　842 个健康的儿童和青少年进行 52 项功能性磁共振成像研究获得的脑成像数据示意图**

左图，表示每个半球（L 左半球，R 右半球）的认知功能[数字能力（a）、阅读（b）以及执行功能（c）和（d）]的位置，根据蒙特利尔神经研究中心标准脑绘制的 3D 视图（为了便于解释，四个 ALE 激活的似然估计阈值是 $p = 0.001$）；右图，画出不同年龄段研究数量的分布图（a、b 和 c 为儿童，d 为青少年）。这些图是通过对所有的研究进行元分析得到的，模型使用的是高森分布（实心黑线）。经霍德等人（Houde et al.，2010）许可转载

## 四、训练的效果

越来越多的文献开始研究执行功能训练对认知发展的影响。训练研究可以提供关于执行功能是否在学业成绩中起因果作用的资料，方法是检查训练引起的执行功能改善是否能促进学业进步。

研究者研究了同一领域的新任务和不同领域的新任务的训练效果。这些研究文献运用了两种训练方法，下面将依次讨论：（1）特定执行功能的训练； 339
（2）基于复杂活动（如跳舞和武术）的训练。

### 1. 特定执行功能的训练

本章提到了执行功能的三种基本成分，其中，训练对工作记忆的作用研究开展得最为深入。因此，下面将更详细地讨论工作记忆这个基本成分，关于其他成分的更广泛的研究，只有在与特定论点相关时才会提及。

如上所述，工作记忆能力长期以来一直被认为是固定的和无法改变的（Cowan，2001）。然而，研究表明，情况可能并非如此，练习或训练可以提高工作记忆能力（参见综述，Klingberg，2010；Morrison & Chein，2011）。因为工作记忆是一种用于持续认知的心理工作空间，提高工作记忆能力可能会对其他能力，包括学习能力产生影响。致力于改善工作记忆的研究项目旨在提高某种类型的信息的记忆策略，这些研究项目是领域特殊的，不太可能扩展到其他领域（参见综述，Morrison & Chein，2011）。例如，可以有针对性地训练儿童记住完成一道数学难题的步骤策略。旨在提高工作记忆的研究，也可以将目标锁定在某些更一般的、核心的步骤上（参见综述，Morrison & Chein，2011）。这种类型的研究项目往往包含不断需要工作记忆参与的任务，例如，在涉及干扰的任务中，以多种形式快速呈现信息，从而最大限度地减少自动化加工过程的参与。这样做的目的是提高工作记忆中涉及的一般加工过程，这样，训练就可以拓展到其他的能力。这样的例子包括自动备忘程序（Robo-Memo）和计算机化的儿童工作记忆训练项目（CogMed），其中工作记忆的练习是在儿童的极限能力范围内进行的（Klingberg et al.，2002）。

对儿童的研究表明，在工作记忆训练之后，注意缺陷多动障碍儿童的工作记忆能力得到了改善，而且能够把这些能力运用到其他方面（Klingberg et al.，

2005)。但是,一个运用计算机化的儿童工作记忆训练项目训练 4 岁儿童工作记忆和推理能力的随机对照试验显示,只有训练过的领域才会得到改善,而这种改善是无法扩展到没有训练过的领域的(Bergman Nutley et al., 2011)。研究发现,4—6 岁儿童的抑制训练效果不太好。训练只改善了三分之二的训练任务,其他没有受过训练的抑制任务并没有得到改善(Thorell et al., 2009)。可能这种益处在一开始能力较低的儿童群体(如注意缺陷多动障碍儿童群体)中表现得最为明显。

340 特别关注学业能力改善的研究已经得到了一些积极的结果。一项研究表明,工作记忆训练可以提高工作记忆和数学推理能力(至少短期是这样的),但工作记忆训练很难对非言语智力或读写能力产生影响(Holmes, Gathercole, & Dunning, 2009)。这一点得到了另外一项研究的支持,该研究在学校进行的工作记忆训练项目中发现:在训练任务、非训练视觉空间工作记忆任务和数学能力中都有进步(Witt, 2011)。另一项研究发现,在 9—12 岁有特殊需要的儿童中,每天使用计算机化的儿童工作记忆训练项目进行为期 5 周的工作记忆训练对阅读理解有帮助,但对读单词没有帮助(Dahlin, 2010)。其他研究者已经警告过,执行功能和学业能力之间的联系可能是假的,因为大多数研究没有充分控制可能的混淆因素(例如,护理人员的执行功能或很多其他潜在的未测量的混淆因素,参见 Willoughby, Kupersmidt & Voegler-Lee, 2011)。还有人指出,在应对训练时考虑个体差异的重要性。例如,一项研究考察了视频游戏式工作记忆训练项目对没有训练过的流体智力测试的影响,结果表明,只有那些通过训练得到改善的人在 3 个月后的流体智力测试中表现出改善(Jaeggi, Buschkeuhl, Jonides, & Shah, 2011)。这些额外的考虑因素可以在未来计划进行的随机对照试验研究中评估工作记忆训练对学业进步的影响(Roberts et al., 2011)。

工作记忆训练效果的功能成像显示,额顶网络的脑激活增强(Olesen et al., 2004; Westerberg & Klingberg, 2007)。这一模式表明:激活的改变并不是由于未参与训练的其他脑区的激活,而是由于核心区域激活的小幅增加(Westerberg & Klingberg, 2007)。广义训练效果的神经基础尚未得到很好的研究,因此工作记忆训练影响数学和阅读能力的脑机制尚不清楚。

### 2. 基于复杂活动的训练

如上所述,另一种训练执行功能的方法不像上文那样直接训练特定的执行功能(Diamond, 2011)。这种观点认为,执行功能可以在个体参与一系列涉及执行功能的技能活动——尤其是与体育运动(如跳舞或武术等)结合的活动之后得到改善。一项随机对照研究探索运动对久坐的、超重的 7—11 岁儿童的影响,结 341
果发现:体育锻炼对执行功能和数学成绩有剂量—反应的影响,而且,初步证据表明,体育锻炼与双侧前额叶皮层激活增加和双侧后顶叶皮层激活减少有关(Davis et al., 2011)。

## 五、总结和概括

执行功能包括基本的抑制、工作记忆和转换,成人的执行功能受包括前额叶皮层、顶叶皮层和皮层下结构在内的脑网络的介导。从儿童期到青少年期,所有这些基本能力都有所提高。在 3—5 岁,抑制能力可能会有质的变化,之后会稳步提高。虽然大多数证据表明,与成人有关的基本脑网络在儿童中也被激活,但这些能力涉及的脑网络在发育过程中仍显示出许多变化。一种变化是,它们变得不那么弥散,定位更加明确,例如,随着年龄增长,内侧颞叶在工作记忆方面的作用逐渐减弱;另一种变化是,与技能相关的核心脑区愈发分化,例如,随着年龄的增长,腹内侧前额叶皮层的规则表征和规则转换逐渐分化。此外,多项研究发现了这样的转换,随着年龄增长,前额叶皮层的激活减少,而后部皮层会发挥越来越重要的作用。这一发现可能反映,即使是相同级别的行为表现,年龄小的被试可能需要更多的意志努力,而年龄稍微大点儿的被试需要的意志努力相对要少,行为表现也更加自动化。

不难想象,抑制、工作记忆和转换能力对儿童在学校取得成就可能很重要。研究者对阅读和数学与这些能力之间的联系进行了研究,发现两者与工作记忆的联系最强,与抑制有一些联系,但与转换的联系最弱。这可能是因为大多数研究都集中在学龄前或中学阶段,而转换能力可能对后续学校教育中更复杂的数学以及其他更高水平的能力更为重要。最近的分析表明,在 7 岁以下的儿童中,执行功能可能是一种单一能力,但是,即使在学龄前儿童中,执行功能的组成成分对阅读和数学的独特预测可能表明,这些能力事实上在一定程度上已经在这个年龄有所区别。

对工作记忆和抑制之间联系的研究发现,两者都与学习,特别是数学和阅读

存在普遍联系。也许观察到的最强的联系是视觉空间工作记忆和抑制能力与数
342 学能力的关系。大多数关于执行功能和阅读、数学之间关系的研究都集中在青春期前的儿童身上。然而，在青春期，负责执行功能的前额叶还一直在发育。有观点认为，青春期是向成人发展的一个独特时期，脑回路的重要方面已发育成熟，但仍有不成熟的因素限制了认知控制的灵活使用，这些控制由额叶区域（如错误加工）支持（参见综述，Luna，Padmanabhan，& O'Hearn，2010）。因此，对青少年执行功能和学业能力之间的联系进行研究，将会为这一关系的发展提供一个更全面的蓝图。

有趣的是，对儿童数学、阅读和执行功能能力的脑区进行的元分析表明：额叶对数学能力尤为重要，这一发现与成人的研究形成了对比，后者研究的重点是顶内沟。执行功能和数学之间的联系是否在一定程度上是由参与这些过程的脑共同区域介导，这仍是未来研究的一个问题。研究发现，在视觉空间工作记忆任务中，顶内沟（与视觉空间工作记忆和数学有关的区域）的激活可以预测 2 年以后数学能力的发展，这表明，神经影像技术也许可以有效识别那些学业进展缓慢的人。

训练研究表明，执行功能是可以训练的，但对于训练能否拓展到训练任务或训练领域以外，有一些不同的发现。现有的研究表明，工作记忆可能比抑制控制更容易训练，尽管可能只是还没有确定抑制控制的有效训练方案。研究表明，工作记忆训练与数学和阅读能力的提高有关，未来大规模随机对照试验将有助于更有力地检验这一联系。更好地理解这些能力的相互影响将是有益的。我们已经知道工作记忆在阅读和数学中的作用，但研究训练对工作记忆的影响表明，阅读和数学练习反过来可能会影响工作记忆。目前还没有关于脑和这种训练效果背后的认知机制的信息，这将是未来研究的一个重要的领域。

## 参考文献

Asato, M. R., Terwilliiger, R., Woo, J., & Luna, B. (2010). White matter development in adolescence: A DTI study. *Cerebral Cortex*, *20*, 2122 - 2131.

Baddeley, A. (1992). Working memory. *Science*, *255*, 556 - 559.

Beauchamp, M. H., Thompson, D. K., Howard, K., Doyle, L. W., Egan, G. F., Inder, T. E., & Anderson, P. J. (2008). Preterm infant hippocampal volumes correlate with later working memory deficits. *Brain*, *131*, 2986 - 2994.

Bergman Nutley, S., Soderqvist, S., Bryde, S., Thorell, B., Humphreys, K., & 343
Klingberg, T. (2011). Gains in fluid intelligence after training non-verbal reasoning in 4-year-old children: A controlled randomized study. *Developmental Science*, *14*, 591 - 601.

Best, J. R., & Miller, P. H. (2010). A developmental perspective on executive function. *Child Development*, *81*, 1641 - 1660.

Bull, R., Espy, K. A., & Wiebe, S. A. (2008). Short-term memory, working memory and executive functioning in preschoolers: Longitudinal predictors of mathematical achievement at age 7 years. *Developmental Neuropsychology*, *33*, 205 - 228.

Cain, K., Oakhill, J., & Lemmon, K. (2004). Individual differences in the inference of word meanings from context: The influence of reading comprehension, vocabulary knowledge, and memory capacity. *Journal of Educational Psychology*, *96*, 671 - 681.

Casey, B. J., Castellanos, F. X., Giedd, J. N., Marsh, W. L., Hamburger, S. D., Schubert, A. B., Vauss, Y. C., Vaituzis, A. C., Dickstein, D. P., Sarfatti, S. E., & Rapporot, J. E. (1997). Implication of right frontostriatal circuitry in response inhibition and attention-deficit/hyperactivity disorder. *Journal of the American Academy of Child and Adolescent Psychiatry*, *36*, 374 - 383.

Conklin, H. M., Luciana, M., Hooper, C. J., & Yarger, R. S. (2007). Working memory performance in typically developing children and adolescents: Behavioral evidence of protracted frontal lobe development. *Developmental Neuropsychology*, *31*, 103 - 128.

Cowan, N. (2001). The magical number 4 in short-term memory: A reconsideration of mental storage capacity. *Behavioral and Brain Sciences*, *24*(1), 87 - 114; discussion 114 - 185.

Crone, E., Donohue, S. E., Honomichi, R., Wendelken, C., & Bunge, S. A. (2006). Brain regions mediating flexible rule use during development. *Journal of Neuroscience*, 26, 11239 - 11247.

Curtis, C. E., Cole, M. W., Rao, V. Y., & D'Esposito, M. (2005). Canceling planned action: An fMRI study of countermanding saccades. *Cerebral Cortex*, *15*, 1281 - 1289.

Dahlin, K. I. E. (2010). Effects of working memory training on reading in children with special needs. *Reading and Writing*, *24*, 479 - 491.

Davidson, M. C., Amso, D., Anderson, L. C., & Diamond, A. (2006). Development of cognitive control and executive functions from 4 to 13 years: Evidence from manipulations of memory, inhibition and task switching. *Neuropsychologia*, *44*, 2037 - 2078.

Davis, C. L., Tomporowski, P. D., McDowell, J. E., Austin, B. P., Miller, P. H., Yanasak, N. E., Allison, J. D., & Naglieri, J. A. (2011). Exercise improves executive function and achievement and alters brain activation in overweight children: A randomized controlled trial. *Health Psychology*, *30*, 91 - 98.

DeBeni, R., Palladino, P., Pazzaglia, F., & Cornoldi, C. (1998). Increases in intrusion errors and working memory deficits of poor comprehenders. *Quarterly Journal of Experimental Psychology*, *51*, 305 - 320.

Diamond, A. (1985). The development of the ability to use recall to guide action, as indicated by infants' performance on A-not-B. *Child Development*, *56*, 868 - 883.

Diamond, A. (2001). Looking closely at infants' performance, and experimental procedures, in the A-not-B task. *The Behavioral and Brain Sciences*, *24*, 38 - 41.

344 Diamond, A. (2011). Biological and social influences on cognitive control processes dependent on prefrontal cortex. In O. Braddick, J. Atkinson, & G. Innocenti (Eds.), *Progress in brain research* (Vol. 189, pp. 319 - 339). Amsterdam: Elsevier.

Dumontheil, I., & Klingberg, T. (2012). Brian activity during a visuospatial working memory task predicts arithmetical performance 2 years later. *Cerebral Cortex*, *22*, 1078 - 1085.

Edin, F., Macoveanu, J., Olesen, P., Tegnér, J., & Klingberg, T. (2007). Stronger synaptic connectivity as a mechanism behind development of working memory-related brain activity during childhood. *Journal of Cognitive Neuroscience*, *21*, 21 - 29.

Espy, K. A., McDiarmid, M. M., Cwik, M. F., Stalets, M. M., Hamby, A., & Senn, T. E. (2004). The contribution of executive functions to emergent mathematic skills in preschool children. *Developmental Neuropsychology*, *26*, 445 - 464.

Finn, A. S., Sheridan, M. A., Kam, C. L., Hinshaw, S., & D'Esposito, M. (2010). Longitudinal evidence for functional specialization of the neural circuit supporting working memory in the human brain. *Journal of Neuroscience*, *30*, 11062 - 11067.

Fray, P. J., Robbins, T. W., & Sahakian, B. J. (1996). Neuropsychiatric applications of CANTAB. *International Journal of Geriatric Psychiatry*, *11*, 329 - 336.

Gathercole, S. J., & Alloway, T. P. (2006). Short-term and working memory impairments in neurodevelopmental disorders: A diagnosis and remedial support. *Journal of Child Psychology and Psychiatry*, 47, 4 - 15.

Gathercole, S. E., Brown, L., & Pickering, S. J. (2003). Working memory assessments at school entry as longitudinal predictors of National Curriculum attainment levels. *Educational and Child Psychology*, *20*, 109 - 122.

Gathercole, S. E., Pickering, S. J., Ambridge, B., & Wearing, H. (2004a). The structure of working memory from 4 to 15 years of age. *Developmental Psychology*, *40*, 177 - 190.

Gathercole, S. E., Pickering, S. J., Knight, C., & Stegman, Z. (2004b). Working memory skills and educational attainment: Evidence from National Curriculum assessments at 7 and 14 years of age. *Applied Cognitive Psychology*, *18*, 1 - 16.

Gerstadt, C. L., Hong, Y. J., & Diamond, A. (2004). The relationship between cognition and action: Performance of children 3½ to 7 years old on a Stroop-like day-night test. *Cognition*, *53*, 129 - 153.

Henry, L. A., & MacLean, M. (2003). Relationships between working memory, expressive vocabulary and arithmetical reasoning in children with and without intellectual disabilities. *Educational and Child Psychology*, *20*, 51 - 64.

Holmes, J., & Adams, J. W. (2006). Working memory and children's mathematical skills: Implications for mathematical development and mathematics curricula. *Educational Psychology*, *26*, 339 - 366.

Holmes, J., Gathercole, S. E., & Dunning, D. L. (2009). Adaptive training leads to sustained enhancement of poor working memory in children. *Developmental Science*, *12*, F9 - F15.

Holmes, J., Gathercole, S. E., & Dunning, D. L. (2010). Poor working memory: Impact and interventions. *Advances in Child Development and Behavior*, *39*, 1 - 43.

Houdé, O., Rossi, S., Lubin, A., & Joliot, M. (2010). Mapping numerical processing, reading and executive functions in the developing brain: An fMRI meta-analysis of 52 studies including 842 children. *Developmental Science*, *13*, 876 - 885.

Hughes, C. (1998). Executive function in preschoolers: Links with theory of mind 345
and verbal ability. *British Journal of Developmental Psychology*, *16*, 233 - 253.

Hughes, C., Ensor, R., Wilson, A., & Graham, A. (2009). Tracking executive function across the transition to school: A latent variable approach. *Developmental Neuropsychology*, *35*, 20 - 36.

Huizinga, M., Dolan, C. V., & van der Molen, M. W. (2006). Age-related change in executive function: Developmental trends and a latent variable analysis. *Neuropsychologia*, *44*, 2017 - 2036.

Huttenlocher, P. R., & Dabholkar, A. S. (1997). Regional differences in synaptogenesis in human cerebral cortex. *Journal of Comparative Neurology*, 387, 167 - 178.

Hwang, K., Velanova, K., & Luna, B. (2010). Strengthening of top-down frontal cognitive control networks underlying the development of inhibitory control: A functional magnetic resonance imaging effective connectivity study. *Journal of Neuroscience*, *30*, 15535 - 15545.

Jacobs, R., Harvey, A. S., & Anderson, V. (2011). Are executive skills primarily mediated by the prefrontal cortex in childhood? Examination of focal brain lesions in childhood. *Cortex*, *47*, 808 - 824.

Jaeggi, S. M., Buschkuehl, M., Jonides, J., & Shah, P. (2011). Short-and long term benefits of cognitive training. *Proceedings of the National Academy of Sciences of the United States of America*, *108*, 10081 - 10086.

Jarvis, H. L., & Gathercole, S. J. (2003). Verbal and non-verbal working memory achievements on National Curriculum tests at 11 and 14 years of age. *Educational and Child Psychology*, *20*, 123 - 140.

Johnstone, S. J., Dimoska, A., Smith, J. L., Barry, R. J., Pleffer, C. B., Chiswick, D., & Clarke, A. R. (2007). The development of stop signal and Go/No - go response inhibition in children aged 7 - 12 years: Performance and event-related potential indices. *International Journal of Psychophysiology*, *63*, 25 - 38.

Jonkmans, L. M., Lansbergen, M., & Stauder, J. E. (2003). Developmental differences in behavioral and event-related brain responses associated with response preparation and inhibition in a Go/No - go task. *Psychophysiology*, *40*, 752 - 761.

Kaldy, Z., & Sigala, N. (2004). The neural mechanisms of object working memory: What is where in the infant brain? *Neuroscience and Biobehavioral Reviews*, *28*, 113 - 121.

Kaufman, J., Csibra, G., & Johnson, M. H. (2003). Representing occluded objects in the human infant brain. *Proceedings of the Royal Society B: Biological Sciences*, *270* (Suppl. 2), S140 - 143.

Kaufman, J., Csibra, G., & Johnson, M. H. (2005). Oscillatory activity in the infant brain reflects object maintenance. *Proceedings of the National Academy of Sciences of the United States of America*, *102*, 15271 - 15274.

Klingberg, T. (2006). Development of a superior frontal-intraparietal network for visuo-spatial working memory. *Neuropsychologia*, *44*, 2171 - 2177.

Klingberg, T. (2010). Training and plasticity of working memory. *Trends in Cognitive Sciences*, *14*, 317 - 324.

Klingberg, T., Fernell, E., Olesen, P. J., Johnson, M., Gustafsson, P., Dahlstrom, K., Gillberg, C. G., Forssberg, H., & Westerberg, H. (2005). Computerized training of working memory in children with ADHD: A randomized controlled trial. *Journal of the American Academy of Child and Adolescent Psychiatry*, *44*, 177 - 186. 346

Klingberg, T., Forssberg, H., & Westerberg, H. (2002). Increased brain activity in frontal and parietal cortex underlies the development of visuospatial working memory capacity during childhood. *Journal of Cognitive Neuroscience*, *14*, 1 - 10.

Kyttälä, M., Aunio, P., Lehto, J. E., & Luit, J. V. (2003). Visuospatial working memory and early numeracy. *Educational and Child Psychology*, *20*, 65 - 76.

Luciana, M., & Nelson, C. A. (1998). The functional emergence of prefrontally-guided working memory systems in four-to-eight-year-old children. *Neuropsychologia*, *36*, 273 - 293.

Luciana, M., & Nelson, C. A. (2002). Assessment of neuropsychological function through the use of the Cambridge Neuropsychological Testing Automated Battery: Performance in 4-to 12-year-old children. *Developmental Neuropsychology*, *22*, 595 - 624.

Luna, B., Padmanabhan, A., & O'Hearn, K. (2010). What has fMRI told us about the development of cognitive control through adolescence? *Brain and Cognition*, *72*, 101 - 113.

Luna, B., Velanova, K., & Geier, C. F. (2008). Development of eye movement control. *Brain and Cognition*, *68*, 293 - 308.

McVay, J. C., & Kane, M. J. (2011). Why does working memory capacity predict variation in reading comprehension? On the influence of mind wandering and executive attention. *Journal of Experimental Psychology — General*, *141*, 302 - 320.

Miyake, A., Friedman, N., Emerson, M., Witazki, A., Howerter, A., & Wager, T. (2000). The unity and diversity of executive functions and their contributions to complex "frontal lobe" tasks: A latent variable analysis. *Cognitive Psychology*, *41*, 49 - 100.

Monette, S., Bigras, M., & Guay, M.-C. (2011). The role of executive functions in school achievement at the end of Grade 1. *Journal of Experimental Child Psychology*, *109*, 158 - 173.

Moriguchi, Y., & Hiraki, K. (2009). Neural origin of cognitive shifting in young children. *Proceedings of the National Academy of Sciences of the United States of America*, *106*, 6017 - 6021.

Morrison, A., & Chein, M. H. (2011). Does working memory training work? The promise and challenges of enhancing cognition by training working memory. *Psychonomic Bulletin and Review*, *18*, 46 - 60.

Morton, J. B., Bosma, R., & Ansari, D. (2009). Age-related changes in brain activation associated with dimensional shifts of attention: An fMRI study. *NeuroImage*, *46*, 249 - 256.

Nagy, Z., Westerberg, J., & Klingberg, T. (2004). Maturation of white matter is associated with development of cognitive functions during childhood. *Journal of Cognitive Neuroscience*, *16*, 1227 - 1233.

Olesen, P. J., Nagy, Z., Westerberg, H., & Klingberg, T. (2003). Combined analysis of DTI and fMRI data reveals a joint maturation of white and grey matter in a fronto-parietal network. *Cognitive Brain Research*, *18*, 48 - 57.

Olesen, P. J., Westerberg, H., & Klingberg, T. (2004). Increased prefrontal and parietal activity after training of working memory. *Nature Neuroscience*, 7, 75 - 79.

347 Passolunghi, M. C., Cornoldi, C., & De Liberto, S. (1999). Working memory and intrusions of irrelevant information in a group of specific poor problem solvers. *Memory and Cognition*, *27*, 779 - 790.

Roberts, G., Quach, J., Gold, L., Anderson, P., Rickards, F., Mensah, F., Ainley, J., Gathercole, S., & Wake, M. (2011). Can improving working memory prevent academic difficulties? A school based randomised controlled trial. *BMC Pediatrics*, 57. DOI: 10.1186/1471 - 2431 - 11 - 57

Rose, S. A., Feldman, J. F., & Jankowski, J. J. (2011). Modeling a cascade of effects: The role of speed and executive functioning on preterm/fullterm differences in academic achievement. *Developmental Science*, *14*, 1161 - 1175.

Rubia, K., Smith, A. B., Brammer, M. J., & Taylor, E. (2003). Right inferior prefrontal cortex mediates response inhibition while mesial prefrontal cortex is responsible for error detection. *NeuroImage*, *20*, 351 - 358.

Rubia, K., Smith A. B., Woolley, J., Nosarti, C., Heyman, I., Taylor, E., & Brammer, M. (2006). Progressive increase of frontostriatal brain activation from childhood to adulthood during event-related tasks of cognitive control. *Human Brain Mapping*, *27*, 973 - 993.

Senn, T. E., Espy, K. A., & Kaufmann, P. M. (2004). Using path analysis to understand executive function organization in preschool children. *Developmental Neuropsychology*, *26*, 445 - 464.

Shallice, T., & Burgess, P. (1996). The domain of supervisory processes and temporal organization of behaviour. *Philosophical Transactions of the Royal Society B: Biological Sciences*, *351*, 1405 - 1411.

St. Clair-Thompson, H. L., & Gathercole, S. E. (2006). Executive functions and achievements in school: Shifting updating inhibition and working memory. *Quarterly*

*Journal of Experimental Psychology*, *59*, 745 - 759.

Swanson, H. L., Howard, C., & Saez, L. (2006). Do different components of working memory underlie different subgroups of reading disabilities? *Journal of Learning Disabilities*, *39*, 252 - 268.

Thorell, L. B., Lindqvist, S., Bergman Nutley, S., Bohlin, G., & Klingberg, T. (2009). Training and transfer of executive functions in preschool children. *Developmental Science*, *12*, 106 - 113.

Van Bers, B. M., Visser, I., van Schijndel, T. J., Mandell, D. J., & Raijmakers, M. E. (2011). The dynamics of development on the Dimensional Change Card Sorting Task. *Developmental Science*, *14*, 960 - 971.

Velanova, K., Wheeler, M. E., & Luna, B. (2009). The maturation of task set-related activation supports late developmental improvements in inhibitory control. *Journal of Neuroscience*, *29*, 12558 - 12567.

Westerberg, H., Hirvikoski, T., Forssberg, H., & Klingberg, T. (2004). Visuo-spatial working memory span: A sensitive measure of cognitive deficits in children with ADHD. *Child Neuropsychology*, *10*, 155 - 161.

Westerberg, H., & Klingberg, T. (2007). Changes in cortical activity after working memory training: A single subject analysis. *Physiology and Behavior*, *92*, 186 - 192.

Wiebe, S. A., Sheffield, T., Nelson, J. M., Clark, C. A., Chevalier, N., & 348
Espy, K. A. (2011). The structure of executive function in 3-year-olds. *Journal of Experimental Child Psychology*, *108*, 436 - 452.

Willoughby, M. T., Kupersmidt, J. B., & Voegler-Lee, M. E. (2011). Is preschool executive function causally related to academic achievement? *Child Neuropsychology*, *18*(1), 79 - 91.

Witt, M. (2011). School based working memory training: Preliminary finding of improvement in children's mathematical performance. *Advances in Cognitive Psychology*, 7, 7 - 15.

Zelazo, P. D. (2006). The Dimensional Change Card Sort (DCCS): A method of assessing executive function in children. *Nature Protocols*, *1*, 297 - 301.

## 推荐阅读

---

Best, J. R., & Miller, P. H. (2010). A developmental perspective on executive function. *Child Development*, *81*, 1641 - 1660.

Diamond, A., & Lee, K. (2011). Interventions shown to aid executive function development in children 4 to 12 years old. *Science*, *333*, 959 - 964.

Dumontheil, I., & Klingberg, T. (2012). Brain activity during a visuospatial working memory task predicts arithmetical performance 2 years later. *Cerebral Cortex*, *22*, 1078 - 1085.

Houdé, O., Rossi, S., Lubin, A., & Joilot, M. (2010). Mapping numerical processing, reading and executive function in the developing brain: An fMRI meta-analysis of 52 studies including 842 children. *Developmental Science*, *13*, 876 - 885.

# 后记 349

约翰·T. 布鲁尔(John T. Bruer)

1997年,我写了《教育与脑:一座过于遥远的桥》(Bruer, 1997)。这篇文章高度批判了当时关于神经科学与教育的相关性的说法。从那时起,经常有人问我,随着教育神经科学等领域的发展,我是否要修改《教育与脑:一座过于遥远的桥》中的结论。本书的编辑建议我根据本书所回顾的研究,反思我之前的观点。尽管发展认知神经科学领域已经取得了一些进展,但过去15年的发展并未给我提供任何理由来修改我之前结论。尤其是,我对教育神经科学现在能够建立起神经科学与教育之间的直接桥梁的说法,仍然持怀疑态度。

首先,让我们先明确我在《教育与脑:一座过于遥远的桥》中说过的内容。这篇文章是对鼓励美国政府支持幼儿教育项目的公共关系运动方面所产生的误解的回应。该运动的信息是挪用和过度简化发展神经生理学的众所周知的结果:突触发育和修剪现象,存在发育的关键期(特别是视觉系统发育的关键期),还有丰富环境对啮齿动物的脑突触密度的影响。该运动的核心信息是:从出生到3岁是突触形成快速发育期,是脑发育的关键期。在这个时期,学习
是最容易的;在这个时期,丰富的环境刺激会产生永久性的、不可逆 350
的影响。因此,在《教育与脑:一座过于遥远的桥》中,更准确地说,在篇幅更长的《头3年的神话》(*The Myth of the First Three Years*,

Bruer，1999)中，我得出神经科学不支持关于儿童早期教育重要性的强有力的结论。尽管依恋理论传统的精神病学家倾向于否认这种观点，但这一批评已经被大多数神经科学家和心理学家接受和认可（Bruer，2011）。所以，我在《教育与脑：一座过于遥远的桥》中提出的关于神经科学的第一个观点是：神经科学（也被理解为发育神经生理学）与教育几乎没有关系。今天我的观点依然如此。然而，这并不是说，神经科学的其他领域与教育之间没有直接或间接的关系。

事实上，我认为认知神经科学是脑研究中最有可能促进教育和教学的领域。认知神经科学试图将认知功能映射到它们的神经关联上。当认知神经科学在20世纪80年代初首次出现时，从事这项工作的一个基本原理是：相信行为数据和神经数据结合在一起，可能会在认知和系统神经科学水平上制约理论的发展。认知心理学在利用行为数据建立心理过程的功能模型方面有着悠久的历史。例如，40年的研究产生了单词识别、选择性注意、数字比较和心算模型。这些模型为开发成功的基于研究的教育干预提供了见解（Bruer，1993；McGilly，1994）。认知神经科学的前景是：将神经数据与行为数据结合起来进行假设检验，基于脑的数据可以促进认知模型的发展和完善，进而可以成为教学设计的基础。我仍然相信，这种双桥解决方案是最有可能的。本书回顾的大部分工作是基本的发展认知神经科学。只有通过淡化功能模型和基于这些功能模型的实验任务的重要性，神经影像才有可能使神经科学与教育之间建立起直接的联系。

## 一、哪些方面发生了积极的变化？

一个积极的变化是：本书所回顾的是一些严肃的研究项目的结果。从这些章节不难看出，教育神经科学家从事着各种各样复杂的研究，监测关于脑成熟、脑可塑性和功能定位的假设，以及这些假设与学习主题、社会性和情感发展的潜在相关性。20世纪90年代中期，学科主题出现了，但依旧被视为需要修改和修订的科学主张，而非儿童发展的教条。

351 突触发生在第六章、第八章、第十章和第十二章讨论。正如第六章所述，突触发生有相当大的个体变异性，不能可靠地与行为相联系；然而，任何与行为的时间相关性都应该注意。第十章指出，目前还没有直接的方法，只能使用功能性磁共振成像来测试突触数量、突触活动和神经活动之间的关系。确实有人提出这样的观点，即突触快速生长期是人脑可塑性增强的时期，在这个时期，学习更容易、更有效（第八章）。然而，除非有证据支持这一说法，否则教育神经学研究者不应该这样说。

“关键期”一词并没有出现在任何主题的章节（第六章至第十二章）中。其中，有两章的作者（第六章和第十章）使用了“敏感期”一词，正如人们预料的那样，它最常出现在关于语言发展的一章（第六章）。在第十章，“敏感期”的定义是广义的，即“一次重要的教学的机会”或“人脑特别容易受某些环境刺激的发育期，是处理和吸收——学习新信息的有效期”。人们可以将“敏感期”与 20 世纪 90 年代中期“关键期”的使用进行对比，后者是可以突然关闭的由生物学决定的机会之窗。在我写《教育与脑：一座过于遥远的桥》的时候，第二语言学习是教育工作者没有利用“关键期”的主要例子。毫无疑问，在第二语言学习的某些方面（如音位学），越早学越好。第六章对行为研究进行了正面评价，认为只要接受适当的指导，任何年龄都可以学习第二语言，这与 20 世纪 90 年代的观点相比，已经发生了重大变化。

更重要的是，这种对“敏感期”的更广泛的理解，使教育神经科学研究者能够将他们的研究与认知心理学的一个主要发现更紧密地联系起来：学习的易用性、速度和高度取决于学生的先验知识。这一发现在本书的引言中已经强调。教育神经科学中一个令人不安的空白是：它强调人脑何时才能足够成熟，可以学习 XYZ，或者说 XYZ 激活的脑区是什么，而缺乏对学习背景知识重要性的关注。背景知识、先验知识和学习速度在本书没有提及。如果一个“敏感期”是学习的最佳时期，那么学习拉丁字母 II 的“敏感期”可能是在掌握拉丁字母 I 之后不久，而无关学生的年龄。认知心理学已经发现了这种现象，并在解释方面取得了一些进展，主要是基于记忆的联想理论。因此，如第三章所述，计算式模型的
任务是，通过开发符号或亚符号模型，对教育神经科学作出有益的贡献，这依靠 352
于实验任务，以及可用于成像实验的设计。人们希望，这些模型提供的见解将比赫布在神经放电和连接方面华而不实的说法更深入。

丰富的环境和环境剥夺只在第六章中叙述。环境剥夺与可能导致语言缺陷的遗传因素形成对比。作者将环境剥夺的概念定义为：要么是感官上的剥夺（归因于先天问题），要么是社会上的剥夺。总而言之，关于环境剥夺和丰富的环境的讨论，描绘了一幅关于如何解决语言发展问题的总的美好蓝图。讨论中，一

种假设被否定，即补偿性经历只在一定年龄之前或在发育的某个最佳时期起作用。社会多样性的环境剥夺与社会经济地位有关。我对这种关系感到不适。第五章“不同类型的教育研究方法”讨论了社会经济地位作为自变量的问题。社会经济地位充其量只是众多因果因素的代表，这些因素与社会性发展和学校准备程度有更直接的关系。如果是这样，那么使用社会经济地位作为自变量的第一个问题是：虽然它可能是一个可靠的预测因素，但仍无助于理解影响语言或社会性发展的因果机制。我们以社会经济地位为途径，是因为社会经济地位的数据相对容易获取。除非有人在做经济研究，否则现在可能是时候抛弃这种途径，转而选择更具有因果关系和补救价值的变量。使用社会经济地位作为自变量的第二个问题是：规范性的问题。它可以隐藏价值判断。它暗示（或假设）经济劣势与文化劣势相关。这种规范性的暗示可以使我们把低社会经济地位的儿童和中产阶级的儿童，在接受正规教育时的差异描述为经验上的不平等（如第六章所述），而非经验上的区别。在不同的社会和文化社区，特别是移民或种族隔离社区，普遍存在着不同的语言使用规范。只有当中产阶级规范被赋予特权地位时，这些区别才是不平等的。毫无疑问，学校是一个典型的中产阶级环境。有些孩子为此作好了准备，另一些孩子则需要帮助，才适应新的文化环境。此外，我更愿意把学校看作是为那些到学校来的，有着不同背景、经验和知识的人提供更多经验的地方，而不是为那些贫困的人提供丰富经验的地方。

本书介绍的突触形成、敏感期和丰富环境的干预是至关重要的。它们在一个更大的研究项目中提出问题和思考，而不是在公共演讲中提出谈论的重点。

## 353　二、教育神经科学的方法

方法论章节的广度和深度（第二章至第五章）说明了教育神经科学研究方法的复杂性，以及粗心大意带来的陷阱。从神经影像、计算式模型、遗传学和教育心理学的方法论章节来看，这一领域的研究并不容易。这些领域的方法挑战都是令人畏惧的。神经影像是一个强大的工具，尽管影像学推动了研究的进展，但是它仍然是一个难以掌握的工具。在数据的统计处理、研究设计和解释中有许多细微的差别。即使是该领域最老练的用户和杰出的实践者也会被这项技术的微妙之处所迷惑。一个例子是：在静息态功能性磁共振成像中发现的运动伪迹对功能连接的结果提出了质疑(Power et al.，2012)。

计算式模型是另一个强大的工具。然而，撇开技术问题不谈，模型取决于人们对要建模的现象或行为的理解。在阅读领域，有单词识别的双通路(Coltheart et al.，2001)和联结主义(Harm & Seidenberg，2004)理论的计算式模型。这两种模型都已应用于成像实验的设计中，并得到了可解释的结果。事实上，菲耶、巴洛塔、赖希勒和彼得森(Fiez，Balota，Raichle，& Peterson，1999)所报道的成像结果表明，这两种模型都与他们的研究结果相悖。然而，在更基本的层面上，关于这两种模型是否充分解释了行为数据的争论仍在继续(Coltheart，Curtix，Atkins，& Haller，1993)。

遗传学带来了额外的挑战。已经有无数被证明是无效的研究声称找到了酗酒、精神分裂症、抑郁症、阅读障碍等症状的基因。正如一位神经学家评论的那样，目前要说服同行相信单基因的特殊作用，几乎是不可能的。在有充足的遗传学解释的问题，如亨廷顿舞蹈病和镰状细胞性贫血上，我们仍然缺乏足够的治疗干预。此外，遗传学和神经影像一样，对从业者提出了许多统计上的挑战。

在方法论章节中，关于教育心理学研究方法的章节最发人深省。设计教育干预的研究，并测量教育干预的结果，对教育神经科学非常重要。因为教育神经学家正是试图对这些行为结果作出神经层面上的解释和阐明。如果产生这些行为的因果因素没有得到正确和可靠的测量，人们就会试图设想关于因果机制的
虚假的或不存在的解释。人们无须花很长时间去研究教育心理学的文献，就能 354
发现一项与第五章叙述相悖的研究。在本书所引用的研究中，有不少多元回归模型的研究，每个回归因子至少有 15 个案例，或者是将统计意义与实际意义相结合的研究。赫夫特等人(Hoeft et al.，2011)在读写章节中引用了一篇关于预测阅读障碍的长期结果的文章，这篇文章很好地说明了教育神经科学领域的工作，并解释了这项工作所需要的复杂的方法论。

因此，在这一方法多样化的领域开展工作，并培训年轻的研究者从事这方面的研究是一项重大任务。研究是困难的，而且风险相对较高，特别是当科学家或志愿者被要求就教育政策和实践提供基于研究的建议时。也许在这个领域鼓励年轻研究者的最重要的一点就是，不仅要对他人的工作提出批评，而且要对自己的工作进行反思。鲍尔(J. D. Power)等人对功能联结结果的自我批评，再次成为一个范例。

## 三、教育神经科学和学科

本书的主题章节(第六章至第十二章)回顾了过去 20 年在认知心理学和认知神经科学领域发表的一些最重要的论文。对于任何从事这一领域工作的人来说,必须非常熟悉这些论文。我将本书中提及的大部分工作描述为发展认知神经科学。发展认知神经科学在学习上有潜在的应用功能。如果从基础研究到应用研究是一个连续体的话,我认为,本书介绍的研究工作偏向基本研究一方,在诊断学习障碍的临床应用方面也有一些介绍。根据我对书中提及的研究工作的印象,这项研究最有可能的回报将是在特殊教育领域,解决患有特殊语言障碍、阅读障碍、计算障碍、注意缺陷多动障碍和相关执行功能障碍、社会性和情感障碍的儿童的需要。尽管这些基本研究成果最终会应用于教学设计,但很少(如果有的话)有例子表明,这些基本研究成果对课堂教学有贡献,而人们可能会认为,这才是教育神经科学的目标和目的。我们应该注意到,在学科章节中提到的工作是认知心理学和认知神经科学的混合。然而,几乎没有迹象表明,神经数据对教学和教育学的进步有很大的贡献。我们知道单词识别在早期阅读中的重要性。事实上,施威茨小组的成像研究,尤其是显示阅读障碍者在接受语音训练后,脑皮层发生变化的研究,预设并利用了长期以来关于单词识别的神经心理学
355 和认知心理学研究的传统。我们还应该注意到,单词识别对阅读是必要的,但它不是理解文本所需的唯一认知能力。认知心理学告诉我们很多关于数字处理的知识——如果儿童要建立有效的策略来解决简单的算术问题,那么数字比较的技巧就显得非常重要(参见 Bruer, 1993 中西格勒、卡斯和格里芬的讨论, McGilly 1994)。在本书中未讨论教授注意方面的工作(Posner & Rothbart, 2006),有时也被看作脑科学对教育的贡献。然而,仔细研究发现,干预本身是基于注意的认知理论,并将选择性注意实验测量运用于计算机教学工具中。在使用教学工具后,儿童的事件相关电位反应可能会发生变化,但这些变化与干预在提高注意和智商方面的有效性无关。对这些观察的一个合理的解释是:教育神经科学仍然处于早期发展阶段。在这个阶段,基础研究占主导地位,这些基础研究方面的进步终有一天将改善对所有学生(而不仅仅是那些患有学习障碍的学生)的教学策略。

## 四、一座桥还是两座桥：有何区别?

很明显，到目前为止，我仍然是连接教育和(认知)神经科学的两座桥梁解决方案的倡导者，这与教育神经科学所表达的目标之一背道而驰。如序言所述，教育神经科学的目标之一是在脑科学和教育之间直接架起一座桥梁。神经影像技术被视为一种新工具，将促使这一桥梁成为现实。但我仍然持怀疑态度，我简短地解释一下原因。简言之，认知心理学和功能成像研究是彼此高度依赖的。忽视这种双向依赖可能会对教育神经科学的发展产生不利影响。

将认知神经科学从家庭手工业转变为国际集团的技术突破，是正电子放射断层造影术以及随后的功能性磁共振成像的发展。随着这些技术的出现，人们甚至可能认为认知神经科学已经成为功能成像的同义词。

波斯纳、彼得森、福克斯和赖希勒(Posner, Peterson, Fox, & Raichle, 1988, p. 1627)摘要的首句是“人脑对认知理论所假定的那种心理活动进行定位”。我们可以把这句话作为认知神经科学的研究假设。波斯纳等人以单词识别和注意 356
为例，说明了成像研究如何提供直接的证据来源，让认知神经科学家能够测试关于认知加工定位的假设。这种洞察力是关于认知加工的定位，而不是认知加工的发现。成像研究的前提是有一个认知加工的理论，以及存在一些已经得到深入理解的任务来挖掘这些认知加工的过程。波斯纳和赖希勒(Posner & Raichle, 1994)进一步强调了功能成像研究与认知心理学之间的依赖或相互依赖关系。他们认为，如果挑战在于更深层次地理解脑区的实际心理活动，那么成像研究中使用的认知模型必须不断完善。

这种相互关系是一种新的发展。当神经科学家开始将他们的测量结果与流行的认知理论联系起来时，神经数据与理解认知有关了。例如，武尔茨和戈德堡(Wurtz & Goldberg, 1972, p. 574)在某些实验条件下观察到非人类灵长类动物对视觉刺激的神经反应增强。他们用流行的选择性注意心理学理论来解释这些反应。他们写道：“我们认为，许多神经元的这种反应增强是一种机制的作用，而这种机制在心理层面上是注意力的现象。”同样，希利亚德、欣克、施戈尔和皮克顿(Hillyard, Hillyard, Schwent, & Picton, 1973, p. 179)的研究是最早从认知心理学理论角度解释事件相关电位成分的论文之一。他们将二分听力研究中发现

的波形的 $N_1$ 和 $P_3$ 成分解释为“分别密切对应于‘刺激集’和‘反应集’的注意模式”，正如早期选择理论家所描述的那样。一旦这种联系被建立并进一步被证实，神经数据就与测试选择性注意的认知理论相关了。

彼得森等人(Peterson et al.，1988)对词汇识别理论首次进行成像研究后发现，通过词汇加工的认知模型，即临床神经病学中的主流模型——韦尼克-格施温德模型(Wenicke-Geschwind model)激活不同的代码，无法解释成像结果。

说明影像学研究对潜在认知理论的依赖，没有比施威茨小组被高度引用的工作(Shaywitz et al.，2002，2004，1998)更好的例子了。这些研究的结果众所周知。这些研究都基于卡斯尔和科特(Castle & Coltheart，1993)和斯塔诺维奇和西戈(Stanovich & Siegal，1994)的研究，使用任务层次结构来分离语音激活的差
357 异。这一旨在改进识别失读症亚型方法的行为研究基于这样的假设：“(失读症的)亚型的识别应该从密切支撑单词识别过程的心理机制出发。”

对教育神经科学来说，认知或功能模型的中心地位在本书的所有主题章节都很明显。所有章节都涉及神经相关、神经基础或预先定义的心理结构的神经机制。第六章，与选择性注意和听觉加工有关的神经现象；第七章，单词识别模型；第八章，与距离效应相关的神经现象，数量表征和空间-数字反应编码联合；第九章，类比推理的神经机制；第十章，与共同注意、注视加工、面孔加工和心理状态归因相关的神经现象；第十二章，执行功能的神经关联与工作记忆的神经机制。第十一章，药物滥用的神经关联，药物滥用似乎是一种未经分析的行为。如此，这个研究项目看起来就像寻找下棋的神经关联一样，没有明确的定义，也看不到希望。然而，许多关于药物滥用和冲动行为的研究使用了心理学家开发的一项任务，即停止信号反应时间任务，这是一项测量抑制控制的实验室任务(一个有趣的例子，参见 Whelan et al.，2012)。

在结束这个话题之前，如果教育神经科学家能够定义一些术语，如神经相关、神经基础、相关的神经现象和神经机制，会对读者有所帮助。这些术语似乎可以互换使用。然而，作为一种预测手段的神经关联和具有一定解释价值的神经机制之间似乎有很大的区别。如果支持神经关联和神经机制的证据种类或强度存在差异，那么了解它们是什么将非常必要。如果没有这样的差异，教育神经科学研究可能会选择更直接的神经关联，而不是神经机制。

## 五、神经预测

本书讨论的一个更有趣的进展是学习问题的神经预测。这个想法是用神经测量来补充或取代行为测量，预测未来的学习问题和学习轨迹。神经测量要么是事件相关电位，要么是功能性磁共振成像。引言和几个主题章节表明，这些神经预测研究是神经科学和教育之间直接联系的例子。

首先，让我们看看书中引用的预测事件相关电位研究。同样，这些研究的结 358
果是众所周知的，可以在前面的章节中阅读。在这里，我只想强调给事件相关电位成分一个心理上的、功能上的解释的重要性，就像希利亚德(Hillyard)在 20 世纪 70 年代初首次做的那样。皮赫科等人(Pihko et al.，1999)将研究中产生的事件相关电位解释为刺激变化自动检测的指标。吕蒂宁等人(Lyttinen et al.，2001)报道了使用听觉事件相关电位来识别 6 月龄的婴儿在听觉认知、语言感知或语言分类感知方面的先天缺陷。事件相关电位反应的模式提示，阅读障碍儿童在听觉感知方面有先天缺陷。莫尔费塞、莫尔费塞和莫丘莱(Molfese, Molfese, & Modgline, 2001)将事件相关电位成分解释为语音感知的测量，并在回归模型中将其作为自变量，以确定哪些基本能力以及人口统计学和社会学变量能够预测未来的阅读能力。

莫勒等人(Maurer et al.，2009)提出了一个更有趣的讨论，即理解事件相关电位在预测阅读能力中的功能意义的重要性。本研究报告表明，在行为测量中加入事件相关电位测量，会使阅读能力回归模型的方差增加 7%—20%，这取决于评估的年级水平。声调和音素的事件相关电位是晚失匹配负波，他们称之为 lMMNs。然而，正如他们所说，lMMNs 在听觉加工中的功能作用还没有被完全理解。他们认为，这可能表明，在失匹配负波之后，前注意和注意失匹配处理之间的相互作用，也可能与声音变化的注意力重新定向或前注意处理有关。这里我们深入到认知结构的领域。莫勒等人(Maurer et al.，2009，p. 346)相当优雅地陈述了这个有趣的研究问题："鉴于阅读获取的长期预测能力，阐明 lMMNs 对语音加工的**功能性**贡献，可以进一步说明导致阅读困难的加工缺陷的性质及其神经生物学特征。"理解事件相关电位的功能意义，可使其具有解释性，而不仅仅是预测性。

赫夫特等人(Hoeft et al.，2011)提出了另一个令人信服的例子，说明认知神经科学可能有助于阅读障碍的神经预测。他们发现，押韵任务产生的脑活动预测准确率为 90%，而阅读障碍儿童二年半后的阅读准确率将会提高，尽管研究中使用的任何行为测量方法都不能识别这一群阅读障碍儿童。我只想集中讨论作者在收集相关成像数据时所使用的任务。在扫描仪中，作者要求儿童按下按钮来回答两个印刷单词是否押韵。当儿童在扫描仪中休息时，他们的脑活动与在执行任务时形成对比。作者在讨论中承认，这是一项相对粗糙的实验。他
359 们也承认，研究结果取决于这个押韵任务。作者指出，这个相当简单的实验包括许多阅读过程，从上文对施威茨研究的讨论可以看出。在施威茨的研究中，押韵现象发生在很高的层次上。赫夫特等人指出，目前尚不清楚从当前的工作识别理论中衍生出来的更精确的任务，会增加还是降低模型的预测准确性。认知模型和任务与功能神经影像研究之间的相互依赖并没有消失。

赫夫特等人进一步指出，他们的研究表明，功能性磁共振成像不仅是一种基础研究工具，而且可以帮助预测阅读障碍儿童未来的学习轨迹。这很可能是真的。问题是我们如何使用功能性磁共振成像和功能性磁共振成像数据？一种可能的方法是基于赫夫特等人的研究，为有阅读障碍风险的儿童制订诊断方案。另一种可能的方法更具成本效益，利用诸如此类的影像学研究结果确定更具体和更敏感的行为测量方法。前者将成像技术视为灵丹妙药，后者使我们认识到，如果我们要充分利用成像技术，就必须按照波斯纳和莱切尔（Posner & Raichle，1994）的主张，继续改进我们的心理过程理论。

这些研究的报告也有一种趋势，即减少行为测量的重要性（即使这些研究依赖于这些测量）。例如，第七章将这些研究描述为“成功预测了基于皮层激活模式的阅读表现……”的研究。赫夫特等人（Hoeft et al.，2011）和莫勒等人（Maurer et al.，2009）的研究表明“脑测量可能已经比现有的行为测量更好地预测阅读发展的长期结果”。尽管赫夫特等人的主张可能适用于他们检验过的测量，但他们并没有考虑所有的行为测量。然而，莫勒等人（Maurer et al.，2009）与杜蒙泰尔和克林伯格（Dumontheil & Klinberg，2011）的类似的研究，并没有显示出脑测量的预测优势。莫勒等人（Maurer et al.，2009）研究表明，当由明确的认知任务产生的事件相关电位数据作为自变量纳入已经包含行为测量的回归模型时，神经数据对模型所占的方差的增加具有统计学意义。同样，杜蒙泰尔和克林伯格（Dumontheil & Klinberg，2011）的研究表明，增加对工作记忆任务产生的

左侧顶内沟激活水平的测量,可以提高回归模型的预测能力和二年后提高儿童算术成绩的判别函数。回归模型以行为测量和神经测量为自变量。撇开与脑测量相关的统计显著增长是否具有实际意义的问题不谈,这些研究并不支持脑测量本身就比现有的行为测量更能预测长期结果的说法。

## 六、结论 360

基于后两部分的原因,我认为神经影像技术不太可能让我们建立起连接神经科学与教育的直接桥梁。使用脑成像技术来理解记忆、语言、阅读、数学、科学、执行功能和社会性情绪发展的功能神经生理学需要这些现象的功能模型,这些模型由心理学研究和认知心理学特征的任务分析提供。认知神经科学似乎仍然是脑与教育之间最有可能的联系,如果是这样,认知心理学将仍然是学科发展的核心。我们必须期待更多的成像研究,正如彼得森(Steve Petersen)所说,"闭合回路",即成像数据提供的洞见,使我们能够改进功能模型。

更广泛地说,本书全面审视了当前教育神经科学的工作。本书提出了一个严肃而困难的研究项目,其结果最终可能从基础科学到临床研究,再到课堂应用。科学研究者和教育研究者认为,脑和学习已经克服了 20 世纪 90 年代中期的简单性。它们在一个广泛的研究领域,试图调查(认知)神经科学与教育的相关性。它将走向何方,无人知晓。这是参与其中的乐趣之一。

尽管自 20 世纪 90 年代以来,教育神经科学已经取得了进展,但教育神经科学可能仍然遭受着不幸的夸大和对脑科学不切实际的期望的折磨,这种期望在 20 世纪 90 年代中期得到了广泛的宣传。我看到了两个问题。第一个问题是对脑成像的重视。脑成像是一个强大的工具,脑成像也是高度处理的实验数据的视觉表征。然而,至少在教育神经科学领域,脑成像、认知模型和仔细的实验分析仍然彼此高度依赖。我们必须小心:先前对发展神经生理学的关注不会让位于对脑成像技术本身的关注。

第二个问题是,自从"脑的十年"(Decade of the Brain,一个非常成功的公共关系项目)以来,神经科学在科学和公众想象中变得越来越突出。一个结果是,每个人——心理学家、教育学家、遗传学家、精神病学家、经济学家、伦理学家甚至哲学家,都想成为一个神经科学家。在这样的环境下,把自己描述成一个有教育意义的神经科学家，比描述成一个对学习感兴趣的发展心理学家更令人满意。因此，“神经科学”被用于描述越来越多的研究领域。教育神经科学就是这样一
361 个领域。虽然本书提供了许多神经科学可能与教育相关的例子，但它在承认认知心理学对这一努力的重要性方面有些轻描淡写。只要“教育神经科学”仅仅是语义变异的一个例子，而且我们意识到了这种变异，我想就不会有什么损失了。然而，当我们忽略了更大的前景，忽略了心智、脑和行为科学之间的相互依赖时，教育神经科学的研究项目就可能会受到影响。本书的后续版本会告诉你答案。

# 参考文献


Bruer, J. T. (1993). *Schools for thought: A science of learning in the classroom*. Cambridge, MA: MIT Press.

Bruer, J. T. (1997). Education and the brain: A bridge too far. *Educational Researcher*, *26*(8), 1 - 13.

Bruer, J. T. (1999). *The myth of the first three years: A new understanding of early brain development and lifelong learning*. New York: Free Press.

Bruer, J. T. (2011). *Revisiting "The myth of the first three years."* Retrieved October 31, 2012, from Centre for Parenting Culture Studies Website: http://blogs.kent.ac.uk/parentingculturestudies/files/2011/09/Special-briefing-on-The-Myth.pdf

Castles, A., & Coltheart, M. (1993). Varieties of developmental dyslexia. *Cognition*, *47*, 149 - 180.

Coltheart, M., Curtix, B., Atkins, P., & Haller, M. (1993). Models of reading aloud: Dualroute and parallel-distributed-processing approaches. *Psychological Review*, *100*(4), 589 - 608.

Coltheart, M., Rastle, K., Perry, C., Langdon, R., & Ziegler, J. (2001). DRC: A dual route cascaded model of visual word recognition and reading aloud. *Psychological Review*, *108*(1), 204 - 256.

Dumontheil, I., & Klingberg, T. (2011). Brain activity during a visuospatial working memory task predicts arithmetical performance 2 years later. *Cerebral Cortex*, *22*, 1078 - 1085.

Fiez, J. A., Balota, D. A., Raichle, M. E., & Petersen, S. E. (1999). Effects of lexicality, frequency, and spelling-to-sound consistency on the functional anatomy of reading. *Neuron*, *24*, 205 - 218.

Geschwind, N. (1979). Specializations of the human brain. *Scientific American*, *241*, 158 - 168.

Harm, M. W., & Seidenberg, M. S. (2004). Computing the meanings of words in reading: Cooperative division of labor between visual and phonological processes. *Psychological Review*, *111*(3), 662 - 720.

Hillyard, S. A., Hink, R. F., Schwent, V. L., & Picton, T. W. (1973). Electrical signs of selective attention in the human brain. *Science*, *182*(4108), 177 - 180.

Hoeft, F., McCandliss, B. D., Black, J. M., Gantman, A., Zakerani, N., Hulme, C., Lyytinen, H., Whitfield-Gabrieli, S., Glover, G. H., Reiss, A. L., & Gabrieli, J. D. E. (2011). Neural systems predicting long-term outcome in dyslexia. 362
*Proceedings of the National Academy of Sciences*, *108*(1), 361 - 366.

Lyytinen, H., Ahonen, T., Eklund, K., Guttorm, T. K., Laakso, M.-L., Leinonen, S., Leppänen, P. H., Lyytinen, P., Poikkeus, A. M., Puolakanaho, A., Richardson, U., & Viholainen, H. (2001). Developmental pathways of children with and without familial risk for dyslexia during the first years of life. *Developmental Neuropsychology*, *20*(2), 535 - 554.

Maurer, U., Bucher, K., Brem, S., Benz, R., Kranz, F., Schulz, E., van der Mark, S., Steinhausen, H. C., & Brandeis, D. (2009). Neurophysiology in preschool improves behavioral prediction of reading ability throughout primary school. *Biological Psychiatry*, *66*(4), 341 - 348.

McGilly, K. (Ed.) (1994). *Classroom lessons: Integrating cognitive theory and classroom practice*. Cambridge, MA: MIT Press.

Molfese, V. J., Molfese, D. J., & Modgline, A. A. (2001). Newborn and preschool predictors of second grade reading scores: An investigation of categorical and continuous scores. *Journal of Learning Disabilities*, *34*, 545 - 554.

Pihko, E., Leppänen, P. H. T., Eklund, K. M., Cheour, M., Guttorm T. K., & Lyytinen, H. (1999). Cortical responses of infants with and without a genetic risk for dyslexia: I. Age effects. *NeuroReport*, *10*, 901 - 905.

Petersen, S. E., Fox, P. T., Posner, M. I., Mintun, M., & Raichle, M. E. (1988). Positron emission tomographic studies of the cortical anatomy of single word processing. *Nature*, *311*, 585 - 589.

Posner, M. I., Petersen, S. E., Fox, P. T., & Raichle, M. E. (1988). Localization of cognitive operations in the human brain. *Science*, *240*(4859), 1627 - 1631.

Posner, M. I., & Raichle, M. (1994). *Images of mind*. New York: Scientific American Library.

Posner, M. I., & Rothbart, M. K. (2006). Influencing brain networks: Implications for education. *Trends in Cognitive Sciences*, *9*(3), 99 - 103.

Power, J. D., Barnes, K. A., Snyder, A. Z., Schlaggar, B. L., & Petersen, S. E. (2012). Spurious by systematic correlations in functional connectivity fMRI networks arise from subject motion. *NeuroImage*, *59*(3), 2142 - 2154.

Shaywitz, B. A., Shaywitz, S. E., Pugh, K. R., Mencl, W. E., Fulbright, R. K., Skudlarski, P., Constable, R. T., Marchione, K. E., Fletcher, J. M., Lyon, G. R., & Gore, J. C. (2002). Disruption of posterior brain systems for reading in children with developmental dyslexia. *Biological Psychiatry*, *52*, 101 - 110.

Shaywitz. B. A., Shaywitz, S. E., Blachman, B. A., Pugh, K. R., Fulbright, R. K., Skudlarski, P., Mencl, W. E., Constable, R. T., Holahan, J. M., Marchione, K. E., Fletcher, J. M., Lyon, G. R., & Gore, J. C. (2004). Development of left occipitotemporal systems for skilled reading in children after a phonologically-based intervention. *Biological Psychiatry*, *55*, 926 - 933.

Shaywitz, S. E., Shaywitz, B. A., Pugh, K. R., Fulbright, R. K., Constable, T. R., Mencl, W. E., Shankweiler, D. P., Liberman, D. M., Skudlarski, P., Fletcher, J. M., Katz, L., Marchione, K. E., Lacadie, C., Gatenby, C., & Gore, J. C. (1998). Functional disruption in the organization of the brain for reading in dyslexia. *Proceedings of the National Academy of Sciences of the United States of America*, *95*, 2636 - 2641.

363 Stanovich, K. E., & Siegal, L. S. (1994). Phenotypic performance profile of children with reading disabilities: A regression-based test of the phonological-core variable-difference model. *Journal of Educational Psychology*, *86*(1), 24 - 53.

Whelan, R., Conrod, P. J., Poline, J. B., Lourdusamy, A., Banaschewski, T., Barker, G. J., Bellgrove, M. A., Büchel, C., Byrne, M., Cummins, T. D. R., Fauth-Bühler, M., Flor, H., Gallinat, J., Heinz, A., Ittermann, B., Mann, K., Martinot, J.-L., Lalor, E. C., Lathrop, M., Loth, E., Nees, F., Paus, T., Rietschel, M., Smolka, M. N., Spanagel, R., Stephens, D. N., Struve, M., Thyreau, B., Vollstaedt-Klein, S., Robbins, T. W., Schumann, G., Garavan, H., & the IMAGEN Consortium. (2012). Adolescent impulsivity phenotypes characterized by distinct brain networks. *Nature Neuroscience*, *15*, 920 - 925.

Wurtz, R. H., & Goldberg, M. E. (1972). Activity of superior colliculus in behaving monkey. II Effect of attention on neuronal responses. *Journal of Neurophysiology*, *35*, 560 - 574.

# 内容索引

## K



## L



## N



## P



## Q



## R



## S



## T



## W

# 译后记

本书是英国伦敦教育神经科学中心主任丹尼斯·马雷沙尔教授、伦敦教育神经科学中心创始主任布赖恩·巴特沃思教授和伦敦教育神经科学中心副主任安迪·托尔米教授合作主编的著作。他们根据自己的研究，对教育神经科学这门学科进行了深入思考。教育神经科学将三个不同的学科——教育学、心理学和神经科学结合起来，根据学习者脑与认知的发展规律，设计出更好的教育教学环境，目的是促进学生的学习，提升教育质量。目前，人类已经积累了大量有关学习是如何重组人脑的研究成果，但是只有极少数研究对教育实践产生了影响。"卡脖子"的问题在于，缺乏对教育学、心理学和神经科学三个学科有跨学科深入了解的专业人员，创建教育神经科学这一学科，就是为了培养这一紧缺人才。目前，我们可以通过三条途径来快速培养教育神经科学的专业人员：其一，对教育学、心理学和神经科学三个学科的研究者进行跨学科的培训；其二，建立教育神经科学学科，形成本科、硕士研究生、博士研究生一体化的学位制度；其三，为教育神经科学专业的初级人才提供持续的专业发展机会。

本书涉及范围广泛，包括婴儿期、儿童期和成年期的教育,关注人的毕生发展。教育神经科学不仅可以探测婴儿脑中的母语音素表征是如何形成与发展的,还可以通过研究儿童脑中英语的音素表征特征,来判断是否适合将儿童送到全英语的学校就读。有研究表明,说中文与说英文的成人对阿拉伯数字的熟悉程度相似,但是在进行简单数字的比较时,却采用了完全不同的神经通路。或许将来的研究可以表明,说英语的儿童在接受了中国式的数学教育后,会采用和中国儿童一样的加工通路来比较简单数字,这种教育是否会缩小东方儿童和西方儿童之间数学学业成就的差距?在数字化阅读时代,儿童与家长都无法抵御丰富多彩的数字阅读信息,这会使数字时代的正常儿童难以集中注意力来学习学校的科目,更不用说存在学习困难的自闭症和注意缺陷多动障碍儿童了。有研究表明,自闭症儿童对感官刺激进行定向注意的神经网络遭到了破坏,而注意缺陷多动障碍儿童的缺陷在于与预警和自主控制反应有关的其他注意神经网络。因此,无论是正常儿童的家长和老师,还是有特殊教育需要儿童的家长和老师,都需要了解和掌握教育神经科学的知识,才能够进行有针对性的、有效而精准的教育。

综上所述,教育学、心理学、神经科学的结合不仅为我们带来了更加深入、精确的有关人类自身与人类文化教育的知识,而且为我们带来了更加科学、有效的学习和教学工具。教育神经科学对这些学科进行整合,形成了一个全新的知识体系。这个知识体系的各组成部分之间相互联结与融合,形成了一个良性循环的知识生产有机体。这个知识生产有机体将随教育学、心理学和神经科学等各个独立学科的发展,以及整合后产生的新兴学科的发展而不断成长壮大。我们可以预计,在不久的将来,教育神经科学的研究将为教育领域的研究与实践带来翻天覆地的变化,从而改变长期以来教育领域缺乏科学实证依据,忽视学与教的生理机制与认知机制的研究状况,为教育研究的科学化提供坚实的基础。

《教育神经科学》一书结构清晰,实例丰富,内容广泛,思想深刻,对教育神经科学的学科建设与发展研究具有重要的参考价值。它的出版标志着教育神经科学已经逐步走向成熟。随着教育神经科学这一新兴学科在全球范围不断成熟,一个聚合了教育学、心理学与神经科学的研究者和实践者的新型共同体正在形成!

为了用中文精确地体现作者的观点,周加仙研究员组织了一个跨学科的翻译团队,团队成员精诚合作,在翻译的过程中投入了大量的时间、精力与人力。本书翻译分工:序,周加仙、张紫薇;序言,周加仙、张紫薇;第一章,周加仙、张紫薇;第二章,柳恒爽;第三章,柳恒爽;第四章,张强;第五章,周加仙、陈逸雯;第六章,王丹丹;第七章,周加仙、舒新越;第八章,贾玉雪;第九章,岳刚德;第十章,贾玉雪;第十一章,岳刚德;第十二章,贾玉雪;后记,周加仙、舒新越;内容索引,张金凤。之后,张金凤进行了第一遍统稿,王艳艳进行了第二遍统稿,袁莉进行了第三遍统稿。在此基础上,周加仙对照原文,对全书进行了修改与校对,最后审定全部译稿。阅读与翻译这本优秀的著作,使我们对该学科有了更深刻的理解。由于本书学科跨度大,研究内容深,因此,在翻译中可能会存在不当之处,还请各位读者不吝赐教。

周加仙

图书在版编目（CIP）数据

教育神经科学 / (英) 丹尼斯・马雷沙尔(Denis Mareschal)，(英) 布赖恩・巴特沃思(Brian Butterworth)，(英) 安迪・托尔米(Andy Tolmie)主编；周加仙主译. — 上海：上海教育出版社，2020.12
（教育神经科学译丛 / 周加仙主编）
2019年“国家出版基金项目”
ISBN 978-7-5720-0500-8

Ⅰ. ①教… Ⅱ. ①丹… ②布… ③安… ④周… Ⅲ.①教育学 – 神经科学 Ⅳ. ①G40-056

中国版本图书馆CIP数据核字(2020)第261447号

Educatinal Neuroscience by Denis Mareschal, Brian Butterworth, and Andy Tolmie,
ISBN:978-1-119-97319-5


策　　划　袁　彬
责任编辑　王　蕾　谢冬华
责任校对　丁志洋
封面设计　陆　弦

教育神经科学
译丛主编　周加仙

**教育神经科学**
**[英] 丹尼斯・马雷沙尔(Denis Mareschal)**
**[英] 布赖恩・巴特沃思(Brian Butterworth)　主编**
**[英] 安迪・托尔米(Andy Tolmie)**
**周加仙　主译**

出版发行　上海教育出版社有限公司
官　　网　www.seph.com.cn
地　　址　上海市永福路123号
邮　　编　200031
印　　刷　上海展强印刷有限公司
开　　本　700 × 1000　1/16　印张 24.75
字　　数　405 千字
版　　次　2020年12月第1版
印　　次　2020年12月第1次印刷
书　　号　ISBN 978-7-5720-0500-8/G・0364
定　　价　69.90 元

如发现质量问题，读者可向本社调换　电话：021-64377165